U0102567

Pax
Romana

古代地中海世界的暴力、征服与和平

罗马和平

War,
Peace
and
Conquest
in the Roman World

Adrian Goldsworthy

[英] 阿德里安·戈兹沃西 著　薛清恺 译

广东旅游出版社
GUANGDONG TRAVEL & TOURISM PRESS
中国·广州

目　录

卷二　元首制

前　言

生活在和平年代

　　Pax Romana[①]，与 mea culpa[②] 和莎士比亚笔下的 et tu Brute[③] 等短语一样，是今日的记者和漫画家仍然会使用的拉丁语词组，并且期望他们的读者不用借助译文就能理解它们。一个漫画家可以将某位现代政治人物描绘成身着托加袍、脚踩罗马凉鞋、头戴月桂枝的形象，将他比作尤利乌斯·恺撒，或者未经特指的任何一位罗马皇帝，而读者脑海中会自然浮现一个被亲友背叛的领袖，或者如卡里古拉或尼禄一般追逐荣誉、愚蠢的暴君形象。很少有学校教授拉丁语或希腊语，然而关于罗马的电视纪录片很常见，类似题材的戏剧也偶有出现，而它们倾向于将罗马描绘成一个令人惊骇的充斥着背叛、性与暴力的世界。比起罗马短剑和凉鞋，鲜血和肉体更容易成为这些作品的主角。关于遥远的过

---

① 拉丁文，意为"罗马和平"或"罗马统治下的和平"。——译注（若无特殊说明，本书脚注皆为译者注，下文不再指明。）

② 拉丁文，意为"因为我的过错"。

③ 拉丁文，意为"还有你，布鲁图斯？"。传说这是恺撒死前说的最后一句话。根据传说，恺撒在遇刺时，在行刺者中看到了自己的亲信马库斯·尤尼乌斯·布鲁图斯（Marcus Junius Brutus），便留下了这样一句感叹。也有传说指布鲁图斯为恺撒私生子。Et tu Brute 曾被莎士比亚未经翻译使用于悲剧《尤利乌斯·恺撒》中，从而在英语世界为人熟知。

去，这样的讽刺描绘能够告诉我们的很少，它们更多的揭露出来的是当下大众娱乐的品位。但令人惊讶的是，它们的制作人自信地将这些故事设置在罗马背景下，因为他们觉得观众会认出那个世界。

尽管自西罗马帝国崩溃以来已经过去了超过 15 个世纪，罗马人仍然继续让我们着迷。无论在语言、法律、思想还是在地名和建筑等方面，罗马人都对西方文化留下了深远的影响，其中大部分传到了罗马人闻所未闻的地区。自查理大帝以来，无数领袖和政权都尽了最大的努力援引罗马和恺撒们的精神来为自己的权利辩护。美国人在讨论他们的国家在当今和未来世界中的角色时，也常常援引罗马作为例子。罗马之名常被当今各个政治派别的人挂在嘴边。凭借军事力量和外交压力在更广阔的世界中建立一个"美利坚统治下的和平"①，被某些人视为美好的愿景，另一些人则将其描述为险恶的阴谋。帝国在今天并不时髦，对很多人来说，任何与帝国和帝国主义相关的事情肯定都是坏事。根据这种观点，无论是罗马还是某个现代强权制造出来的和平，都不过是用来遮掩征服和统治的面纱。这种看法并不新鲜，早在公元 1 世纪末，在罗马历史学家塔西佗的笔下，一位喀里多尼亚②领袖就告诉他的部下，罗马人"制造荒凉，却称其为和平"[1]。

这段话出自塔西佗为其岳父阿格里科拉③歌功颂德而撰写的传记中，紧随其后的是一段关于一次战役的精彩叙述。阿格里科

---

① 原文为拉丁语 Pax Americana，以类比 Pax Romana。
② 今苏格兰。
③ 格奈乌斯·尤利乌斯·阿格里科拉（Gnaeus Julius Agricola），公元 1 世纪的罗马将领，曾任不列颠总督。

拉在这次战役中击败了喀里多尼亚原住民部落。在塔西佗的这部作品和其他作品中，很难看出他是罗马帝国的坚定的批评者，而罗马时期的文学的主旋律就是对权力和胜利的颂扬。显然，这并不令人惊讶，因为将自己想得比实际更高尚本来就是人类的本性。与多数帝国强权一样，罗马人也认为他们的统治是完全正义的，是出于神的旨意的，并且对更广大的世界来说是一件好事。罗马皇帝们夸耀说他们的统治将和平播撒于各个行省、造福全体百姓。

然而，罗马帝国在很长的一段时间内都非常成功，几个世纪中，"罗马和平"主宰了西欧、中东和北非的大部分地区。上述地区很稳定，看上去很繁荣，"荒凉"的景象几乎不存在。罗马和平似乎已经成为现实，因为叛乱和大规模暴力事件极为罕见，这一点哪怕是罗马帝国的批评者也不得不承认。无论以何种标准来衡量，罗马帝国都是不同寻常的，除了它的持久魅力和在当下的辩论中出现，这一点使得理解"罗马和平"的真正含义变得更加重要。如果"罗马和平"仅仅是穷兵黩武和压迫的产物，或者是某种更微妙、更不易察觉的胁迫手段的产物，那么理解其真实含义就是重要的。同样重要的是，怎样理解帝国统治臣民所付出的代价，以及在一个异族建立的帝国中生活的被统治者有何感受。古代世界的全部人口中有相当一部分居住在罗马帝国中，这本身就足以构成我们想要理解上述问题的一个理由。"罗马和平"究竟有多彻底，到底能为居民提供多少安全？这是个很值得思考的问题。但从一开始，我们应当稍微思考一下和平到底意味着什么。

我出生于和平年代，但我的父母经历过第二次世界大战。在纳粹德国对英国展开大轰炸时，我的母亲还是个小女孩，生活在加的夫。她现在仍然记得空袭警报声的哀号、对钻进花院中阴冷黑暗的防空洞的恐惧，炸弹、地雷和防空炮各不相同的轰鸣声、弹片落地的声响、轰炸过后的刺鼻气味，以及房屋被炸毁后剩下的有时还埋着人的瓦砾。她有时还会讲起，儿时曾和玩伴们一起举办战时音乐会来募捐，存起每一个便士，捐给皇家空军用来购买喷火战斗机；讲起那时到处都是穿制服的人，行人几乎过不了马路，因为路上满是成群结队的卡车，车上载着美国大兵和军用物资开往码头，他们将在那里登上驶往诺曼底的船。每当她谈起那段岁月时，这些记忆都仍然是非常鲜活的。我的父亲那时在英国商船队做学徒，运送过大西洋运输线的战略物资，之后又在地中海参与了支援盟军登陆突尼斯和意大利的行动。1944 年维苏威火山爆发时，他的船正停泊在那不勒斯湾。他还记得火山爆发之后他不得不去清理堆积在甲板上的火山灰。我父亲只是偶尔谈起战时无处不在的来自 U 艇和敌机的威胁，谈起运输弹药的船只如何爆炸以及燃烧的燃油覆盖着大海，还有试图游过火海求生的水手们。他离开商船队后不久就到了应征入伍的年龄，于是便加入陆军，在英属巴勒斯坦托管地服役。在那里，他被夹在犹太民兵和阿拉伯民兵之间，双方都将他视为敌人。他的父亲曾在第一次世界大战中服役，参加了西线战场和加里波利战役，也曾在埃及和巴勒斯坦战斗。我的父亲和祖父都不是职业军人，他们只是像同时代的数百万人一样"尽了自己的一份力"，然后愉快地回归平民生活。

2015 年，在我写作本书的同时，世界各国开展了纪念欧战胜利和二战结束 70 周年的活动。尽管同时也有第一次世界大战中的某些事件的百年纪念活动，但大家提起"那场战争"的时候多半指的是 1939 年至 1945 年间的世界大战，这是从我的父辈和他们的同时代人那时起养成的一个习惯。在我和我的兄弟这一代人之后，大概没有谁的父辈还保留着关于二战的鲜活记忆了。我们家庭的这种经历在我们就学的学校里并不少见。那里大多数学生的父母年龄比全国同龄人父母的平均年龄要大一些，有几个男孩的父亲曾经在军队中服役，至少有一个同学的父亲曾作为"贝文男孩"① 的一员被送到煤矿做工。"那场战争"仍然好像就是昨天发生的事情，而我们那个年纪的男孩们多少都对它着迷。当时有新的广播剧，而拍摄于 20 世纪 40 年代至 60 年代的一大批战争电影也足够老到能够定期在电视上播放了。我们如饥似渴地看战争相关的影视作品，读相关的书籍和漫画，组装战斗机、轰炸机、坦克和战舰的塑料模型。我们在战争游戏中挥舞着玩具枪，用嘴巴尽力模仿机枪和爆炸的声音。在这些战争游戏中，总有一伙小伙伴不得不扮演德军或日军。狂野西部或者太空同样是 70 年代的电视荧幕中常见的场景，因此我们的游戏有时也会以这些地方作为背景，但二战永远是我们最钟爱的主题。那是一场由荧幕中家喻户晓的演员、漫画中的超级英雄，还有我们的父亲们领导的针对坏人的好战争，而且"我们"赢了。对一个小男孩来说，战争可比学校有趣多了，而且在我们的战争游戏中没有人会受伤，如果不算我们跑过灌木丛时皮肤上留下的瘀伤或划痕的话。

　　战争于 1945 年结束，而我也得以出生成长于和平年代。当时正是冷战时代，第三次世界大战的阴影潜藏于和平的表面之

---

① Bevan Boy，二战时期被征召前往煤矿劳动的英国男孩。"贝文男孩"这个名称来自当时的英国劳工和国民事务大臣厄内斯特·贝文。

下，但这是一个孩子感受不到的。在我的记忆里，直到80年代媒体才开始大肆渲染核毁灭即将降临。随后，冷战突然结束了，几乎没有一点儿预兆。我曾听不止一位在北约军事情报部门工作的人说，冷战的突然结束也让他们大吃一惊。政客们开始谈论"和平红利"，这意味着削减武装部队的规模，将资金花在可以为他们赢得选票的地方。90年代初，还是学生的我曾在牛津大学军官训练营服役。当时仍有关于如何识别华约车辆的课程，但人们并不觉得未来真的会发生大规模战争。另一场世界大战对当时的我们来说是无法想象的，但今天，到了这个年纪，我却意识到能够生活在这样的时代是多么幸运。和平笼罩着我们，至少在没有西方国家卷入正在进行的重大战争的意义上如此。然而，无论在那时还是在我一生中的其他任何时期，所谓的和平都不意味着英国已远离一切武装冲突，更不要说世界上的其他国家了。

就在我出生几个月后，北爱尔兰问题爆发了。几十年来，电视新闻播放着暴乱和汽油弹的影像，以及爆炸和其他袭击之后的惨状。恐怖主义活动何时可以被称作战争，这也许是语义学和政治立场的问题，但毫无疑问的是有人丧失了生命。绝大多数情况下，恐怖活动主要集中在相对较小的地理区域，但有时它也会蔓延。爱尔兰共和军临时派（PIRA）和其他共和派准军事组织有时会在英国本土发动袭击，并在一些情况下在欧洲其他国家发动，他们的目标既有军人也有平民。在我一生中的大部分时间里，英国的火车站里都看不到垃圾桶，因为人们认为在垃圾桶里藏炸弹实在是太容易了。牛津大学军官训练营严禁我们在训练和阅兵场合之外身着军装走出民兵军营（Yeomanry House），因为军队认为制服有可能会使我们成为恐怖袭击的目标。这种政策直到最近才在整个军队中取消。

1945 年二战结束距离下一个英军士兵在行动中殉职只隔了短短一年的时间。朝鲜战争之外的其他冲突都伴随着大英帝国从殖民地退缩。自我出生起，英国经历了马岛战争、第一次海湾战争以及"和平红利"时代的塞拉利昂冲突、伊拉克战争和阿富汗战争，这还没有包括在巴尔干、利比亚和其他地方进行的空袭行动，以及并不总能有效维持和平的维和行动。就算英国没有直接参与，报纸和广播也在一刻不停地报道世界上某个地区的战乱。与饥荒和地震一样，媒体报道中的战争经常会被我们视为发生在遥远国度的可怕事情。对战乱的报道也是零星的，因为过不了多久，新闻焦点就会转移到更新鲜的事件上。

自 1945 年以来世界上发生的一系列冲突是令人沮丧的。这些战争都没有造成两次世界大战那样的破坏规模，但这一点大概无法安慰那些身处冲突之中的人们。冲突的形式可以是国家间的公开战争，也可能是小群体、民兵和其他非正规战斗人员之间没完没了的暴力行为。但对大多数西方人来说，甚至涉及他们自己国家的冲突也是遥远的事情。参与冲突的都是职业军人，普通民众的日常生活不会受到直接影响。自二战以来，英国从未面临过入侵威胁，美国甚至更早。1945 年之后，没有一场战争对西方国家的生存构成严重威胁，没有一场战争有可能切断这些国家的食物或其他基本物资的供给。冷战可能已经上升到了这种水平，但尽管是在危机时期，也没有发生这样的情况。

今日的西方国家面临的主要威胁是恐怖主义。恐怖主义威胁充斥着眼下的媒体。我是在 2015 年 11 月写下这篇前言的，就在几天前，巴黎发生的恐怖袭击夺去了上百条无辜的生命，并导致其他人身受重伤，甚至可能是致命伤。尽管很可怕，但这样的暴行无法剥夺巴黎作为大都市和贸易、行政中心的地位，无法阻止巴黎继续为超过 200 万人提供居所。尽管对那些在袭击中失去了挚爱的人来说很难，但在这里，就像在纽约、华盛顿、伦敦、布鲁塞尔、马德里、悉尼还有其他遭受过恐怖袭击的城市一样，生活还将继续。恐怖分子的人数、他们可以支配的资源和使用的武器限制了他们可以造成的伤害。在二战期间，只有通过持续的空袭，造成远大于恐怖袭击级别的伤亡和毁灭，才可以打断一个城镇或都市的生活。

恐怖分子的主要目的是获得公众的关注、散布恐惧和提高自身的知名度。恐怖分子无法取得任何军事胜利，他们只希望使被攻击的国家动摇或改变观点，并借此达到某种政治目的。恐怖主义运动很难被彻底击败，因此无论恐怖袭击在未来会更频繁还是更少见，很长一段时间内它们可能不会从我们的视野里消失。无论安全部门在减少恐怖分子的行动机会和增加恐怖分子的行动难度方面做得有多出色，他们都不太可能阻止所有的袭击企图。从统计上看，考虑到庞大的现代人口，每位居民成为恐怖主义牺牲品的风险仍然会很低。人们也许会比恐怖主义威胁出现之前心情更紧张，但一定会适应这种情况，况且生活中多的是比这更值得操心的事。在传播恐慌的同时，恐怖袭击很可能会在更广泛的人群中引发同样多甚至更多的愤怒。西方国家的绝大多数居民将继续认为自己生活在和平时期。大多数人会将战后世界的稳定、安全、财富和比之前高得多的预期寿命视为自然和正常的，甚至会把这些当作自己本应享有的权利。我们需要做一些努力才能提醒自己：是否拥有上述这一切仅仅是个概率问题，它取决于我们生于何时何地。

这是一本关于罗马世界和罗马帝国的书。我花费了如此多的笔墨来谈论我的个人生活和今日世界是为了提醒读者，和平不是绝对的，而是相对的。哪怕有组织暴力甚至大规模军事行动一直在发生，人们也有可能认为自己生活在一个和平的世界中。人与冲突之间的地理隔绝会对他的感受产生巨大影响。供职于军队特别是战斗部队的人，以及他们的家人，对于过去这几十年的看法可能与我们截然不同。在我们考察罗马时代的证据时应牢记这一点。若我们在假定的"罗马和平"的极盛期发现帝国之内的某处存在暴力甚至战争的证据，我们也不应太过惊讶。重要的是了解冲突的规模和频率，并判断它们对广大民众的生活影响有多大。答案大概不会简单，但这就是问题的核心。就算是在现代世界中，和平也弥足珍贵。如果罗马人真的创造了使大多数行省都享受到了较长时间的和平的条件，那么这一成就就是非常值得研究的。

我是个历史学者，这本书是就过往的某一方面进行理解的一次尝试。本书无意谴责罗马或其他任何帝国，抑或为其辩解，而是试图解释历史上发生了何事以及为何会发生。我也无意将罗马与任何其他帝国强权进行细致入微的比较，更不要说以史为鉴，为今人挖掘历史教训了，毕竟其他人比我更有资格做这样的事情。不少人仅凭对罗马或今日世界的一知半解，就大胆地肯定说罗马人的经验证明了这个或那个。以史为鉴并非不可为，但在得出结论之前，谨慎地理解某个历史时期才是明智之举。本书即为这样的目的而作。

导　言

比战争更崇高的荣耀

> 在时间和空间中，我不为他们［罗马人］设定边界，而是赐予他们无尽的帝国。
>
> ——朱庇特的宣言，出自维吉尔①《埃涅阿斯纪》，
> 公元前 1 世纪 20 年代 [1]

罗马和平

> 若要指出世界历史中哪一个时期，人类最为繁荣幸福，我们将毫不犹豫地说是从图密善被弑到康茂德即位［即公元 96—180 年］。幅员辽阔的罗马帝国受到绝对权力的统治，其指导方针是德行和智慧。[2]

爱德华·吉本高度评价了罗马帝国的鼎盛时期，并通过它突出了其作品的主题——罗马的衰落与败亡——的重要性。从 18 世纪晚期的角度看，这个观点并非全无道理。在吉本时代的欧

---

① 普布利乌斯·维吉利乌斯·马罗（Publius Vergilius Maro），一般译为维吉尔，奥古斯都时代的古罗马诗人。

洲，遍地是醉心于争夺权力的大小王国，战祸频仍。与此同时，北非与西亚则相对落后，尽管这么说可能有失公允。而在罗马的统治下，上述地区曾经构成一个整体，共享同一文化，即精致的希腊-罗马文化。罗马帝国拥有一个被"自由"的薄纱轻轻掩盖着的君主制度，但如果在位君主是一位正直强干之人，这个制度有能力给全体居民带来福祉。罗马人留下的神庙、大道、引水渠、竞技场和拱门在吉本的时代仍然随处可见，提醒着人们罗马往日的繁荣。直到今天，我们仍然看得到这些罗马建筑中的大多数。几个世纪以来的考古发掘不仅使罗马遗迹的数目大大增加，还向我们提供了许多前人不曾见过的罗马人遗物。罗马帝国的繁荣要归功于和平的环境。军队护卫的边境之内，战事消失得无影无踪。这就是所谓的 Pax Romana，即"罗马和平"，是它造就了笼罩当时已知世界大部的盛世图景。

许多现代人都会惊叹于罗马人的工程技艺和罗马世界表面上的现代性。但与罗马社会的复杂与成熟并存于现代人印象中的，还有罗马生活的堕落、浮华之下残酷的大规模奴隶制、野蛮的角斗士娱乐活动，以及邪恶而疯狂的皇帝们的异想天开和个人暴行。尽管如此，罗马边境之外的世界还是给人一种凄冷阴郁的印象。罗马是一个开化的世界，诸如哈德良长城这样的防御工事则划定了其疆界。哈德良长城是罗马人留下的又一座丰碑，它蜿蜒穿过诺森布里亚群山，提醒人们想起一个失落的帝国。事实上，长墙这类防御工事在罗马历史上并不常见，而拥有明晰的线性边界也并非常态。罗马帝国崩溃后，欧洲进入黑暗时代，教育与知识几乎被遗忘，战乱与暴力也取代了和平成为这片大地的主宰。

对吉本和他的同时代人来说，和平是难能可贵的；而对今天的我们来说，和平同样珍稀。因此，如果罗马人当真在如此广袤的土地上创造出了长期的和平，那么我们就有必要解释一下这个现象。对和平的赞美是古代世界的作家——无论是希腊人还是罗马人——的常见主题，他们都将频仍的战事视作理所当然。拉丁语中的 pax 一词在公元前 1 世纪的含义非常接近我们今日所谓的"和平"。古代诗人赞美和平，经常称它是最理想的状态，罗马皇帝们更是自诩为和平的维护者，在谈到帝国带来的好处时，有时会用到"罗马和平"这个短语。罗马人同样经常谈论胜利的荣耀。拉丁词语 imperator 是英文 emperor（皇帝）一词的词源，本意是"得胜的将军"①，而军事失败会严重影响皇帝的声望，无论其本人是否亲自参与战斗指挥。

战争在罗马历史中扮演着至关重要的角色。罗马人经历了无数次战争，用利剑征服了从大西洋到幼发拉底河、从撒哈拉沙漠到不列颠北部的庞大帝国。即使在今天，其疆域之大也仍然令人印象深刻。在罗马人之后，没有任何一支势力可以控制地中海沿岸的所有土地，更不要说罗马人是在不具备现代通信和交通手段的情况下实现的这一点。更加引人注目的是其国祚之绵长。作为罗马的第一个海外行省，西西里在长达 800 多年的时间里处于罗马人的控制之下。在最晚被罗马收入囊中的地区之一不列颠，罗马人的统治也维持了三个半世纪。自认罗马正朔的东罗马帝国寿命更长，因此在有些地区，"罗马"的统治可说长达 1500 年。曾有某些领袖和国家，其势力扩张得比罗马更迅速，比如亚历山大

---

① 虽然 imperator 一词确为军事将领头衔，并于元首制时期成为元首获得的头衔之一，但本词来源于动词 impero，即"下命令、指挥"。因此 imperator 的字面意思应为"下命令者、指挥者"。

大帝和成吉思汗，少数强权控制的土地比罗马帝国更加广袤，例如曾经占领近四分之一个世界的不列颠帝国，然而它们没有一个像罗马帝国这般长寿，其对后来的历史的影响是否如罗马人那般深远也是值得商榷的。

　　罗马人好战而具有侵略性。然而不言自明的是，少有帝国不以战立国、以武存续。尽管我们不可能得出准确数字，但是却可以肯定地说，几个世纪之内，在罗马人参与的历次战争中，数以百万计的人被杀，数百万人沦为奴隶，更多的人则生活在罗马的统治下，无论他们是否愿意。罗马人是帝国主义者。英语中的 imperialist（帝国主义者）一词与 empire（帝国）一样脱胎于拉丁文单词 imperium①，尽管罗马人在使用这个词时其意义与今天的 empire 有些微妙的区别。再一次地，这么说只不过是在陈述显而易见的事实。罗马人的成功证明了他们善战，证明了他们擅长制定各种政策以统治其他民族。历史上的其他帝国也做了大同小异的事情，尽管没有哪个帝国像罗马人这般善于将异族融合在自己体内。当帝国的统治在地中海西部地区崩溃时，没有一个行省显示出哪怕一丁点独立的倾向，这与 1945 年后帝国主义列强摇摇欲坠之时的殖民地独立浪潮形成了鲜明的对比。当整个罗马统治体系已腐朽不堪时，行省居民仍然渴望维持罗马人的身份。对他们来说，一个没有罗马的世界不仅无法想象，而且毫无吸引力。

---

① 拉丁文中 imperium 一词的含义在罗马历史的不同时期不断演变。在共和国初期，imperium 指军权或指挥权；共和国末期的 imperium 可用来指权力、权势，imperium Romanum 即"罗马的权势"；imperium 的含义随后被具象化为"帝国"，imperium Romanum 便成了"罗马帝国"。

罗马人的统治时间太长，以至于被征服土地上的居民关于罗马征服之前的记忆往往是模糊的。在罗马的领土上，叛乱惊人地少见，而且往往都发生于征服之后的一两代人之内。在帝国的鼎盛时期，大部分罗马军队驻守在边境地带的边缘。一位公元 2 世纪的希腊演说家将军人比作护卫帝国的城墙，仿佛整个帝国就是一座城池。战事并没有消失，但是基本上都爆发于边境地区，而同时期的内地行省则只有少量驻军，很多地区甚至完全见不到成建制的罗马军队。在一个世纪甚至更长的时间里，帝国大部完全远离了战争。

上文所述至少是传统的观点，并且大体上反映了大众对罗马的看法。学术观点的变化要频繁得多。这样的描述对任何一位从事这一时期研究的历史学者或考古学家来说都是不全面的，甚至是完全无法接受的。就目前而言，我们只能说，事实远比这个笼统的概括性描述要复杂得多。但即便如此，毫无疑问的是，罗马持久的统治的确使帝国的大部分地区没有经历过任何重大的军事活动，更不用说长时间的公开战争了。

重要的是，我们必须记住这一现象在整个有记载的历史中是多么罕见，特别是在罗马控制的这些地区。在那之后，西欧、北非或近东从未享受过一个世纪的远离大规模冲突的时光，而战争往往是远为普遍的状况。在过去半个世纪左右的时间里，我们这些生活在西方世界的人太容易认为和平是理所当然的，我们以为和平就是自然规律。我们的时代太过繁荣，我们受到的教育太过良好，我们的社会太过先进，以至于我们无法容忍战争将这一切击碎。外交事务在决定我们的选举结果方面显得无足轻重，更不用说和军事有关的决定了。[3]

在某种意义上，这可能与许多罗马帝国居民的体验相差不远。如果的确是这样的话，和平最初也几乎完全出于偶然。罗马人并没有怀着开创和平盛世的初衷走上征服大半已知世界的道路。罗马的扩张源于利益的驱使，罗马人乐于公开谈论帝国为他们带来的财富和荣耀。当然，罗马人也经常将和平视作最宝贵的事物。公元 1 世纪初，诗人奥维德①曾提及一个用于纪念和平的建筑，此处特指奥古斯都皇帝带来的和平。他期望，和平女神"恩泽全天下，使得既无敌手，也无食物可以成为欢庆胜利的理由，而首领们将被赐予比战争更崇高的荣誉。愿士兵们的武器只用于抵御入侵者……！愿地不分远近，皆恐惧埃涅阿斯的子孙，何处不惧罗马，便必定热爱罗马"。[4]

奥维德是最不尚武的古罗马诗人之一，尽管如此，他口中的和平依然是随罗马的胜利而到来的和平——在和平降临之前，敌人应该或被击败，或被劝服接受罗马的统治并表达出对罗马的"热爱"。这不是建立在平等和相互尊重之上的和平。稍早于奥维德，维吉尔如是告诫同胞："记住，罗马人，你们应以权威统治各族，使和平成为习惯，你们应宽恕被征服者，战胜高傲者，因为这些都是你们的天赋。"[5]拉丁语中的动词 pacare 与代表和平的 pax 一词词根相同，意味着"使之平静"，这个词经常被罗马人用来指代对外族的侵略战争。"罗马和平"的前提是罗马的胜利与征服。罗马人之所以作战，是因为这样有益于罗马，而且是为了保障自身的安全，至少罗马人自己是这么认为的。只有在征

---

① 普布利乌斯·奥维狄乌斯·纳索（Publius Ovidius Naso），一般被译为奥维德，古罗马诗人，作品多反映爱情与生活。

服了一片土地之后，罗马人才会想到他们有责任给予被征服者良好的统治，有责任在行省内营造出和平安全的环境。和平的责任并不会改变罗马人以霸权谋利益的赤裸裸的愿望，而只是对其的补充。和平促进了繁荣，而繁荣则意味着更多的税赋和其他收入。

罗马人将他们所知道的全部三大洲——欧洲、亚洲和非洲——的大片土地收入囊中。在维吉尔的诗篇中，他让朱庇特向罗马人许诺了 imperium sine fine，即没有边界和尽头的帝国或权力。至于被征服者，无论他们情愿与否，都被赐予了"罗马和平"。赐予他们和平的方式则是无情残暴的战争或武力胁迫，亦即制造塔西佗口中那被称为"和平"的荒凉。罗马人很清楚其他民族并不总是情愿向他们俯首称臣，但这不意味着罗马人会认真地质疑其扩张的合法性。

罗马人是好战且具侵略性的帝国主义者，他们利用他们的征服来谋利。时至今日，帝国不再得到广泛的赞赏，在西方的学者那里更是如此。英国自身的帝国过往很大程度上被忽视了（除了少数微小的话题和时期，作为一个整体的英帝国史的确遭遇了被冷落的命运），关注这段历史的人也往往带着一种怀有强烈敌意的目光。在美国，试图将本国的现状与历史上的帝国进行对比的尝试往往会引起争议，无论这个帝国是英国、罗马还是其他。这些争议反映了美国人对他们的国家应在世界上扮演什么样的角色所持的不同看法。然而在一个世纪以前，西方世界的大多数人——尽管不是所有的人——还有一种模糊的感觉，认为帝国可以是并且往往是正面的。如今，情况恰恰相反。美国及其盟友干预他国事务的举动很容易被批评为帝国主义行径，批评的声音不仅来自美国的对手以及盟友，甚至还来自其国内民众。

　　然而我们若持这种见解，那就是在用一种过度简单化的观点取代另一种同样简单化的观点。对于帝国的反感往往使人过度怀疑它的成就。近期，无论罗马共和国还是帝制下的罗马，其国家机器的效率都遭到了大量学者的质疑。考古学家们过去热衷于谈论各行省的罗马化进程，如今往往带着令人惊讶的热情否定"罗马化"这个术语及其背后的概念。学者们质疑罗马的统治到底造成了多大的影响和冲击，而任何抵抗罗马的迹象，无论在政治还是在文化领域的，都被赋予了更大的重要性，几百年的帝国统治被视为反常情况。在学者们的笔下，罗马人与其说是文明传播者，不如说是一群残暴的剥削者。受这一质疑的风气影响，有关"罗马和平"的任何事实都受到怀疑。夸耀为世界带来和平只不过是为帝国统治辩护的宣传手段，而在和平的薄纱下，四处可见地区性的盗匪行为、抵抗运动和罗马当局实施的残酷镇压。许多现代学者对罗马世界的观点是相当负面的。有人甚至将罗马帝国的历史简单概括为"暴力掠夺"的历史。下文引用的描述虽不那么极端，却仍然尖刻：

　　　　罗马人声称行省居民享受到了持续的和平，这当然是夸大其词，而且有些罗马人也对此心知肚明。暂且不说几乎已成为古代社会之共性的日常暴力，罗马治下的行省免不了遭遇叛乱和内部冲突，而这些冲突往往比罗马皇帝准备正式承认的更加严重。罗马不得不平定行省的乱局——不是一劳永逸，而是反反复复。行省生活远非和平盛世。[6]

上述评论中仍然可见一丝"罗马和平"的痕迹，然而其程度极其有限，尽管作者承认所谓的"日常暴力"并非罗马独有。另一种常见观点则承认罗马帝国大部分地区享受了长久的和平，但认为和平的代价对行省人民来说过高："罗马和平是持久的事实，尽管对人口中的大多数来说，这无异于圈中牲畜享受到的和平——维持和平的唯一目的是从家畜身上获利。"[7]

然而，罗马帝国在空间上的广袤和时间上的长寿是无可辩驳的。这就使上文引述的观点在假定罗马帝国的许多甚至多数行省在遭受着无休止的压迫、动乱和大规模流血事件的同时，却使罗马的绵长国祚很难得到解释。这种观点必须假定罗马人比我们想象得更加精于统治之术。此说一旦成立，将使我们对这一时期的理解产生深远的影响。其他学者则尝试如此解释：罗马的长寿是更广泛的因素共同作用下出现的偶然结果，这些因素促使众多地区加入统一的地中海经济体当中。然而持续好几个世纪的成功不可能仅仅出于偶然，况且即便此说成立，也需要解释为什么是罗马而不是其他文明统治了地中海世界。

帝国的大部分地区都表现出了显著的繁荣，这并不意味着财富与舒适的生活平等公正地惠及了每一位居民，但至少证明各行省并未遭受残酷到足以使其化为废墟、使其全部居民陷于贫困的剥削。这并不是否认剥削现象的存在。罗马世界的大部分地区在很长一段时期内没有有关战争的明确证据。若要说有战争，其存在只能从蛛丝马迹中推测，或者干脆断定罗马人的宣传包含着大量的虚假信息。关于地方叛乱的假设，对大多数行省和大多数时期来说，都很难得到证明。同时还有如何解释低烈度暴力的问题，以及这些暴力事件是否得到了罗马的容忍，还是它们被认为是无法根除的。学者们普遍认为帝国境内盗匪猖獗，却很难列举直接证据。

罗马人及其帝国的历史包含了大量其治下各地区的历史。在罗马统治下，这些地区的生活显然与之前和之后都截然不同。此时有必要再次审视"罗马和平"，尝试理解其真正含义，并考察罗马人统治的帝国是否果真享受着和平与稳定、战火是否果真被驱赶到了已知世界的边缘地带。为了回答这些大问题，我们应了解罗马帝国如何建立、如何运行。更重要的是，尽管绝大多数遗留至今的证据都出自帝国当权者之手，我们必须在同等程度上考察罗马人和被征服人民的体验。

我不奢求能够细致考察罗马强权或罗马的直接统治会给当地居民的生活的每一方面带来怎样的变化，因为这个主题是如此广泛和复杂。大多数相关的证据来自考古发现，而它们会因每个地区的考古发掘、调查和其他相关工作的数量和质量不同而有所变化。关于一些行省，我们所知的远远多于其他行省，而我们的知识又往往集中于这些行省的某些特定地区、某个特定类型的定居点或者某些仪式或葬礼。分析这些信息以描绘出此行省的大致情况，并将其与前罗马时期进行对比以期辨别罗马统治带来的变化，并不是一件简单的事。在西部各行省的考古发掘中，给罗马时期的考古发现断代要容易得多，因为罗马人会留下铸币以及风格快速变化的陶器和其他物品。然而前罗马铁器时代的社会变迁远不如罗马时代那样容易辨别。所有的信息都需要经过解读，不同的解读之间往往有根本性分歧，并且经常会被最新的考古发现以及研究方法推翻。我已经努力做到客观公允，但我提出的观点仅为一家之言，其他人的观点很可能有所不同。

本书将提出一个概述，并尝试阐明罗马帝国居民的生活体验将会在怎样的范围内波动，但我无法指望本书的叙述详尽无遗。若读者有兴趣进一步研究本书仅能做到浅尝辄止的话题，可以参考尾注中列明的相关作品，它们中的每一部分都将为想要深入了解相关领域的读者提供有助益的参考。尾注中本应容纳却未能囊括的书籍和论文还有很多，而且如往常一样，应当承认我从其他学者的作品中受益良多。我的目标是向读者展示最重要的材料和观点，不仅要阐明我们所知之事，而且应指出何事于我们仍然未知。在关于古代世界的叙述中，几乎每一句话都是应该被限定的。我希望展示给读者足够多的证据和解读证据的方法，以帮助读者形成自己的观点。

同理，如果有人问起罗马帝国是好还是坏，我的回答将是不存在一个简单的答案。"罗马帝国若不存在，历史会怎样"这种假设是没有意义的。尽管如此，我们也应记住，在古代世界，罗马远不是唯一一个具侵略性的帝国主义国家。我们不应将行省和帝国境外居民的形象过度理想化，却对罗马人冷眼相待。重点是考察每个地区在罗马占领之前的战争频繁程度，以判断情况有所改善还是变得更糟。帝国已经不再时髦。以现代眼光来看，罗马社会的许多方面都显得陌生而令人不快，但对罗马的厌恶不应自动转化为对非罗马人的同情，更不应让我们否认罗马人的一切成就。另一个同样具有误导性的趋势是过分关注罗马的帝国主义、战争或大战略，以至于使一切非罗马的参与者都沦为完全被动的角色。世界上还有许多其他的民族、国家和领袖，他们也有着自己的目标、雄心和恐惧。

罗马人比他们的对手更成功，创建了一个庞大的帝国，并将其统治维持了相当长的时间。罗马人的影响力遍及各个行省，甚至远播帝国边界之外。那么，罗马帝国在何种程度上维持了内部的和平？这一问题，必须与罗马为此付出的代价一并考察。另一个更值得思考的问题是，帝国给居民的生活带来了什么变化。因此，无论罗马和平的真实含义是什么，任何关于罗马和平的讨论都应被置于罗马征服的大背景下，并以理解帝国的运行方式作为前提。无论罗马的领袖们有怎样的雄心壮志，罗马国家的行政机器和军事能力都限定了罗马的成就。虽然本书以和平为主题并偶尔谈及国防，但必定同时涉及征服、侵略、战争、暴力和剥削等话题，因此在本书的开端，罗马人将作为征服者而不是帝国统治者出现。

卷一

共和国

I

罗马的崛起

罗马人征服的不仅仅是世界的某一部分，而是几乎整个世界（他们拥有的帝国在广袤程度上不仅前无古人，而且绝对后无来者）……罗马人，于汉尼拔战争中击败了迦太基之后，自信他们的扩张步伐中最艰难和最重要的一步已经获得成功，于是便大胆地首次将触角伸向其他地区，并派出军队攻略希腊以及亚洲大陆。

——波利比乌斯，希腊历史学家，公元前 140 年 [1]

起 源

在第一位皇帝诞生之前很久，罗马人就拥有了一个帝国。然而曾几何时，罗马只是意大利众多城市中的一座，或者更具体地说，是位于拉丁姆地区的一个拉丁部落。拉丁人并不是统一的民族，而是一个使用共同语言的群体。他们的定居点在许多方面都类似于他们的近邻，例如埃特鲁里亚人 ① 和以卡普亚为代表的希

---

① 埃特鲁里亚地区（Etruria）位于拉丁姆地区以北，其居民被罗马人称为 Tusci 或 Etrusci，是使用非印欧语系语言的民族，其起源不明。

腊殖民城市。罗马城的历史可以追溯至公元前 8 世纪。后世的罗马史家宣称他们的城市始建于公元前 768 年，而罗马诞生的实际时间也应距此不远。在古代流传着这样的故事：城市的创建者罗穆路斯和雷穆斯两兄弟是战神马尔斯之子，受母狼哺育，由牧民养大成人。然而关于罗马城早年的确切历史，今人仍然所知甚少。罗马人直到公元前 200 年前后才开始书写历史，希腊人的史学传统固然起点更早，然而我们知道，希罗多德也是在波斯人于公元前 479 年输掉了希波战争之后才开始撰写历史的。对希腊人来说，公元前 8 世纪至前 7 世纪的本民族历史已然晦暗不明，并且充斥着传奇故事和英雄事迹。至于罗马人，他们自然对自身起源的切实历史也不甚了解。

这并不是说早期罗马人没有为我们留下只言片语，因为他们中的某些团体从很早就开始使用书面文字。保存至今的有早期罗马的法律条文，还有祭坛、神庙和纪念战争胜利的建筑上的献辞。此外，罗马人还有着深厚的口述历史的传统。关于过去的歌谣和故事口口相传，它们中的许多篇章流传于罗马的显贵家族，不可避免地夸大了贵族祖先的功绩和德行。我们没有充足的理由怀疑后世的罗马传统史学家提供的关于罗马城早期历史的基本脉络，尽管在他们的叙述中，许多事件和人物或是虚构的，或是被篡改得面目全非。我们可以有把握地说，国王们在最初的几个世纪里统治着罗马，发生于公元前 509 年的最后一位国王被逐事件以及共和国的建立有着可靠的事实基础，尽管围绕这些事件所发生的故事充斥着浪漫主义元素。[2]

在罗马史家对于王政时期和共和国历史的叙述中，战争是永恒的主题。毫无疑问，这个时期的武装冲突普遍规模较小，敌人往往是罗马的近邻，多数冲突仅限于以劫掠牲畜、俘虏和财物为目的的袭击。无论是罗马人主动攻击还是受到攻击，冲突的形式都是如此，只有偶尔才会发展成更大规模的战斗。年复一年，罗马人面临的总是同样的对手，而这也说明没有任何一方可以在对手身上取得永久胜利。不同族群间的接触并不总是会导致冲突，近邻之间同样会进行和平的贸易和交流，以便交换物资和技艺。在共和国建立的第一年①，罗马就与当时的贸易帝国、核心地带位于今日突尼斯的迦太基签订了一项协议。协议文书以上古拉丁语书写，其副本被遗忘于罗马官方档案之中长达近 350 年，最终被希腊历史学家波利比乌斯读到。协议主要关注的是罗马人在迦太基领土上旅行时享有的权利和受到的限制，这同时也向我们指出当时的罗马商人的活动范围有多大。[3]

时光流转，罗马逐渐繁荣壮大。其人口增长不仅仅依靠自然增殖，也归因于其不同寻常的吸收外来族群的意愿和能力。关于罗马早期的神话传说中并不只有战争行为，外来者加入罗马社会的故事同样屡见不鲜：罗穆路斯在意大利流浪者和无家可归者中招募城市最初的居民，并抢夺萨宾妇女作为罗马男性的配偶；进入共和国时期，则有显赫的克劳狄乌斯家族率门客举族归附。罗马的权势日益增长，并成了拉丁城市中最强大的一个。前文提及的公元前 509/508 年与迦太基签订的协议就提到了 5 个其他的与罗马结盟的拉丁聚落和"任何其他臣服于罗马的拉丁人城市"。这显然不是一种平等成员之间的联盟关系，而是标志着一个地区强权的崛起。[4]

---

① 罗马传统史学认为共和国成立于公元前 509 年。

罗马作为一个强邻施加的强制力量只是其他城邦接受罗马霸权的原因之一，同样构成原因的还有这些城邦面对切实的外在威胁时寻求保护的需要。公元前 6 世纪晚期到前 5 世纪的意大利远非太平之地，埃奎人①、沃尔斯奇人②和萨莫奈人（讲奥斯坎语的亚平宁山地民族）开始向更肥沃的沿海地带推进，而高卢部落也于同时进入意大利北部。不少拉丁人、埃特鲁里亚人和希腊人的城市都遭受了这些民族的入侵，希罗多德就曾将公元前 473 年希腊大城塔伦图姆③（今日的塔兰托）面对其中一支入侵者时遭受的战败称为"希腊人有史以来遭受的最严重的苦难"。5

罗马在入侵浪潮中生存了下来，甚至还有余力保护自己的同盟者。然而在这种危险时期，战争变得更加残暴，而随着其强权的崛起，罗马也越来越愿意采取果决的行动。公元前 396 年，罗马人洗劫了一座埃特鲁里亚城市维伊，并且屠杀了其中的大部分居民，一劳永逸地结束了自罗马的最初岁月一直持续至此时的与这座城市的恩怨纠纷。维伊占据着易守难攻的天然地势，距离罗马几乎不到 10 英里，而这段距离再次说明了这场早期战争的规模很小。根据罗马传统史学的叙述，对维伊的围攻持续了 10 年之久。尽管这次战役可能的确持续了较长时间，但 10 年这个数字很可能为罗马历史学家所虚构，其目的是使对维伊的征服与史诗中对特洛伊的 10 年围攻相提并论。围困维伊期间，罗马第一次为自己的士兵支付军饷，这表明这些罗马士兵被要求长期在远离他们的农场的地方持续服役。战后，维伊的领土被永久地并入

---

① Aequi，居住于拉丁姆地区东北山地的意大利部落。
② Volsci，定居于拉丁姆地区东南的意大利部落。
③ Tarentum，希腊人在意大利东南海岸建立的殖民城市。

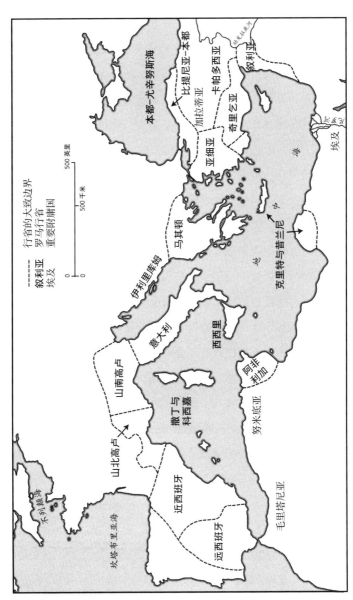

公元前 60 年的罗马共和国及其势力范围

* 本书地图系原书插附地图。

罗马人民的公共土地，即所谓的 ager Romanus①。 6

公元前390年②，一群高卢战士轻而易举地击溃了一支罗马军队并洗劫了罗马城。后世的罗马史学家试图掩盖耻辱，声称罗马的守卫者自始至终一直坚守着卡皮托利努斯山，但他们也承认侵略者收了贿金才离开。这件事提醒了人们，在这几个世纪中，意大利是一个何等危机四伏的世界。对罗马人来说，值得庆幸的是这伙高卢人只是一群雇佣兵，他们只想趁机大肆劫掠一番，并不谋求长期占领征服地区。入侵者离开后，罗马渐渐恢复了，然而这段黑暗时光的痛苦记忆却长久地印刻在了罗马人的心上。证明高卢入侵给罗马人带来创伤的一个显著迹象是，罗马在入侵者撤走不久后就耗费巨资建造了 7 英里长的石墙，这使罗马在同时期的意大利城市中成为被围起来的区域面积最大的一个。 7

接下来的几十年中，一些拉丁城市开始反抗罗马。它们或者认为罗马的实力已不如往昔，或是对其统治地位心生怨恨并且认为其虚弱使自己有机可乘。其他拉丁城市则保持与罗马的同盟，与罗马人并肩战斗，击败其他的拉丁人。公元前 340 年，一些拉丁城市结成同盟反抗罗马，但在两年后被击败，并且此后拉丁姆地区再没有出现过这样的尝试。接下来的半个世纪，罗马人对埃特鲁里亚人、萨莫奈人和高卢部落发动了更大规模的战争，包括在公元前 296 年与上述三方结成的同盟进行的战争。屡屡遭受失

① 拉丁文，意为"罗马土地"。
② 奥古斯都时期的罗马历史学家提图斯·李维（Titus Livius）记载此事发生于公元前 390 年，而希腊历史学家波利比乌斯和西西里的狄奥多罗斯（Diodorus Siculus）则称高卢入侵发生在公元前 387 年。目前学界对此事件的具体年份仍存有争议。

败、有时甚至惨败的罗马，最终还是占了上风。罗马征集的公民组成的军队最终战胜了其他族群的公民兵和战士。罗马人善于学习他们的对手，采纳敌人的战术和装备，并且在面对每个对手的时候都采取最奏效的作战方式。

罗马共和国的疆土已远远超出了罗马城及其周边地区。罗马公民权被授予忠实的同盟者和释奴，尽管后者的公民权是不完整的。通过这种方式，在公民数量上，罗马远远超过了意大利甚至更大范围内的其他任何一个城邦。另一些罗马的同盟者被授予拉丁公民权。这时的所谓拉丁公民权，已然与民族或者语言无关。罗马在被征服的土地上建立殖民地，有些位于战略要地，有些则紧邻良田沃土。殖民地定居者既有罗马人也有拉丁人，尽管殖民地的所有居民常常被授予拉丁公民权①。[8]

虽然共和国的成长自殖民过程中获益良多，但外族的加盟在其中发挥的作用更为重要。尽管被罗马击败的对手们有时会从政治舞台上消失，但在绝大多数情况下，他们会转变为服从罗马的同盟者。或早或晚，他们都会被授予拉丁权利甚至罗马公民权。希腊城邦极为珍视自己的公民权，它们之中即使最小的城市也决心保持独立的身份。尽管发生过拉丁社群拒绝获得罗马公民权的情况——罗马元老院最终尊重了这些拉丁人的决定，但多数时候，人们都会欣然接受。结果，罗马城邦发展了起来，甚至使希腊最大的城邦相形见绌。在其民主政治和海外帝国的鼎盛时期，雅典在赋予公民权一事上非但没有变得更慷慨，反而更吝啬。最

---

① 罗马人建立的殖民地多数为"拉丁殖民地"（coloniae Latinae）。若罗马公民移居拉丁殖民地，将会失去罗马公民权而获得拉丁公民权。只有"罗马公民殖民地"（coloniae civium Romanorum）的居民可以保留罗马公民权。

终，雅典吹嘘其所拥有的男性公民人数最多不超过 6 万，其中不到一半人拥有足够的财产将自己武装为重装步兵，这是构成雅典军队主力的力量。一支雅典野战部队能拥有上万名重装步兵就已经很了不得了。[9]

公元 1 世纪的作家老普林尼宣称公元前 392 年的罗马拥有 152 573 名公民，尽管这个数字有可能包括妇女和儿童。有些学者倾向于认为这个数字或有夸大，但希腊历史学家波利比乌斯提供的公元前 225 年的公民人数应更为可靠。这个数据仅仅包括服兵役登记的男子数量。尽管这显然是经过取整和高估的数字，但最起码可以让我们对当时的罗马人口规模有个概念。波利比乌斯称罗马有 25 万名公民可作为步兵服役，同时有 2.3 万人可作为骑兵服役。同一时期共有 28 个拉丁殖民地，拉丁公民共可提供 8 万名步兵和 5000 名骑兵。加上所有其他同盟者，理论上罗马共和国可以征召的部队总数达到了惊人的 70 万步兵和 7 万骑兵。在 7 年后开始的与汉尼拔的战争中，罗马展示出的军事动员能力清楚表明波利比乌斯没有夸大太多。[10]

共和国

罗马虽然比其他所有城邦都更加庞大，但在制度方面却与意大利和希腊世界的许多其他城市没有太大的区别。拉丁殖民地和罗马的同盟城市也是如此，每个城市自行处理内部事务，选举行政官员，制定自己的法律。但罗马不允许这些城市进行独立的外交活动，而且也不鼓励它们之间相互往来。这些城市中的每一个都是罗马的同盟者，而罗马共和国远不仅仅是一个共同联盟之中的强大成员，而是联盟一切事务的中心。尽管如此，同盟者并不向罗马纳税，罗马也不干涉同盟者的日常事务。同盟城市的唯一义务就是在有需要时提供部队。同盟者的战士被编为独立的作战部队，但处在罗马人的统一指挥之下，并遵守罗马军队的规章。罗马人会对同盟者部队的违纪行为施以重罚，但也会支付他们的军饷。

罗马野战部队至少有一半由同盟者士兵组成，而且这个比例常常会更高。根据波利比乌斯提供的数据，拉丁人和其他同盟者提供的人员占罗马人力资源总数的将近三分之二。同盟者，尤其是拉丁人，以共和国之名抛洒鲜血，但同时也在胜利之后分享战利品。因此，随着罗马的扩张，这一代罗马人的敌人，到了下一代就成了与罗马人并肩作战的战友。他们中的有些人成了罗马人，而他们所有人都在从属于罗马这样一个更强大的军事强权之后获得了更多的安全保障。从本质上讲，做罗马的同盟者比与罗马为敌要安全。[11]

与政治频繁动荡的其他城邦相比，罗马共和国显示出了显著的政治稳定。罗马内部同样存在着尖锐的社会矛盾，但罗马人最终总能找到解决方案，让社会中的大多数群体满意。罗马社会的精英阶层逐步扩大，远远不限于最初由世袭贵族家庭组成的小圈子，与此同时行政官员的权力也不断地得到限制。共和国政治制度基于一个原则，即防止任何个人或群体获得永久的至高权力。一切政治生活都在罗马城之内进行，公民若要参与政治活动，就必须亲临罗马城。这一事实并没有随着罗马公民队伍的扩大而改变，因此能够投票或竞选官职的公民仅限于罗马城内和城郊的居民，以及有足够的财富、时间和意愿远道前来的人。

　　选举产生的官员与行政官吏共同服务于国家。最重要的官员是两名执政官，他们的任期只有 12 个月，他们的姓名被用来命名他们任职的年份。每个政治年度开始于 3 月（March）——以战神马尔斯（Mars）命名的月份。执政官首先是军事首领，选举他们的是罗马公民大会，其组织形式是根据早期罗马军队的组织构建的①。随着时间的推移，出现了防止执政官连任的法律，最终则为同一人两次当选执政官之间设置了 10 年的最小间隔，并出现了执政官候选人年龄不得低于 42 岁的规定。尽管如此，少数贵族家族产生了与其数量不成比例的执政官，这一方面是因为为数众多的选民与这些家族之间有着政治义务的联系，另一方面也是由于选民们更倾向于将票投给拥有熟悉姓氏的候选人。圈外人很难获得执政官职位，尽管这始终是并非不可能的。虽然如此，选举竞争仍然十分激烈。由于一年只产生两个执政官头衔，因此它们只是少数元老可以获得的殊荣。[12]

　　执政官在任期之内竭尽所能追逐荣誉，不仅意在提高个人威望和地位，也是为了增添家族在选民之中的影响力。在战场上击败共和国的敌人意味着最高荣誉，最理想的莫过于获得举行凯旋式的嘉奖，得胜归来并率领将士游行穿过罗马城的心脏地带。凯旋式的主角乘坐战车，盛装打扮成"至善至大的"朱庇特（Jupiter Optimus Maximus②）的模样，涂着赭红色颜料的脸俨然

---

①　即百人队会议，拉丁文为 Comitia Centuriata。所有选民被划分进 193 个百人队中，以百人队作为投票单位。与此同时，所有公民被按照财产多寡划分为不同阶层，但财产最多的第一阶层和骑士阶层合计提供 98 个百人队，已超过总数的一半，因此在百人队大会中富裕阶层的影响力远大于贫穷阶层。

②　朱庇特的众多称号之一。

泥塑神像。某一时期出现了这样的传统：一位奴隶站在将军的身后，轻声对他耳语，提醒这位凯旋式的主角只是个凡人。凯旋式虽短暂，它带来的荣光却使胜利者流芳后世，胜利者的门廊前将挂起月桂冠，提醒每位来访者主人曾获得怎样的荣誉。贵族家庭不放过每一个炫耀当代或已逝的家族成员荣耀的机会。葬礼是公开的活动，主办者雇佣演员佩戴着葬礼面具和逝者祖先的职务标志。在葬礼上不仅仅讲述逝者的事迹，同时也回顾他的祖先的功德，以暗示同一家族的后代若获得选民青睐，将会取得怎样的成就。[13]

执政官握有"大权"（imperium），这使他们得以掌兵和主持司法公正，但这些权力在他们任期届满时也自动终止。在执政官或其他官员的主持下，公民们组成议事会议，决定宣战或讲和、通过立法和选举公职人员。与雅典和其他民主城邦不同，罗马的公民大会只能针对议案投赞成票或反对票，而不允许公民们开展辩论或自主提案。元老院才是讨论的场所。元老院有 300 名左右的成员，其职责是为执政官提供建议。元老们皆为年长且富有的男性——他们的另一个称呼是 patres（父亲们）。元老不经选举产生，而是由监察官（censor）选拔。监察官同时有两位，他们的主要职责是每 5 年进行一次普查（census），将每一位公民和他的财产数量登记在册。

一切外交事务以及相当多的国内事务都在元老院的监督下进行。外国的统治者、族群或国家机构派出的使团在来访罗马时也由元老院接待（古代世界中，没有任何国家会在另一个国家设置永久性的外交机构，哪怕对方是举足轻重的强大势力）。元老院负责确定执政官在一年任期之内的主要任务，并给他们分配

provinciae①，即"行省"（provinces）。但在此时，provinciae 一词指的不是地理行政单元，而是一定的职责范围，例如"负责与萨莫奈人交战"。元老院还将决定执政官可动用多少资源，以及本年度中有多少军人可供其调度。元老院关于一切这些事务的决定反映了显赫人物，特别是执政官的当前影响力，以及基于共和国的福祉——关于这福祉是什么，不可避免地有不同的看法——做出的务实评估。尽管元老们在一些总体目标上显然存在着共识，例如，其中最明显的就是保卫和扩张罗马权势，但我们并不能据此认为元老院追求的是清晰和一以贯之的长期政策。

军团（legio）一词最初的意思是"征兵"（levy）②，指的是从罗马人民中征召而来的全部军队。随着时间推移，罗马公民数量增长，每位执政官都被分配到自己独立统率的军团。到了公元前 3 世纪，每位执政官麾下部队一般由两个军团组成。军团已成为罗马军队最重要的部队，其规模从至少 4000 人到多于 5000 人不等。军团的大小反映了元老院对军事问题严重程度的看法。每个军团一般都会得到人数大致相当的由同盟者构成的"翼"（ala）的襄助。同盟者组成的军事单位之所以被称为"翼"，是因为两个罗马军团会被部署在战线的中央，而两支"翼"会分别列于战线的两翼。

罗马公民根据其在普查时登记的财产数目被选拔进入军团服

---

① 随着罗马共和国的海外扩张，拉丁语 provinciae（单数形式为 provincia）的含义逐渐从军事长官在对外战争中的职权范围演变成了被征服的海外领地，亦即"行省"。第一次布匿战争后，西西里于公元前 241 年成为罗马共和国的第一个行省。

② legio 来源于动词 lego, legere，即"挑选、选拔"和"阅读"。

役，因为军团成员需要自行准备武器装备。最富裕的、能养得起马的公民将作为骑兵服役，而军队的主力是罗马版本的重装步兵，他们是身着盔甲以密集的队形作战的步兵。年轻和贫穷的公民则充当散兵。服兵役是公民对共和国应尽的职责，而国家支付的报酬则少得可怜，战士在战役期间获得的报酬仅略高于生存所需。

军团战士是有财产的人，他们绝大多数是农民，被认为与共和国的获胜利害攸关。军队解散之后，战士们解甲归田，回归正常生活。在罗马的头几个世纪，战事往往不过是农业年度的短暂季节性中断，与相似的敌人交战，一般都会在两方都农闲的时候爆发。但随着罗马的扩张，战争在越来越远的地点进行，规模也越来越大，这使得军团战士服役的时间大大增加。于是，罗马最终通过一项法令，规定任何公民不得被要求服役超过16年，或参加超过16场战役，如果一年之中爆发了不止一场战役的话。

罗马人心甘情愿地接受了他们对共和国的这项义务，同盟者也同样如此，他们似乎以同样的方式征召部队。征兵机制之所以能够运行，是因为年复一年公民们都自告奋勇供受命组建新军团的官员选拔。所有阶层的罗马人似乎都对国家怀有强烈的认同感，因此从非常真实的意义上说，罗马军队就是由他们自己选举出的领袖指挥的武装起来的罗马人民。[14]

在海外

公元前3世纪伊始，罗马共和国已控制了意大利半岛位于波河以南的大部分土地。公元前282年，希腊殖民城市塔伦图姆出于对这种形势的恐慌，袭击了一支罗马舰队，并称这支舰队在塔伦图姆附近水域的出现是对双方已有条约的侵犯。两年后，塔伦图姆求助于伊庇鲁斯国王皮洛士，请他为自己一方与罗马作战。皮洛士是著名军事统帅，哪怕在亚历山大大帝的老将们彼此征伐争夺帝国遗产的年代，皮洛士同样被认为具有出众的统帅才能。皮洛士带来了一支马其顿风格的大军，其中有优质的骑兵、长矛方阵和战象。然而尽管皮洛士在战场上击败了罗马人，罗马却拒绝接受敌人强加给他们的和平。战争持续了很久，皮洛士的军力逐渐被损耗了——代价高昂的胜利被称为"皮洛士式的胜利"是现代表达，但它是恰当的——最后他放弃了。自此，整个意大利，除了北部的高卢人和利古里亚人的部落，全部落入罗马人与其同盟者之手。[15]

公元前 264 年，罗马插足西西里冲突，第一次派遣军队前往意大利本土之外。这是一种挑衅的行为，因为迦太基认为西西里属于他们的势力范围。这次冲突很快便引燃了第一次布匿战争（迦太基城最初是由来今天黎巴嫩一带的腓尼基人［Phoenicians］在北非建立的殖民地，因此罗马人在拉丁语中称呼他们为"布匿人"［Poeni］）。迦太基人是伟大的海洋贸易民族，他们的帝国不仅有赖贸易的维系，也同样通过武力征服进行扩张。迦太基人拥有威名远扬的强大舰队，而罗马人几乎毫无有关海战的经验和知识。尽管如此，罗马还是建造了数百艘战船——第一条罗马战船的设计剽窃自一艘搁浅的迦太基战船——并学会如何在海战中克敌制胜。战争持续了 23 年，交战双方都付出了高昂的代价，但罗马人笑到了最后。

战争胜利给罗马人带来了第一个具备我们今天所熟悉的意义的 provincia，即作为地理行政区的行省。西西里行省囊括了西西里岛的大部分，剩余的土地则由与罗马结盟的城市占据。几年之后，罗马无耻地乘人之危，利用迦太基的衰弱将撒丁岛和科西嘉岛也收入囊中。战败带来的愤怒与羞辱则驱使着迦太基人在伊比利亚半岛扩张自己的势力。之后在公元前218年，汉尼拔就是以伊比利亚半岛为基地，迈出了入侵意大利的脚步。汉尼拔企图通过这次远征恢复他认为恰当的力量平衡。迦太基远征军在两年之内杀死了整整三分之一的罗马元老院成员和超过10万名罗马及其盟友的士兵。一些罗马同盟者倒向了迦太基，但大多数维持了对罗马的忠诚。与此同时，罗马拒不和谈，不断征召新兵充实军力，并吸取每一次失败的教训。在汉尼拔于公元前203年离开之前，罗马人一直将其困在意大利，同时在别处开辟新的战场，并最终设法在北非登陆，威胁迦太基本土。汉尼拔被召回非洲保卫家园，却在扎马（Zama）遭受了他的第一次真正的战败，而这个结果使得迦太基不得不于公元前201年签下城下之盟，换取和平。[16]

战后，罗马在伊比利亚半岛建立了两个新行省——半岛东部的近西班牙行省和半岛西部的远西班牙行省。这些诞生时并不广阔的领土将随着时间不断扩张。公元前2世纪的头几十年，罗马集中力量对付意大利北部的高卢和利古里亚部落，最终将罗马的势力推进到了阿尔卑斯山脉。此前，在第二次布匿战争激战正酣之时，罗马也曾与马其顿王国开战。① 马其顿王国是亚历山大大帝征服的广阔帝国解体之后涌现出的三股强大势力之一，另外两个分别是占据埃及及其邻近地区的托勒密王朝（Ptolemaic kingdom）和以叙利亚为核心地带的塞琉古帝国（Seleucid

---

① 即公元前214年到前205年之间的第一次马其顿战争。

Empire）。这三个继业者政权和众多小王国以及城邦联盟共同组成了庞大的希腊世界。罗马对马其顿国王菲利普五世（Philip V）宣战，并取得了第二次马其顿战争（公元前 200 年至前 196 年）的胜利，随后又在叙利亚战争（公元前 192 年至前 189 年）中击败了塞琉古帝国的安条克三世（Antiochus Ⅲ）。此时三个继业者王国中最弱小的是饱受内乱之苦、君主年幼无能的托勒密王朝，但这个王国长期与罗马维持着同盟关系，并且曾在布匿战争中向共和国提供粮食。随着托勒密王朝在内斗中不断衰弱，情势逐渐明朗，即罗马才是双边关系中的支配性力量，而且也正是罗马的支持使得托勒密王朝不致遭受被外敌瓜分的命运。[17]

　　上述在地中海东部展开的冲突并未给罗马带来新的海外行省，而罗马军队也会在每次取胜后撤回本土。维系罗马影响力的是同盟关系和持续的武力恫吓。为将马其顿王国东山再起的苗头扼杀于摇篮之中，罗马对菲利普五世的儿子珀修斯（Perseus）宣战，发动了第三次马其顿战争。罗马人再次取胜，珀修斯于公元前 167 年被罢黜，马其顿王国也随之解体。然而与之前一样，罗马人仍旧没有在马其顿领土上建立行省，直到与马其顿人发生的最后一次冲突：一位马其顿王位的觊觎者于公元前 149 年出现，与罗马公开对抗。① 同样在公元前 149 年，出于对军力羸弱却仍具备强大经济实力的迦太基的忌惮，罗马向其寻衅并发动了第三次布匿战争。公元前 146 年，作为国家的迦太基被从地图上抹去，罗马人从物理上毁灭了迦太基城，消灭了其全部居民。同

---

① 此次冲突即第四次马其顿战争。这位王位争夺者是安德里斯库斯（Andriscus）。他自称是珀修斯之子，企图恢复马其顿王国，但在公元前 168 年被罗马击败。此后不久，马其顿成为罗马行省。

年，尽管没有完全摧毁，罗马军团严重破坏了希腊的科林斯①。

　　算上新建立的阿非利加行省和马其顿行省，罗马此时已拥有6个海外行省②——科西嘉岛与撒丁岛组成了同一个行省。慢慢地，"行省"作为一个明确界定的地域范围的概念出现了，但除了近西班牙和远西班牙，没有任何两个行省彼此接壤。罗马人似乎并未把他们的帝国想象成一个统一的单元，与此相反，每一个行省都单独与处在中心位置的罗马建立联系。这一时期的各行省几乎没有任何殖民者定居点（山南高卢③，即意大利位于波河以北的地区，在某种程度上被视作行省，但它逐渐被与意大利半岛其他地区等而视之，并被广泛地殖民）。在行省以外的广阔土地上，罗马则依靠与之结盟的国家和统治者维持其影响力。[18]

　　随后，在公元前2世纪，罗马的永久行省列表上增加了亚细亚④——此地的末代君主将国家遗赠给罗马人民，该馈赠最终被接受——以及山北高卢⑤（今天的普罗旺斯）。后者的加入暗示罗马人越发感到将行省在地理上连成一片会带来战略优势，因为山北高卢构成了连通意大利本土和西班牙的陆地桥梁。然而与之前的时代一样，罗马的军事胜利并不意味着随后会自动发生领土兼并和直接统治，例如北非的努米底亚在公元前105年被平定之

---

① 希腊名城，位于连接伯罗奔尼撒半岛和欧洲大陆的科林斯地峡。

② 即西西里（Sicilia）、科西嘉与撒丁（Corsica et Sardinia）、近西班牙（Hispania Citerior）、远西班牙（Hispania Ulterior）、阿非利加（Africa）和马其顿（Macedonia）。

③ 拉丁语为 Gallia Cisalpina，即"阿尔卑斯山更近一侧的高卢"。

④ 此处指罗马的亚细亚行省，位于小亚细亚西部。亚细亚行省原为帕加马（Pergamum）王国，末代国王阿塔卢斯三世（Attalus Ⅲ）于公元前133年去世时将王国遗赠给罗马人民。

⑤ 拉丁文为 Gallia Transalpina，即"阿尔卑斯山远端的高卢"。

后，被移交给了与罗马结盟的统治者。①

　　帝国的创建对罗马的政治制度、经济和社会都产生了深远影响，但在表面上，共和国的变化似乎微乎其微。两位执政官已经无力处理日益繁杂的公务，于是官阶低于执政官的裁判官（Praetor）被赋予了比以往更重要的角色。传统上裁判官仅设置一位，在罗马城内履职，主要承担司法与行政职责。公元前242年前后，罗马设置了第二位裁判官，几年之后又增加了两位。这不仅反映了司法活动的增加，而且还意味着在西西里、撒丁和科西嘉有设置总督的需要。公元前2世纪初，裁判官的数量又增加了两位，以便有足够的行政官员分配给西班牙的两个行省。共和国为数不多的其他变革包括财务官（Quaestor）人数的增加。财务官是最低阶的行政官员，主要协助行省总督处理财政工作。此时服兵役往往意味着要在某个行省长年驻扎，执行强度不等的军事任务。然而，仍然没有任何实质性的官僚机构被创建出来以管理整个帝国，在每个地区，几乎一切行政事务都交由地方领袖或本地社群负责。

　　尽管如此，变化仍在发生，而帝国角色给共和国带来了巨大压力，以致共和国在公元前1世纪开始崩溃。公元前91年，由于不满于他们中的许多人只有限的公民权和罗马行政官员的傲慢作风，相当一部分意大利同盟者发动了针对罗马的叛乱。这场

---

① 罗马在朱古达战争（拉丁语 Bellum Iugurthinum，英语 Jugurthine War，公元前112—前106年）中灭亡了努米底亚之后，将努米底亚的部分领土移交给了在此战中出力的毛里塔尼亚国王波库斯（Bocchus）。

战争①规模浩大，战斗双方同样骁勇善战、纪律严明且装备精良，这使得双方都承受了巨大的伤亡。罗马在公元前 89 年取得胜利，不仅依靠武力，同样有赖于迅速授予同盟者居民完整的罗马公民权。很快，波河以南的所有自由居民都成了罗马公民。一年之后，敌对的元老之间的争斗演化为内战，一位执政官竟率领他的军团对抗罗马②。政局稳定自此一去不复返，内战此起彼伏，直到未来的皇帝奥古斯都（Augustus）于公元前 30 年赢下了最后一场战争③。在混乱局面与政治暴力肆虐的同时，这也是一个快速征服的时代："伟大的"庞培④和尤利乌斯·恺撒这样的人物为罗马打下了大片新领土。罗马挺过了几十年的危机，帝国将变得更加强盛繁荣。

---

① 这场战争被称为"同盟者战争"，拉丁语为 Bellum Sociale（英语 Social War），源于拉丁语中的"同盟者"一词 socii。

② 这位执政官是卢基乌斯·科尔内利乌斯·苏拉（Lucius Cornelius Sulla）。苏拉当选公元前 88 年的执政官，并受命率军前往小亚细亚讨伐本都（Pontus）国王米特里达梯六世（Mithridates Ⅵ）。其政敌盖乌斯·马略（Gaius Marius）设法剥夺了他领兵东征的任命，于是苏拉率领忠于他的军团向罗马进军并驱逐马略，夺回统帅权。此为罗马统帅带兵进攻罗马的首例。

③ 屋大维（Gaius Octavius）于此年结束了与马克·安东尼（Marcus Antonius）和埃及女王克利奥帕特拉（Cleopatra Ⅶ）的战争。

④ 格奈乌斯·庞培（Gnaeus Pompeius Magnus），罗马名将，以围剿地中海海盗和征战东方闻名，在内战中败于恺撒后被杀。

2

战　争

罗马这个年轻国家一旦赢得了自由，便在很短的时间内，变得令人难以置信的强大和繁荣，人们满脑子的对光荣的渴望竟是如此强烈。首先，一旦青年能够忍受战争的艰苦，他们便在军营中接受极为严格的军事训练，他们更加喜爱的是精良的武器和战马，而不是妓女和狂欢……为争取荣誉他们互相间还进行最激烈的斗争，每个人都力求第一个把敌人打倒，第一个登上城墙，并且力求在众目睽睽之下完成这样的事迹。他们把这视为财富、美名和高贵的地位。

——撒路斯特，公元前 1 世纪中期[1]

杀　戮

公元前 150 年年末，几伙卢西塔尼亚人①走出他们世居的山区，欲与罗马握手言和。罗马这边的代表是远西班牙行省总督塞尔维乌斯·苏尔皮基乌斯·伽尔巴（Servius Sulpicius Galba）。

---

① 卢西塔尼亚（Lusitania）的居民。卢西塔尼亚大致相当于今葡萄牙全境和西班牙西部地区。

他和麾下以军团战士和意大利同盟者士兵为核心的大军正静静等待对方到来。这些士兵大多数全副武装，手持椭圆形长盾牌，身穿链甲，头戴铜盔。头盔顶端或插着 3 根羽毛，或安装着马鬃一般的冠饰。士兵们携带着被称作 pilum 的重型投枪，挥舞着平衡感上佳、既可挥砍也可突刺的短剑——他们称之为 gladius hispaniensis，即"西班牙短剑"，因为这种武器模仿的正是伊比利亚武士惯用的兵刃。

这是一群典型的出于公民义务而为共和国服役的人，主要是农民或农户子弟，而且大多数人可能不到 30 岁，因为除非发生紧急情况，征兵人员更愿意招募年轻人。这些年轻人参军服役，既是出于对国家怀有强烈的责任感，也是出于家乡父老对他们的期望。他们中的许多人无疑将军旅生涯视作一次冒险，能够让他们从播种与收割的循环中解脱出来，并希望在返回家园再次成为公民之前靠战利品发一笔财——他们的军饷依旧微薄。一些人参军时或许怀揣着对光荣的向往，梦想获得对胜利者的赞扬或为了鼓励这种精神而颁发的军事饰物。这些授予勇武者的饰物每逢节庆便会被佩戴展示，这样，在战争中证明了自身勇气的士兵就会获得同胞的尊敬。[2]

在许多方面，公元前 2 世纪中叶的罗马和拉丁战士，和生活在其他时代和国家被派往战场的大批年轻人并无二致。以同时代的标准来看，他们都是些普通人，并且一定与整个地中海世界大多数城邦的公民有许多共同点。公民身份带来了法律和政治权利，同时也带来了对整个社会应负的责任。他们之所以参军服役，是因为他们是公民，而如果在战斗中丧生，他们将作为公民而不是战士得到人们的纪念。此时不存在永久性的军事基地或军事机构，如果士兵们根据元老院的命令连续服役数年，他们的军团甚至每年都会被重新编号。这意味着两名执政官总是指挥第一、第二、第三和第四军团。这一时期的罗马军队几乎不会在考古发现中留下痕迹，在每一次战役结束后，它的士兵都会融入更广大的社会中。

一些人越来越倾向于寻求长期担任百人队长——指挥军团基本行政和战术单位的军官——的职务，这透露了一丝职业化的迹象。然而这也是非正式的现象，我们也无法得知这种情况有多普遍。多数高级军官与他们麾下的士兵一样，都是在军人和平民两种身份中来回转换的罗马公民。一支军队的统帅是行省总督，这一职位由罗马公民大会选举产生的公职人员充任。无论是执政官还是裁判官，他们都是公共生活中的成功人士，往往腰缠万贯，出身贵族家庭。然而显赫地位也意味着更大的责任——在成为哪怕是最低阶的公职人员的候选人之前，一个人必须在军中服役满 10 年，或参加过 10 场战役。尽管同为罗马公民，总督却握有"大权"，承担着远超普通军团战士的重大职责，同时也有机会获得普通士兵无法企及的崇高荣誉和巨大财富。[3]

盛大的荣誉等待着将罗马人民的军队引向胜利的公职人员。此外，他还可以通过劫掠和变卖战俘为奴获利，胜利者获得的威望和财富也将使他在其后的政治生涯中获益良多——在竞争异常激烈的罗马政治生态中，这样的人物将在与其他争夺同一职位的元老的对抗中获得优势。由于所有公共职位的任期都很短暂，青史留名、聚敛财富的机会也转瞬即逝。有时元老院会决定将某个行省总督的指挥权延长至第二年，这种情况下将会授予其"同执政官"（proconsul）或"同裁判官"（propraetor）的头衔。指挥权延长至第三年的例子在公元前 2 世纪几乎闻所未闻。一个个野心勃勃的新任总督接踵而至，在整个体制刺激下，总督们倾向采取更激烈的行动。

公元前 150 年，在卢西塔尼亚，对荣誉和大肆掠夺的渴望已然扭曲了罗马士兵和伽尔巴的心智。就在前一年，他们刚刚在同一群卢西塔尼亚部落民面前吃尽苦头。如果这不是同一群部落民，至少也是一伙与他们外表近似，同样身着深色短袍、留着披肩长发的人——他们的习俗是在准备战斗时将长发编成辫子。卢西塔尼亚人并没有自己的国家，而是伊比利亚半岛最主要的 3 支原住民族群之一。伊比利亚人居住于半岛南部，凯尔特伊比利亚人占据着西班牙中部和北部的大部分土地，他们的文化中既有凯尔特人的元素，也有伊比利亚人的影响，但明显有别于这两种文化。卢西塔尼亚人分布在半岛西部，占据着大致相当于今天葡萄牙的地区。这些民族中没有一支在政治上团结一致，并且可能他们中没有任何人会把自己视为伊比利亚人、凯尔特伊比利亚人或卢西塔尼亚人。这些都是外来的希腊人、腓尼基人、迦太基人和罗马人给他们贴上的标签——后两者都是在伊比利亚半岛寻求扩张的帝国势力。对原住民自身来说，比这些标签更重要的是他们各自的部落群，特别是以每一个具备防御墙的村镇组成的紧密社群。[4]

伽尔巴当选了公元前 151 年的裁判官，并通过抽签获得了远西班牙行省的指挥权。公元前 2 世纪 60 年代中期以来，两个西班牙行省都发生了激烈的战事，伽尔巴并不是唯一一个曾败在凯尔特伊比利亚人或卢西塔尼亚人手下的罗马总督。罗马公民得到了很好的动员，只要给予其充足的训练时间以及合格的指挥官，他们会证明自己是优秀的战士。一个军团会随着服役时间的增加越来越善战，因此在第二次布匿战争的后期，以及在与马其顿王国和塞琉古帝国发生的早期冲突中，罗马士兵均被证明毫不逊色，甚至优于对方阵中训练有素的职业军人。然而，在公元前2世纪中叶，战事急剧减少。随着一代老兵逐渐凋零，罗马军队中的军官和士兵均经验不足，却自满地认为仅仅因为他们是罗马人胜利便唾手可得。于是战败变得更为寻常，只是由于罗马比对手拥有更加丰裕的资源和更强的耐性，以及罗马军团确实在从经验中学习和进步，战争才获得了胜利。

这些挫败令习惯于胜利的共和国感到震惊。很难看出公元前149年的迦太基能够对罗马形成任何实质性的军事威胁，但显然许多罗马人真的害怕他们的老对手。当缺少经验、过度自信的罗马军队及其指挥官在北非登陆时，绝望的敌人誓死抵抗，而在北非遭受的一连串挫败和失利无疑助长了上述恐惧。这些年正身处罗马的波利比乌斯讲述了罗马人的恐慌，他将与凯尔特伊比利亚人的冲突称作"烈火战争"（fiery war），因为这场战争之火年复一年熊熊燃烧，几乎永不熄灭。有关艰难战事和凶悍敌人的流言传抵罗马，于公元前151年一度动摇了公民们的爱国热情：当罗马欲征召士兵前往近西班牙供执政官卢库路斯（Lucullus）指挥时，几乎没有人挺身而出。只有在多方动员之后，以及在一位公开志愿参军、民望甚高的贵族青年的感召下，才说服了足够多的公民愿意被征召前往西班牙。[5]

在两个西班牙行省进行的战争充斥着突袭与反突袭、对有围墙的定居点的袭击和伏击。战斗往往是突然发生在山口等复杂地形之上的遭遇战。这些年，四处劫掠的卢西塔尼亚人的活动范围不断深入远西班牙行省腹地并直抵海岸，他们甚至一度横渡直布罗陀海峡，进入北非。很少有罗马人或意大利人死于卢西塔尼亚人的袭击，因为这一时期他们在两个西班牙行省的数量仍然稀少。卢西塔尼亚人的攻击目标是与罗马结盟的本地社群。伽尔巴麾下仅有一个军团和一个"翼"，二者加在一起最多有 1 万到 1.2 万名士兵，这就是元老院通常分配给一位裁判官的兵力。对于如此漫长和开放的边境来说，这点兵力远远不够。雪上加霜的是，伽尔巴在公元前 151 年吃的败仗还使部队严重减员。罗马人无法奢求能够阻击每次的入境袭击，他们能做的至多不过是在袭击者撤退时设法抓住他们，或者反过来对他们认为应对袭击负责的卢西塔尼亚人聚落发动报复性打击。每一次成功的袭击——尤其是每一次袭击者被罗马人追上却成功击败罗马人的战例——都鼓励着更多和更大规模的卢西塔尼亚人武装试试自己的运气。根据记载，有卢西塔尼亚人举着缴获的罗马军旗和其他战利品，在邻近的部落甚至凯尔特伊比利亚人的土地上展示，以此炫耀自己的实力并鼓励其他人加入他们新的攻击行动。[6]

　　战争期间也有一些平静时光，而且罗马的报复性行动一度迫使同一群卢西塔尼亚人与伽尔巴的前任握手言和。但随着这位总督返回罗马，卢西塔尼亚人撕毁和约，重启战端。公元前 150 年，伽尔巴发动了攻势，并且尽其所能征召本地人以填补他的部队前一年遭受的减员，而这些本地居民非常自然地将卢西塔尼亚人视作敌人。与此同时，卢库路斯的指挥权被延长，因此他现在的头衔变成了同执政官。卢库路斯从另一方向率军攻入卢西塔尼亚，连克几座有围墙的定居点。他的实力更强，因为他领导了一支由两个军团和两个翼构成的标准的"执政官部队"（Consular army）。在伽尔巴和卢库路斯的夹击之下，卢西塔尼亚人认识到最好求和，因而向伽尔巴派出了使节，并辩解称他们之所以不得不重操劫掠的老本行，仅仅是为了从富裕的邻居那里获得生存所需，因为他们自己的土地太过贫瘠，无法供养如此多的人口。

罗马总督似乎很同情他们，宣称"土地的贫瘠和生活的窘迫驱使你们做下这些事，但我会把良田给予我可怜的朋友，并让他们在沃土上安居"。在罗马，伽尔巴是声名卓著的演说家，尽管这一次他肯定是通过译员向对方代表讲话的。据我们所知，伽尔巴在就任远西班牙总督之前从未到过伊比利亚半岛，而且很少有罗马总督愿意花时间学习当地的语言。然而，将爱惹麻烦的战士迁离故土并安置在更肥沃的土地上，罗马已多次使用这样的策略，之后还会再次使用，并且总是获得成功。一旦远离自己世代生息的土地，被给予供养全家人的手段，并意识到自己身处罗马政府的密切监视之下，入侵者很容易转变成安分守己的农民。伽尔巴让卢西塔尼亚使节带领同胞们前往指定地点，在那里他们将会向罗马政权投降，换取帮助他们安置新家的承诺。[7]

归降的卢西塔尼亚人被要求分三批前往指定地点，大概每一批都由不同的部落、氏族或不同领袖的追随者组成，因此这样的划分是很自然的，也易于安排。我们不知道任何一个族群或者领袖的名字。有记载说归降者达三万之众，其中的妇女身着本地流行的颜色鲜艳的服装和长斗篷。此外还有儿童，也许还有一些老人和战士。在这群归降者中，处于能够战斗的年龄的青壮年所占比例可能高于一般水平，毕竟这些人没有足够的肥沃土地和家畜养活自己，干的都是刀口舐血的营生。他们赶着马匹和羊群，带上了拿得动的一切财物，包括武器。三批队伍都到达了指定地点，在那里安营扎寨，静候罗马人将他们分到新的土地上。[8]

伽尔巴面见第一批部落民，要求他们交出武器。这是投降的惯常标志，但同样可能制造紧张气氛——在1890年的伤膝河（Wounded Knee），正是交出武器这一要求引发了战斗（或者称之为屠杀，这取决于你采取哪种立场）[①]。武器，特别是贵重武器，例如剑，往往被其主人视若珍宝，并且作为一个男人保护自己和家人的凭靠，在感情上也很重要。然而卢西塔尼亚人服从了罗马人的要求，交出了至少一部分军事装备。伽尔巴随后命令士兵挖掘壕沟，将卢西塔尼亚人的营地包围。也许罗马人会如此向卢西塔尼亚人解释，即这一行为是为了保护这些至少在理论上解除了武装的人和他们的家人。但这无疑也会让他们感到不安，并加剧已然紧张的局势。[9]

接下来，罗马总督命令士兵进入卢西塔尼亚人的营地。士兵们开始杀戮。这个营地中的所有卢西塔尼亚人不是被杀就是被俘，而伽尔巴则带兵前往第二批和第三批归降者的营地，重复完全一样的过程。这是场屠杀，而且是一场不是使用在一定距离外杀人的现代火器的屠杀，完全是近距离完成的。大部分遇难者都是被挥舞着短剑的罗马或拉丁士兵，抑或他们的土著盟军，面对面地要了性命——根据另一篇文献的记载，鲜血浸透了盾牌和战马的胸膛。李维曾如此形容使用西班牙短剑的军团士兵造成的肢体创伤："身体被斩成碎片……双臂被砍下、臂膀被斩断，或者身首异处、颈部完全被切开、重要器官暴露在外。"（在20世纪

---

① 1890年12月29日，美国第七骑兵团在南达科他州的伤膝河附近要求印第安拉科塔（Lakota）部族解除武装，在此过程中双方擦枪走火，导致大约300名印第安人遭屠杀。

90 年代的卢旺达内战中，使用砍刀造成的冷血杀戮场面也许最能传递这一场景的恐怖。）如果说这是一场战斗的话，那么这是一边倒的战斗，伽尔巴的部下在任意屠戮对方。士兵中有些人经历了前一年面对卢西塔尼亚人的惨败，而罗马阵营中的一些土著战士则出自曾被卢西塔尼亚袭击者劫掠的本地部落，因此我们读到的文献没有，也不可能记载任何对于伽尔巴命令的抵触情绪。我们不知道有多少人死于这场屠杀，但遇难者人数至少多到使这次事件臭名昭著。许多人没有被杀，却被卖为奴隶，在混乱之中得以逃脱的卢西塔尼亚人则寥寥无几。[10]

　　伽尔巴的背信弃义是蓄意为之，早有预谋，他给士兵下的命令也清晰无误。这不是一场可怖的事故，并非由于误判或引起误解的言行点燃了本已紧张的空气，变成了未经计划犯下的暴行。罗马总督事后声称他如此行事是为了先发制人，预防卢西塔尼亚人的背信行为。他的证据是：卢西塔尼亚人举行了一项仪式，他们杀死一个男人和一匹马，将其献祭给战神，而根据习俗只有在开战前他们才会这么做。有文献证实了这种习俗的存在，根据记载，卢西塔尼亚人会用斗篷包裹战俘，并将其刺死，通过其倒地和垂死时扭动身体的姿势来占卜未来。

　　如果上述情节为伽尔巴所捏造，这至少也表明了某种对于理解卢西塔尼亚人风俗习惯的尝试。或许伽尔巴搞错了，甚至是被刻意误导了，毕竟他的盟军完全有可能出于自己的原因，怂恿罗马人对归降的卢西塔尼亚部落施以暴行。另一种可能性是，献祭活动的确发生了，但这也许并不能反映所有卢西塔尼亚人的期待或想法。在卢西塔尼亚人松散的政治结构中，某些头人或群体完全有可能对与罗马议和的决定感到不满，或者仅仅是不信任伽尔巴和罗马人，而结果恰恰证明他们的不信任是有道理的。[11]

　　有关伽尔巴的所作所为的消息在罗马激起公愤，但令罗马人愤怒的并不是大规模屠杀和将俘虏卖为奴隶这些暴行本身。罗马人认为，这种残暴的手段在战争中有时是必要的，是罗马人民的敌人应得的惩罚。对于战争暴行，罗马人的态度基本上是务实的，如何评价仁慈与残暴，取决于这些手段能否有效地在战争中为罗马带来有利的结果。然而伽尔巴是在已投降的敌人身上犯下了如此罪行，肆无忌惮地撕毁了他自己与对方达成的协议。这违反了"信义"（fides①），而这是罗马人引以为豪的品质。罗马人习惯于选择相信本方向来以诚待人，率直无欺。相比之下，罗马人将其宿敌迦太基人描述为世人皆知的狡诈之徒，如同 17 世纪末到 18 世纪的英国人用"荷兰人的勇气"（Dutch courage）②这样的词语来污蔑荷兰人一样。

　　这里再次出现了实用主义的考量。信守协议和条约、对盟友鼎力相助、公平对待手下败将等行为带来的良好声誉，将会有助于罗马未来与其他民族的交涉。此外，这里面还有宗教层面的考虑。共和国的繁荣和战场上的胜利有赖于众神对罗马的眷顾。罗马人小心谨慎地不断重复意在取悦神明的宗教仪式，以此确保获得众神的青睐。罗马的许多神庙都是由获胜的将领们建造的，他们在战争的危急时刻声称曾发誓以这种方式敬奉一位或多位神明。Pietas③ 是一个比现代的"虔诚"（piety）观念内涵广泛得多的概念，因为它不仅包括对神明虔敬，还包含对父母和祖先的崇

---

① 即拉丁语中的"诚实""信用"。

② 即"酒后之勇"。

③ 有"虔诚""责任感""仁慈"等含义。

仰，是最典型的罗马美德之一。如此一种人神之间的特殊关系，包含这样的信念，即罗马始终行事妥当，公平对待他人，并且只打以自卫和捍卫盟友为目的的正义战争。[12]

许多其他帝国强权也对自身的德行有着类似的信念。对卢西塔尼亚人的屠杀展现了一幅关于罗马扩张过程的严酷得多的图景，但在继续讨论伽尔巴其人其事之前，我们有必要将目光投向更广阔的范围，尝试理解是什么导致和推动了罗马帝国的诞生。

财富与荣耀——通往帝国之路

上一节结尾提出的问题不是新问题。波利比乌斯于公元前2世纪中叶开始撰写《历史》——大致与伽尔巴在西班牙的活动处于同一时期，尽管其中记述了伽尔巴所作所为的章节今天已经佚失。对波利比乌斯来说，其著作重中之重的主题即："一个人需要多么愚钝和麻木才不会发问：罗马人是通过怎样的方式和怎样的政治体制，在不到53年的时间里，成功地将几乎整个有人居住的世界纳入自己那唯一的政府统治之下？而这实为历史上独一无二之事件。"[13]

在罗马撰写其著作的波利比乌斯，是来自希腊亚该亚同盟①各个城邦的众多人质中的一员。在罗马，这些人质是其母邦规矩行事的担保。作为某个罗马显贵家庭多年的座上宾，波利比乌斯得以接触共和国多名重要人物。当著名的西庇阿·埃米利亚努斯

---

① 位于伯罗奔尼撒半岛北部的城市同盟，于公元前2世纪与罗马联合反对马其顿。

（Scipio Aemilianus）于公元前 146 年占领并毁灭伟大城市迦太基之时，波利比乌斯就在他身边。[14]

罗马人是如何在三次布匿战争中战胜迦太基人的？这一问题在波利比乌斯的著作中占据重要地位。他详尽描述了罗马军事制度的某些细节，并称赞它的秩序、纪律和对个人勇武的激励。波利比乌斯更加重视罗马的政治制度，将其描述为融合了君主制、贵族政治和民主制元素的均衡的混合政体。大多数希腊城邦见惯了周期性的革命，并且随着时间的推移，这些城邦往往依次经历了所有上述政体。与此不同，罗马人享有安稳的政局，以及不同寻常的政治统一与社会团结。罗马的上述优势可以解释共和国的持久成功，但波利比乌斯同时也在别处寻找原因，尤其是希腊世界内部各个王国和国家之间的纷争。

上述观点已部分为现代学者所接受，然而由于这些观点主要讨论的是过程而非原因，学者们长久以来一直在别处寻求对罗马征服的解释。19 世纪到 20 世纪初——当现代帝国已经殖民了地球上的大片土地之时——许多人倾向于全盘接受罗马人自己的主张：面对环伺的敌对近邻，罗马人单纯为自卫而战，屡战屡胜的同时，几乎在偶然间打下了一个帝国。然而近年来，钟摆摆向了另一个极端：自越南战争之后，一种不同的观点在英语世界的学术圈中成型，并且尤其流行于二战之后的几十年中成长起来的学者之中。对一切战争——更不用说海外冒险——的深恶痛绝充斥着这些学者的头脑，根据他们的描述，罗马的政体、社会和经济驱使着共和国几乎不间断地发动侵略战争，而对外侵略几乎成了罗马的一种生理需要。所有以自卫为借口的说辞皆是虚妄，罗马人是主动出击的坚决的掠食者，年复一年对外族展开攻击。[15]

　　近年的研究揭示了制造战争在共和国的生活中居于何等中心的位置。对元老院成员来说，战争胜利意味着至高荣耀，战争劫掠则带来大量财富。而一个人只有攀登到仕途的顶点才可能获得统军作战的机会。伽尔巴是公元前 151 年当选的 6 位裁判官之一，但与此同时，执政官仅有两位——本年度的执政官是卢基乌斯·李基尼乌斯·卢库路斯（Lucius Licinius Lucullus）和奥卢斯·波斯图米乌斯·阿尔比努斯（Aulus Postumius Albinus）。围绕这一最具威望的最高职位展开的竞争残酷而激烈，通过简单的计算我们就可以得知，多数裁判官并无机会当选执政官。如果某人足够幸运，当选裁判官并领兵执掌行省——这一情形在西西里行省已然不可能发生，在撒丁和科西嘉也不总能遇到——如果他面前正巧存在某种军事威胁，或者至少存在某种可以被解读为军事威胁的势头，如果他拿下了一场关键性胜利，那么他当选执政官的机会将大大增加。执政官有望担纲年度中最重要的作战任务，然而在大规模战争的背景下，执政官很难在其 12 个月的任期结束前取得完胜。[16]

　　官员们在前往分配给他们的行省之前，往往会在罗马度过几个月。公元前 153 年，政治年度的开端从 3 月 15 日改为 1 月 1 日，以便官员们能够在前往遥远的行省就任之后还有足够的时间利用春季和夏季组织战事。授予已结束任期的官员"同执政官"或"同裁判官"的头衔以便延长其统兵期限的做法并非惯例，毕竟每年都有一批新官走马上任，他们对军事胜利的渴望丝毫不亚于前任。多数行省总督的任期只有短短一年，执掌行省超过两年的人物已属罕见，因此官员们没有多少时间可用来熟悉当地事务，而他们中的多数都急于迅速取得成功。[17]

公元前 264 年，一位野心勃勃的执政官说服元老院介入西西里局势，此举导致了第一次布匿战争。公元前 198 年，与马其顿国王菲利普五世鏖战中的执政官开启和谈，因为他担心若不尽快停战，待自己卸任之后，继任的政敌将胜利结束战争并以此收获战功。他原本准备向马其顿国王提出慷慨的谈判条件，但随后得知公元前 197 年的两位执政官都将领兵前往意大利北部征讨高卢部落，而他自己的指挥权将因此被元老院延长。执政官立即终止谈判，重启战端。他幸运地拿下关键战役，逼迫菲利普五世签署了比之前严酷许多的和约，更独享了打赢第二次马其顿战争这一功劳。第三次马其顿战争于公元前 172 年打响之后，两位执政官之一失望于元老院的部署，因为他的同僚分得主要的作战任务，而自己却被派往伊利里库姆（Illyricum）① 镇守边疆，防范敌人的小规模突袭。对此部署感到不满的执政官竟集结麾下部队，打算经陆路向马其顿进军。元老院得知后不得不命令这位自作主张的执政官回到自己的行省。[18]

当前文提到的卢库路斯于公元前 151 年抵达近西班牙时，他发现前任总督已经结束了与凯尔特伊比利亚人的一支——阿雷瓦基人（Arevaci）的战争。卢库路斯因此转而攻击瓦凯伊人（Vaccaei），尽管这一部落群体与罗马结有盟约。也许瓦凯伊人不完全是无辜的受害者，因为他们似乎袭击了其他与罗马结盟的部落，但无论怎么说，元老院并未授权卢库路斯与其作战。卢库路斯的手段与伽尔巴相仿：他带兵前往考卡（Cauca）城，与当地居民谈判，要求对方投降并许之以优渥的条件。接着，食言的

---

① 位于亚得里亚海东岸地区，大致相当于现代的南斯拉夫。

卢库路斯屠杀了居民中的大多数，将幸存者卖作奴隶。面对下一个瓦凯伊人的城镇，卢库路斯信守了他的承诺。然而到了第三个瓦凯伊人的大聚落，混合使用残忍手段和慷慨举措的卢库路斯已无法取得对方的信任。他随即展开攻击，却没能攻克城池，只得以挫败为战役画上句号。[19]

有些同样追逐胜利的总督运气就要好一些。公元前189年的执政官格奈乌斯·曼利乌斯·乌尔索（Cnaeus Manlius Vulso）受命领军参加叙利亚战争，然而当他抵达小亚细亚时，却发现他的前任已经打赢了战争并在马格内西亚（Magnesia）战役中击败了塞琉古帝国的安条克大帝（Antiochus the Great）。乌尔索于是陈兵边境，意图诱使塞琉古君主破坏和约，却未能成功。决意无论如何都要赢得一场大战的执政官转而攻击加拉蒂亚人（Galatians）。加拉蒂亚人是公元前3世纪时从高卢迁移至小亚细亚中部的3个部落，他们时常侵扰附近居民。乌尔索在一场迅速而高效的残酷战役中击败加拉蒂亚人，并大肆劫掠。一年任期结束，返回罗马的执政官索要举行凯旋式的权利。这一要求遭遇了强烈的反对，毕竟乌尔索从未被授权与加拉蒂亚人开战。元老院就此展开了冗长的辩论。日落时分，辩论现场的风向显然对乌尔索不利，但会议不得不中断，因为按照法律，元老院不可在日落之后集会。乌尔索及其政治伙伴连夜四处寻求支持，并且使用战利品贿买新盟友。会议再次召开之时，风向已变。乌尔索得偿所愿，被奖赏以盛大的凯旋式。[20]

根据记载，公元前2世纪有几次凯旋式的奢华程度史无前例，乌尔索的凯旋式就是其中一例。每一次凯旋式都炫耀着在富饶的地中海东部取得的胜利，都为将来的胜利设下了更高的参照标准。政坛竞争更加激烈，某人若想在同僚中脱颖而出，就不得不取得更加辉煌且获利更多的大胜。[21]

有记录表明，公元前 200 年到公元前 91 年这段时间举行了 85 场凯旋式。这说明，在这段时期之内，罗马士兵几乎连年征战，毕竟不是每一位行省总督都能获得凯旋式这一殊荣。有些总督没有赢得战争胜利，另一些人虽然取胜，但战斗规模太小。公元前 2 世纪早期诞生了关于举行凯旋式资质的法律：以战后统计为准，只有杀敌数目超过 5000 的胜利才配得上凯旋式的殊荣。若如此计算，上述 85 场凯旋式就意味着至少有 42.5 万名敌人死于罗马士兵剑下。这个数字十分粗略，因为有些胜仗的杀敌数可能远远高于 5000（另一方面，在其他战役中，歼敌数目也完全可能过于乐观，因为几乎没有人会对此进行仔细而精确的计算）。如果将那些没有获得凯旋式的胜仗也算在内，被杀敌军的总数量还要大上许多。考虑到罗马扩张的开端远早于公元前 200 年，其终点则晚于公元前 91 年，这一数字还应该大大增加——有记载声称，单单在恺撒的高卢战役中，杀敌数量就高达百万。直到现代之前，罗马短剑的刃下亡魂很有可能超过任何一种武器造成的死亡人数——只有近半个世纪以来无所不在的 AK-47 有把握打破这一血腥的记录。此外，任何关于罗马扩张引起的人类痛苦的评估，都必须将罗马人自身的伤亡考虑在内。[22]

伽尔巴对卢西塔尼亚人的屠杀和奴役自然臭名昭著，然而在关于多次战役的记载中，罗马人骇人听闻的暴行比比皆是，例如在公元前 210 年，罗马军队洗劫了西班牙的新迦太基（现在的卡塔赫纳）。波利比乌斯如是记述：

> 当西庇阿［罗马指挥官］认为自己集结了足够的兵力，
> 他依照罗马的惯例，派出了大部分部队去进攻城市居民，命
> 令他们杀光遇到的一切，不留一个活口，并且禁止士兵在得
> 到许可之前开始劫掠。我想，他们这么做是为了激起恐惧。
> 当一座城镇为罗马人攻占，人们往往不仅能看到人类的尸体，
> 还能看到被拦腰斩断的狗，还有其他动物被肢解之后的肢体。
> 而这一次，由于城市人口众多，类似的场景数不胜数。[23]

通过直接攻击占领有城墙的城镇是危险而艰难的行动。如
果守军在失去对城墙的控制之后还能重整旗鼓，展开巷战，那么
已经越过城墙的进攻者也完全有可能被击退。因此，为此而实施
的一种蓄意为之、旨在震慑守军和城市居民的政策虽说残忍，却
也有其合理性。西庇阿似乎并不想让部下去猎杀躲藏起来的每个
人，而是命令他们屠戮出现在他们眼前的人。此举意在肃清街道
和其他有可能发生有组织抵抗行为的开阔空间。这一战术还有一
种好处，那就是使其他敌对据点在未来更加不愿承担抵抗罗马的
风险。[24]

罗马的公民兵有能力做出骇人听闻的野蛮行径。一代又一代
的罗马公民甘愿背井离乡，在远离故土之地服役多年。对公元前
2世纪前往西班牙的罗马士兵来说，连续6年的服役时间相当正
常，尽管很多人的服役时间可能更长。服役期间，士兵丧失了他
的大部分法定公民权利，不仅可能被享有自由裁量权的长官处以
体罚甚至极刑，还要承担战死或病死的风险。但另一方面，他也
有可能赢得同袍的尊敬甚至仰慕，并且通过他们得到更广泛的公
民群体的尊敬和仰慕。更实在的奖励来自胜利带来的战利品。战

利品据说是靠一种完善且组织良好的机制进行分配的。波利比乌斯描写罗马士兵在攻克新迦太基之后无差别地屠戮居民和牲畜，意在突出罗马军队纪律严明。军团战士服从命令，展开杀戮并震慑居民，而不是脱离队伍四处抢掠，因为他们相信，当抢来的财物被聚到一起后，每个人终将获得公平的分配。[25]

直到大革命和拿破仑时期的法国之前，罗马公民的动员规模是无与伦比的，甚至腓特烈大帝时的普鲁士也无法与之相比。罗马共和国时期，不仅公民的服役时间更长，服役人数在全部人口中的比例也更高，尤其还要考虑到兵役主要由有产阶级承担。公元前 2 世纪，每年通常有至少 6 个军团同时在编，有时这个数字还要翻倍。理论上——如果实际操作中这并不是常态——每个军团拥有 4500 至 5000 名士兵。汉尼拔战争期间，罗马通常保持 20 个军团同时服役的状态。卢库路斯于公元前 151 年征兵时遇到的抗拒情绪着实罕见，即使那一次，问题也很快解决了。罗马人参军抵抗汉尼拔入侵的热情不难理解，毕竟此时已兵临城下，共和国危如累卵。令人震惊的是，罗马人心甘情愿前往遥远边疆服役，参与那些不知为何而战的艰苦战斗。[26]

为数众多的罗马人自成功的战事中获益。普通士兵分得一定数量的战利品，在有些时期，一部分服役期满的士兵能得到国家授予的土地，尽管这一政策并不是一以贯之，并不足以解释罗马人的服役热情。战争胜利使统军的元老变得富有，他们的财富可以为其铺平政治道路，并使其本人和家族声望日隆——有时是通过使用战利品建造神庙和其他纪念建筑这种看得见摸得着的方式。其他富人还可以通过供给军需、倒卖战利品和战俘，以及监督行省的征税等方式大发战争横财。

整个公元前 2 世纪，奴隶如潮水般不断涌入意大利半岛，而他们中的许多人曾为战俘——据说恺撒在公元前 58 年至前 51 年期间使 100 万人沦为奴隶。在扩张战争中致富的人往往在意大利投资地产，购置庞大庄园，并买来奴隶为其耕种土地或照看牛羊。公元前 2 世纪的下半叶，许多罗马人开始担忧：当罗马的子弟被送去远方为共和国而战时，外国奴隶正不断地蚕食他们的土地和生计。事实远比这复杂，但奴隶的涌入确实改变了意大利的经济和社会。很难说哪场战争是以获得战俘为目的的，但战俘确实是扩张带来的一种吸引力巨大且有利可图的副产品。与之相似，罗马在意大利的同盟所负担的唯一实在义务就是提供士兵与罗马军团并肩作战，但并无证据表明曾有哪场战争以维系此种同盟关系为目的。然而，在公元前 157 年，根据波利比乌斯的解释，元老院出兵达尔马提亚的决定部分是由于"不希望意大利人因承平日久而变得娘娘腔，因为此时距离与马其顿国王珀修斯的战争已有 12 年"。[27]

罗马共和国将军事成就视作最重要的国家事务，几乎每年必战，并为此动员相当可观的资源——尤其是其自身和其意大利同盟的人力资源。没有罗马人会觉得这有任何不自然或有什么不妥。尽管如此，虽然一些学者开始将侵略战争强调为罗马帝国创建过程背后最重要的推动力量，另一些人却指出，上述结构性因素远比看起来更加复杂。罗马共和国并不是一台专为战争而打造的、不停地寻找下一个对手并对其施以"大规模暴力"、最终使所有人都屈服于罗马权威的战争机器。[28]

罗马共和国也经历过战事较少的长时段。例如，公元前 200 年到前 167 年这 33 年见证了 39 次凯旋式，而接下来的 75 年，即公元前166年至前91年，则仅有46次凯旋式。并不是每位高级官员都追求或得到了军事行省的总督职位——第二次布匿战争之后，西西里行省在很大程度上实现了非军事化，然而总督职位仍然让人享有盛名。甚至被派去其他行省统率军队的官员也并不总是自然而然地使用武力。公元前2世纪的70年代和60年代，两个西班牙行省都鲜有战事痕迹。确有好大喜功之徒四处追逐军事胜利，但这远远不是常态，而背信弃义和肆意屠杀则应该说是例外，远非惯例。元老院偶尔会干涉他国内政，派出统率军队的官员，以最站不住脚的借口开启战端。公元前219年之前的某时，罗马与西班牙城市萨贡图姆（Saguntum）签订盟约，而此时萨贡图姆正与汉尼拔的一个盟友交战。此举也许意在遏制迦太基势力在西班牙抬头，但时人及后人都指责罗马人与萨贡图姆订立盟约，仅仅是为了获得与迦太基开战的借口。这个借口使得这场战争具备了合理性，因为从名义上讲，罗马人是在为保卫盟友而战。[29]

更多的时候，元老院选择不顾结盟和直接军事援助的呼求，不出手干涉。这有时是因为资源有限。罗马公民和意大利同盟的人力资源再庞大，也毕竟不是取之不尽的，在过长的时间内维持比例过高的人口在军中服役也不现实。此外，也并不总是有官员可出任统帅。公元前219年，两位执政官都被派往亚得里亚海对面的伊利里库姆，这意味着没有人可以领兵前去救援被汉尼拔围困的萨贡图姆。无奈之下，罗马派出使节要求汉尼拔停止进攻。当罗马终于做好出兵准备之时，萨贡图姆被攻克，城市被洗劫，居民沦为奴隶，而汉尼拔已经准备对意大利本土发动远征。

罗马并不总是咄咄逼人的，也不是每一场战争都是它挑起的。针对罗马帝国主义的多数研究，其最大弱点之一即采取孤立的视角，仿佛罗马的行为决定了一切，而其他国家不过是遭受帝国主义侵略的被动受害者。比起同时代的其他国家，我们碰巧对罗马的历史更加了解，同时我们也知道罗马人最终打造出了一个持续数百年的帝国。罗马共和国无疑是一个具有侵略性的帝国主义强权，但只要我们更仔细地观察同时代的其他国家，便会发现，几乎所有其他王国、政权和民族都是如此。[30]

　　希腊城邦，包括——实际上，尤其是——民主的雅典，频繁地发动战争。希腊城邦的公民们充满热情地自愿服兵役，并以盛大的仪典纪念战死者。在公元前 6 世纪及以后，对雅典贵族来说，海盗行为是完全值得尊敬的营生，与和平贸易一样值得尊敬。希腊人杀死的同胞远远多过文化相异的外族，例如波斯人。亚历山大大帝与其父腓力二世为主宰希腊而进行了长期而艰苦的战争，亚历山大随后对波斯的进攻开启了历史上最伟大的征服活动之一——他表面上声称自己是在为一个半世纪之前波斯对希腊的侵略复仇，尽管当他到达印度时，这种说法已经站不住脚。哲学家们几乎差一点就将战争状态视为两国之间的常态，但他们显然认为真正的和平关系是不寻常的。作为结束一场战争的条约的一部分，双方承诺在一定年限内维持和平是很常见的，但其中一方在期限之内撕毁条约重启战端的例子屡见不鲜。[31]

　　政治制度对这种频繁的侵略几乎没有任何影响，无论是民主政体、寡头政体还是君主制都同样具备侵略性。在亚历山大大帝的帝国废墟上出现的继业者王国极其好战，每位统治者都争相证明自己才是伟大征服者的真正继承人。皮洛士则欣然接受了塔伦图姆的求援，渡海登陆意大利卷入一场和自己毫无关系的战争，仅仅为了追逐权力、财富和荣誉。迦太基也没有明显的不同。它在非洲开拓了大片领土，几个世纪以来一直与希腊城邦争夺西西里的控制权，之后又在西班牙开展新的征服计划。皮洛士也曾一度被召唤到西西里岛与迦太基作战，并因此在几年中无法脱身对抗罗马。

最微不足道的借口已足以成为开战的理由，凭借临时订立盟约来获得军事干预的借口的，也远远不止罗马一家。更广泛的希腊世界的看法很重要，但仅在有限的程度上，而一个取得长期成功的强权也不大会因为得罪它而蒙受太大损失。在希腊人、马其顿人和迦太基人参与的战争中，屠杀、背信弃义和大规模奴役的例子不胜枚举，凶猛残暴丝毫不亚于罗马人在战争中的所作所为。比起陷于西庇阿及其将士之手的新迦太基所遭受的命运，萨贡图姆的居民大概不会从汉尼拔那里获得更为温和的对待——同理，亚历山大大帝于公元前335年洗劫底比斯时也不会对战败者心慈手软。古代世界的战争常常是极端残酷的。[32]

在希腊人以及其后的罗马人的刻板印象中，"蛮族"——起初是指一切非希腊人，包括罗马人和其他意大利民族——天生野蛮好战。尽管希腊人和罗马人对"蛮族"有着根深蒂固的偏见，但所有证据都表明，战争在全世界的部落民族那里都极为普遍。防御工事随处可见，武器在考古记录中占有重要地位，特别是在欧洲。这些武器通常明显用于战争而不是狩猎——没有人会使用剑作为猎杀动物的主要武器。设防聚落和军事装备本身并不能证明冲突频仍，但至少表明，展示有能力动用武力在那个世界是重要的。然而，也有直接证据表明，在罗马人远未到来之前，铁器时代的欧洲的某些地区就已经出现了大规模暴力活动。恺撒声称，高卢部落几乎年年都相互征伐，而日耳曼部落则在领地周围维持着狭长的低人口地带，以展示武力和吓止敌方的攻击。[33]

上述军事活动中的多数可能规模很小，仅限于突袭而不是大规模入侵。这是在希腊世界中相当普遍的战斗类型，在整个地中海地区以海盗行为的形式存在。然而这并不意味着受害者将遭受更小的创伤，因为袭击者也许意在掠夺牲畜或其他财物，也许意在屠戮本身。猎首行为在铁器时代的许多民族中很常见，被砍下的敌人头颅往往不只是战利品，更具备某种仪式性意义。波西多尼乌斯（Posidonius）是一位在公元前 1 世纪早期四处游历并且造访过高卢南部部落的希腊学者，他描述了赫然陈列于房屋之上的头颅，以及主人如何自豪地制作出这些拿给客人展示的可怕的战利品。起初他对此感到震惊，但渐渐习惯了。考古发现确认了陈列人头和人体其他部位这一风俗存在于高卢的一些地区，在仪式性场景中尤其多见。我们同样清楚的是，突袭可能是非常大规模的，而且确有大战发生。战争有时会导致大规模的破坏，居民被迫背井离乡，甚至整个定居点被从地图上抹去。[34]

古代世界危机四伏，战乱频仍。在进行有关罗马扩张的讨论之前，我们需要清楚的最重要的一点是，尽管罗马极其好战，它的四邻也都同样如此。（对坚持将罗马人视为独一无二的好战分子的人来说，这样一个国家的存在本身就足够使周边族群出于自卫的目的而变得更加军事化。）在这种环境下，生存有赖于军事力量。同时代的世界中，根本没有任何真正爱好和平的国家或民族曾存在的迹象，因为这样的国家或民族很难在这种环境中生存。

波利比乌斯从没有想过要问罗马扩张的原因，因为答案显而易见，这一点很有启发性。罗马因其政治、军事制度而强盛，所以他们征服了其他民族。如果有哪支势力更加强大，罗马必定也会向其俯首称臣。强大的政权统治周边民族是自然而然之事，无须任何解释。任何国家的安全都系于其军事实力，特别是其他国家对此的看法。一个看起来强大的民族遭受攻击的可能性远低于看上去好捏的软柿子。[35]

罗马只是众多侵略成性的帝国主义政权中的一例，它的与众不同之处并不在于它独一无二地好战，而在于它是如此成功。罗马的成功很大程度上是因为它有能力融合其他民族，并且能够持久维持外族与共和国之间的忠实同盟关系，即使它们明显是从属的。罗马将整个意大利收入囊中，在此过程中，罗马公民群体与同盟城市的人口不断扩张，超过了任何竞争者可动用的人力资源。罗马人起初并没有以同样的政策统治海外行省，尽管他们大量使用了不同类型的同盟关系，并允许多数族群自主处理内部事务。

有了充足的兵役人口，罗马共和国有能力组建由充满爱国热情的公民兵组成的庞大军队，并且能够以一种异常坚定的态度参与战争。事实证明，罗马人有能力从错误中吸取教训，并调整战斗方式，但最令人瞩目的是他们拒不接受战败和投入一切资源争取胜利的决心。若对手换作其他国家，皮洛士面对罗马军队取得的两场胜利很可能足以逼迫对方坐到谈判桌前来。汉尼拔给罗马造成的损失更是惨重得多，也许是任何其他国家或民族都无法承受的。然而在每一场冲突中，罗马都经受住了考验，并最终取得了胜利。上述战争皆由罗马的对手挑起，尽管每一场冲突的根源都可以被解释为罗马日益扩张的势力。而无论是皮洛士还是汉尼拔，采用的战略都是为了摧毁罗马的军事力量而发起进攻。还有许多其他由罗马参与的冲突实际上是由其对手挑起的，因为罗马共和国并不是古代世界这一野蛮丛林中唯一的掠食者。[36]

信义与暴行

遭受伽尔巴背信弃义的杀戮和奴役的卢西塔尼亚人本就是活跃的掠夺者。这一地区的其他族群同样有过这样的劫掠活动，将来也会继续这么做。公元前1世纪的希腊历史学家西西里的狄奥多罗斯声称：

> 伊比利亚人——尤其是卢西塔尼亚人——有一个特殊习俗：贫困而勇武的青壮年会被给予武器和其他所需，聚集在环境严酷的山区，组成庞大的匪帮肆虐整个伊比利亚，以劫掠致富。[37]

他们的受害者是居住在更肥沃土地上的居民。地理学家斯特拉波（Strabo）指出，被攻击者的自卫行为往往会导致暴力冲突升级。长此以往，田地逐渐荒芜，农民要不加入强盗的行列，要不饿死。[38]

卢西塔尼亚人的攻击并不特别针对罗马人，而是一种有着长久历史、以劫掠为主的军事活动模式的延续。在罗马人——甚至是迦太基人——到来之前，伊比利亚半岛的原住民本就常年相互征伐掠夺。考古发现中频繁出现的武器装备使这一点非常清楚，而罗马人恰恰将西班牙短剑引进作为军队的主要装备。迦太基和罗马等帝国列强在半岛的活动很可能加剧了本地的武装冲突。许多本可能成为盗匪的年轻武士作为雇佣兵进入迦太基军队，而这一职业将随着罗马将迦太基势力逐出半岛而消失。[39]

根据文献记载，在罗马参与的战争中，特别是在与西班牙、高卢和马其顿的本地部落发生的边境冲突中，同盟遭到攻击和洗劫是最被频繁使用的开战理由之一。正如伽尔巴和卢库路斯的经历所表明的，由此产生的行动远非仅仅来自单方面，并且许多行动最终导致了罗马一方的惨败。那些认定罗马人永远是冲突中有罪的一方的人总是轻易将文献记录视作征服者空洞的自我辩解。在某些情况中，这可能是事实——卢库路斯对瓦凯伊人的攻击有可能属于这种情况，也可能不属于这种情况。但更多的时候，本地部落确实主动攻击在先，他们或是被单纯的机会主义所诱惑，或是为贫困所迫，或是出于在早先与其他本地部落或罗马人之间的冲突中积攒下来的仇恨。

面对攻击若无法做出有力回应，无异于向对方示弱，并致使事态升级。如果罗马不能保护自己的同盟，那么同盟者就没有多少理由继续维持与罗马的同盟关系并屈服于罗马的权威。在这个意义上，罗马控制力的维持有赖于捍卫罗马的伙伴及其利益——我们知道曾有一位罗马指挥官试图将在战场上夺回的财物归还给原本拥有它们的伊比利亚人，尽管我们不知道这种做法是否常见。因此，随着罗马实力的增强，共和国获得了更多的行省和盟友，因此进一步发生冲突的可能性也几乎不可避免地增加了。[40]

伽尔巴的做法提供了一个短期解决方案。也许他希望自己制造的恐怖可以在未来形成威慑，尽管由于他很快就会回到罗马，所以他可能并不在意。公元前 149 年，当伽尔巴回到罗马之时，已经开始有人发起行动，想要使被卖做奴隶的卢西塔尼亚人得到释放。问题并不在于将战俘变为奴隶是否正确，而在于这对已向罗马投降且被许诺获得优渥条件的人来说是否违背了信义。争取释放卢西塔尼亚奴隶的尝试最终无果而终，据我们所知，这些卢西塔尼亚人仍旧以奴隶身份度过了余生。[41]

这一失败行动的最著名的支持者之一是 75 岁的马库斯·波尔基乌斯·加图（Marcus Porcius Cato），他是一位以公开捍卫严苛的美德著称的资深政治家。在试图对伽尔巴的行为起诉的人中，加图同样是关键人物之一。事件的细节现在已模糊不清，我们也无法得知伽尔巴是否因此受到了审判，抑或只是在元老院和非正式公共集会中发起了关于其所作所为的论战。加图曾于公元前 195 年以执政官身份管理近西班牙，因此也曾亲身经历过边疆战事。情况相似的还有公元前 153 年的近西班牙总督，而他却是伽尔巴的主要辩护者之一。后人淡忘了争论的细节，只记得伽尔巴是如何利用听众的情绪的。他将自己年幼的儿子和养子带到人们面前，声泪俱下地发表演讲：若他自己被判有罪，请罗马人民保护他的孩子。加图就此写道："若不是因为利用了男孩和眼泪，被告人将会得到应有的惩罚。"[42]

伽尔巴进而在公元前 144 年当选执政官，而逃脱审判的经历反而助长了他作为雄辩家的声望。考虑到伽尔巴曾在公元前 151 年遭遇过惨重的军事失败，显然作战获胜之外的其他因素同样可能在罗马的竞选活动中发挥了决定性作用。伽尔巴毋庸置疑的背信弃义和残忍行为受到了同胞的指责，这表明罗马人仍然相信共和国在外地的代表应遵守某些行为准则。但与此同时，伽尔巴未被审判的事实也指出上述考量完全可能被政治裙带、高超辩才和纯粹的情感因素压倒。大体而言，罗马精英权贵一向不愿意谴责他们自己的人。尽管如此，伽尔巴欲以执政官身份再次前往远西班牙的企图未能如愿，因为这遭到了元老院的强烈反对。[43]

如果伽尔巴声称他的残暴有效地为战争画上了句号，那么他的说法数年之内便会被推翻。一位逃过了屠杀的卢西塔尼亚人将证明自己作为军事领袖的能力和号召力。这位叫作维里亚图斯（Viriathus）的卢西塔尼亚领袖在公元前 147 年到前 139 年间数次入侵罗马行省，并且每次都得以逃脱罗马军队的追捕，甚至将其击退。与往常一样，袭击的受害者是西班牙本地居民，其中的某些部族甚至被说服终止与罗马的盟约，转而投入维里亚图斯的阵营，寻求他的庇护。尽管同胞遭到罗马人屠戮和奴役，维里亚图斯的目标并不是复仇，而是迫使对手承认他的权力。公元前 140 年，维里亚图斯允许一支被他包围的罗马军队自由撤离，通过此举达到了他的目标。维里亚图斯甚至一度被称为罗马人民的朋友，直到一位野心勃勃的新总督说服元老院允许自己再度向卢西塔尼亚人开战。然而罗马人仍旧无法在战场上击败对手，便接受了维里亚图斯的几位变节部下的提议，将其刺杀，并承诺为行刺者支付赏金。刺杀行动成功了，变节者却发现就算他们亲自前往罗马也无法要回约定好的报酬。战争最终以一些卢西塔尼亚部落的投降收场，归降者被罗马和平地安置在更适宜耕种的土地上。[44]

在维里亚图斯遇刺[①]和凯尔特伊比利亚人的据点努曼提亚（Numantia）[②]在公元前 136 年陷落之后，至少在一段时间内，两西班牙行省内的冲突和劫掠频率大幅降低。但问题并没有得到完

---

① 维里亚图斯遇刺于公元前 139 年。
② 即今日西班牙城市努曼西亚（Numancia）。

全解决。小规模的盗匪行为和劫掠性袭击仍在继续，战争阴云不散，只要罗马显露出一丝松懈的迹象，冲突烈度就会升级。在接下来的几代人的时间里，两西班牙行省均保持有大量驻军。[45]

3

敌与友

此时，对于高卢可能爆发的战争的恐惧已经［在罗马］成为谈话的焦点，因为"我们的兄弟"埃杜伊人（Aedui）刚刚在一场战斗中落败，而赫尔维蒂人（Helvetii）无疑已为了战争武装起来，并对我们的行省展开袭击。

——西塞罗，公元前 72 年 3 月 15 日[1]

对他来说，来自罗马人民的友谊应该带来荣誉和安全，而不是妨碍。他就是怀着如此的期待追寻这份友谊的。

——恺撒记录的日耳曼领袖阿里奥维斯图斯（Ariovistus）的演说，公元前 58 年夏末[2]

amici[①]——罗马之友

公元前 58 年夏末，一位日耳曼国王同意会见一位罗马同执政官。会谈双方此时皆身处高卢东部，距莱茵河西岸不远。对本地区来说，两人都算得上入侵者。这位日耳曼军阀名叫阿里奥维

---

① amici 即拉丁语中的"朋友"，为复数。下文中的 amicus 一词为其单数形式。

斯图斯，于十多年前作为地区冲突中一支高卢部落的援军进入该地区，却从此反客为主，将本地盟友和盟友的敌人一并纳入自己的统治之下。罗马一方与会的同执政官是盖乌斯·尤利乌斯·恺撒，此时他已远离自己的山北高卢行省。尽管这是第一次有罗马行省总督率军进入高卢的这一地区，参加远征的军力却不可小觑：恺撒麾下有本地高卢部落提供的4000名骑兵、4个外族辅助军团，以及6个罗马军团——自从罗马的意大利同盟公民获得选举权以来，传统的军事单位"翼"已被取消，所有意大利籍士兵都成了罗马军团战士。恺撒兵力雄厚，受到当年早些时候取得的大捷的鼓舞。阿里奥维斯图斯这边，日耳曼武士组成的队伍同样庞大，习惯了胜利的战士们自信满满。[3]

　　两军营寨之间距离一日的行程。双方并未处在战争状态，两个民族在此前也从未兵戎相见。就在公元前59年，这位日耳曼领袖刚刚被罗马元老院正式承认为国王以及"罗马人民之友"（amicus populi romani）。时任执政官的恺撒主持了会议，并可能通过这种方式提议投票支持阿里奥维斯图斯。尽管如此，无法完全放下戒心的双方此前已通过信使进行了漫长的谈判，敲定了会面的各项细节。会晤将在一马平川的原野中突起的一座孤山之上进行，地点距离双方营地路程相等。双方头领各自只可带10名随从，而卫队的其余人员必须全部由骑兵组成。阿里奥维斯图斯声称若不如此，心怀叵测的对方凭借大队步兵可以轻易地将自己团团围住。并不是每一个人都愿意相信罗马人大肆宣扬的"信义"，而且阿里奥维斯图斯能够成为叱咤一方的军阀，靠的也不是冒不必要的险。

　　恺撒接受了上述条件，他担心如果不这样，阿里奥维斯图斯会拒绝会面。至于组成卫队的骑手，恺撒不愿将自己的性命交付给高卢同盟者提供的骑兵，便用他们的马装备了从罗马的第十军团选出的精锐。军团战士更加可靠，虽然他们骑马作战的经验不足，但毕竟这一次他们要参加的是谈判而不是战斗。恺撒写道，这些士兵们开玩笑说他们的统帅将他们擢升为了"骑士"（equites），即罗马社会中仅次于元老贵族的阶层。骑士阶层最初得名于那些有能力负担骑兵装备并作为骑兵在军团中服役的富裕公民，但到了公元前 1 世纪，骑士阶层的成员仅担任高级军官，而且获得骑士身份的最低财产标准也相当于一名普通士兵年收入的几百倍。有一段时间，第十军团获得了"骑士军团"的绰号，尽管其中的战士几乎没有人能算得上属于骑士阶层。[4]

相较罗马帝国边疆发生的绝大多数事件，我们对这一事件了解得更清楚，因为恺撒将此事记述在了他的《高卢战记》的第一卷中。这一卷很有可能发表于公元前 57 年，尽管有些学者认为《高卢战记》的全部 7 卷是在公元前 1 世纪 50 年代晚期、恺撒的高卢征战接近尾声之际，一气写就并同时发表的。就算这些学者是对的，本书仍旧是一部交代了大量事件细节、由事件的关键参与者书写、并且在事件发生后不久写就的著作。哪怕恺撒不是一个追求下笔客观公正的独立记述者，但这一次，我们面对的文献，至少不再是一些生活在事件发生之后一个世纪甚至更久、从未亲身前往事件发生地的作者们留下的片段化的信息。恺撒的书是写给同时代的罗马读者的，而这些读者无人会质疑罗马强权扩张所具有的根本正当性。恺撒写作《高卢战记》意在说服同胞——尤其是那些选票具有最大影响力的选民——相信自己这位同执政官是共和国忠实的、拥有出众才华的、成功的奴仆。恺撒在写作时无法肆意捏造或扭曲事实，因为他手下的众多军官都与家乡保持着定期通信，而并不是所有军官都对他们的统帅怀有好感。《高卢战记》的基本叙述大概贴近事实，至少接近罗马人眼中的事实。[5]

就同一事件，其他人，特别是阿里奥维斯图斯，无疑会给出一个不同的版本，但我们在罗马和希腊的所有记述中都找不到任何不同的声音。其他记载中，绝大多数信息在转两到三次手之后，来源都指向恺撒的著作，而甚至那些极少数来源不同的信息片段也印证了恺撒的版本。考古发现在很大程度上确认了恺撒描绘的高卢图景。此时的高卢大地之上，最令人印象深刻的景象是遍地可见高墙围起的城镇，即"oppida"①。这些市镇中有着相当多的手工业活动的痕迹，显然是当地的政治经济中心。恺撒和其他作者的记载也印证了如此一种印象，即这是一些正在发展中的国家，由选举产生的官员管理，并效仿罗马货币的重量和规格铸造钱币。[6]

本地和远距离的贸易活动都可见于这一时期的高卢，各个市镇之间的贸易尤为热络。高卢地区与地中海世界的联系同样密切。大量葡萄酒自意大利北上被运至高卢。根据一位学者的估计，在公元前1世纪中，超过4000万罐葡萄酒溯罗讷河和索恩河抵达高卢地区，而这一数字仍然可能太低了。另一些商品同样沿着相反的方向流动，特别是金属矿石，包括对于制作青铜至关重要的锡，此外还有大量奴隶。部落国家和个人领袖通过控制主要水道和对通过自己地盘的货物抽税致富。财富立即转化为权

---

① 拉丁语"市镇"（oppidum）一词的复数形式。

力。拥有财富的贵族得以招募大量部曲，若无对手可与其抗衡，他们就有机会掌控本部落内的政治权力。如果部落内存在同样有权势的贵族，且能够说服他们彼此合作，那么整个部落的作战能力便会加强。[7]

贸易的繁荣不可避免地加剧了个人和族群间的竞争。索恩河分隔开了塞夸尼人（Sequani）和埃杜伊人的领地，二者都受益于水道中的商贸交通，并因此而逐渐强大起来，将弱小的近邻变作自己的附庸。这就导致了冲突。冲突规模不断升级，双方都希望独自掌控水道。这两个部落都已被承认为罗马人民之"友"（amici）——事实上，所有在罗马山北高卢行省附近拥有领土的主要国家和领导人都是如此——但这种共同的地位并不意味着他们必须彼此成为朋友。冲突随着双方同盟部落加入战局而不断升级，而当埃杜伊人占据优势，一些塞夸尼人转而寻求外援。他们向阿里奥维斯图斯求助。后者带着队伍跨过莱茵河，并被许诺会得到一片允许他们定居的土地作为报酬。起初，参战的日耳曼战士大概不过数千人，但随后更多人加入，想要在这位蒸蒸日上、声名日盛的战争领袖那里获得奖赏。[8]

大型市镇之间的贸易网络已扩展到了日耳曼人的土地上，但在恺撒到来之前的那一代人中，情况发生了变化。日耳曼部落中的重要城镇不是被废弃，就是规模缩小，变为更小、结构更简单的定居点。高质量商品的生产活动和远距离贸易都不见了。原因仍然不明，尽管不断恶化的部落内部权力斗争的循环提供了一个看似合理的解释。而好战的近邻的入侵，无论以劫掠为目的还是为了寻找更肥美的土地而迁徙，同样可能构成原因之一。上述任何一个因素——或是二者的结合——都很容易令阿里奥维斯图斯这样的

军阀寻找机会做雇佣兵，并渴望获得一个永久的栖身之所。⁹

阿里奥维斯图斯的到来改变了交战双方的力量对比，胜利的天平开始偏向塞夸尼人。最终，公元前 61 年，埃杜伊人及其同盟遭受了一场毁灭性的战败，众多头领被杀。其他部落开始意识到曾经强大的埃杜伊人此时软弱可欺。于是在公元前 60 年，埃杜伊人又遭受了居住在今天瑞士一带的赫尔维蒂人的攻击，并再次战败。危难关头，埃杜伊人的头领（Vergobret①）亲自前往罗马求援。这位领袖名叫狄维基亚库斯（Diviciacus），他的部落是本地区内最早成为"罗马人民之友"的一个部落。更重要的是，罗马人习惯称他们为"亲族"或"兄弟"——这也许是由于在有些人的想象中，埃杜伊人与罗马人一样，是特洛伊遗民的后代。既然对手已通过邀请外援的方式占据了上风，埃杜伊人希望能够引进更强大的外部势力以重获优势。¹⁰

上述高卢部落是罗马人民的 amici，但"朋友"（friend）也许并不是 amicus 一词最贴切的译法。拉丁语中的一些其他词语更加贴近我们的文化中"自然友谊"的概念。Amicitia② 的含义更加接近合作伙伴（associate）或者非正式盟友（informal ally），该词经常被用来指代元老之间的政治同盟关系。在这样一种关系中，将人与人联系起来的是功利的考量，而不是深厚的感情，这种关系的目的是满足双方各自的政治利益。二者中几乎总是有一个在声望、影响力和财富等方面明显更胜一筹，而 amicus 这个称呼，严格来说，是指寻求与前者交往的相对来说人微言轻的那

---

① Vergobret（拉丁语为 Vergobretus）是高卢部落，特别是埃杜伊人的最高官职，每年在德鲁伊的监督下选举产生。

② 这一拉丁语名词通常可译为"友谊"。

恺撒在高卢的活动

一方。[11]

　　罗马人以类似方式看待他们与外邦之间的"友谊"（friendship），毕竟罗马是双边关系中拥有主导地位的一方。比起正式的同盟关系，这种关系要更加不明确。amici 应在罗马提出要求时提供帮助、尊重罗马的利益，特别是要与罗马人维持和平，并且不可支援与罗马交战的势力。罗马人则回以善意和不定期的礼品，并优先听取 amici 派出的外交使节的声音。狄维基亚库斯会晤了几位重要元老——雄辩家西塞罗写到他曾与这位高卢来客探讨德鲁伊信仰，因为后者是祭司阶层中的一员，尽管可能没有晋升到最高的等级（这需要多年的学习）。元老院听取了埃杜伊人的代表团的陈情，表示关切并提供了有限的外交援助。公元前 60 年的山北高卢行省的罗马同执政官似乎与阿里奥维斯图斯进行了会晤，或者至少通过使节进行了沟通，而这一举动也为第二年恺撒任执政官时后者被承认为"国王"与"罗马人民之友"（rex et amicus）铺平了道路。[12]

　　这么一来，阿里奥维斯图斯与埃杜伊人和塞夸尼人一样，也进入了罗马的"朋友"行列，罗马人也因此对山北高卢的安全局势略感放心。大规模边境战争和动乱的威胁看来已经消解，冲突溢出并祸及罗马行省的风险似乎也消失了。阿里奥维斯图斯承诺与埃杜伊人及其盟友和平相处，条件是对方必须俯首称臣，而臣服的标志是缴纳贡品和提供人质。日耳曼国王——仍不清楚他是一直声称拥有王位，还是通过军事胜利赢来国王头衔——麾下兵力日益雄厚，其实力已经超过同一地区的所有势力之上。他向塞夸尼人索要并得到了更多土地，并且像对待敌人一样，向自己的老盟友索取了人质，以此来迫使对方承认他的强权。[13]

　　众多高卢人对阿里奥维斯图斯的统治地位心怀怨念，因为他是外来的侵略者。但他麾下的战士无比凶狠，没人愿意在战场上面对他们。有些本地领袖为此感到沮丧，因为阿里奥维斯图斯的存在使他们更难在自己的部落中获得至高无上的地位。他们中的一些人开始寻求其他外部势力以抗衡日耳曼军阀的霸权。狄维基亚库斯的弟弟杜姆诺里克斯（Dumnorix）向赫尔维蒂人求援，尽管后者前不久还攻击了埃杜伊人。杜姆诺里克斯还迎娶了一位赫尔维蒂头人的女儿。他们制定了一个秘密计划，打算迁移大批赫尔维蒂人，将其安置于预计将会从埃杜伊人和塞夸尼人以西的部落手中夺来的新土地上。以军事实力为后盾，杜姆诺里克斯将能够控制埃杜伊部落，并排挤了包括其兄长在内的竞争对手。一位塞夸尼贵族也有相似的野心。这些新上位的部落领袖，加上赫尔维蒂移民，将会改变本地的力量对比，并有望在未来成为整个高卢的支配者。杜姆诺里克斯的岳父在部落内失去权力并死亡的时候，移民行动尚未启动。显然部落内部的竞争对手对他来说太过强大，以致他结束了自己的生命。尽管如此，赫尔维蒂人仍坚持执行原计划，虽然现在目标可能没有之前那么一致。[14]

“高卢全境分为三部分”①——恺撒的干预

　　就算是以罗马贵族的平均标准来看，尤利乌斯·恺撒也称得上野心勃勃。路过一个小村庄时，他曾说他宁愿做村中的头面人物，也不愿在任何一个地方屈居次席，哪怕这个地方是罗马。恺

---

① 这句话是《高卢战记》的开头。

撒用大量借款收买人心，到他成为执政官时已负债累累。恺撒不仅有着贵族中常见的对胜利荣誉的渴望，更需要胜利带来的战利品来偿付债务。在与罗马共和国中最有影响力的二人——庞培和克拉苏——缔结非正式的政治同盟之后，恺撒得以在卸任执政官之后就任伊利里库姆和山南高卢两行省的总督，任期5年。这项任命是由人民大会投票表决做出的，而非元老院的决定，因此任期远远超过了1年的限制。恺撒的总督任期随后还将被延长5年。他似乎打算以伊利里库姆为基地出兵巴尔干，那里的达契亚（Dacia）国王布雷比斯塔（Burebista）正在打造属于自己的庞大帝国。然而在山北高卢总督死于任上之后，元老院又将这一行省分配给恺撒。这一决定显然部分要归功于恺撒在元老院中的盟友，但在此时，大概没有人能想到这个任命会产生怎样的恶果。[15]

公元前58年3月，此时身处罗马城外的恺撒得知赫尔维蒂人已开始迁徙，并要求被准许穿过山北高卢行省的土地，同时承诺绝不会滋扰行省居民。这对恺撒和其他罗马人来说确实是个令人震惊的消息。他急忙赶往当地，延缓移民步伐，直到他的军团翻越阿尔卑斯山赶到那里，与赫尔维蒂人对峙。接下来，恺撒拒绝了赫尔维蒂人穿越罗马行省的请求，并迫使对方选择另一条更长、更难穿越的路，即穿越塞夸尼人的土地。杜姆诺里克斯参与了赫尔维蒂人与塞夸尼人的谈判，双方就此达成协议，并且交换人质以为相互友善的标志。[16]

而在另外一些地方，移民的表现就没那么好了。定居山北高卢的阿洛布罗格斯人（Allobroges），还有埃杜伊人及其附属部落，均遣使向恺撒控诉赫尔维蒂人如何一路洗劫他们的土地、抓

捕他们的族人为俘虏。恺撒正需要一场战争，而保护罗马的盟友
正是发动一场战争最正当不过的理由。恺撒自山北高卢出兵追击
赫尔维蒂人，在埃杜伊人最重要的市镇比布拉克特（Bibracte）
附近与对方打了一场恶战，并将其击败。赫尔维蒂人不得不返回
故土，仅有一小支移民因埃杜伊人的请求而被恺撒允许在前者的
土地上定居。[17]

　　罗马一方的胜利使得狄维基亚库斯和其他当初曾向恺撒求援
的埃杜伊领袖在部落内重登高位。其他人则不太高兴。恺撒声称
杜姆诺里克斯曾向赫尔维蒂人提供帮助，企图助后者击败罗马军
队。在一位有着高卢血统、来自罗马行省而深受恺撒信任的骑士
阶层成员的帮助下，罗马总督与狄维基亚库斯私下会晤。在会面
中，狄维基亚库斯说服恺撒对他的弟弟杜姆诺里克斯网开一面。
这被视为罗马给予公开盟友的恩惠，况且对方是以兄弟情谊为由
进行申诉。然而这个决定也包含一些现实考虑：如果杜姆诺里克
斯被处决，那么所有人都会认为是狄维基亚库斯怂恿恺撒这样做
的。这一决定彰显了狄维基亚库斯在新到来的强大的罗马人中的
影响力，并且表明了与罗马、特别是与恺撒本人缔结友谊将带来
的好处。这件事同时还削弱了弟弟杜姆诺里克斯的威望，因为此
时他成了需要得到保护的人。恺撒还暗中安插了密探，监视杜姆
诺里克斯将来的一举一动。[18]

　　众多邻近部落均派遣使节前来祝贺恺撒取得胜利。在秘密举
行了一次会议之后，一些部落头领前来面见恺撒，要求他协助他
们对抗阿里奥维斯图斯。作为他们的发言人，狄维基亚库斯称他
自己是仅有的一个既没有将家人送去给塞夸尼人和阿里奥维斯图
斯做人质，也没有起誓不向罗马人请求援助的人。在恺撒的鼓励

下，其他部落领袖纷纷支持狄维基亚库斯，声泪俱下地发出同样的呼吁。在场的还有一些塞夸尼人①，但他们出于对阿里奥维斯图斯的恐惧而默不作声，传说这位日耳曼国王在暴怒时会将人质折磨至死。[19]

　　恺撒答应提供帮助，并表示他相信此事可以通过和平方式解决。他差人去给阿里奥维斯图斯送信，第一次提议双方约定地点进行会面。日耳曼国王拒绝了恺撒的要求，理由是要他调集大军带到自己领土之外的某处，未免过于周折。②他还回复道：如果恺撒想要见他，自然应该亲自登门。此外，阿里奥维斯图斯补充说，他"不理解在他已通过战争征服的那一部分高卢的土地上，有什么事情需要恺撒和罗马人民费心"。恺撒则在回复中提醒对方罗马曾经对其施以恩德——在公元前59年，元老院授予阿里奥维斯图斯"国王"和"罗马人民之友"的称号。恺撒还说，如果他此时接受罗马方面的要求，罗马将会永远与他友善相待。这些要求是：归还埃杜伊人的人质、允许塞夸尼人归还他们手中的人质、承诺不侵犯埃杜伊人及其盟友。恺撒的提案以一个几乎不加掩饰的威胁结束，他说，他的职责使他"无法对埃杜伊人遭受的不公袖手旁观"。[20]

　　阿里奥维斯图斯这样的军阀不能在威胁面前低头，因为其统治的根本在于其强权在众人心中种下的恐惧。阿里奥维斯图斯的信使重申，其主公是通过胜利取得今天的统治地位的，而且既

---

① 狄维基亚库斯指出引狼入室的塞夸尼人同样是阿里奥维斯图斯的受害者，只是敢怒不敢言。（《高卢战记》32）
② 阿里奥维斯图斯同时称，若不带军队，他便不敢到恺撒控制的地区来。（《高卢战记》34）

然罗马人不会容忍外人干涉自己征服的土地上发生的事情，那么同理，日耳曼国王也不会。他不会归还埃杜伊人的人质，但如果埃杜伊人信守战败之后签下的条约，他也不会无故发动攻击。反之，如果埃杜伊人违反条约，那么在他和他的那些从未吃过败仗的日耳曼武士面前，就算埃杜伊人与罗马有特殊关系也救不了他们。恺撒的到来和对高卢事务的干涉已经使阿里奥维斯图斯的利益受损，这有可能是因为罗马人的活动打断了本地的内河贸易。

现代读者大概会被阿里奥维斯图斯直白却合理的说辞触动，他只不过是在主张罗马人同样为自己主张的权利。在谈判中，他谈起"他的行省"，作为恺撒治下行省的对等物。同时代的罗马人大概很容易理解他的逻辑，却无论如何无法接受他的主张。相反，罗马人会将这种姿态视作一个野蛮人的危险的傲慢：他在罗马面前不明尊卑，也不懂得在与罗马共和国的友谊中维持恰当的平衡。恺撒谨慎地在自己的记述中强调高卢人和日耳曼人之间的区别，将后者描述为更加居无定所、文化更粗鄙、天生更好战的民族，他们人数众多，且觊觎高卢那远比他们故乡肥沃的土地。恺撒的描述非常夸张，有时甚至全然是谬误，就算在他自己的叙述中，情况也常常显得复杂得多。

恺撒通过夸大高卢人和日耳曼人之间的差别来为自己的行动辩护。高卢部落贵族们正忙于内部政治斗争，一个个皆欲取得大权，其中不少人不满足于当选官员后获得的暂时影响力，而觊觎王位带来的终身权力。此时，好战的日耳曼人大规模入侵，有可能使本已暗潮汹涌的不稳定局面更加混乱，破坏罗马边境周围作为罗马国境藩篱的同盟友邦之间的平衡。更骇人的是，迁移中的日耳曼部落有可能选择穿过高卢，直奔意大利。公元前2世纪末，金布里人（Cimbri）和条顿人（Teutones）这两支日耳曼部落摧枯拉朽般地击垮了一系列罗马军队，侵入山北高卢、翻越阿尔卑斯山进入意大利。虽然最终被击败，他们造成的恐惧唤起了罗马人对公元前390年高卢入侵的民族记忆——它在恺撒的年代仍然鲜活。

在《高卢战记》中，恺撒帮助读者回想起日耳曼人的入侵，同时明确指出，他将会在职权范围内尽一切可能避免让那一幕重演。一开始，恺撒就以莱茵河为界，不允许更多的日耳曼人踏上河西的土地。他还解释道，一定要赫尔维蒂人返回故土的主要原因，便是要避免日耳曼人乘虚而入，占据与罗马行省毗邻的土地。越来越多的日耳曼武士携家带口投入阿里奥维斯图斯麾下，而且他还在向塞夸尼人索取安置他们的土地，这些消息驱使着恺撒带兵前去会一会这位日耳曼国王。阿里奥维斯图斯及其追随者并不仅仅是日耳曼人，还是苏维汇人（Suebi），一个以人数众多和本性好战著称的部落群体。总之，在恺撒的笔下，他们甚至比其他日耳曼人更加"野蛮"。这些外来者的本性不久便显露无遗，因为他们开始不顾条约攻击埃杜伊人。[21]

恺撒继续进军，他听说阿里奥维斯图斯已经集结军队，正向塞夸尼人的重要市镇维松提奥（Vesontio，今天的法国贝桑松）进发，便率军赶往那里。首先到达的恺撒停下脚步，命令军队收集给养。城镇中的罗马商人四处谈论日耳曼人的庞大军力和高超的战斗能力，这在接下来的几天里使恺撒的军官们沾染上了一股绝望的情绪，这股情绪还在向基层官兵蔓延。有些人还质疑恺撒是否应该将军队带到距离山北高卢如此远的地方。恺撒任执政官期间曾经重新起草过一部旨在规范行省总督行为的法案，该法案重申了一条此前已存在的禁令，即禁止总督在行省之外作战，除非元老院对此有明确指示。恺撒的行动是否真的触犯了这条禁令是值得怀疑的，因为他已被授予便宜行事的权力，而且根据《高卢战记》，他的一切所作所为不仅符合罗马的利益，而且符合元老院早先的决定。恺撒宣布，如果其他军团没有勇气跟随他，他将仅率领第十军团继续前进。虚张声势的恺撒以激将法打消了将士们的消极情绪，于是全军离开维松提奥，前去与阿里奥维斯图斯的军队对峙。[22]

恺撒声称他仍希望通过谈判解决争端。尽管如此，他还是采取了预防措施。在行军途中，恺撒选择了狄维基亚图斯推荐的一条更远，但是更不易遭受伏击的路线。一周后，恺撒的斥候在24 罗马里①之外发现了阿里奥维斯图斯的军队。这时日耳曼人派遣信使来说，国王已经同意接受恺撒之前要求的会面——从某种意义上说，罗马人就像之前阿里奥维斯图斯要求的那样，来亲自登门拜访了。在接下来的 5 天内，双方确定了谈判的条款，就像本章开头描述的那样。恺撒率领着新的骑士军团战士前来，然后和为数不多的几个随从策马前往约定地点。他的随从中有一位译员。谈判使用凯尔特语进行，因为在高卢生活了十几年之后，阿里奥维斯图斯已可以熟练使用当地语言。[23]

谈判中，恺撒首先提起日耳曼国王在被授予"罗马人民之友"称号时享有的特权。此外，埃杜伊人与罗马之间的友谊悠久而牢固，并且一直是高卢最重要的部落。"罗马人的习惯是从不希望其同盟和伙伴失去原有的地位，而希望他们在影响力、尊严

---

① 1 罗马里大约相当于 1481 米。

和荣誉方面有所进益。"①恺撒重申他的要求：归还人质、不侵犯埃杜伊人，以及不可再有日耳曼战士西渡莱茵河投到阿里奥维斯图斯麾下。

阿里奥维斯图斯则辩称他来到高卢是受人之邀，使用武力都是受他人攻击在先，并且仅向战败部落索取他们曾承诺之物：

> 对他来说，罗马人民的友谊应该是一种荣耀、一种保障，而不是惩罚。他就是怀着这样的期望去谋求这份友谊的。如果因为罗马人民的关系，他不得不失去贡赋、释放人质，那么他宁愿舍弃这份友谊，而他放弃这份友谊时一点也不会比追寻它时更加勉强。

他带领战士们来到高卢，完全是为了自卫，而不是为了发起征服战争。他来到高卢比罗马人早。"在此之前，罗马人的军队从来没有跨出过行省的边界……这里是他的行省，就像那边是我们的行省一样。"②日耳曼国王说，他"还不至于如此野蛮闭塞"以至于竟不知道，尽管埃杜伊人和罗马人被称作手足兄弟，前者并没有在最近的战事中协助后者，后者也未帮助前者对抗他自己和塞夸尼人。恺撒声称他想要的是和平，但很难让人相信他不是为了打仗来到这里的。然而获取和平还是可能的：只要恺撒撤军，让阿里奥维斯图斯独自享受他在高卢赢得的统治地位，那么前者将得到慷慨的报酬，并且后者愿意代表恺撒征战。

---

① 出自《高卢战记》43。
② 出自《高卢战记》44。

恺撒的回复是：罗马势力在整个地区的存在早已是事实，所以阿里奥维斯图斯才是后来者。然而，在击败了居住在山北高卢行省西部边境附近的阿维尔尼人（Arverni）和鲁特尼人（Ruteni）之后，罗马元老院决定不占领他们的地盘，而是允许高卢人民继续在自己的法律和领袖的统治下自由地生活。此时恺撒的部下来报，阿里奥维斯图斯的骑兵正在靠近并向第十军团的战士们抛投矢石。会谈当即中断，双方均骑马赶往安全地带。由于双方领袖分歧巨大，再多的谈判似乎也不会有什么结果。因此当阿里奥维斯图斯在几天之后要求重启会谈时，恺撒不愿再冒险亲身前往。他派去了两名深得其信赖的代表——其中一人即此前恺撒与狄维基亚库斯私下会晤时在场的那位通译。然而此二人却被阿里奥维斯图斯指为奸细，并遭到拘押。阿里奥维斯图斯随后在更靠近罗马人的地方扎营，很快便威胁到恺撒的补给线。[24]

双方调遣部队，在一系列小规模冲突之后，终于在一场大战中短兵相接。恺撒的军团获胜，并在敌人逃向莱茵河时无情地追赶他们，而高卢盟友提供的骑兵在追击和杀戮中扮演了主要角色。阿里奥维斯图斯逃到莱茵河对岸，但他的两个妻子和一个女儿丧命，另一个女儿被罗马人俘虏。他从此一蹶不振，像他这样的军阀无法负担被击溃的代价。阿里奥维斯图斯似乎死于此战之后的几年之内。两名被俘的罗马使者也获得自由，安然无恙。其中一人讲述，日耳曼女巫曾经占卜了3次，以决定是否要将他们活活烧死，但幸运的是，每次的征兆都告诉她们要继续等待。这是恺撒讲述的为数不多的关于野蛮人的逸闻之一。总体上说，恺撒试图尽量避免以他接触到的部落的奇异外表和行为来装点自己的叙事。例如，他从未提及苏维汇男人将长发在头顶或侧面绾成发髻的习惯。他确实曾描述：在战斗过程中，日耳曼战士的妻子们坐在大车上观战，呼吁她们的男人不要让她们成为罗马人的奴隶。但像这样对敌人进行丰富多彩的描述，在恺撒笔下极为罕见。[25]

同盟与敌手

恺撒又拿下了一场胜利——他在《高卢战记》第一卷的结尾处简单地写道，自己在一个作战季内打赢了两场重要战争。很难讲恺撒是否一直希望激怒阿里奥维斯图斯开战。如若日耳曼国王情愿接受恺撒提出的条件，并表明自己甘心对罗马俯首称臣，那么此事本身同样是一桩重大而光彩的成就。最理想的莫过于以这样的仪式来为此丰功伟绩锦上添花：恺撒本人端坐在高台之上，四周军旗林立，列队的军团战士游行通过，以此彰显罗马的威严，并使阿里奥维斯图斯真正意识到作为罗马人的朋友意味着什么。这将是充满荣耀的时刻——哪怕没有丰厚的战利品——而且这将会在对赫尔维蒂人取得胜利之后再次抬高恺撒的声望。我们不能贸然认为恺撒击败其日耳曼对手是理所当然的。战斗双方势均力敌，而且在这一时期，恺撒还只是一名初出茅庐的指挥官，对麾下大多数战士来说，他的名字仍然陌生——不然他们也不会在维松提奥几近哗变。恺撒刚刚来到高卢的时候，很少有人能想到他会作为一名将领取得如此辉煌的成就，更不会想到他的军队将抵达多么遥远的地点。当时的恺撒很有可能还在考虑将其活动中心自高卢移回伊利里库姆边境。[26]

但这种情况没有发生，而恺撒此次干预高卢事务的模式将会在接下来的几年里数次重演。当年冬季，恺撒接到报告说贝尔盖（Belgic）诸部落 ① 正在交换人质并"密谋"反对罗马人。罗马军队在距离他们的土地如此近的地点出现，有可能对他们来说意味着直接的威胁——当年恺撒的军团在塞夸尼人的领地上越冬。这当然是他们无法忽视的新情况，而其中一个贝尔盖部落——雷米人（Remi）——的头人们决定以一种不同的方式应对。他们向恺撒派出使节，表示愿拜倒在罗马人民的信义和威权之下，并愿意提供人质作为担保，同时提供包括粮秣在内的实际协助。雷米人的使团还向恺撒交代其他贝尔盖部落的实力及其计划。[27]

恺撒小心善待雷米人，并在雷米人的一个主要市镇遭到其他部落军队的威胁时，命令队伍急行军赶到那里协助防卫。恺撒随后围攻另一个部落苏埃西翁内斯人（Suessiones）的主要城镇，并在雷米人代为求情之后接受了对方的投降请求。不久后，当埃杜伊人狄维基亚库斯为贝洛瓦基人（Bellovaci）说情时，他同样大方地处置对方。即使在恺撒离开当地的时间里，这些投靠罗马并表示忠诚与合作的本地头领和部落也维持了一贯良好的表现。以埃杜伊人和雷米人的名义对这些部落施以恩惠，使得他们不仅对前者欠下了人情债，也对恺撒本人和罗马感恩戴德。不得不向恺撒乞求恩德这一行为本身，即意味着本地部落已承认罗马的优越地位。随后的几年里，埃杜伊人在高卢中部恢复了卓越的地位，许多其他部落为其马首是瞻，而雷米人则成为地位仅次于前者的又一大势力。[28]

罗马军队的存在是不可忽视的，更不要说它已深入这一地

---

① 拉丁文 Belgae，定居于高卢北部，现代比利时国名即来源于此。

区，且率领这支大军的是恺撒这样一位大胆进取的总督。尽管很少有同执政官能够像恺撒一样得到如此大的行省管辖权以及如此长的任期，但恺撒的做事方法与其他手中资源较少、任期较短的总督们并无根本不同。罗马人有足够的实力、很有可能也有足够的意愿去改变地区现有的力量平衡。而他们的盟友——至少是那些表现得相当顺从的盟友——或许能够借罗马人的力量为自己谋取好处。每个行省都有想要得到罗马人支持的本地领袖和族群。通过赢得恺撒的信赖，狄维基亚库斯重新获得了之前在与其弟和其他贵族的竞争中失去的部落控制权。埃杜伊人则恢复了他们的威信和对其他部落的影响力，因为他们被视为有能力赢得罗马青睐的部落。其他一些部落，比如雷米人，以及一些本地贵族，也做到了这一点。恺撒的青睐本身已足以帮助某些贵族成为部落领袖或国王。[29]

我们应避免这样一个错误，即片面地从罗马扩张的视角来审视上述过程，或者以事后之明认为罗马帝国的创建是不可避免的。公元前 58 年之时，很少有人能预见高卢将会在接下来的 500 年中受到罗马的统治。罗马的干预也并不总是永久的军事存在，有时干预的结果仅仅是与独立自主的原住民建立起某种同盟体系。更加重要的是，我们不应假定对罗马的感情在高卢或其他任何地方的本地领袖心中都排在第一位。早在恺撒到来之前，本地贵族一直在为权力和地位相互竞争。在相对晚近的时期里，范围更广泛的贵族群体和一系列国家机构取代了王权统治，但获得王权的梦想仍旧对许多人有着强大的吸引力。部落之间相互征伐，可以是为了争夺支配权或控制财富，也可能仅仅是希望通过恫吓潜在侵略者以自保。这些事实中没有哪项可以归因于罗马或恺撒，尽管本地区与地中海世界发达的经济体之间日益繁荣的贸易活动，可能使本地冲突中的胜利者获得更丰厚的回报，而这或许导致了竞争和冲突的升级。

当恺撒决定干预赫尔维蒂人的移民行动时，持续进行的本地区政治竞争迎来了一个新变量。当地领袖和部落可以选择拥抱这一新因素，也可以选择抗拒它。任何人都很难忽视罗马军团的到来，而在此时若想置身事外，则要冒这样一个风险，即本地的竞争对手假借罗马人的力量为自己谋求利益，并以此获得巨大优势。总的来看，对本地人来说，他们相互间长期积累下的矛盾和怨仇，远比对罗马采取什么态度来得重要。同样的事情也发生在赫尔维蒂人或阿里奥维斯图斯和他的日耳曼族人进入该地区的时候——所有人都想尽可能抢在对手之前与这些外来者建立联系。

许多人选择站在恺撒和罗马一边，并从中获益。此前即与罗马建立联系者，例如狄维基亚库斯和全体埃杜伊部落，一般都非常容易做到这一点。阿里奥维斯图斯被击败后，塞夸尼人也属于此列。雷米人和罗马的关系是新近建立起来的，因为该部落的居住地距离山北高卢太过遥远，所以此前双方从未有过任何接触。尽管如此，雷米人也从与罗马人的关系中获得了大量好处。与罗马交好者，只需要支持愿与罗马合作的领袖，并在罗马提出要求时提供补给和兵员——通常是骑兵，除此之外，罗马并不会干涉他们的内部事务。

在与新近到来的罗马人的交往中，有人受益，也有人失败出局。阿里奥维斯图斯不久前获得了罗马的承认，然而，罗马与埃杜伊人的传统友谊以及恺撒当下的野心合在一起使罗马方面选择牺牲与阿里奥维斯图斯的关系。假使赫尔维蒂人没有发起移民并促使恺撒做出回应，他很可能会全身心投入巴尔干事务而任由高卢局势维持原状。杜姆诺里克斯本指望赫尔维蒂人在高卢站稳脚跟之后能助自己一臂之力，然而赫尔维蒂人遭到挫败，他自己也只得眼睁睁看着其兄狄维基亚库斯在部落内重登高位。狄维基亚库斯很可能在公元前 54 年就死了，当时他的弟弟杜姆诺里克斯向埃杜伊人的执政委员会保证，恺撒计划立他为埃杜伊人之王。事实上，恺撒一直没有停止怀疑杜姆诺里克斯，并且决定让他和其他某些高卢贵族一道，随同罗马军队于当年夏天横渡海峡前往不列颠。杜姆诺里克斯试图阻止此事发生，并散布谣言称，罗马人计划等到大军离开高卢人的视野，就会把随军的高卢贵族都杀掉。他还密会其他贵族，要求他们起誓并加入为高卢而战的计划，也就是要将恺撒及其军队逐出高卢。然而几位参与密谋的高卢人将此事告之恺撒，以表忠心。杜姆诺里克斯自罗马军营中逃走，却被追捕者赶上，死于搏斗中。恺撒此前已下达明确的指示：若他不愿束手就擒，亦可被就地正法。杜姆诺里克斯手下的埃杜伊人则返回罗马军营，继续为军团服务。[30]

　　尽管杜姆诺里克斯以如此方式获罪身亡，他却是直到最后阶段才成为罗马的公开敌对者的，那时他发现恺撒的不信任成了他实现自己野心的障碍。稍早前，相似的情况曾于公元前 54 年发生于特雷维里人（Treveri）之中。这是一支以出产优秀骑手闻名的部落，在 3 年前就已寻求与罗马交好。此时，两位贵族正在争夺部落统治权，而其中的一位，金格托里克斯（Cingetorix），决定面见恺撒，表示对其效忠。而他的对手，同时也是他的岳父的因杜丢马努斯（Indutiomanus），此时已经开始集结部队，打算打一场内战来赢得部落的控制权。然而因杜丢马努斯发现众多部落贵族已经选择投靠恺撒，便改变了主意，因为他不确定自己是否能在内战中获得足够多的支持。最终，他也前往罗马人的军营，并且还依对方要求带去了 200 名人质，其中包括自己的儿子和其他亲属，以此表明忠诚。在与部落贵族会面时，恺撒说服他们支持金格托里克斯。这不仅是对其忠诚的奖赏，也是出于实际考量的决定——部落领袖最好是一位可靠并且对恺撒欠下人情债的人。[31]

因杜丢马努斯为对手的崛起和自己随之而来的失势感到愤恨。但他并未目睹在一切尘埃落定之后，罗马人将给予金格托里克斯怎样的恩惠。当年稍晚些的时候，恺撒扶持的卡努特斯（Carnutes）部落头领在统治族人两年之后，被一群野心勃勃的贵族刺杀。塞诺内斯人（Senones）企图效法，杀死恺撒为他们指定的王，但这一次国王设法逃到罗马军营中避难。因杜丢马努斯清楚单独行动是不智之举，因为没有哪个部落有能力独自挑战恺撒的军队，更别说他还无法确定他到底能得到多少族人的拥戴。因杜丢马努斯因此试图向莱茵河对岸的日耳曼部落借兵，但未获成功。但他终于说服了邻近高卢部落埃布罗内斯人（Eburones）的两位头领，指使他们攻击并消灭了在他们的领土上过冬的一个半罗马军团。这支罗马驻军遭到背叛而被歼灭，此事使因杜丢马努斯获得了足以驱逐金格托里克斯的人气，赢得了特雷维里人的领导权。然而好景不长。他在攻击另一个罗马据点时，死于罗马人针对他本人精心策划的突袭。[32]

显而易见，部落内部政治斗争背后的主要驱动力是本地人之间的竞争，而不是对恺撒和罗马的敌对或好感。影响决定的因素是对于个人利益和成功前景的现实考量。随着罗马军团逼近，塞诺内斯人开始组织军力，但还是认识到他们并未做好抵抗的准备，于是向恺撒遣使请降。此事以一种我们已熟悉的模式解决：埃杜伊人为塞诺内斯人说情，而后者获得了恺撒的宽恕。雷米人则以相似的方式为卡努特斯人说话，后者则交出人质以换取和平。罗马人对特雷维里人开战。此时统帅特雷维里人的是因杜丢马努斯的一位亲属——这位亲属此前大概未被作为人质交给罗马。特雷维里人战败，其领袖则逃到日耳曼人处避难。恺撒重新任命金格托里克斯为部落首领。埃布罗内斯人的领地被夷为平地，当年年底，恺撒下令处决阿科（Acco）——塞诺内斯人和卡努特斯人部落政变的主要策划者。罗马人公开处刑，将阿科活活打死，以此表明罗马有仇必报。[33]

抵抗罗马

公元前53年和前52年之交的冬季，高卢贵族的情绪发生了转变。那些曾经欢迎恺撒到来的人，那些曾经得益于恺撒的扶持与保护的人，现在意识到这不是一次短暂的干预。罗马人似乎要在高卢扎根，而且也不会随着恺撒任期结束撤回山北高卢行省。因拒绝顺从恺撒，杜姆诺里克斯与阿科被杀，这表明罗马人愿意按照自己的意愿处置哪怕再尊贵的高卢领袖。上述两人在被杀之前均未曾与罗马发生正面冲突。实质上，高卢人之中存在着这样一种普遍认识，即高卢已被罗马征服。此前，意识到昔日的盟友阿里奥维斯图斯已反客为主成为自己的主宰时，塞夸尼人也曾有过类似的想法。这是对高卢人自豪感的重大打击，特别是因为罗马人和阿里奥维斯图斯如出一辙地一次又一次声称自己干涉高卢事务是出于保护盟友的目的。甚至恺撒本人也觉得，高卢人与其他所有民族一样，自然而然地甘愿为自由而战——然而这一认识从未使恺撒或他的同胞进一步思考这样一个问题：剥夺高卢人的自由是否属于正当行为。

在这个后期阶段，对罗马侵略者的仇恨已在高卢人之中传播开来。针对此事的第一次有组织会议在卡努特斯人的领土上秘密举行。此次集会有可能带有宗教色彩，因为传统上，高卢人是由德鲁伊信仰凝聚起来的族群。德鲁伊们本享有仲裁部落内部和部落之间争端的权力，但这一权威已为恺撒所篡夺。然而，即使到了现在，现实主义考量仍是影响决策的重要因素之一，和最初一样。恺撒曾阻止赫尔维蒂人改变高卢中部地区的力量平衡，将阿里奥维斯图斯驱逐出高卢，并阻止其他日耳曼部落越过莱茵河。从罗马人的支持中获益的本地领袖和部落想知道与罗马人的联系是否将会继续对自己有利。对一位有着权力野心的部落头领来说，特别对那些希望自身权力超越本部落范围的部落领袖来说，与罗马人的交往为其权力套上了枷锁。自一开始，高卢头领们就抱着犬儒的态度与恺撒进行接触，他们利用恺撒，正如恺撒利用他们。现在，对他们中的许多人来说，恺撒对他们的帮助已不如将恺撒逐出本地这一前景更有吸引力。[34]

接下来崛起的主要领袖是阿维尔尼人的头目维尔金格托里克斯（Vercingetorix）。恺撒提到他的父亲曾是高卢全境最重要的头领之一，并指出他本人在部落内发动了一场革命，登上了本部落的王位。另一份资料则称恺撒曾对他施以许多好处和大量支持。这后一件事确实发生在同时期的另一位杰出的高卢指挥官科缪斯（Commius）身上。恺撒曾在一系列重要任务中倚重科缪斯，之后更扶持科缪斯为阿特雷巴特斯人（Atrebates）之王，并让他代为监督邻近部落。这更体现了恺撒对他的信任。[35]

　　起初，埃杜伊人在其他高卢部落起兵反对罗马时置身事外，此时他们正面临一场围绕部落最高长官职位 vergobret 的激烈争夺。正忙于战事的恺撒仍旧抽出时间，亲自前去仲裁，并做出了有利于两位候选人之一的决定。但他为维系与埃杜伊人的同盟关系所做的努力终告失败，因为新上任的 vergobret 决定加入叛乱。恺撒称这位埃杜伊人的新领袖接受了阿维尔尼人送来的礼物，将其与众多年轻贵族分享，并且指出他们早已失去了自由。后者很可能愤恨于埃杜伊领袖的人选需要得到恺撒的认可这一事实，而恺撒无疑希望自己的认可会赢得对方的感激。与罗马为敌将会证明新领袖能够主宰自己的命运。最重要的是，大多数高卢部落已加入反罗马的联盟，形势显然对恺撒不利。一旦罗马军团被击败，只有那些较早加入这个新崛起的高卢联盟的部落才能分享胜利的一杯羹。与战败的罗马继续做亲密盟友显然不是一个太有吸引力的前景。[36]

　　在冲动和漫天谣言之中，埃杜伊人选择与恺撒为敌。几乎刚刚加入战局之时，埃杜伊人就对维尔金格托里克斯在高卢联盟中的领导地位形成了挑战。埃杜伊人试图利用手中的一个筹码，即他们手中握有曾以恺撒的名义扣留的来自高卢各部落的人质，而如今他们可以放这些人质返回家乡。然而这一筹码并未达到预期效果，因而在余下的时间里，埃杜伊人与其他高卢部落的合作并不愉快。与此同时，罗马人的新朋友、从未被罗马人以兄弟相称的雷米人和他们的盟友林戈内斯人（Lingones）却保持了对罗马的忠诚。所有其他部落皆加入反叛者的行列，但尽管如此，恺撒的运气、能力和他的军团的顽强决心为罗马带来了最终的胜利。[37]

维尔金格托里克斯投降被俘，最终于公元前46年在恺撒迟来的凯旋式上被处决。科缪斯继续战斗，两次逃脱了针对他的谋杀行动，其中一次发生在他同意与罗马人谈判的时候。他最终逃往不列颠，并且说在余生中不愿见到任何一张罗马人的脸。众多部落遭到严厉惩罚，他们的战俘沦为奴隶，部落则要缴纳高额的赔款。恺撒对阿维尔尼人和埃杜伊人宽大处理，释放了来自这两个部落的约2万名战俘。恺撒再次向他们索取人质，并驻扎在比布拉克特过冬，但总的来说，在罗马统治下，这两个部落继续享有优待地位。在短期内，罗马军团仍将驻扎在其领土内或附近，以便进行密切监视。接下来的两年中，恺撒将忙于肃清抵抗力量和密集的外交活动：

> 恺撒有一个目的，即维持与各部落的友谊，使它们没有任何战争的希望或借口……于是，通过种种方法，包括以满怀敬意的方式与这些部落交往，给予其领袖丰厚的馈赠，以及不增加他们的负担，恺撒不费力地使经历了屡次战败而精疲力竭、现在已更加顺从的高卢维持着和平。[38]

恺撒离开之后的几十年间，尽管高卢地区发生过数次叛乱，但没有哪一次在规模上可与公元前53年和前52年那次起义相比。在这些叛乱中，罗马人从未显露出任何一点可能被逐出高卢行省的迹象。罗马军队的武力恫吓起了部分作用，但另一方面，接受罗马统治需要付出的代价对高卢人，特别是高卢贵族来说，是可以接受的。罗马人仍旧很少干预高卢部落的日常事务。仅有寥寥几次，野心受到压制的部落首领选择使用暴力抗争这种毫无希望的手段。[39]

恺撒在不到 10 年的时间里征服了整个高卢。用他自己的话说，他"平定"（pacifying）了远离罗马行省边界的大片土地，并将没有立即屈从于其武力的任何势力视为敌对力量予以铲除。高卢的征服如此迅速，一方面要归因于当时特殊的政治环境允许行省总督的任期如此之长，另一方面则有赖于恺撒的旺盛精力和卓越的战争技巧。在帝国的其他地区，征服过程往往更加漫长，有时会跨越几代人的时间，但过程本身都是相似的。地区和地方政治总是在不断地变化发展，不同势力间竞争不断，这些竞争往往很激烈，有时甚至意味着公开暴力。当罗马人登上地区政治舞台，他们只是在其中增加了一个新的因素而已。在许多情况下，罗马人并不能被视为最重要的因素，而且只有事后我们才能认识到这一点。[40]

在地中海世界的各地区，本地族群和领袖不遗余力地利用罗马的力量谋取自己的利益。有时，就像对抗塞夸尼人的埃杜伊人那样，他们寻求罗马的介入是因为他们的对手已经得益于其他外部势力的支持。同样地，当罗马作为地区争端中一方的同盟出现，另一方自然会寻找其他外部势力来与之抗衡。大多数情况下，相比起本地势力对罗马——或其他外来者——的态度，他们对短期利益的渴望要重要得多。本地势力和本地贵族的野心才是事件的驱动力，而这也是贯穿接下来几个世纪的一个主题。

与高卢和帝国其他地区的各行省总督的做法类似，恺撒利用了部落内部和部落之间的冲突。罗马并不总是选择干涉本地冲突，而被承认为罗马之友也并不意味着在有需要时一定能获得罗马的援助。我们不应惊讶于这样一个事实，即无论对罗马还是对本地部落来说，厚颜无耻和自私自利的行为都是司空见惯的。高卢起义军的领袖们期待在反抗运动成功后成为权倾一方的大人物，而多数部落中都不乏企图在合适时机选边站队的墙头草，也不乏始终对罗马保持忠诚的人物。我们了解到，某位被称作"罗马人民最亲密的朋友"的阿维尔尼领袖曾于公元前 51 年将一位叛军首领交给罗马人。有些部落毁于战乱——贝尔盖地区的考古记录表明本地区在恺撒的征战过程中遭到了破坏。但这并不是一场灭绝种族的战争。战争结束时，多数部落存活了下来，其中很多甚至继续了以往的繁荣。罗马的老朋友们兴旺起来，新朋友也加入了他们的行列。

4

商人与殖民者

出身低微的穷苦人，漂洋过海前往此前从未亲眼所见的土地。他们在那里举目无亲，也并不总是能遇到可以为他们作保的熟人。但他们对自己的公民身份如此有信心，即便在看不到罗马官员的地方，也确信自身安全无虞……而且这不仅仅是在面对自己的同胞时才奏效……无论身处何处，只要大呼"我是罗马公民"，他们相信这就足以确保自身平安。

——西塞罗，公元前 70 年[1]

"我是罗马公民"——罗马人在海外

胜利结束了高卢征战的恺撒富可敌国，风光无限。他的战绩如此炫目，并且经过了如此巧妙的包装和宣传，以至于罗马为了答谢他而举行了史无前例之长的公共节日。到公元前 1 世纪中叶，马略、苏拉、庞培和恺撒等人的光辉履历使取得比过去的胜利更壮观的成就变得更加困难。然而罗马人仍然因为听到他们的军团踏上前所未至的土地、前所未闻的民族和统治者对罗马俯首称臣等消息而激动雀跃。恺撒和 nostri——"我们的人"，他如此称呼麾下的军团——已抵达遥远的高卢西北海岸，并且两次跨过莱茵河，对日耳曼部落的本土实施打击。最激动人心的莫过于恺撒大军于公元前55—前54年登陆神秘的不列颠岛这一行动。恺撒的跨海远征成果甚微，险些酿成失败，也没有在岛上留下驻军，但这些都无关紧要。就算是那些对恺撒本人漠不关心的民众，仍然会为罗马军队横渡环绕已知世界三块大陆的浩瀚大洋这一壮举而激动不已。[2]

罗马的将领们通过成为征服某一地区的第一人而博得荣誉，然而事实上他们往往不是踏上那片土地的第一个罗马人，因为商人几乎永远走在战士的前面。恺撒在许多高卢市镇中遇到了罗马商人，即他笔下的 mercatores。在维松提奥，就是这些罗马商人在恺撒麾下将士中散布谣言制造恐慌。他向阿里奥维斯图斯派出的两位使者中，有一位名叫马库斯·梅提乌斯（Marcus Mettius）。梅提乌斯能够担任使者，是因为他在过去曾受到阿里奥维斯图斯的热情款待。他很可能参与过使得阿里奥维斯图斯于公元前59年得到罗马官方承认的一系列外交往来，并且我们几乎能够肯定，他是一位在几个月甚至几年之前就进入此地从事贸易活动的罗马商人。[3]

如我们所见，大量的意大利葡萄酒向北流入高卢地区，而这一贸易活动产生的利润成了加剧高卢部落贵族之间矛盾的诱因，并激化了埃杜伊人和塞夸尼人之间的大规模冲突。罗马商人会伴随货物走完贸易路线的至少一部分，而我们并不清楚本地中间商在何时以及是否经常会接手货物，完成接下来的贸易。恺撒称商人进入贝尔盖部落地区的次数"较不频繁"，并且被禁止进入其中一个部落——内尔维人（Nervii）——的领地。莱茵河对岸的日耳曼部落据称允许商人前来贸易，但比起购买任何东西，他们更热衷于向商人出售劫掠所得的战利品。恺撒指出，日耳曼人对高卢出产的大型驮马没有兴趣，尽管这些马明显胜过他们自己的矮小品种。我们应谨慎对待恺撒的这一描述，因为他曾明确说来自地中海世界的奢侈品使社会腐化，并表达出了一种由来已久的传统思想，即简单的文化更加纯净。这无疑是"高贵的野蛮人"这一刻板印象在古代的变体。而在这里，恺撒的记述不掺杂任何感情因素。贝尔盖和日耳曼部落的气质比起高卢其他部落来说少些阴柔，因此也是危险得多的敌人。而这恰恰使恺撒在这些地区进行的干预行动以及对上述部落表现出的强硬态度得到了合理化。[4]

恺撒并没有指出抵达或试图抵达上述部落的商人的具体国籍，但他单独点出了进口葡萄酒，将其作为腐蚀当地社会的罪魁之一。在第一次远征不列颠之前，恺撒试图从商人口中获得关于不列颠的情报，因为他们是仅有的曾经到过岛上的人。商人们被召集到恺撒的军营中来，却没能提供多少信息。当时欧洲大陆与不列颠的贸易很可能由居住在今天的布列塔尼半岛的维内提人（Veneti）垄断。维内提商人常常乘船前往岛上的一些商港做贸易，其中一个海港就位于今天多塞特郡的亨吉斯特伯里海岬（Hengistbury Head）。维内提人是闻名遐迩的水手，但恺撒于公元前 56 年击破他们的部落，杀死众多的部落头领，并且在一次海战中俘获了他们的船队。幸存的维内提人自然不会甘愿向征服者透露关于不列颠的信息，而商人们能够向恺撒提供的，不过是有关岛上距离高卢最近的东南沿海地区的少量情报。有可能的是，其中一部分商人是罗马人，他们与上述地区的居民之间有过小规模的贸易活动。不管这些商人是谁，可以确定的是他们中有人把恺撒的计划透露给了布立吞人①。随后，几位布立吞人首领向恺撒派出使者，表示愿意提供人质并屈从于罗马的强权。恺撒很可能本就希望布立吞人提前得到风声，并期待能够像往常一样，在到达之前就与某些本地势力建立同盟关系。[5]

无法排除这样一种可能性，即有罗马商人抵达了高卢的最北端，其中一些人曾渡海踏足不列颠岛，尽管直到被恺撒击败之前，维内提人一直控制着跨海峡的贸易活动。接下来的几年，不列颠的贸易形势发生了明显的改变：绝大多数来自大陆的商品流向不列颠东南部，而更加偏西的地区，例如上文提到的位于亨吉斯特伯里海岬的贸易点，则迅速衰落下去。恺撒的军事活动还产生了另一个后果：前往不列颠的商贸路线对更多的罗马商人敞开了大门。运抵不列颠的商品数量大大增加，这显然激化了本地贵族和不同势力之间的权力斗争，正如同此前在埃杜伊人和塞夸尼人之间发生的事情。[6]

恺撒是一位狂热的艺术品收藏者，有人声称他远征不列颠，是因为相信那里盛产高品质珍珠。就算这一说法可信，珍珠的传闻也不过是为恺撒把罗马军队带到这样一个充满异国情调的地方的荣耀增添了额外的吸引力，况且恺撒最终并没有找到珍珠。西塞罗评论道，罗马从不列颠获取的利益远低于预期："岛上连银屑都见不到，也没有掠取财物的可能，唯一能做的就是抓捕奴隶。但我想你不会在来自那里的奴隶中间找到抄写员和乐师。"尽管在谈到劫掠财物时，西塞罗指的主要是恺撒远征期间进行的

---

① 布立吞人（Britons）为凯尔特人的一支，在罗马人到来之前定居于今英格兰南部。

掠夺活动，但他一定也考虑到了与不列颠进行贸易的长远前景，如果岛上真的存在什么值得贸易的物产的话。早在公元前2世纪，名将西庇阿·埃米利亚努斯——迦太基的摧毁者和努曼西亚的征服者——就曾向山北高卢的商人询问起前往不列颠的道路。商人们能够提供的消息非常少，这可能再一次反映了前往不列颠的道路为高卢大西洋沿岸诸部落所垄断的事实。因此，有些罗马行省总督的确对与境外部落进行贸易的前景展现出了一定的兴趣，但并无证据表明这一前景曾在某时成为罗马人决定扩张领土时考虑到的主要因素。罗马似乎没有通过战争来为本国商人开拓新市场，尽管这确实是罗马共和国的扩张常常带来的结果。[7]

当罗马人远离国土旅行时，他们更像是追逐利益的个人，而不是国家利益的代表。公元前2世纪中叶，诺里库姆（Noricum）——以现代奥地利的蒂罗尔为中心的地区——的居民陶里斯基人（Taurisci）发现了丰富且易于开采的金矿。大量意大利人蜂拥而至，与当地人一起采矿。据我们所知，这些罗马淘金者并未带去什么专业技术，他们带去的只有对财富的渴望，在这一点上他们更接近美国加利福尼亚州淘金潮时期的淘金客，而不是技术监督员。根据波利比乌斯的记载，随着黄金大量进入市场，意大利的金价在短短两个月内暴跌了三分之一。这促使陶里斯基人将意大利人赶走以便独占金矿。这一行为的目的不得而知，可能是为了控制开采量，也可能是简单地想将全部利润据为己有。[8]

陶里斯基人排挤意大利人的举动并未被罗马视作敌对行为，并且有证据表明此后仍旧有大量罗马人和意大利人前往诺里库

姆做生意。双方之间的外交关系仍旧良好。公元前 113 年，诺
里库姆的国王显然还是罗马的盟友，二者之间保持着友好的关
系，以至于一位罗马总督曾带兵帮助这位国王对抗迁徙而来的金
布里人，尽管最后并不成功。蒂罗尔东部曾发现一块公元前 100
年左右的罗马墓碑，墓主人的名字引人遐想——元老庞帕尤斯
（Pompaius Senator）。他有可能是在当地做生意。

在奥地利的马格达伦斯贝格，考古发掘向我们展示了一个完
整的罗马贸易据点。它位于山丘之上的诺里库姆城镇外围，建立
于公元前 1 世纪初。遗址区域长 114 米，宽 55 米，其间众多商
铺和房舍围绕着中心的院落。房屋起初都为木质，但随后被石质
结构取代，并且还增建了用来存放货物的地窖。公元前 1 世纪下
半叶，有些房屋还有着粉刷过的墙壁，其上有着精美的壁画，描
绘着男女众神和其他神话形象。马格达伦斯贝格可能是当时诺里
库姆的王都所在，来到此地的罗马人用双耳瓶带来了葡萄酒、橄
榄油以及各种实用物品，例如工具和器皿，还有装饰性灯具和产
自埃特鲁里亚的昂贵黑陶。而罗马人收购的本地产出则以铁器为
主，盖因此地有大量铁矿被开采和冶炼。这个贸易站的发现使我
们得以一窥行省之外的罗马定居点，因为此地直到公元前 1 世纪
末期才被纳入罗马统治之下。[9]

罗马商人遍布整个已知世界，有些人单打独斗，其他人则
结成社团共同经商。罗马商人的数量今天已无法估算，我们可
以确定的是他们绝不是当地唯一的商人，因为每个地方都会有
本地买卖人，而且在每个地方，罗马人都不会是仅有的外国商
人。长途贸易活动不是罗马人的发明，这一活动在青铜时代就已
经得以发展，并且在有些地方可追溯到更久远的时期。马西利亚

（Massilia，即今天的马赛）由来自小亚细亚的希腊人于公元前 6 世纪建立，随后不久就与周遭部落建立了广泛的贸易网络。尽管与大多数殖民城市相比，马西利亚是一个太过成功的例子，但它也仅仅是希腊人建立的遍布地中海和黑海沿岸的众多殖民地中的一个。一些殖民地规模较小，而且其居民以务农为主，但多数殖民地都或多或少地从事贸易活动。[10]

　　腓尼基人是古代世界的伟大航海民族。早在公元前一千纪的早期，他们的船只就频繁光顾西班牙，即《旧约》中提到的"他施"。腓尼基人的航迹甚至远达不列颠西南，并从那里获得锡。这种金属是制造青铜不可缺少的原料，因此十分珍贵。腓尼基人在西班牙和北非建立了殖民地。迦太基即北非海岸上的腓尼基殖民地之一，大约建立于公元前 8 世纪。随着时间推移，殖民城市迦太基超越了母国，发展成为一个独立的帝国并四处殖民。公元前 509 年，新生的罗马共和国与迦太基订立条约，条约规定罗马人及其盟友不可越过突尼斯东北部的卡本半岛（Cap Bon）从事贸易或劫掠——这两种行为往往密不可分。被风吹过这一海角的罗马方面的船只被禁止购买任何东西，除非是"修理船只或祭祀所需，且船必须在 5 天之内驶离"。罗马商人被允许在其他地区开展贸易，但贸易活动必须在本地官员监督下进行。[11]

　　此后的条约禁止罗马及其同盟的商人前往更多特定地区进行贸易，这清楚地表明如果没有条约的限制，商人们一定会去这些地方碰运气。迦太基人满怀戒心地守护着某些市场和原材料产地，在很长一段时间内只有他们了解如何抵达矿藏资源丰富的西班牙西北海岸。有一次，一艘来自迦太基殖民城市加德斯（Gades，今天被称为 Cádiz，位于西班牙南部海岸）的船只发现自己被几艘罗马船跟踪，后者企图通过这种方式发现前往西班牙西北海岸的航线。迦太基船长不惜故意让自己的船搁浅，以便将罗马船只引诱进一片浅滩。船长抛弃了已毁坏的船，但被自己的城市奖赏以同等价值的金钱。直到他们的城市成为罗马行省的一部分之后的一段时间内，加德斯水手似乎一直保守着关于航线的秘密。公元前1世纪早期，罗马总督终于能确保所有商人可以安全抵达西班牙西北部的矿区。[12]

尽管各项条约为罗马商人的活动设定了种种限制，他们仍旧在西西里等地与他们的迦太基同行享受着同等的地位。罗马与迦太基这两个城邦之间的关系直到第一次布匿战争爆发前始终保持良好。一个迦太基商人团体常驻罗马城内。尽管大多数迦太基商人在战争爆发时离开罗马，但每一场冲突结束之后，都有一些人返回。一些罗马商人可能也常驻迦太基和被允许前往的其他城市。他们的数目大概不多，而且与他们的迦太基同行相比，罗马和意大利商人的贸易量在很长一段时间内难以望其项背。迦太基贸易活动的基础是北非地区有良好的灌溉系统及高度组织化的农业生产，而罗马治下的意大利农业则不像前者一般精细，产出的可供出口的盈余也少得多。然而罗马共和国不断成长，其人口超过了其他任何国家。随着时间推移，很自然地，越来越多的罗马人渴望在海外赚钱。随着共和国获得了新的行省，这些商人找到了新的市场。[13]

市场与交换

陶罐易碎，它的碎片却几乎坚不可摧。无论是陶罐还是碎陶片，都很容易被辨认并在考古记录中留下痕迹。如果一艘古代沉船的货舱中装满了这种大型陶土容器，那它会更容易被发现。因此，装在陶罐中的任何一种商品，其流通的证据都更易被后人发现。正是通过这种方式，我们确认，在公元前 1 世纪，大量罗马葡萄酒被输送进了高卢地区。其他的商品，无论是奴隶、牲畜、动物产品、衣物和布匹、矿石或者其他任何值得运输的货物，由于其本身性质的原因，在考古活动中几乎是发现不了的。关于这些事物的文学描述往往十分模糊，并且无助于判断贸易活动的规模。因此，我们十分清楚有大量的意大利葡萄酒流入了高卢，却对高卢向意大利输出了什么所知甚少。

有记载称高卢部落领袖情愿用一名奴隶换取一罐上等葡萄酒，然而一些学者认为这一说法来源于罗马人对以下习俗的误读：主人在收到客人的馈赠后，总是有义务回赠以价值更高的礼物。如前文所述，有学者称超过 4000 万罐葡萄酒在公元前 1 世纪中自意大利流入高卢。如果这一数值不致太过离谱，考虑到这一庞大数字，其中大概只会有一小部分利用了高卢人的好客风俗，被用来换取奴隶。我们还应当记住，埃杜伊人杜姆诺里克斯是靠着控制罗讷河上的贸易税收来确立自己的地位的。庞大的货物流通量和高卢本地中间人获得的巨大利润都表明，这一交换活动不是礼品往来，而是商品交易。高卢和不列颠南部的大多数部落都曾铸造铜币和银币，铸币行为最初遵循希腊标准，之后又改为遵循罗马标准。因此，出口高卢的葡萄酒中，很可能有一部分用来换取现金以及商人们想要倒卖回国的其他商品。[14]

我们根本无法追踪这些贸易活动和流向任意方向的商品，更无法得知这些活动的准确规模。产自地中海地区的华丽餐具，无论是陶瓷制品、银器或其他贵金属的产品，在铁器时代欧洲的考古发现中都十分引人瞩目，因为基本上只有权贵阶层有条件享用产地如此遥远的器物。这些器物最终的归宿可能是陪葬品或者祭品，它们光彩夺目，我们却很难得知它们当初如何被运抵当地。有些时候，这些物品会被作为外交馈赠，赠予本地部落统治者。公元前169年，一位高卢人的国王或者酋长派出使团，翻越阿尔卑斯山抵达罗马。向我们讲述此事的李维指出，到此事发生一个半世纪之后，已然找不到关于这一部落的任何信息。部落领袖名叫巴拉诺斯（Balanos），他自告奋勇地提出帮助罗马打击此时与之交战的马其顿。心存感激的罗马元老院回赠的礼物包括一条2磅重的金项链、一个4磅重的金碗，还有一匹马具华丽、配备了骑兵武器的马。然而，我们却无法得知巴拉诺斯随后是否履行了诺言，在战争中向罗马提供帮助。[15]

　　赠送贵重礼物是外事交流中的惯例。有些情况下，罗马使节赠予的礼品完全有可能被接受者转手赠给他人，以巩固与其他部落或领袖的同盟关系，而这些礼物也通过这种方式流通得更远。有些礼品可能会在战争中作为贵重的战利品易手，而且确实在某些情况下，它们本就是从地中海世界劫掠而来的战利品。类似的礼品同样可能来自商人们，他们欲在本地区开展经营，便使用礼品来获得本地统治者的好感。有些贵重物品可能是作为商品而不是礼品被带到各地。无论是上述哪种情况，在铁器时代背景下，这些被发现的器物本身并不能告诉我们它们是如何到达发掘地点的。

　　外交馈赠可以解释产自希腊-罗马世界的奢侈品为何会出现

在远离罗马行省的地点，但这并不会改变这一图景，即大规模长途贸易在公元前的最后几个世纪中从未中断，并不断发展。文献中频繁地、并且通常是不经意地提到出现在各地的罗马商人和意大利商人，这印证了上述图景。公元前229年，一群船主向元老院抱怨，称他们的船只遭到了效忠于伊利里亚女王丢塔（Teuta）的海盗们的袭击和劫掠。这些船主主要来自意大利南部，那里的希腊社区与整个希腊世界维持着长期的贸易和文化往来。这不是他们第一次针对海盗行径提出抗议，但当伊利里亚人袭击了一座港口城市，并洗劫了停泊在港中的几艘属于这些意大利船主的船只之后，事态变得忍无可忍了。船上的一些商人被杀，其他人则沦为阶下囚。公元前70年，演说家西塞罗说，许多次，"我们的祖先……发动浩大的战争……因为他们听说罗马公民受到侮辱，罗马商船的水手被囚禁，罗马的商人被抢劫"。除了对伊利里亚发动的战争，我们在文献中找不到可佐证西塞罗之言的其他明确事例，而且伊利里亚战争爆发的原因也并不是如此简单。在同一篇演说中，西塞罗还说：远在帝国边境之外，就算是野蛮人也不会伤害一个呼喊着"我是罗马公民（civis Romanus sum）"的穷苦人。这便是罗马强权的威力。[16]

公元前146年，罗马将迦太基城夷为平地。一个不大的阿非利加行省得以建立，并被置于罗马的直接管辖之下。但同时，迦太基西部的大部分领土都被划归给了努米底亚王国，后者疆域也因此得以扩大。接下来一代人的时间里，我们发现至少两个努米底亚城市——基尔塔（Cirta）和瓦加（Vaga）出现了大量永久定居的意大利贸易团体。类似的团体在希腊世界往往会留下更多的痕迹，因为那里有着非常深厚的镌刻铭文的传统。西西里岛北海岸的一座小城出土过一块纪念碑，它制作于公元前 193 年，用以纪念行省总督，而碑刻的作者们自称 Italicei①。意大利人同样出现于许多其他希腊城市。公元前 174 年前后，塞琉古国王"神显者"安条克四世（Antiochus Ⅳ Epiphanes）资助了雅典的奥林匹亚宙斯神庙（Olympieion）的建造。这类表明自己共享希腊文化的姿态，在统治亚历山大大帝征服遗产的继业者国王中十分常见。在这一事件中，接受雇佣承担神庙的建造工作的是一位叫作科苏提乌斯（Cossutius）的罗马人。科苏提乌斯随后即受到雅典人的崇敬，由此可推断他出色地完成了工作。17

罗马人和意大利人最集中之地大概是提洛岛（Delos）。公元前 166 年，第三次马其顿战争结束之后，罗马将提洛岛置于雅典管辖之下，并宣布其为自由港。尽管面积不大，提洛岛地理位置极佳，是东来西往各色货物的重要中转站。在进驻此岛的外来客商之中，罗马商人算是相对后来者，但其数量增长迅速。他们甚至在岛上建造了一座被称为意大利人广场的建筑群，其内有一座未铺地砖的方形庭院，四周围绕着双层柱廊。

在成为免税港之后的岁月里，提洛岛成为整个地中海东部最大的奴隶交易中心。斯特拉波声称，每日有超过 1 万名奴隶于此地被买卖。即便这个说法是夸张的，通过这个小岛被贩卖的人口数量一定十分可观。大多数来提洛岛的罗马人都是为了奴隶贸易而来的。我们无法确定意大利人广场是否就是一处奴隶市场，这主要是因为我们不知道这样的建筑看起来应该是什么样子。这里同样进行着其他商品的贸易，例如，就我们所知，有罗马人在

---

① 即意大利人。

岛上买卖橄榄油。然而提洛岛上占支配地位的交易还是人口买卖。甚至在经历过公元前130年的奴隶起义之后，奴隶贸易仍在继续。

得益于海外扩张带来的财富，罗马的富裕阶层有能力投资建立大型农业庄园，而这些庄园需要稳定的奴隶来源为其提供劳动力。战俘的数量并不总能满足这一庞大需求。与此同时，罗马的扩张摧毁或削弱了希腊化世界中曾经强大的各个势力，这些羸弱的希腊化政权越发难以维持一支足以遏制海盗行为的海军。罗得岛（Rhodes）曾经在打击海盗行动中扮演重要角色，但由于其曾经繁荣的商贸活动转移到了自由港提洛岛，罗得岛在公元前166年之后已无力供养一支强大的舰队。地中海东部海盗活动由此猖獗一时。海盗们将捕获的俘虏作为奴隶出售，他们中很多人正是在提洛岛被买卖。如果罗马人对这一情况心知肚明，他们不会对此采取任何行动。[18]

没有迹象表明罗马或意大利商人因其国籍而比其他地区的商人具备优势。前者与意大利的庞大奴隶市场有着更直接的联系，但除此之外，他们在做生意方面与其他人没什么不同。随着时间推移，与在其他地方一样，提洛岛上的意大利人越来越多地被称呼为罗马人。部分原因是罗马公民人口的扩张，但直到同盟者战争结束以前，大多数意大利人仍然是没有投票权的。然而外人可能很容易将所有这些人与那个控制着整个意大利、掌握着数个行省、已成为整个地中海世界最强大势力的那座城市的公民混为一谈。出于类似的原因，没有罗马公民身份的意大利人也有可能选择以罗马人的面貌出现，认为这样能在生意场上获得某种好处。罗马人的装扮十分显眼：从脚上的鞋到身上的短袍，特别是标志性的托加袍，样样都明显区别于流行于希腊的各种披风。就算是那些在当地定居的意大利人，在参加本土节日时，在与希腊人和其他外国人一道向神庙进行奉献或者向本地官员表达谢意时，他们中的大多数仍然以立即就能认出的装扮示人，使自己脱颖而出。无论距离家乡远近，他们都声称自己归属于强大的罗马，这既是出于自豪感，也是因为他们希望以此获得更多的尊重和照顾。在同盟者战争之后，所有意大利人，包括他们在生意中经常雇佣的释奴，都成了法律意义上的罗马人。[19]

当一个地区变为罗马行省，罗马人在那里的活动就会陡增。除了本就在高卢活动的罗马商人，更多人跟随恺撒军团的脚步进入这一地区。他们中有商人、投资人和放贷人，他们的生意规模有大有小。有些商人直接向士兵们出售商品——据记载，曾有一次，罗马军团的冬季营地遭遇突然袭击，营墙外商铺中的小贩们也被打了个措手不及。其他商人跟随军队的脚步是为了收购战利品，这既包括劫掠所得的财物，也包括战俘。更多的人只是因为嗅到了新的商机而来到此地。显然，当恺撒的总督任期结束时，在高卢做生意的罗马人数量明显比之前高得多。他们在公元前53年至前52年的高卢大起义中成了起义军的目标，战乱中发生了多次针对罗马公民的屠杀。机会总与风险相伴，特别是在新征服的地区或者行省之外。[20]

尽管罗马有着在意大利各地建立罗马公民殖民地和拉丁殖民地的长久传统，这一做法在被征服的海外领土上却推进得很慢。尽管如此，一些法律地位较低的定居点还是被建立起来。第二次布匿战争期间，西庇阿·阿非利加努斯（Scipio Africanus）在将迦太基人逐出西班牙之后，将大量康复中的战士安置在了意大利卡（Italica）①。现在已很难得知有多少士兵在退役——或者被遗弃——之后，在曾经服役过的行省安顿下来。一个人在那里服役的时间越长，最终大概越有可能在当地安家。到了公元前 2 世纪末期，这一现象可能变得更加普遍，因为此时的大多数军团战士招募自社会最底层，他们不像此前按财产等级征召的公民兵那样会惦记家乡的田产和家人。公元前 171 年，由大约 4000 名西班牙居民选出的代表来到罗马。在元老们面前，代表们声称这些居民都是罗马军人与当地妇女的后代，并请求建立属于他们自己的定居点。罗马公民本不被允许与非公民结婚，公民与非公民生下的孩子也被视为私生子，并且是外邦人。然而元老们的同情心促使他们同意将上述西班牙居民安置在卡尔特亚（Carteia）②，并且授予其拉丁殖民地地位。在共和国时期，类似的事情在意大利之外从未发生第二例。[21]

海外的第一个罗马公民殖民地于公元前 122 年设立于迦太基，但随后不久，相关殖民地法案的提出者死于政治暴力③，迦太基的定居点也随即失去了公民殖民地的地位。然而，一些殖民者已经抵达定居点并且被分配到了农场。定居点失去公民殖民地的地位之后，这些已经抵达的家庭仍旧在当地居住。公元前 118 年，山北高卢行省建立仅仅 3 年后，行省内设立了新殖民地纳尔博（Narbo）。最初的殖民者都是退伍士兵。几年之后设立的殖民

---

① 位于今天西班牙南部城镇桑迪庞塞（Santiponce）。
② 在西班牙最南端的阿尔赫西拉斯（Algeciras）附近。
③ 此处指的是盖乌斯·森布罗尼乌斯·格拉古（Gaius Sempronius Gracchus）。他在担任保民官时推行了一系列有利于平民的改革，并推动建立一系列海外殖民地，其中包括位于迦太基的殖民地。格拉古于公元前 121 年在被元老院势力追捕时自杀。

地阿库艾塞克斯提艾（Aquae Sextiae）也是如此。在任何一个殖民地，最初的定居者用不了多久就会被来访者和选择在当地定居的新移民淹没。[22]

公元前 69 年，演说家西塞罗声称山北高卢"四处皆是商人，遍地罗马公民。没有任何一个高卢人脱离罗马公民独立做生意，也没有任何一枚在高卢改换主人的硬币没有在罗马公民的账本上留下记录"。除了殖民者，西塞罗还列举了活跃在当地的几类人——被称为 negotiatores 的商人和放贷人、被称为 publicani 的公共合同承包商、被称为 aratores 的农夫，以及被称为 pecuari 的牧民。尽管西塞罗所描绘的罗马商人在山北高卢无处不在的状况有些夸张，但通过其他文本的佐证，我们清楚地知道罗马商人的数量的确相当可观。有些罗马人先于军团战士抵达当地，其中有些人甚至在军队到来之前几十年甚至更早就已经在当地开展活动。更多的人跟随军队的脚步来到这里，期待能够通过规模或大或小的各色营生牟利。[23]

罗马人与原住民

公元前 53 年至前 52 年，高卢起义者对罗马贸易者和生意人大开杀戒。平民手无寸铁易受攻击，他们拥有的财富值得大肆劫掠一番，而他们本身的存在就是罗马征服的象征。其中一些罗马人沦为奴隶而不是被杀，但我们不知道高卢人这样做是为了保全他们的生命，还是存心羞辱他们。西塞罗称纳尔博城在公元前 1 世纪 70 年代时曾被围攻，这说明自行省建立之后，在一代人甚至更长的时间内，当地的罗马人偶尔还要面临一些风险。罗马在行省建立殖民地和公民非正式定居点的目的之一，就是让殖民者扮演驻军的角色，这与早先在征服意大利的过程中建立的殖民地如出一辙。我们知道，居住在行省的罗马公民曾不止一次被武装起来。[24]

甚至在行省之外活动的罗马商人偶尔也会具有军事意义。公元前 112 年，努米底亚王室成员之间的争斗演变成了一场内战。朱古达（Jugurtha）将自己的堂兄弟阿德赫尔巴（Adherbal）围困在基尔塔城，却久攻不下，原因是他遭遇了城中商人团体的激烈抵抗——在历史学家撒路斯特（Sallust）的笔下，这些商人被称为"许多穿托加的人"。基尔塔的顽强抵抗持续了四个多月，最终城中的意大利人说服阿德赫尔巴开城投降，并称罗马将会对此事做出公正的仲裁。撒路斯特称，这些商人自信会因其罗马公民的身份而受到朱古达的善待。然而后者并未手下留情。他将自己的堂兄弟折磨致死，并处决了所有曾经抵抗他的人，其中自然包括那些意大利人和罗马人。罗马的一位颇有民望的政客使出了大量煽动人心的手段，这才促使元老院采取行动并出兵与朱古达作战。这是一场旷日持久的战争，而且几年之后，瓦加城中的罗马商人将再次遭到屠戮。[25]

针对罗马公民的规模最大且最臭名昭著的一次屠杀发生在公元前 88 年的小亚细亚，下命令的是本都国王米特里达梯六世（Mithridates Ⅵ）。米特里达梯野心勃勃，精明强干且冷酷无情，他是希腊化世界中亚历山大帝国遗产的最后一位伟大继业者，并且渴望扩张自己的领土。米特里达梯的野心，以及亚细亚行省的罗马总督及其亲信不同寻常的挑衅和腐败行为，共同迅速地促成了战争的爆发。罗马人猝不及防，在作战中主要依赖本地盟友。

而他们却迅速败下阵来。米特里达梯的大军得以突入亚细亚行省。元老院将决定派出一位执政官率领数个军团前去征讨米特里达梯，而对远征军指挥权的争夺却导致了罗马的首次内战。本应被派往小亚细亚的军团反而向罗马城进军。① 这一时刻，罗马看上去虚弱不堪，而米特里达梯则锐不可当。

米特里达梯还向小亚细亚所有的民间领袖和地方总督送去了一封秘密信件，命令他们在指定日期如此行事：

> 他们应该杀死城镇中的所有罗马人和意大利人，以及他们的妻子、儿女和他们的出生在意大利的释奴。应将他们杀死，让他们曝尸街头，并与米特里达梯大王分享他们的财物。任何人，若敢于埋葬他们的尸体，或是藏匿活着的罗马人或意大利人，都会遭到国王的惩罚，而告密者和将躲藏起来的人揪出来杀掉的人，都会受到奖赏。对于杀死或背叛主人的奴隶，国王向他们许以自由，对于那些债务人……国王承诺将他们的债务减半。[26]

据称有 8 万人在随后的屠杀中丧命。在以弗所（Ephesus），一些罗马人躲进阿尔忒弥斯神庙寻求庇护，却被从女神神像面前拖走并惨遭屠戮。在帕加马（Pergamum），袭击者的手段不那么直截了当：他们不愿近身接触屠杀的目标，只是用弓箭射击那些紧抓着医神艾斯库拉比乌斯（Aesculapius）塑像的人。在亚大

---

① 此处指的是公元前 88 年的内战。当年执政官之一、受命征讨米特里达梯的苏拉率麾下军团进军罗马，以夺回被剥夺的统帅权。

米田（Adramyttium），被追杀的人们逃到海上仍免不了一死，他们的孩子则被淹死。在另一个城市，据说婴儿首先被杀死，其后是他们的母亲，最后轮到男人们。特拉勒斯（Tralles）人则雇用了一个外乡恶棍及其团伙来杀人，遇到抱住神像想要获得庇护的人，这些恶棍会毫不犹豫地砍断他们的手指。

一些罗马人脱下他们标志性的服装并打扮成希腊人的模样，希望能够避免被杀——这样做的也许主要是那些新近获得投票权的意大利人。然而这样做的人中几乎没有几个成功的。一位叫作普布利乌斯·鲁提利乌斯·鲁弗斯（Publius Rutilius Rufus）的前元老院成员被指控在亚细亚行省任职期间贪污腐败并向行省人勒索钱财，并被判处流放。他乔装打扮成希腊人，成功避免被杀。针对他的判决被认为严重不公，事实上，其流放地恰恰就是那个据称他曾在那里犯下罪行的行省，他却受到了本地人的热情对待。毫无疑问，本地人的善意帮助他活了下来。与此同时，在科斯（Cos）岛上，罗马人躲进了医神庙，这一次他们得到了本地人的保护。[27]

毫无疑问，故事在传播过程中会被添油加醋，有关屠杀规模的信息亦然。西塞罗是在时间上距离屠杀事件最近的信息来源，但他没有提及死亡人数。现代学者往往认为上文给出的数字过于夸张。此后不久，米特里达梯入侵希腊和包括提洛岛在内的爱琴海诸岛时，所谓的2万人的死亡数字同样夸张。然而无论真实数目是多少，死亡人数一定十分巨大，这次屠杀的规模显然比罗马公民遭受过的任何其他杀戮都要大得多。这一事件也证明了在意大利之外，特别是在各个行省生活与工作的罗马人数目有多么庞大。有些人也将这一事件看作一个事实的明证，即罗马人作为一个整体，尤其是那些罗马商人，在行省中广泛受到憎恶，以至于行省居民一旦获得机会就会攻击他们。[28]

如我们所见，罗马人的穿着与众不同，并且在某些地方结成庞大的社团。罗马人的团体并不总是与本地人和其他外国人隔绝开来，这一点已由共同的献祭活动所证明。但有些时候，他们可能确实行为骄横。西塞罗讲述了一位名叫盖乌斯·维雷斯（Caius Verres）的元老的故事。公元前 79 年，即前述屠杀事件发生将近 10 年后，维雷斯在亚细亚行省担任 legatus，即总督的高级代表。维雷斯痴迷于一位本地显贵的未婚女儿，尽管他与这位少女甚至从未谋面。当他想使用武力抢夺少女时，她的父亲奋起抵抗，并在一群乡民的支持下将他和他的随从赶走。在冲突中，本地人杀死了维雷斯的一位扈从（lictor）[①]，伤了他的几名跟班。第二天，乡民们聚集起来，想要抓捕维雷斯，直到当地的罗马居民设法说服愤怒的邻居们各自散去。到这时为止，罗马居民的行为还是合理的，但随后，他们中的一些人参与了对少女父亲的起诉，他被指控袭击罗马代表。被告和他的儿子被判有罪，双双被处决。[29]

像这样的司法不公是罕见的，而且正如我们将会看到的，维雷斯随后在西西里为官期间犯下了更多滥用职权的罪行，并因此被送上了罗马的法庭。更加普遍的引人反感的现象是以下这两类人——publicani，他们是获得行省内征税权的包税商，以及 negotiatores，即银行家或放贷人——的行为。这两类人有时都倾

[①]　罗马高级官员外出时手执束棒（fasces，即法西斯）负责开道的随从。作为担任 legatus 的元老，维雷斯应有资格携带 5 名扈从。

向于采取极端行为向个人或群体索要钱款。在下一章中，我们在观察罗马的行省管理制度时将会对他们进行详细讨论。实际上，在当时的罗马人眼中，这两类人同样是贪婪的象征。[30]

然而事情并不是那么简单。公元前88年，米特里达梯的军队夺取了小亚细亚，而这一地区早在近半个世纪以前的公元前133年就已成为罗马行省。针对罗马人的屠杀并不是饱受压迫的本地居民在迎来了解放者之后的自发反应。在以弗所，当地人虽然推倒了罗马人的雕像，但在接到米特里达梯的命令之前，并没有展开屠杀。在以弗所和所有其他地方，屠杀都始于当地头人的明确指令。这些人中，有些是米特里达梯新近扶持的僭主或其支持的派系成员，他们急于向主子证明自己配得上他的信任。其他人则面临一个非此即彼的选择：服从或接受惩罚。他们过去接受罗马人的占领，现在则接受本都军队的占领。从长远来看，无论哪种情形，本地人都没有抵抗征服者的胜算。而此时，罗马看起来似乎正处于崩溃边缘，她刚刚结束了与意大利同盟者持续几年的战争，现在又陷入内战。罗马军团可能再也不会回来了，米特里达梯如此强大，而且他的存在对小亚细亚的原住民来说，就如同阿里奥维斯图斯和恺撒的到来对于高卢部落一样不可忽视。是面对以冷酷无情著称的侵略者的愤怒，还是服从他，并迫害一群与众不同且容易辨认的外国人？后者自然是更好的选择。此外，在屠杀之后参与分赃的机会则是额外的诱惑。

米特里达梯在过去曾与罗马议和，将来还将这么做。他在小亚细亚下令对罗马人实施种族灭绝，并不是单纯出于对罗马人的厌恶，也不是因为他渴望铲除罗马共和国。据称在战争的早期阶段，米特里达梯曾用可怖的手段处决了一位被俘的罗马元老——

他被从喉咙灌入融化的黄金。但这是为了突出这位元老的贪婪和腐化，而罗马人的贪婪和腐败则是引发战争的重要导火索。另一位重要的罗马俘虏则受到了当众游街的羞辱。血染整个小亚细亚的屠杀是一起虽然卑鄙却符合逻辑的行动。通过屠杀，米特里达梯不仅可以劫掠财物充当战争资本，更重要的是，这将使本地人不得不加入他的阵营中来，因为他们必然会惧怕罗马人若归来后一定会实施的残酷报复。我们还应记得，罗马商人如何帮助基尔塔城抵御朱古达的围困。小亚细亚的罗马人也完全有可能阻挡米特里达梯的脚步，特别是如果他们得到本地人襄助的话。围城战不仅消耗时间，更往往意味着有生力量和金钱的重要损失。杀掉所有罗马人则解除了这一风险。[31]

我们不知道本地居民在多大程度上参与了屠杀。可能很多居民对罗马人心存怨恨或者宿怨未了，因此情愿参与杀戮，但同样可能的是，刽子手们主要是新上台的亲本都势力的党羽，或民间领袖的手下，而大多数人可能只是袖手旁观，为自己没有成为血腥屠杀的目标而庆幸，却不敢干预。也许有少数人愿意冒险向自己的罗马邻居伸出援手，或为前来避难的罗马难民提供庇护。米特里达梯败退之后，卷土重来的罗马人惩罚了某些本地族群，主要通过对他们征收重税的手段。罗马贸易商和生意人也很快重返小亚细亚。当地居民可能对他们心存愤恨，但这并未阻止他们向其借贷或者与其交易。公元前 88 年的血腥屠戮再未重演。

屠杀的消息在罗马导致了群情激奋。罗马已对米特里达梯宣战。内战的初始阶段结束之后，一位执政官 ① 立即率军东征，征

----

① 指苏拉。

讨本都国王。他首先将米特里达梯逐出希腊，随后又在小亚细亚将其击败。大量罗马人死于屠杀，但这并未挑起战争，也没有阻止罗马统帅与米特里达梯议和——他接受与本都议和，固然是因为急于回师意大利，因为在那里，他的政敌们已重新掌权。公元前229年，罗马商人们的控告使得元老院遣使质问伊利里亚女王丢塔，而一位使团成员的被杀则促使罗马对对方宣战。朱古达在基尔塔对意大利人的屠杀同样激怒了许多罗马人，但事件本身并没有直接导致罗马出兵。正如罗马不会单纯为了控制商路而发动战争，没有证据表明罗马公民死于异族统治者或异族群体之手，就一定会促使元老院采取行动。而在行省，情况则非常不同，这就是我们接下来要一探究竟的。[32]

5

"你赚了多少钱？"——如何统治行省

> 比凯旋式更高出许多的荣誉是元老院做出的这样的判断：是总督温和而正直的管理，而不是军队的刀剑和神祇的恩惠，让行省得到了保护和维持。
>
> ——小加图 ① 给西塞罗的信件，公元前 50 年 4 月 ¹

同执政官

公元前 51 年，7 月的最后一天，同执政官马库斯·图利乌斯·西塞罗抵达老底嘉城（Laodicea），越过亚细亚行省的边界，进入属于他的奇里乞亚（Cilicia）行省。他 5 月从罗马启程前往布隆迪西乌姆港（Brundisium，今天的意大利布林迪西），准备在那里登船。这是从罗马前往东方的主要路线。西塞罗并不急着赶路，而是沿途在自己和朋友们的别墅中耽搁了一些时日。他在路上生了场病，之后又得等待自己的一个高级下属前

---

① 即马库斯·波尔基乌斯·加图·乌蒂根西斯（Marcus Porcius Cato Uticensis），罗马共和国末期政治家。一般被称作小加图，以区别于他的曾祖父老加图。

来会合，因此又耽误了行程。他登船时已经是 6 月初了。这位
55 岁已不再年轻的同执政官中途在雅典逗留了 12 日，直到 7 月
22 日才在小亚细亚西海岸的以弗所登陆。在以弗所休整了 4 日
之后，西塞罗踏上陆路旅程。沿着一条古老的主干道前进，他
很快会到达塔尔苏斯（Tarsus），最终抵达叙利亚的大城安条克
（Antioch）。[2]

　　行省总督的职位是罗马共和国竞争激烈的政治生活中表现
优异者才能获得的奖赏。官员们在罗马城完成了一年的任期之
后，此时才被授予封疆大吏的权利。最重要的行省会被分配给
卸任的执政官，此时他们的头衔是同执政官，并且拥有相应的
权力。卸任的裁判官有时也会被授予这一头衔，并分得重要性
稍逊的行省。行省的指挥权是一项不寻常的殊荣。在有些行省，
总督有机会赢得军事荣誉，而所有行省的总督职位都意味着敛
财的良机，特别是对那些不那么洁身自好的人来说。到公元前 1
世纪中叶，选举活动充斥着贿赂。候选人们争先恐后收买选民
以击败对手，而且他们相信一旦胜选，总督职位将帮助他们收
回成本。[3]

　　众多野心勃勃甚至绝望于财务困境的元老院成员对行省总督
一职垂涎三尺，但并不是所有人都如此。西塞罗于公元前 63 年
担任执政官，那时他刚刚满足参选的最低年龄要求，就赢得了选
举。对一位贵族来说，这是值得骄傲的时刻，而对西塞罗这样的
"新人"[①] 来说，这更是无可比拟的荣誉。他是家族中诞生的首位
执政官。在 12 个月的任期内，西塞罗挫败了一次由一小撮元老

---

① 新人，拉丁语为 homo novus，指出自非传统贵族家庭的政治家。

和他们的同伙策划的政变①，并在卸任之后选择不担任行省总督。西塞罗在卸任裁判官之后也做出了同样的选择，而他在公元前51 年之前唯一一次海外任职的经历，是于公元前 74 年在西西里担任财务官。他能担任奇里乞亚总督一职，还是因为一项新法案规定高级官员卸任满 5 年才可担任行省总督。这一法案通过于公元前 52 年，意在遏制贿选行为，但不可避免地导致接下来的几年中行省总督候选人的短缺，因此任何没有担任过总督的前执政官或裁判官此时都成了行省总督的当然人选。4

西塞罗对此并不热衷。"这就像给拉车的牛装上驮篮，对我来说可不是合适的工作"，西塞罗如此形容他在抵达奇里乞亚之后接到的第一个任务。但他不得不走马上任。他到达行省时，其一年的总督任期马上就要开始。然而与此同时，元老院的打算是，不为西塞罗任命任何继任者，而是延长他的任期。西塞罗深为这种可能性所困扰，便接连写信给自己在罗马的友人，要他们尽一切可能避免此事发生，并且为同样的原因向即将上任的执政官和其他高级官员施压。最终，让西塞罗甚感宽慰的是，由于他对此事的态度始终没有软化，元老院最终没有延长他的总督任期。5公元前 50 年 6 月，在给一位年轻朋友的信中，西塞罗说："那座城市，我亲爱的鲁弗斯，坚守在那座城市里，生活在它的辉煌灯火之中吧。在海外任职，就像我自青年时代就熟知的，对一位有能力在罗马城赢得名声的人来说，是晦暗

---

① 即公元前 62 年的"喀提林事件"。卢基乌斯·塞尔吉乌斯·喀提林（Lucius Sergius Catilina）曾于公元前 64 年和公元前 63 年两度竞选执政官，均未当选。随即在公元前 62 年策划刺杀执政官西塞罗并发起政变，但计划被西塞罗挫败，喀提林本人在率领叛军与共和国军队交战时战死。

而污秽的。"[6]

作为其时代最伟大的演说家——这不单单是他个人的观点，而是同时代人所公认的——西塞罗的政治地位的崛起主要有赖于他在元老院、公共集会，特别是法庭等场合发表的演说。以罗马人的标准来看，西塞罗的军事经验少得可怜，至多只是青年时代晚期的几年军旅生涯。西塞罗不是孤例。在他掌管奇里乞亚的同时，被任命为叙利亚总督的是马库斯·卡尔普尼乌斯·比布路斯（Marcus Calpurnius Bibulus），他曾与恺撒一同担任公元前 59 年的执政官。与西塞罗相似，他在卸任执政官时，以及担任过公元前 62 年的裁判官之后，都没有前往行省充任总督。这在很大程度上是个人选择，因为他资质平平，不像西塞罗那样，后者的演说技巧和政治手腕只有在罗马才能发挥。

值得注意的是，哪怕某人在卸任裁判官职位和执政官职位之后均前往行省任职，他仍然会在罗马度过职业生涯的大部分时间。元老院成员不能随意旅行。如果一位元老想要离开意大利，他必须获得元老院的正式批准，而这只有在特殊情况下才会发生。恺撒和西塞罗这样的有政治野心的年轻人会前往希腊接受雄辩学训练，但他们在担任过财务官之后会自动成为元老院成员，而一旦加入元老院，他们就只能以官方身份前往行省，或者作为总督，或者作为总督的下属，或者作为高级官员，或者作为元老院代表团成员——这种处理外交事务的代表团一般由三人组成。

确实有几位元老院成员选择长期的军旅生活，例如马库斯·佩特雷尤斯（Marcus Petreius）。他"在超过 30 年的时间里卓越地担任了军事保民官(tribune①)、指挥官(prefect)、司令官(legate)等职位,并以卸任执政官的身份担任过行省总督的军人(homo militaris)"。但在文献中,这是作为一个罕见的例子被特意提及的。时年41岁的恺撒来到高卢之前,他至多在意大利之外生活过9年,很可能还不到9年。尽管存在几个特例,但对大多数元老来说,在行省任职的经历不过是对他们的正常生活和职业生涯的中断。他们中的很多人乐见有前往行省任职的机会,而且几乎所有人都愿意接受海外任职带来的荣誉,以及更重要的,它所意味的物质利益。诗人卡图鲁斯说,他在担任过比提尼亚(Bithynia)总督的下属之后返回罗马时,被问到的第一个问题就是:"你赚了多少钱?"[7]

无论行省有多么强大的吸引力,每位元老都清楚,他们的这段经历,无论是好是坏,都只是回到罗马公共生活之前的一段小插曲。一年的任期最为常见,担任总督长达3年以上的例子则是罕见的例外。一个人以总督的身份回到他曾担任过财务官的行省这种情况并不常见,如若发生也完全是出于巧合。无论是在地方治理还是在公共领域的其他方面,罗马人都觉得不太需要专家,因此绝大多数总督在就任前都从未踏足过自己将要治理的行省。他们中的大多数人也并不太关心帝国内都在发生些什么。西塞罗曾经以戏谑的口吻提及,当他结束在西西里的财务官任期返回罗马时,惊讶地发现有些人从未意识到他曾经离开罗马前往海外,另一些人则以为他去的是阿非利加而不是西西里。这一经历加

① tribune 指保民官,但此处应指军事保民官(tribunus militum),是官阶位于将军之下、百人队长之上的军官,应注意与一般通称的 tribune,即平民保民官(tribunus plebis)区分开来。

强了西塞罗的那种感觉，即只有在罗马发生的事情才是重要的事情。[8]

　　每位总督都会受到元老院的指示（mandata），指示中描述了他们的职责，有时可能还会提请他们注意特定事项——以西塞罗来说，他应当确保国王阿里奥巴扎内斯（Ariobarzanes）的安全，后者的卡帕多西亚王国与西塞罗的行省接壤。然而没有任何元老院指令的文本留存至今，因此我们很难得知这些指令有多么详细。公元前 59 年，尤利乌斯·恺撒引入了一系列规范总督行为的法案中的最新的一项，再次禁止总督们在未获允许的情况下离开行省或率军越过行省边界。法案还规定了总督及其团队在履行职责过程中可以支配的经费，并强调他们的所有活动都必须被详细记录在案。但无论是元老院的指示，还是相关法案，都无法覆盖需要总督们做出的许多大大小小的日常决策。总督与元老院之间的通信速度太慢，因此元老院无法直接指挥他们。此外，无论是元老院的意志，还是法案的约束，都可以被身处一线的总督忽略，如果他相信——或至少可以争辩称——如此行事符合共和国的最大利益。恺撒因此声称他在远离山北高卢行省之地对境外事务越来越深的干涉都是形势所迫，所以完全合理。行省总督们一旦就职，就不能被提前召回，而他们的行为也不可能被严密监管，因此只有当卸任返回罗马时，他们的行为才有可能遭到质疑。

　　每位总督在抵达行省之前或抵达时都会颁布一份政令。西塞罗遵循惯例，大量援引了数位前任总督的政令内容。其文本的大量内容以及整体框架，都来源于昆图斯·穆尔基乌斯·斯凯沃拉（Quintus Murcius Scaevola）的政令，这位前执政官曾于公元前

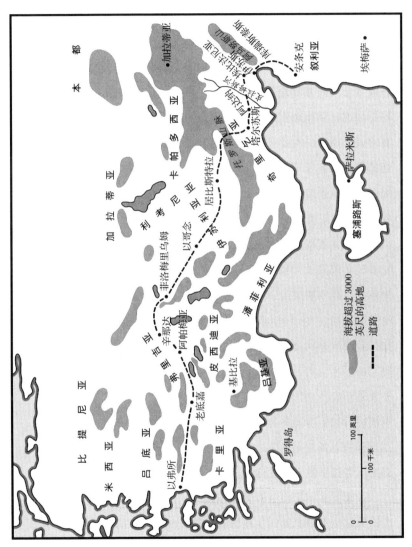

西塞罗的奇里乞亚行省

95—前 94 年担任亚细亚行省总督，对行省的治理堪称典范，因此元老院正式建议其他总督模仿他的政令。政令包含一个正式声明，称行省居民之间的争端将通过他们自己的法律来解决。政令的另一部分则指出，总督不会强制执行那些不值得被善意遵守的合同条款。西塞罗在实践中坚持了这一做法，并指出治理叙利亚行省的那位同执政官也在政令中提出了相同的条款，尽管措辞略有不同。照抄已有政令的倾向使得每个罗马行省的治理具备了些许连续性，但这一做法并非强制性的，因此新总督有可能做出重大改变，尽管政策巨变将意味着这样一种风险，即如果他将来受到审判，这可能会给他的反对者提供口实。[9]

总督在其任期内将成为整个行省之内的最高权威，而这也意味着他必须做出大量的决定，处理大量政务，包括各种地方琐碎事务。对西塞罗来说，处置地方事务不过是对那些在罗马得到辩论并做出决定的严肃问题的苍白模仿。因此，他并不急于就任，拖拉着脚步来到奇里乞亚，而这段行程实际上只需要他所花费的时间的一半。然而，应当指出的是，国家在安排总督就任这件事上几乎没有什么作为。只有在极少数情况下，总督能乘坐海军船只前往行省，他们中的绝大多数都是搭乘顺路的商船去就任。身在行省的总督与元老院之间的通信也无法倚赖官方邮政系统，所有的信件都靠私人手段传递。

西塞罗并不是在就职路上拖延时间的唯一一位总督。我们却应该为这位不情愿的同执政官被迫离开聚光灯下的罗马城而感到庆幸，因为他在接下来的 12 个月中写下的信件，为我们提供了迄今为止最详尽的关于共和国时期罗马总督之活动的记录。

奇里乞亚

西塞罗的行省地位很高,配得上前执政官的身份。省内驻扎着两个军团。除了奇里乞亚(相当于今天土耳其南部的大部分地区),同样被划归西塞罗管辖的还有亚细亚行省的一些地区和塞浦路斯——公元前58年被纳入罗马版图。西塞罗的行省与加拉蒂亚和卡帕多西亚两个王国接壤,他的职责之一就是确保这两个盟国的稳定和安全。除了要保护卡帕多西亚国王阿里奥巴扎内斯,西塞罗还需面对帕提亚人大规模入侵的持续威胁。公元前53年,罗马入侵帕提亚,在卡莱之战(Battle of Carrhae)中遭遇惨败。从那时起,帕提亚人多次攻击叙利亚行省。奇里乞亚可能也很容易遭受更大规模的攻击,而此种可能性使西塞罗担心元老院会要求他在那里服役一年以上。[10]

也许有人会如此想象罗马总督的形象:他在密集的士兵队列的护卫下威风凛凛地出行,身边围绕着一大批老练的官僚人员。但这一刻板印象与事实相去甚远。元老院有可能允许一位总督征召一队新兵甚至一整个军团,并将它们带往自己的行省,但这只有在情势所需时才会发生。西塞罗在前往奇里乞亚时,身边大概不会有一兵一卒,伴随他的只会有寥寥几个高级官员。总督的班子被称为他的"大队"(cohort)。该词借自军旅,但军团中的一个大队理论上兵力应有480人,而一位同执政官身边的人数则很难达到这个数字的十分之一。

共和国为每一位总督配备一名财务官。财务官是最低阶的行政官员,当选的最低年龄是30岁。与裁判官和执政官不同,财务官的一年任期将在行省度过。共和国每年选出20名财务官,他们的具体职务以抽签的方式分配。财务官主要承担财务方面的任务，但其工作范围也可能涉及其他方面，包括指挥军队。庞培和恺撒的财务官是由他们自己挑选任命的，但这仅是个例，并且反映了他们二人拥有巨大的个人影响力。西塞罗则完全不认识分配给他的财务官。元老院允许总督拥有一定数量的高阶副手，他们被称为 legati（单数形式为 legatus）。西塞罗有 4 位副手，其中二人曾经担任过裁判官。这二人中的其中一位即西塞罗的胞弟昆图斯（Quintus），他曾治理亚细亚行省，随后又在庞培剿灭海盗的战役以及恺撒的高卢征战中，分别担任二人的 legatus。西塞罗的 4 位副手都是元老院成员，他们中的任何一位都比西塞罗拥有更丰富的军事履历。但个人能力并不一定成为他们获得任命的主要原因，因为所有这些人都是西塞罗直接或间接的亲友。"legatus"一词也被用来称呼外交使者（ambassador），而总督的这些副手则被视为他本人的代表或使者，他们手中的权威来自他本人的授权。

财务官由刚踏上仕途不久的年轻人担当，而副手们则由总督本人挑选，他们或许经验丰富，或许不是。以现代眼光来看，年轻官员中称得上有职业素养的人寥寥无几，而这些人往往是由总督本人选出的。总督手下有一位随从（accensus），他的角色类似一位总管总督日常公务的办公室主任。担任这一职位的人通常是释奴，并且往往曾经是总督本人的家奴，尽管西塞罗任命的是一位朋友的前奴隶。一位好的随从应当有管理天分，但也应受到严格的管束。十多年前，西塞罗曾提醒昆图斯，应确保释奴不会滥用自身接近总督及其印信的条件。总督还拥有一位书记员（scriba）。西塞罗的书记员可能是他本人的一位释奴。书记员常常与财务官共同工作，管理财政记录。此外，国家还为同执政官提供 12 名扈从。他们扮演护卫、仆从和看门人的角色。在官方场合，扈从们手持法西斯，这是一束棍棒，棍棒中包裹着一把斧子。在总督的命令下，扈从们可对犯人施行体罚甚至死刑。总督手下还有信使（viatores）、传令官（praecones）和举行祭祀活动的祭司（haruspices）。担任上述任一职位的大概都有两三人。[11]

　　总而言之，总督身边的"大队"与在罗马城任职的行政官员的随员班子并没有多少不同，也是一个贵族家庭内部仆役的分工情况在政府部门的再现。除却上述随员，总督身边还有他个人带来的释奴和奴隶，其中包括长时间为西塞罗担任秘书的提罗（Tiro），以及厨子和其他工作人员。总督身边还有另外一群人，他们是本就互为亲朋好友的"同帐人"（contubernales①）。跟随西塞罗的有他的儿子和侄子。一方面，总督希望在此次旅行中能得到他们的协助，另一方面，这也是为了让他们增长阅历。年轻的罗马贵族熟悉公共生活的方式，就是跟随家中长辈，在罗马或在行省参与政事，学会处理一名元老将会遇到的各种日常事务。

　　即便算上这些补充人员，一位总督的随员队伍规模仍旧很小。有时总督也会从本地驻军中借调数人。Praefectus fabrum②——这一职位无法贴切地翻译，其大意为负责后勤的长官——的职责包括向军队供应物资，然而担任此职位的人往往被总督赋予更宽泛的职权。这个时代的罗马军团无法提供大量行政人员，而西塞罗也没有足够的资源去一一处理行省中每座城市的

---

① 即"分享同一营帐的伙伴""战友"之意。
② 字面意义为"工匠之长"。

日常行政工作——他也没有这样做的义务。对于每座城市或其他
形式的居民点——在有些地区，特别是地中海世界的西部，这些
居民点往往是部落——罗马的惯例是让它们自治。而总督的职责
就是保护行省免受内部或外部的威胁，在一定距离之外监督地方
上的行政和税收工作，同时充当行省内的最高司法权威。

　　总督握有一省之内的最高军政大权，但军权与政权之间如
何平衡，却随着地区和时代不同而有所改变。公元前1世纪中叶
的亚细亚、西西里和阿非利加行省鲜有军团进驻，尽管上述行省
内部可能仍旧驻扎着自本地同盟者中征召的部队，并仍能见到小
规模的盗匪行为、近岸或远海的海盗活动或者其他威胁和平的因
素。在公元前1世纪70年代的西西里，有关奴隶起义的记忆仍
然鲜活，因此每到收割时节，总督的一项任务就是巡视行省，寻
找任何爆发新叛乱的迹象。到目前为止，行省自由民的叛乱似乎
还构不成一个现实威胁。与此形成对比的是高卢，在那里，恺撒
在军帐中度过了每一年的春季、夏季和初秋。尽管如此，除了一
次因叛乱造成的例外，每逢冬季，恺撒都会返回自己的行省。他
通常会越过阿尔卑斯山，回到山南高卢去主持巡回法庭。[12]

　　根据罗马行省官僚机构的设计，总督不应坐镇某处长达
一年甚至几年，从那里向整个行省发号施令，因此所有的总督
都得不断巡视其管辖的地区。一个行省被划分为不同的政区
（conventus），总督会在每个政区停留，主持法庭并听取当地人的
申诉。这意味着，一位总督，即使在不被军务缠身的时候，也不
得不将其大部分时间花在旅途上。由于担任裁判官的最低年龄是
39岁，就算最年轻的总督也至少年满40了，许多人还要更老。
总督的健康和体能状况因人而异。庞培和恺撒等人在体能锻炼方

面从不懈怠，但其他担任总督者很难如此自律。我们得知，曾有一位被派往西班牙的罗马裁判官 ① 在被俘后遭处决，原因竟是抓获他的部落战士们认为如此老朽和肥胖的人不可能是有价值的俘虏。[13]

与军队同行时，总督往往以马代步，有时甚至与普通士兵共同步行前进。但如果身边仅有自己的随员，则除非旅途距离极短，否则总督不太可能以上述方式旅行。战车确实也是一种代步工具，但乘坐战车必须站立，这意味着战车并不适合长途旅行。如果战车确实被使用的话，更可能被用在入城式这样的仪式中。多数时间里，总督乘坐一种被称作 raeda 的四轮车旅行，这种车有封闭车厢，由骡子或者其他当地惯用的牲畜牵引。这种车子提供了一定程度的舒适，能遮风挡雨，并且允许乘坐者在其中休息或者处理公务。恺撒就有这样一个著名的习惯：他经常在旅途中向秘书口述、写信件或创作文学作品。尽管如此，如若遇上坏天气或者糟糕的路况，在这种交通工具上度过的漫长旅程足以让西塞罗这样的人思念罗马城中的生活。入夜之后，总督和他的跟班们可能会就地扎营——根据恺撒推动通过的一项法律，总督一行人可以获得野营津贴。如果总督一行人正巧抵达都市或城镇，他们将会受到当地显贵的款待。[14]

西塞罗抵达奇里乞亚时，夏天的作战季已经开始，从这时起他才开始收到关于军事状况和帕提亚人威胁的最新情报。然而这些情报也是不完整的。他决定改变路线，前去会见前任总督、

---

① 这位倒霉的裁判官是盖乌斯·维提利乌斯（Caius Vetilius），他在公元前147 年的特里波拉（Tripola）战役中被维里亚图斯率领的卢西塔尼亚人俘虏并杀害。

已经卸任的同执政官阿皮乌斯·克劳狄乌斯·普凯尔（Appius Claudius Pulcher）。做出这一决定是出于礼貌而非义务，而且他还有机会通过这次会面获得一些最新情报。然而阿皮乌斯没有露面。他改变了主意，决定不去劳烦自己，为继任者提供情报。起初，西塞罗很难找到该行省的驻军在哪里。在抵达前，他就得知，因为军饷被严重拖欠，加上可能还有其他问题的影响，士兵中已弥漫着不满的情绪。抵达之后，西塞罗发现 5 个大队，也就是一个军团的半数人马，已然径自离开指定地点，在没有任何军官在场的情况下自顾自地安营扎寨了。与此同时，阿皮乌斯似乎还手握 3 个大队作为自己的护卫，而这 3 个大队正是战备程度最高的部队。留在主营地中的兵力则略微超过满额的一半而已。[15]

尽管在前往军队驻地的路上主持了几场简短的巡回法庭，西塞罗无疑将夏天剩下的时间全部分配给了军事行动。游荡的部队被重新聚集起来，那 5 个哗变的大队也顺利归队。这个过程如此顺利，也许说明哗变士兵的怨恨部分归咎于阿皮乌斯或者他麾下的某位高级军官，而并不是出于什么更深层的原因。西塞罗带领重新集结的部队向奇里乞亚与叙利亚两行省交界处进发，以便在帕提亚人进攻时能够及时支援叙利亚总督比布路斯。此外，他认为此时最好设法使卡帕多西亚和加拉蒂亚两个盟国的君主坚定立场，并且有必要向领地比这两国更远的亚美尼亚国王致函以展示罗马的信心和力量。[16]

9 月，罗马人击退了帕提亚人的几次袭击，而情报则明确指出近期不太可能发生大规模入侵。西塞罗决定向居住在阿马努斯山（Amanus）附近崎岖山地的居民发动惩罚性打击。此山位于奇里乞亚和叙利亚的交界处。罗马军队先是佯装撤离，然后突然杀了个回马枪，发动突袭，烧毁了数个聚落。接着，西塞罗包围了品得尼苏姆（Pindenissum），这是一座位于山顶、有城墙围绕的村落。抵抗了 57 天之后，守军投降了。西塞罗纵兵劫掠，战俘则被卖为奴隶。更重要的是，这一行动展示了罗马的力量，证明罗马不会放过哪怕这样一个小小的山地据点，这促使一个邻近部族遣使向罗马求和。

西塞罗很清楚，他的对手籍籍无名。他想象着朋友向他发问，写道："你说的这些品得尼苏姆人到底是什么人？我从未听过他们的名字。"他接着说："那不是我的错，我没法将奇里乞亚变为埃托利亚或者马其顿。"尽管西塞罗一直在自嘲，但他的将士们已将他尊称为"大将军"（imperator），而这是迈向他梦寐以求的凯旋式的第一步。不久之后，有影响力的元老们就会收到来信，要求他们发起关于是否给予西塞罗公开感谢的投票。这是通向凯旋式的又一步。即便算上俘虏，很难想象西塞罗在这次作战中歼敌数量超过 5000。而这场胜利在罗马引起的重视程度则再次提醒我们，并不是每一场罗马方面的军事胜利都意味着对手的重大伤亡。[17]

阿马努斯山区居民是"永久"的敌人，他们惯于劫掠。早些时候，西塞罗就评论说，奇里乞亚境内的道路交通经常为横行的盗匪所阻断。继西塞罗之后，比布路斯很快就效仿他，发动了针对阿马努斯山区处在叙利亚行省境内部分的军事行动。假如帕提亚人发动了更大规模的进攻，毫无疑问这两位总督不会把注意力放在这一地区的村落上。但这并不是说品得尼苏姆人和他们的近邻部族对罗马的敌意是虚构的。盗匪活动曾经是，也将继续是一个真正的问题，尤其是这一地区正好位于两个罗马行省之间。阿尔卑斯山区的部落也因从穿过高山山口的旅行者甚至罗马军队身上勒索钱财而闻名，直到公元前 1 世纪末才被肃清。[18]

我们不应简单地将西塞罗视为沉溺于追求凯旋荣誉的人，而且他对于这项荣誉的渴望将会无果而终。我们应该再一次记住，盗匪行为的主要受害者是行省内部定居化程度更高的居民。到目前为止，没有哪个总督一劳永逸地解决了这个问题，但这与资源的分配以及不同任务的优先级有关，也与罗马对盗匪问题的关注不够有关。西塞罗的行动展现了罗马的力量，证明哪怕花费数个星期乃至数月，罗马人也愿意去围困并攻占这么一个山顶据点。这向当地居民证明，他们躲不过罗马的报复，而清楚这一点的他们会在未来更有可能屈从于罗马的要求。不过不幸的是，比布路斯的军事行动以一个小灾难告终：他的一个大队被本地土著整个消灭，因此罗马人的强大形象很快就破灭了。后来，他的一名副手赢得了一场小胜，但这一地区还远未处于罗马的完全控制之下。[19]

时值冬季，这意味着直到下一个春夏之交，西塞罗面临帕提亚入侵的危险的可能性不大，因为此时地里缺少帕提亚骑兵需要的牧草。西塞罗的弟弟昆图斯率领军团前往越冬营地，西塞罗本人则于公元前 50 年 1 月 5 日沿着大道向西折返。他在沿途的数个城市逗留，在当地处理一些公务。但到了 2 月 11 日，西塞罗已身处老底嘉城。他在这里主持了大规模的巡回法庭，除此之外，他还要前往行省内的 6 个政区，在每个政区停留两周以主持审判。西塞罗没有亲身前往塞浦路斯，但由于根据塞浦路斯当地法律，本地案件必须在当地审理，于是他派遣了一位代表代替他前往当地主持巡回法庭。[20]

敛财之道

作为一省总督,西塞罗在辖区之内享有至高无上的权威,众多事务完全由他一人的意志所决定。这不可避免地意味着有大量个人和团体希望获得他本人的照顾,以求达到某种特定目的。每当抵达一个居民点,总督及其随员往往受到当地人的热情款待。这被认为是他们作为罗马官员理应获得的待遇,但对东道主来说,这也意味着一次与总督本人或其亲信建立联系的机会。总督和他的班子可以因此获利,毕竟行省人没有别的选择,不得不献上他们的殷勤,哪怕他们并不情愿如此。尽管《尤利乌斯法》①在一定程度上约束了总督的行为,行省人却没有多少办法可以阻止总督对他们下手,或至少对他们的钱袋子下手。我们已经看到,公元前79年,一位行省居民和他的乡邻们使用暴力阻止想要强占其女儿的罗马官员维雷斯,而最终,这位行省人和他的儿子却因为莫须有的罪名双双被判刑处决。随后,公元前73—前71年担任西西里总督的维雷斯被控多次盗取本地人的艺术品或迫使它们被以极低价格出售。行省总督拥有巨大权力,这意味着行省人的任何反抗都是不明智的。个人很少能承担抗拒带来的风险,甚至整个的社群也几乎没有机会在与总督的对抗中取得成功。[21]

如果行省内驻有罗马军队,总督完全有权利要求行省居民为士兵提供住处。比起总督一行人,这些客人既不显贵,也没多大影响力,更不受欢迎,尤其是因为喂养和安置军队的开销很高

---

① 此处指公元前59年尤利乌斯·恺撒担任执政官时通过的《关于索贿罪的尤利乌斯法案》(Lex Iulia de Repetundis)。此法案限制了行省总督可以获得的赠予数额。

昂。数千军团战士将在一座城市中逗留数月——他们百无聊赖，往往被拖欠了军饷，且并不总是纪律严明、受到良好约束，却仍旧高傲地自诩掌控世界的罗马城的子弟。他们不会为本地的和平安定做出多少贡献。尽管如此，还是有办法逃避这种破坏性的负担的。西塞罗称，由于他没有要求各地为免除接待驻军的义务而缴纳额外费用，每座城市都感到喜出望外：

> 在我到来之前，每年的这个时候是用来敛财的。较富裕的城市会上缴大量钱财，以求避免让士兵们在他们那里过冬——塞浦路斯往年会缴纳将近 200 阿提卡塔兰特①，而在我的任内，我实事求是地说，这个岛没有被要求缴纳一分一毫。他们都吃了一惊，因为我不接受口头赞扬之外的任何荣誉。我不会接受任何塑像、神庙，或者我的形象站在一辆四马拉着的战车上的那种雕像。22

西塞罗的洁身自好在同时期可谓非同一般。他尽力约束下属，要求他们在代表自己出公差时不获取任何不为法律所允许的好处。在这一点上，他并没有做到百分百的成功，但公平地说，他和他的同僚并没有令人失望——他们的确也给省人带来了负担，但他们带来的负担比其他多数行省总督轻得多。私底下，西塞罗觉得前任总督阿皮乌斯·克劳狄乌斯·普凯尔在任上表现得"像一头野兽"，而他本人则"尽力避免［在行省身上］已经造成的伤口上撒盐，这些伤口是如此显而易见且无法掩盖"。缴纳钱

---

① 货币单位，1 阿提卡塔兰特大约相当于 26 公斤白银的价值。

财来避免军队的进驻，这只是阿皮乌斯对行省人提出的众多要求之一，而且值得一提的是，从军事或后勤角度说，根本就没有任何在塞浦路斯驻军的理由。此外，和众多罗马行省总督一样，阿皮乌斯很可能也收取贿赂，并做出对行贿方有利的判决。法庭审判特别容易受到贿赂行为的影响，并且受到影响的不仅仅是判决本身，还有审判进行的地点、法官的任命以及法官收到怎样的指示。无论是否占理，法庭上的胜者常常要为胜利付出钱财。[23]

除了要处理辖区内各族群之间的争端，总督们可能还需要关注本地社群的内部事务，但其工作的首要关注点还是那些涉及罗马公民的事情。正如上文所说，当一个地区成为罗马行省，活跃在本地的原本就数目众多的罗马商人，其数量会急剧增长。其中偶尔有一些热衷于炫富甚至行为粗俗的富商。第一次见到普布利乌斯·维狄乌斯（Publius Vedius）时，西塞罗更多的不是感到震惊，而是好笑。这是个"可疑的角色，却和庞培有些瓜葛"。西塞罗在大道上遇见他时，他被大队随从环绕着，队列中有两辆轻便马车，其中一辆载着一只狒狒，此外还有一辆四轮车和一乘轿子。由奴隶抬轿子这种做法在当时很流行，这在罗马人的印象中经常与东方的财富有联系，却并不被认为是一种十分恰当的行为。维狄乌斯可能出身骑士阶层，但更重要的是他与"伟大的"庞培之间的联系。庞培是当时罗马最负盛名的统帅，也许还是元老院中的首富，同时还被认为有可能前往东方领导对帕提亚的战事。因此，无论心中对维狄乌斯怀有怎样的成见，西塞罗还是腾出一天时间接待了他，并使他感到受到了尊重。维狄乌斯确实足够显要，显要到能够成为谈资，而西塞罗愉快地记录下了他在此事之后听说的一段故事：当有人误打开了维狄乌斯的行李时，竟在其中看到了五位已婚贵族女性的胸像。[24]

　　很多罗马人不像维狄乌斯那样与权贵有来往，但公共合同承包商① 这个庞大的群体却不容忽视。有很多工作是罗马共和国没有足够的资源去应对的，而自从共和国初年，罗马政府就将这些工作交给私人承担。这些私人承包的事项涵盖了像提供国家祭祀活动所需的动物这样的小事，以及一些更重要的工作，例如建筑工程和军队给养。一般来说，这种公共合同会由数个公民共同承担，尽管罗马人并未发展出类似今天的企业法这样的法规，这些承担公共合同的组织的成员的确会产生一种集体认同，并拥有共同财产。由私人承担公共服务这种现象在希腊世界中一直很常见，但随着罗马势力的增长，罗马公民承担的合同的绝对数量，以及单个合同所涉及的金额，都使早期希腊的同类活动相形见绌。波利比乌斯称，在罗马，"几乎所有人"都被以某种方式卷进了这些活动中。元老院成员不能参与公共合同，因此波利比乌斯所指的显然主要是富裕公民阶层，其中大多数人属于骑士阶层。[25]

　　总体上，这个体系运行得较有效率。第二次布匿战争期间，19 位承包商负责为在西班牙作战的罗马军团提供给养，其中的两位被发现卷入了一起重大欺诈案件：当他们的破旧船只遭遇海难时，他们要求政府为实际不存在的货物损失提供补偿。但几乎所有国家在战时都免不了有人发战争财，而且值得注意的是，其余 17 位承包商很好地完成了任务。在迦太基人被击败之后，承包商们在西班牙发现了新的机遇，例如新迦太基附近的大量银

---

① 拉丁文 publicanus（publicani 为其复数形式）指的是承包公共服务者，但在很多语境下特指承包某一地区征税工作的商人，因此下文中将视语境不同译为"承包商"或"包税商"。

矿。罗马元老院没有足够的国家组织去开发这些资源，因此决定将其承包给私人。承包商们在罗马出价以获得采矿权。他们用一定的金额买断合同，而国家可以以此得知自己将从中有多少收入。造访过这一地区的波利比乌斯说，国库每天可以因此获利2.5万第纳瑞斯（denarius）①，显然，承包商们需要生产更多以盈利，而他们看来在很大程度上做到了这一点。然而共和国并不总是情愿将这些机会留给承包商。当马其顿成为罗马的行省时，由于元老院不想让承包商染指，罗马政府关闭了原来属于马其顿王室的矿场。[26]

自钦定版《圣经》②描绘了那些为人鄙夷的包税人（publicans）起，被称为 publicani 的公共合同承包商因他们中的收税商而变得臭名昭著，尽管这些包税人其实只是承包商公司的一些本地代理人，而并不是严格意义上的 publicani。在亚细亚行省以及其他的东部行省，政府将主要税项的收缴工作交付给他们完成。在帝国境内的很多其他地区，多种徭役和税赋也通过这种方式征收。征税权的拍卖在罗马进行，由监察官主持。一般来说，出价最高者会赢得包税合同，正如有关公共服务的合同往往被索价最低的承包商获得。在西塞罗来到奇里乞亚的 10 年前，赢得亚细亚行省征税权的承包商们曾要求政府退回部分付款，因为此行省的状况不佳，包税商不仅难以盈利，还有遭受损失的风险。西塞罗和其他很多人都认为这种要求简直恬不知耻，却不愿公开予以反对。其他一些人提出了异议，而包税公司用了几年时

---

① 一种罗马银币。

② 英国国王詹姆斯一世下令翻译的英文版《圣经》，首次出版于 1611 年。

间才达到目的。[27]

重要的公共合同涉及巨大金额，常常可以达到 100 万塞斯特斯（sesterce）①，这一数额在公元前 1 世纪末被定为成为元老院成员所需的最低财产标准。这使得赢得合同的承包商们获得了相当大的影响力。多数情况下，如果想要从行省获得财政收入，共和国没有其他选择，只有将征税权外包给包税商。一个人要想在政坛获得成功，就得一掷千金。然而元老的大多数财产都系于他们的乡间地产，毕竟对罗马贵族来说，这才是体面的收入来源。很多人借钱来支持自己的仕途，而如果获得与承包商有利益关系的人的支持，往往就能获得足够资金。因此，当这些人前往行省就任总督时，将不得不留心维护与承包商之间的关系。在写给时任亚细亚总督的弟弟昆图斯的信中，西塞罗写道：

> 除却你所有的好意和勤勉，关于承包商还存在一个重要的问题。如果我们反对他们，我们将使共和国和我们自己疏远这样一个曾经为我们和国家做出过贡献的阶层……然而如果我们在所有事情上都迁就他们，我们将坐视那些我们本应维护其安全和利益的人们走向毁灭。

若要在满足有影响力的承包商的需求和使行省免于陷入赤贫之间维持平衡，需要一种"神圣的"品质。西塞罗认为昆图斯拥有这种品质。在奇里乞亚，西塞罗也努力做到这一点。他只允许承包商获得其应得的利益，同时也坚持行省居民应按时缴纳赋

---

① 罗马货币，相当于四分之一个第纳瑞斯。

税。西塞罗称这样可以兼顾两方的利益，这显然属实。[28]

在昏庸的总督治下，包税人将有机会压榨行省人民，征收超过法定标准的赋税，而这也许会迫使本地社群借高利贷来缴税。如果总督本人利欲熏心，甚至能做出更恶劣的事情。他将和包税商勾结，以自身权势来为双方攫取不义之财。上文所述的维雷斯就是一例，在他任职西西里总督时，西西里大部分收取农业什一税的包税商都与他狼狈为奸，而他则纵容包税商们销毁有关他们的所作所为的档案记录。有些总督拒绝包税商的要求。亚细亚行省总督斯凯沃拉（Scaevola）和他的副手鲁提利乌斯·鲁弗斯这么做时，却导致后者被起诉并被流放。这个结果对鲁弗斯来说当然不公平，鲁弗斯的确很有可能接受了心存感激的本地城市赠予他的礼品，因此严格说来他确实是有罪的，尽管大多数行省总督接受了同样多甚至更多的礼品却从未受到惩罚。根据李维的记载，早在公元前2世纪，元老院里就有人指出："只要是有包税商的地方，那里要不无法有效执行法律，要不行省人民毫无自由。"[29]

包税商之所以有这么大的影响力，是因为拿下包税合同的人里，相当多的人是骑士阶层的成员，而自公元前2世纪末以来，骑士阶层的政治影响力与日俱增，尤其在政治审判中扮演着重要角色。他们的地位如此重要，以至于大多数元老院成员都不敢冒险冒犯他们。在西塞罗的时代，这股影响力甚至更胜往日，因为一些有权有势的罗马贵族也与包税公司建立了利益联系，尽管作为元老阶层的成员，他们不被允许直接承接包税合同。前文中高价拿下亚细亚行省征税权的包税商们向政府要求退回部分付款时，绰号"富翁"（dives）的克拉苏就曾为他们的诉求背书。[30]

由于法律的限制，元老院成员无法参与大规模贸易，例如，他们被禁止拥有大型商船。然而，就如同关于参与竞标公共合同的禁令一样，法律总是可以被绕开的。行省中活跃着众多罗马公民，他们中的每个人可能都想要赢得总督的青睐和支持。他们不一定能够得偿所愿，而且在某些特例中，像维雷斯这样恶劣的总督还可能抢劫、抓捕甚至处决自己的公民同胞。这类行为显然公然挑战了保护罗马公民的法律，但如果总督决意忽视这些法律，没人阻挡得了他。事后，维雷斯辩解称他的受害者们是不久前在罗马内战中落败一方的叛逆余党。[31]

很少有总督胆敢如此欺侮行省中的罗马公民，但他们如何处理公民提出的诉求，则在很大程度上取决于他们对公民本人、他的人际网络以及支持者的评估。西塞罗向其他总督发去大量信件以推荐熟人，他本人也收到了很多来信，主旨都是向他推荐活跃在奇里乞亚行省的某人。这类信件是留存至今的罗马文书中最常见的一类。一个人在行省任职不会超过几年，但他在那里积累的人情可能会对其仕途大有裨益。公元前51—前50年，西塞罗给亚细亚行省总督米努基乌斯·特尔穆斯（Minucius Thermus）写了几封信：

> 我是否可以恳请您，看在我们之间的亲密关系和多次平等互利的往来的面子上，仁慈地关照一下马库斯·安内优斯（Marcus Anneius）……

> 我与卢基乌斯·格努基里乌斯·库尔武斯（Lucius Genucilius Curvus）相识甚久。他是一位从不忘记使命的贤

者。我诚挚地将他推荐给您……我希望您在您的良知和尊严
允许的范围内尽可能地在各方面予以关照……因为他绝不会
向您要求任何有违您的本性的事情……

部丢利①的克鲁维乌斯（Cluvius of Puteoli）……深信，
除非他能够通过我的推荐，于您的任内在您的行省完成某些
生意，不然他可能会放弃这些生意……[32]

　　有时当事人自己也会直接向总督毛遂自荐。西塞罗曾请求身
处罗马的年轻的朋友凯里乌斯·鲁弗斯（Caelius Rufus）给自己
写信，以了解罗马正在发生的政治新闻。西塞罗离开罗马的这一
年，凯里乌斯当选了营造官（aedilis）。营造官的职责包括为罗
马市民举办娱乐活动，一位营造官若能借此取悦市民，民众的选
票将会帮助他取得更高级的职位。但是显而易见，盛大的娱乐活
动花费不菲。凯里乌斯请求西塞罗为他提供豹子，以供他展出和
在角斗表演中使用。这个要求并无任何特殊之处，而且凯里乌斯
的一个同事，一位据我们所知对西塞罗并无所求的人物，同样写
信给西塞罗，想要碰碰运气，看能不能讨到豹子供自己所用。然
而两人都被拒绝了，区别仅仅在于西塞罗拒绝凯里乌斯的方式更
加幽默：他声称在他的整个行省中，豹子们是仅有的一群遭到迫
害的居民，因此全部逃到了境外。[33]
　　有些推荐信的主角是行省籍人士，但绝大多数情况下被推荐
的都是罗马公民。有一位叫斯卡普提乌斯（Scaptius）的人想要西

---

① 今天的意大利波佐利港。

塞罗帮他追债，债务人是塞浦路斯岛上的萨拉米斯城（Salamis）。他手中有一封马库斯·尤尼乌斯·布鲁图斯（Marcus Junius Brutus）写的推荐信。布鲁图斯将随后作为参与谋杀尤利乌斯·恺撒的凶手之一而闻名，但在此时还被众人视作一颗政坛上的希望之星、下一代的元老院成员和高级官员候选人。西塞罗有一位从小结识的朋友名叫阿提库斯（Atticus），他选择保留骑士阶层的身份，并未走上仕途，却认识几乎所有权势人物。阿提库斯特别希望西塞罗能够卖布鲁图斯一个人情。斯卡普提乌斯还要求获得军官（prefect）职位。西塞罗的前任阿皮乌斯曾授予他军职，使五六十名骑兵归他节制。斯卡普提乌斯却带着这支队伍将萨拉米斯市议会的成员包围在议事厅中，不许任何人离开，直到被包围的人中有 5 位活活饿死。然而即使是这样的暴行也并未帮助斯卡普提乌斯要回欠款。

西塞罗已经明确表示，他不会将军职授予任何在奇里乞亚有商业利益的人，尽管他并不介意将空衔给予其他地方的商人。斯卡普提乌斯的要求被拒绝，他手下的骑兵也被从塞浦路斯撤回，但西塞罗承诺会对此事予以仲裁。根据他发布的法令，复利率高于 12% 的贷款合同将不会被认可，斯卡普提乌斯却索取 48% 的利息。根据西塞罗规定的利率，萨拉米斯人应付给斯卡普提乌斯 106 塔兰特，而斯卡普提乌斯却索要 200 塔兰特，这是萨拉米斯人不可能付得起的一笔巨款（1 阿提卡塔兰特大约相当于 25.86 千克或将近 58 磅白银，在罗马货币体系中等于 2.4 万塞斯特斯或 6000 第纳瑞斯）。然而，随着谈判的进展，西塞罗进而发现萨拉米斯人欠下的不是斯卡普提乌斯自己的钱，而是布鲁图斯的，斯卡普提乌斯只是布鲁图斯的本地代理人。斯卡普提乌斯引用了两条元老院的建议,根据它们,贷款利率可以比西塞罗规定的利率更高,而这显然是布鲁图斯一党运作的结果。西塞罗认为这种做法毫无道理,并且无法绕过相关法律和他颁布的法令,他认为12%的复利率已经意味着相当可观的收益。不顾对方的反复请求,西塞罗拒绝卖给布鲁图斯这个面子,并且私下说,如果布鲁图斯对斯卡普提乌斯的所作所为是知情的,那他对这位政坛新星的尊敬就要大打折扣了。然而,罗马政坛上人脉的重要性最终压倒了西塞罗的是非观念。他并没有强制要求斯卡普提乌斯接受12%的利率,而是将此事压下不做处理,至于布鲁图斯,他将会在西塞罗的继任者就任之后,继续索要48%的利息。[34]

恺撒曾经如此评价布鲁图斯:无论他想要什么,他都不择手段。这一点在上述事件中展露无遗。如果谁对布鲁图斯的了解完全来自莎士比亚对他的描述——"所有罗马人中最高贵的一位",那他一定会为此事倍感震惊。布鲁图斯给西塞罗的信件言辞粗鄙,毫不顾忌西塞罗比他职衔更高且年龄更长。布鲁图斯同时也是卡帕多西亚国王阿里奥巴扎内斯和加拉太国王戴奥陶鲁斯(Deiotaurus)的债主,不过他向国王们索取的利率并不超过法定的上限,即12%。然而戴奥陶鲁斯已然一贫如洗,完全没有还款能力,而阿里奥巴扎内斯则欠庞培的钱甚至更多,他没有能力向两位债主中的任何一位支付全额欠款。[35]

在帕提亚入侵的潜在威胁仍未消除时,罗马人显然应该尽力避免削弱同盟国的实力或降低他们的忠诚度。抵达奇里乞亚不久,西塞罗流放了卡帕多西亚的一名位高权重的神职人员,通过此举使这个王国免于内战,同时保住了阿里奥巴扎内斯的王位。后者对西塞罗心存感激,但此时仍然不应就对其逼债太紧,因为此举可能会在其王国内部引起更多动乱，导致其统治不稳。西塞罗设法筹了一些钱，付给了布鲁图斯的代理人，尽管这只够偿付债务的一部分。至于在庞培那边欠下的债务，偿还的比例甚至更低，但是庞培对于能够拿到一部分利息已经感到满意了。布鲁图斯表示感谢，态度却十分生硬。我们不知道是布鲁图斯太傲慢，以至于无法接受对方在还没有向自己支付全部欠款的同时还钱给别人，还是他真的捉襟见肘到了这种地步，以致如此急迫地想要获得现金。向行省人贷款获利颇丰，但是风险也不小。就像阿里奥巴扎内斯，负债者可能同时拥有数个债权人，而当罗马总督向负债人伸出援手时，每个债权人都希望自己的贷款被优先返还。行省内的贷款给某些人带来了不可思议的利润，但如果债主没法叫负债者付钱，他们可能会遭受重大损失，甚至血本无归。[36]

一如既往，拥有更好人脉者会有更多机会能够得偿所愿。十分杰出的总督才能够顶住压力，不去取悦其他的元老权贵，哪怕是其中的位高权重者。西塞罗在抵达行省赴任时，由于阿皮乌斯没有前来与他会面而感到深受冒犯。让西塞罗感觉受到冒犯的不仅仅是阿皮乌斯的无礼。他随后发现自己的这位前任在自己就任后仍然在主持巡回法庭。阿皮乌斯这么做，无疑是为了照顾自己的朋友，顺便在卸任后多赚一个月的好处费。这是公然的非法行为，因为在一个行省之内，拥有大权者只能有一位，然而并没有人能阻止阿皮乌斯。无论西塞罗曾在私底下如何评论阿皮乌斯骇人听闻的勒索行径，他在写给阿皮乌斯本人的信件中用语仍然十分礼貌。他丝毫没有提及阿皮乌斯的苛政，并且假装认为关于后者在卸任后继续主持法庭的消息不过是一些恶意的流言。然而阿皮乌斯的答复却十分具有攻击性。他指责西塞罗更改他的政令，指责后者阻止本地社群继续斥资向罗马派遣使团为阿皮乌斯歌功颂德。大部分行省总督，无论曾如何对待行省人民，都期待后者在罗马人面前为其如此美言一番。但组织使团对行省城市来说是一项沉重的负担。西塞罗开玩笑说，阿皮乌斯就像是一位快要将病人治死的大夫，对另一位带来解药的医生充满了仇恨。尽管如此，在给阿皮乌斯的后续信件中，西塞罗仍然毕恭毕敬，绝口不提他的累累罪行。[37]

西塞罗在卸任回到罗马之后将会与阿皮乌斯和其他前任执政官们一同列席元老院中，也少不了要与庞培、布鲁图斯还有所有曾要求他关照自己友人的罗马政要打交道。他未曾公开帮助他们中的任何一人在行省人民身上非法榨取钱财，也没有强迫后者缴纳超过自身支付能力的赋税。曾有一次，在调查某个城市的财政状况时，西塞罗发现本地官员中存在广泛的挪用公款行为。事件被悄无声息地解决了：肇事者将不该拿的钱财返还，随后无人再过问此事。这让人不禁怀疑，西塞罗发现的涉案金额仅仅是冰山一角。然而不管怎么说，这样的结局的确帮助城市恢复了健康的财政，使城市有能力缴纳税款和偿还贷款。到目前为止，包税商和债权人们都还算满意，除了布鲁图斯一例中的债主。他大概不会对西塞罗心存感激。[38]

无论多么厌恶布鲁图斯的贪婪和斯卡普提乌斯索取钱财的残暴手段，西塞罗并未将这些丑闻公之于众。他同样未曾公开谈论阿皮乌斯的暴政。此外，西塞罗也从未公开提及比布路斯的军队在阿马努斯山附近遭受的失败，尽管后者的军事行动甚至换来了凯旋式的殊荣。比布路斯能够获得凯旋式，很大程度上要归功于其岳父小加图的影响力。曾有人友善地请求小加图支持为西塞罗举办一场凯旋式，却被他拒绝。小加图坦率地解释说，他认为西塞罗在行省公正的治理比单纯的军事成功更值得被嘉奖，然而接下来他却支持为自己的女婿举行凯旋式，这不免使之前的解释略显无力。政治就是如此，一个充斥着利益交换、旧人情和妥协的世界，任何交易都是为了在将来能够获得回报。在这个意义上，古今中外的政坛莫不如此。奇里乞亚的良好治理仅仅是西塞罗追求的目标之一，且并不是最重要的一个。然而这给他带来的良好声誉却是对抗他人施加的压力的一个重要砝码。[39]

以罗马的标准来说，西塞罗将他的行省治理得相当好。在他经验丰富的副手们的帮助下，他采取了及时的行动，支援了面临帕提亚入侵威胁的叙利亚行省。西塞罗很走运，帕提亚人并没有发动大规模进攻。他深知自己手中的兵力十分薄弱，仅有两个不满编且训练水平与士气都堪忧的军团。而本地区的同盟者，除了加拉太王国，都十分贫弱而无法召集大规模军队。此外，鉴于像阿皮乌斯一样的罗马总督们以及罗马包税商和放贷人的所作所为，西塞罗很难想象同盟会诚心诚意地为罗马而战。西塞罗手下的一支小部队在一次战斗中击败了帕提亚袭击者，同时他将兵力集中在边境附近，装出军力强盛的样子。然而，还有其他原因使得帕提亚人仅仅止于袭扰，没有入侵——他们仅在公元前41年组织过一次对罗马的入侵。阿马努斯山附近的军事行动则有效地震慑了惯于侵扰定居居民的山地部落。罗马人在行动中展现了实力，形成了足够的威慑。事件的结局是罗马人烧毁了几座村落，将一座设防城镇完全夷为平地，将其居民卖为奴隶并迫使附近部族俯首称臣。

西塞罗之所以敢在阿马努斯山发动进攻，是因为他手上有一支军队，且无别处可用兵。假使帕提亚人入侵，这次战役就不会发生。换作其他总督，或许不会冒险在山区开展军事行动，但更有可能也会做出与西塞罗同样的决定。这并不是一次旨在镇压当地居民并确保行省内部永久和平的协同行动，而更像是一次孤立行为。行省的和平、盟友和行省居民的安全，这些都是值得肯定的目标，也是恰当而正义的战争理由。与此同时，这也意味着获得荣誉和战利品的前景。个人利益以某种方式与共和国的福祉交织在一起，使得罗马人将其视作名誉的、值得为之努力的事业。西塞罗成功地保住了阿里奥巴扎内斯的王位，同时并没有直接使用任何军事手段。阿里奥巴扎内斯曾请求西塞罗派遣几个大队的罗马士兵支持自己，但被西塞罗拒绝。因为在帕提亚入侵的威胁依然存在的情况下，西塞罗并不愿意分散兵力，因此他需要谨慎地平衡各方资源以应对挑战。[40]

西塞罗成功地履行了其总督角色中军事层面的职责，并且得以在帕提亚人组织任何新的进攻之前结束他 12 个月的任期。公元前 51 年，奇里乞亚地区粮食收成不佳，行省居民，特别是城镇中的下层居民将可能面临饥荒。于是西塞罗运用其"权威及说服力"设法使所有囤积粮食的行省人或罗马商人为社区提供足够的食物。西塞罗为此感到自豪，原因是他没有动用强力或法律手段就做到了这一点。在行政层面，西塞罗严格恪守自己颁布的政令，他的判决公正且始终一致，并且随时准备好去履行职务，尽管在老底嘉主持大巡回法庭的西塞罗也曾不得不劳烦其他地区的居民动身前来本地。西塞罗处理公务的速度显然比他自己预想的要快，他最终并不需要将所有时间都用来办公。他也在一定程度上降低了自己的标准，例如在处理萨拉米斯人与布鲁图斯之间的债务问题这件事上。西塞罗可能也接受了自己认为并不过分的礼品以及职位津贴，因为他很可能在总督任期内获利了，即使他的收益仅仅来自出售战俘所得中的抽成。[41]

　　西塞罗仅仅在奇里乞亚度过了 12 个月。任期结束后，他启程回家，留下不够老练的财务官独自等待新任总督。西塞罗并不愿这样做，但他无法找到更有资历、更值得信任、更有能力且也有意愿接受这个职位的人选。总而言之，相比几位前任总督的统治，特别是比起阿皮乌斯·克劳狄乌斯·普凯尔的任期，行省居民在西塞罗任内生活得轻松得多。他比多数总督更少地劳民伤财，坚持公正的判决，并保证了一定程度的安全，使百姓得以安居乐业。盗匪活动仍然存在，并且在随后一段时间内都不会消失，阿马努斯山民的活动也仅仅是在一时被压制住了。行省居民避免了一场与帕提亚的大规模战争。无论他们对罗马人和他们的东方邻居怀着怎样的看法，一定都不希望战火在自己的土地上肆虐。当下，罗马人的统治是生活中的现实，而行省居民很清楚，这一切本可能比西塞罗带来的治理糟得多。[42]

6

行省居民与国王

这时，科马努斯（Comanus）和他的兄弟作为小托勒密的使节来到罗马，而阿拉班达的梅努鲁斯（Menyllus of Alabanda）则代表大托勒密抵达。他们同时进入元老院，并在那里展开了漫长而激烈的辩论。但当托尔夸图斯（Torquatus）和梅鲁拉（Merula）认可了小托勒密的主张并热烈地表示支持他时，元老院命令梅努鲁斯应在 5 天内离开罗马，并宣布罗马终结与大托勒密之间的同盟，且应向小托勒密派出使者以向其宣布他们的决定。

——波利比乌斯，公元前 2 世纪 40 年代[1]

"至少他们认为自己享有自治"

在西塞罗的时代，罗马行省和总督的数量都比公元前 2 世纪更多。担任行省总督的同执政官和同裁判官们除了要履行纯粹的军事使命，更要承担大量其他工作。尽管这么说，他们参与行省日常行政工作的程度仍然是有限的。与过去一样，对行省来说，罗马的统治或霸权是一种遥远的存在，对本地生活并无多大影响。这一特点在地中海东部地区尤为突出。公元前 146 年，马其顿第一次迎来了罗马总督及驻军，而在此之前，罗马在地中海东部的一系列军事成功并没有带来永久的军事存在。新设立的马其顿总督一般是卸任裁判官，归他节制的兵力是一个军团，外加拉丁或意大利同盟者的军队，总人数不会超过 1 万。亚细亚行省建立时拥有相同数量或更少的驻军。除此之外，除非发生像爆发重要战争这样的特殊情况，上述兵力就是罗马在希腊世界的全部军事存在了。[2]

罗马在地中海东部地区的永久军事存在的规模如此之小，这充分说明了这些军队不是占领军。此前，马其顿国王曾频频在北部边境作战，以回应边境之外的色雷斯人和其他部落的袭扰。击败珀修斯之后，罗马将马其顿王国分解，但罗马人在其原有领土之上建立的 4 个被称为 merides 的行政区并没有能力有效履行防御职能，它们也许缺乏相关资源。公元前 149 年，一位觊觎马其顿王位的人率部落军民组成的军队击溃了本地武装，击败并杀死了被派来与之作战的罗马裁判官。第四次马其顿战争将希腊地区裹挟其中，而此时罗马的注意力正集中在与迦太基的最后一次冲突上。

向马其顿派遣总督和军团的决定看来意在防止类似的危机重演。埃格纳提乌斯大道（Via Egnatia）①的修建把亚得里亚海和爱琴海的海岸连接了起来，从而改善了地区的交通状况。军队可以通过这条大道穿过整个地区前往更东方作战，但更有可能的是，这项工程的最主要目的是允许行省驻军在任何季节行动和获得补

---

① 由马其顿总督格奈乌斯·埃格纳提乌斯（Gnaeus Egnatius）下令修筑的大道，由此得名。

给。尽管我们对接下来的半个世纪内发生的事情所知不多，但是看来罗马军队的确对斯科尔迪斯基人（Scordisci）这样的部落开展了频繁的打击，并且胜负参半。即便在公元前 2 世纪末期，当意大利本土面临迁徙的金布里人和条顿人的威胁时，虽然其他地区急需补充兵力，罗马在马其顿的军事力量仍得以保留。罗马还连续多年派遣执政官去镇守马其顿行省。这些都证明罗马极其重视在边境上保持足够的军力。元老院显然认为这么做是极为必要的，它并非仅仅是总督斩获军功的机会。[3]

马其顿历任总督都忙于军事事务，而且根据一项公元前 102 年通过的法律，总督应使用 60 天的时间来处理克森尼索（Chersonese）地区的行政和法务工作。这一地区是最近被补充进马其顿总督的辖区之内的。马其顿总督既没有精力也没有权限南下到希腊境内。在那里，各希腊城市被允许独自处理各自的内政。有人认为罗马倾向于在臣服于它的城邦内扶持寡头势力并取消民主政治，但并没有足够的证据支持这一说法。罗马人也不曾规律性、经常性或周期性地干涉希腊城邦的内政外交事务。罗马会警惕可能损害其力量和统治的实质性威胁，但这不意味着它总是以气势汹汹的面孔回应任何对其代理人的微不足道的侵犯。[4]

公元前 87 年，一个大队的罗马士兵进入喀罗尼亚城（Chaeronea）过冬。大队指挥官妄图猥亵一个名叫达蒙（Damon）的本地青年，他在赠送礼物和言语劝说统统失败之后，使用胁迫的手段达到了目的。事发之后，惊魂未定的达蒙和 16 个朋友喝得酩酊大醉，用煤灰将脸涂黑，于黎明之际袭击了正在市场上主持祭祀的指挥官。他们砍杀了指挥官和数个罗马士兵，随后逃到乡下躲藏起来。城市议会对他们进行了缺席审判，判处他们死刑，但这群年轻人于当夜再次潜入城里，杀死了几位最高级的城市官员，并又一次消失。一时间，达蒙和他的朋友们像绿林好汉一般生活。此时，一位罗马的军团指挥官来到喀罗尼亚，收拢剩余的士兵，并将他们编入自己的队伍。他同时调查了上述案件，得出的结论是罗马军官的行为没有问题。然而不久后，达蒙被特赦，并回到城里担任体育官（gymnasiarch）这一荣耀的职位。体育官掌管城邦的运动事务，而这被认为是希腊文化的精髓，代表了希腊人的健美与竞争精神。尽管担任着官职，达蒙却在沐浴时被谋杀。此后，一个邻近的城市派人去马其顿总督那里控告喀罗尼亚的领袖，说他们参与了达蒙一伙此前制造的案件。控告者还雇用了一位罗马公民作为证人，显然是希望这样做可以增加本方的优势。然而马其顿总督写信联系了调查过本案件的那位军团指挥官，认可了后者的判断，指控因此被驳回。[5]

　　马其顿总督和这位军团指挥官都对结果表示满意，认为城市当局的处置公正恰当，并且表示将不再过问此事。在某种程度上，这个事件无疑暴露了被杀的罗马军官的不名誉行为：罗马军人中的同性行为是足以被判处死刑的行为，而与平民少年之间的风流韵事虽然并非违法，却并不被广泛认可。然而，罗马军官的被杀却没有激起条件反射般的报复意愿，这足以令人惊讶。也许罗马人并不知道达蒙被宽恕和被授予职位的事情，因为没有证据表明罗马人曾经费心思去调查达蒙的下落，或者要求地方当局将他捉拿归案。罗马人看来并不太关心事件是怎样收尾的，也不为达蒙逃脱惩罚且担任意味着荣誉的职位而感到恼怒。喀罗尼亚作为罗马的同盟城市，第一时间妥善地对事件做出了反应，而且这座城市也完全有权按照自己的法律处理此事。对喀罗尼亚的控诉由另一个希腊城市奥尔科梅努斯（Orchomenus）提起，这座城市与喀罗尼亚结怨已久，希望通过这种方式打击对手并获得罗马的青睐。[6]

我们完全有可能撰写这样一部关于公元前 2 世纪至前 1 世纪早期的希腊本土、小亚细亚甚至更大范围内的希腊城邦和王国的历史著作——在这样一部著作中，罗马扮演着次要的角色，很多时候甚至表现得无足轻重。这一时期，类似喀罗尼亚与奥尔科梅努斯之间的这种长期竞争关系仍持续存在，每个城市内部的政治斗争也从未停歇，而上述活动有时还会演变为暴力事件，正如达蒙一案——达蒙杀死了城市官员，自己也在被赦免后死于谋杀。如同罗马人到来前一样，各城邦和王国之间会爆发全面战争。这一地区从来鲜有持久的和平岁月，仅仅在亚历山大大帝治下经历过短暂的统一。而在亚历山大死后，各个继业者王国争权夺利，它们身上暴露出的任何微小的弱点都会招致对手的攻击。各大王国频繁地订立和撕毁盟约，唯一的准则就是自身利益。继业者王国中没有任何一方能够获得长久优势，而它们的力量却逐渐被各自内部的宫闱争斗所侵蚀。与此同时，规模较小的王国趁机繁荣发展起来，其中最成功的要数小亚细亚的帕加马、比提尼亚和本都。[7]

罗马废黜了马其顿国王珀修斯，并将其王国肢解。塞琉古帝国的安条克三世于公元前 189 年被罗马击败，但这次失败远未对其统治形成致命打击，他的帝国很快便恢复了元气。罗马与塞琉古战后签订的条约禁止后者拥有包括战船和战象在内的某些军事力量，但罗马并没有采取切实措施监督塞琉古君主及其继承人。公元前 163 年，一个罗马使团前往东方，想要确认塞琉古是否履约，却发现对方拥有大量条约所禁止的战船和战象，于是要求烧毁船只并挑断大象的脚筋。一年以后，领导罗马使团的前执政官^①在老底嘉的运动馆中被谋杀，凶手正是激愤于罗马如此羞辱塞琉古的本地人。尽管凶手主动前往意大利自首，罗马却并没有针对此事采取任何报复行动。此时的共和国没有任何重大的军事行动。对前执政官的谋杀并没有被视为对罗马霸权的挑战，却被看作是一次未经新的塞琉古王位候选人^②认可的个人行为。罗马人也许也认为被谋杀的前执政官采取的措施太过严厉。每隔几十年，罗马就会向希腊化世界派出高级元老领衔的使团，对同盟国进行访问以维持双方之间的纽带。使者们需要做的只是确认此前已有的关系模式，而不是对其做出任何剧烈改变。此外，他们的一项重要任务便是收集当地情报。⁸

　　在公元前 2 世纪头几十年与某些希腊化王国发生了几次重大冲突之后，罗马对希腊化世界的态度往往可以被形容为漠不关心。这一地区的王国和城邦几乎都是罗马的同盟，而那些暂时没有成为罗马盟友的势力也渴望获得这一身份。与在高卢的做法相同，自己的不同友邦或同盟者之间发生争端时，罗马很少会选边站队，除非争端对罗马的统治或其利益有直接影响，而这在罗马兼并亚细亚行省之前几乎不曾发生。罗马远远站在一旁，对希腊世界中

---

① 即公元前 165 年的执政官格奈乌斯·奥克塔维乌斯（Gnaeus Octavius）。

② 此处应指未来的塞琉古国王德米特里一世（Demetrius Ⅰ Soter）。上述事件发生时，塞琉古在位君主为安条克五世（Antiochus Ⅴ Eupator）。安条克五世的父亲安条克四世在前任国王塞琉古四世（Seleucus Ⅳ Philopator）去世时，利用兄长塞琉古四世之子德米特里前往罗马充当人质的机会继承了王位，因此德米特里虽身在罗马，却也被认为是塞琉古王位的合法继承人。公元前 162 年罗马前执政官被谋杀之后，德米特里自罗马逃回塞琉古，并杀死安条克五世登上王位。

发生的一切冷眼旁观，但其压倒性的军事力量却是希腊化国家及其领袖们不得不考虑的一个因素。与高卢和其他地区的部落首领一样，希腊化世界的领袖们也渴望罗马的力量能为己所用。最起码，他们需要确保对手不会利用罗马的支持对抗自己，因此最佳选择就是率先采取行动争取获得罗马的眷顾。但对希腊化世界的领袖们来说，在众多大小势力角逐其中的国际舞台上，罗马只不过是一个角色而已，游戏的基本规则并没有因罗马的到来而改变。

罗马派往东方的使团很少，但常有派往相反方向的使者。罗马在马其顿驻有一位同执政官和一支军队，这意味着这位罗马官员将不得不常年接待各路使节，他们或是前来寻求与罗马交好，或是希望获得罗马提供的哪怕最微不足道的支持。最常见的请求是对不同势力之间的争端予以仲裁。罗马人到来之前，希腊化世界的成员们习惯向势力较大的王国、城邦或联盟提出这样的诉求。罗马人到来之后，有些国家继续向上述势力——而不是向罗马——提出这样的请求。通过这种交往，小国得以向大国表达尊重，并建立或维持友善的双边关系。在发生争端时，通常会有第三方被邀请进行仲裁，这一环节使得所有相关势力都有机会与仲裁方建立良好关系。这是希腊世界中的又一个"老传统"，而罗马人只不过被视作一个新加入的希腊势力。罗马人并不会回应每一项请求。他们总是将事情的决定权交给第三方，并且对结果没有任何兴趣，更不要说确认决定是否得到了认真执行。毫无疑问，最初向罗马提出类似请求的国家一定希望它们向罗马传递的尊重可以获得回报，而它们的请求也往往以回顾往日的友谊和忠诚开始。[9]

大多数情况下，我们之所以能够了解这些向罗马提出的请求，是因为请求方为了纪念罗马的决定而以铭文的形式将它记录了下来——除非罗马回复了请求，否则它们不会被记录下来。尽管如此，罗马往往只是最低限度地干预。公元前 200 年，在雅典和其他几个城邦的请求下，罗马对马其顿的腓力五世（Philip V）宣战，开启了第二次马其顿战争。但在此之前，腓力五世早就因为在罗马最艰难的岁月里与迦太基的汉尼拔结盟而被视作罗马的敌人。军事干预非常少见，并且只有在罗马认为出兵符合自己的利益时才会这么做。公元前 169 年，塞琉古帝国入侵埃及托勒密王朝时，罗马元老院拖了几个月才做出决定，等到罗马使团到达埃及时已经是第二年了。率领使团的是盖乌斯·波皮利乌斯·赖纳斯（Caius Popillius Laenas），他得知罗马军队刚刚对马其顿国王珀修斯取得了重大胜利，因此表现得自信满满。与塞琉古国王安条克四世（Antiochus Ⅳ）会面时，他拒绝与对方握手，并且毫不客气地要求塞琉古方面撤军。安条克要求罗马人给他时间，允许他与顾问们商议此事。赖纳斯却用手杖在地上绕着塞琉古国王画了一个圈，要求对方在踏出圆圈前给出答复。安条克只得服软，将军队撤回本国境内。[10]

　　一位罗马元老只身迫使外国国王及其军队屈从于自己的要求，而在这个罗马人身后，能够支持他的军事力量还远在天边。这是罗马外交最冷酷的表现形式。这一事件被称作"厄琉息斯之日"①，声名远播，令罗马人感到无比自豪。然而一个不应被忽视的基本事实是，罗马人的类似行为是极为罕见的。罗马共和国极不情愿为了支援本地同盟而出兵地中海东部。部分原因是，在意大利北

---

① 　上述事件发生于埃及亚历山大城附近的厄琉息斯（Eleusis），事件由此得名。

部、高卢南部和西班牙等边境地区,罗马已经面临相当大的军事压力。与在其他地区一样,罗马很乐意在地中海东部地区结交盟友,但罗马人却屡次拒绝希腊城市的求助,因为他们不想让自己在未来背负起对盟友的义务。希腊化世界的统治者们很清楚,他们无法指望罗马为其提供安全保障,因此一如既往地追逐自己的野心。罗马很少采取行动,甚至就算罗马选择进行干预时,一般也不会为所欲为。精明的统治者也知道,罗马一时的不快完全有可能被扭转,于是他们或是放手侵略邻国,或是篡夺手足同胞的权力。生米煮成熟饭之后,罗马元老院相当有可能接受既成事实。[11]

与罗马打交道

罗马元老院需要关注的事务相当庞杂:以一年为周期的政治生活、国内政务、元老院成员之间的竞争、战争,以及共和国利益面临的各种重大威胁。元老院没有足够的时间、信息和行政机制来紧跟甚至干预牵涉众多国家的复杂多变的国际形势。罗马与各国的联盟亲疏程度各不相同,但在同盟国受到攻击时,罗马极少提供直接的军事支持,更不要说在有些情况下,攻击者同样与罗马有同盟关系。发挥罗马的声望和影响力需要耗费相当大的精力,更不要说采取直接行动了。向马其顿总督提出请求的国家的确有可能说服他以仲裁手段解决某个争端,但他没有权力与外国建立同盟关系,尽管他可以如此向元老院进言。最起码,由于马其顿总督卸任后将返回罗马,通过向他献殷勤,有可能在未来的罗马元老院中收获一位同情者。

获得罗马眷顾的最有效方式是造访罗马城本身，但不是所有外国使团都有机会在元老院中陈情。获此殊荣的使团多在 2 月时与元老院会面。只有在事态紧急且关乎共和国自身利益时，元老院才会在一年中的其他时候面见外国使节。想要与元老院对话的使团太多，而时间却十分有限，因此他们中的多数不得不等上几个月甚至几年。机灵的使节会在清早向元老院成员请安，后者习惯于早晨在私宅的中庭（atrium）中接待亲朋、门客或请愿人。外国代表的来访会增添主人的声望，而主人如果希望外宾继续到来，自然会为他们做点什么。虽然元老院的成员有 300 人左右——在苏拉独裁时期，人数扩大到了 600 人，只有其中最有威望的一小部分人有机会在会议中提案。[12]

往日的交往是一笔财富。如果一位元老或者他的先辈曾经关照过某个外国使团，那么对他来说，再施恩惠就成了一种义务。而与此同时，某国的保护人（patron）这一身份也反过来增加了这位元老的声望。一个地区的征服者以及后续的历任总督往往会成为当地居民的保护人，因此每当罗马建立一个新行省，更多的当地族群就会与某些罗马权贵建立这种保护关系。对一座城市来说，任何一位途经此地的罗马显贵都值得结交。很多年轻的罗马贵族会在正式踏上仕途之前前往希腊世界学习雄辩术。西塞罗和恺撒就曾在罗得岛学习过。还有一些罗马人则途经希腊前往亚细亚行省，以及后来的奇里乞亚行省任职。作为希腊世界的文化中心，雅典在这方面享有得天独厚的优势。希腊文化在整个公元前 2 世纪一直为罗马精英所推崇。正如贺拉斯后来所指出的："被征服的希腊征服了粗鄙的征服者。"[13]

许多元老会借出公差的机会造访雅典。在那里，本地人会为他们举办盛大的仪式，包括一种游行，参加游行者都是被称作ephebes的接受过一段时间军事训练的男性青年公民。造访雅典的罗马元老往往有机会观摩著名的厄琉息斯秘仪（Eleusinian Mysteries）。据西塞罗称，一位日后将会以雄辩家的身份闻名的名叫卢基乌斯·李基尼乌斯·克拉苏斯（Lucius Licinius Crassus）的人，在结束了亚细亚行省的财务官任期之后返回罗马。他在途中访问雅典，却因晚了两天而错过了厄琉息斯秘仪。他要求雅典人将整个仪式重新上演一遍，以便他可以亲身参与其中。雅典人拒绝了克拉苏斯的要求，而闷闷不乐的克拉苏斯则决定提前离开。并不是每位罗马元老的所有要求都必须被满足，特别是当接待方是像雅典这样的久负盛名的城市时。埃及托勒密王朝为来访的罗马人开发出了一套类似正式旅游线路的东西，其中包括尼罗河之旅以及观看喂食神圣鳄鱼等项目。罗马游客在这里受到款待，得到娱乐，但并不可以为所欲为。曾有一位罗马访客意外杀死了一只猫，而埃及古代传统恰恰认为猫是神圣的动物，罗马人因此被亚历山大城的暴民以私刑处死。罗马人的身份并不意味着访客可以触犯本地禁忌。[14]

对向罗马派出使团的国家来说，其自身或其统治者的声望将有助于吸引元老们的注意力，乃至使其使团得以进入元老院发声。选择什么人担任使者几乎同样重要。对使者来说，雄辩才能是必不可少的，而任何使他自身看起来值得被尊重的素质都是一项优势。雅典曾将城中所有哲学流派的领军人物集合起来，让他们加入被派往罗马的使团。曾经有过成功经历的人也更有希望进入使团，因为这意味着他懂得如何利用既有机制。有些雄辩家一生之内曾多次造访罗马。根据一份铭文的记载，

科洛封 ① 的梅尼普斯（Menippus of Colophon）曾在公元前 2 世纪末代表自己的家乡城市对罗马进行了至少 5 次成功的访问。铭文说梅尼普斯"在每种类型的起诉中，包括在涉及罗马人的案件中，都维持了法律的效力。"在一个案例中，一位科洛封市民被控杀死了一个罗马人，罗马官员下令将他传唤至罗马受审。而梅尼普斯则成功地援引了元老院的判例，指出即使这种类型的案件也必须在科洛封根据本地法律审理。[15]

总体来说，罗马人尊重先例，并在做决定时尽力保证前后一致。但这仍然意味着有时需要有人提醒他们过去曾做出过怎样的判决，因为他们没有一套行政体系可以让他们随时在手边查找到以往的判例。除却利用已有的人际关系，很多外国使节向罗马显贵赠送礼品，以期获得对方的好感甚至是积极的支持。西塞罗提到，克利奥帕特拉曾许诺在访问罗马时送给他一些书籍——"与学问有关且毫不贬损我的尊严的礼物"。但西塞罗失望了，因为对方许诺的礼品最终也没有出现。西塞罗认为这一类礼物完全是体面且恰当的。而在其他时候，礼物常常是现金或者艺术品，有时甚至数目巨大。元老院曾经正式禁止某些外国使节在罗马借贷，因为他们贷款的目的正是获得现金以收买元老院成员。谋杀兄弟并篡夺其权力的朱古达曾在罗马一掷千金收买人心，并据称曾经评论道：罗马是一座"待价而沽的城市，而如果能够找到买家的话，它将迅速走向毁灭"。[16]

努米底亚国王朱古达只是曾亲身前往罗马陈述案情的众多外国统治者中的一位。这样的王室成员自然是最显赫的请愿人，但

---

① 位于小亚细亚西部的希腊城市。

其身份并不能确保他们的陈情一定会被听取，更无法确保他们能够得偿所愿。访问罗马的朱古达并未身着王室盛装，而是以朴素装束示人，意在引发同情。罗马元老院成员自视高出外国元首一等，并且要求访客们的行为符合其地位，因此铺张和盛大的仪式不太可能给罗马人留下什么好印象。公元前 167/166 年，比提尼亚国王普鲁西亚二世（Prusia Ⅱ）如此利用罗马人的上述心态，以至于波利比乌斯以极其鄙夷的口吻记载了此事。为了迎接来访的罗马使节，普鲁西亚二世剃光头发，穿上只有罗马的释奴才会穿戴的袍子、鞋子和帽子，对罗马使者说："我不过是诸位的释奴，我希望取悦诸位，并模仿罗马的一切事物。"访问罗马时，普鲁西亚二世获得了在元老院发言的机会。他匍匐在元老院的地板上，称呼罗马元老们为"救星神"。波利比乌斯评论道：普鲁西亚二世的无耻、娘娘腔和奴性都是后无来者的。然而，罗马对这位国王做出了对其有利的答复，而当他的竞争者在不久后访问罗马时，甚至没有获得在元老院发声的机会。[17]

埃及的托勒密王朝长期受困于激烈的王室家族内斗。托勒密六世和托勒密八世两兄弟阋墙，争斗持续了几十年。双方都渴望获得罗马的援助，并且都曾访问罗马以争取支持。托勒密六世的弟弟和妹妹向罗马派出的使者以最卑微的姿态乞求支援，而此后托勒密六世本人却采取了一种截然不同却同样极端的方式。他既没有表现得过于傲慢，也没有低三下四地向罗马元老院乞讨。被逐出埃及之后，托勒密六世以私人身份前往意大利，定居于罗马城中最冷清的地带，与一位希腊艺术家或作家共享居所——文献资料在后者的身份这一点上语焉不详。他没有以任何方式接近元老院，而是静静等待元老院关注他的境遇。这一目的达到之后，托勒密六世被请去元老院，在那里，罗马统治机构为没能更早介入而向他道歉，并且赠予他金钱，坚持他应恢复与身份相符的衣着和生活。托勒密六世的伎俩在一定程度上是成功的，但尽管如此，罗马为他提供的实质性援助仅限于指示已前往东方的使节在行程中增加亚历山大城一站。一个世纪之后，克利奥帕特拉的父亲托勒密十二世同样被逐出埃及。他花费巨额贿款争取到了当权元老的支持，而一道对其有利的元老院命令花费了他更多的金钱。接着，他投入了更多的贿金并且等待了数年才换来迟到的军事行动：驻叙利亚的罗马同执政官率军进入埃及，将他重新扶上王位。[18]

随着罗马获得更多的行省，以及邻国内部的权力斗争开始对罗马的利益形成更直接的威胁，其态度也开始转变。一个例子即西塞罗站在阿里奥巴扎内斯一边，干预卡帕多西亚王国的内部纷争。然而总体而言，同盟国仍旧倾向于主动寻求罗马的援助，它们仍然需要赢得罗马总督的支持，其君主仍然派遣使者或亲自前往罗马以便对元老院施加影响。行省内部的本地族群情况与此类似。对他们来说，行省总督的存在意味着更多的决定将涉及这位罗马大员，本地人也有更多的机会寻求他的仲裁或支持。可是正如我们所见，罗马总督实际上能做的事情是被严格限制的，而很多事务仍旧需要由本地族群自行解决。

罗马行省并非不设防。城市以及其他形式的定居点要承担一定的军事义务，包括对付匪徒和海盗，以及自身的防卫。根据与罗马签订的条约，西西里、希腊、亚细亚和奇里乞亚各行省的城市需要为罗马建造、供养和操作战船。年轻的尤利乌斯·恺撒在地中海东部游学时，曾被海盗绑架并索要赎金。被赎出后，恺撒说服罗马的同盟城市给他提供一支舰队，并使用这支舰队将海盗剿灭。只有这时，他才去找亚细亚总督，据推测，后者正忙于处理许多其他问题。文献并未提及恺撒曾说服任何指挥舰队的罗马军官参与行动。同往常一样，这一事件中，舰队的指挥权被交给同盟城市的本地军官。公元前 74 年，恺撒第二次游学东方期间，本都国王米特里达梯派出一支部队侵入亚细亚行省。在恺撒的率领下，本地武装集结起来，将入侵者击退。[19]

罗马的同盟者也有义务提供陆上部队。西西里在公元前 2 世纪的最后几十年经历了两次大规模奴隶起义，两次事件中，地方部队都参与了镇压，并且在事件后被作为常规力量维持下来，以便应对未来可能的起义。奴隶暴动并不是罗马独有的问题。几乎于同一时期，雅典扑灭了至少一次奴隶起义。罗马惯于使用同盟者提供的士兵作为公民组成的军团的补充，有时这些同盟者的军队甚至构成了大部分或全部的可用兵力。在与米特里达梯的首次冲突中，罗马在初始阶段运用的几乎全部兵力即一位行省总督和他的副手率领的本地盟军。行省内部的许多城市也会保留一些军事力量，这些士兵往往通过本地原有的传统方式招募，使用传统的装备，领导他们的军官也由本地人选举或任命。为家乡城市而战可以给地方贵族带来荣誉，即使他们是以罗马同盟者的身份参与战斗的。在对西西里的塞格斯塔（Segesta）一座公元前 2 世纪末的房屋的发掘中，考古学家们发现其中一个房间装饰着 8 个战船船艏冲角的雕塑，这是纪念海战胜利的传统标志物。对这些地方势力来说，与前罗马时代的唯一区别就是：被纳入罗马行省后，他们失去了对邻居开战的自由，并且不得不运用法律手段解决彼此之间的争端。与罗马行省接壤的同盟国并不会受到这样的约束，而困扰这些国家的频繁的宫廷政变和内战也佐证了这一点。[20]

尽管总督是一省之内的最高长官,行省居民仍然有可能越过他,在元老院面前对他提起控诉。然而由于行省总督的任期往往只有一年,指望这种控告能有什么结果往往是不现实的。前文提及的西西里总督维雷斯的一名受害者成功地在罗马争取到了一场听证会,但元老院成员却允许总督的父亲干涉此事:他悄悄劝说儿子改变自己的决定。维雷斯无视父亲的劝告,在受害者缺席期间对其进行了审判,并且篡改了官方记录。元老院没有进一步采取行动。多数情况下,直到总督卸任回到罗马,人们才对他们提出指控。公元前140年,一群行省人指控曾担任裁判官和马其顿总督的德基穆斯·尤尼乌斯·西拉努斯(Decimus Junius Silanus),称他不当占有钱财。了解到这一控诉的元老院同意了西拉努斯的父亲的请求,后者想要以私人名义调查此案件。这位父亲的调查结论言辞十分严厉:他认为儿子的做法的确辱没了其高尚的先祖。西拉努斯因此上吊自尽。[21]

总督在卸任归来之后可能会因自己在任期内的所作所为而受到攻击,对这种攻击的恐惧构成了对总督行为唯一有意义的约束。在此之前,只要总督身处行省之内,他在行使其军政权力时甚至可以无视元老院的直接指令。这意味着对总督的审判充其量只是追溯性质的。公元前171年,几个西班牙城镇派遣代表来到罗马,对被派往当地的几位罗马官员提出指控,并要求罗马元老们"不要让他们,作为罗马的同盟,甚至比罗马的敌人更加可怜地受到掠夺和侵扰"。元老院发现这些官员确实曾大肆搜刮行省百姓,便为此案设立了一个特别法庭。西班牙人的代表指定了4位地位显赫的元老作为其代理辩护人,因为除了作为证人,非罗马公民不得参与罗马的审判或其他司法程序。最终，一位前总督被宣判无罪，而另外两名被告则在宣判之前主动选择了自我流放。传闻说西班牙人的代理人们不愿起诉某些"高贵且有影响力"的嫌疑人，而主审此案的裁判官草草结案，动身前往西班牙的一个行省担任总督。不过西班牙代表团的一项请求被元老院应允：一项新法规定西班牙各行省总督不得自行为本地居民作为二十分之一的谷物税上缴的粮食定价，不得强迫百姓以此定价向自己出售谷物，也不得派遣下属进驻城镇以强征税款。[22]

公元前 149 年，罗马终于建立了一个常设法庭用来审理针对行省百姓的敲诈勒索行为，即索贿罪法庭（quaestio de rebus repetundis）。在这类案件中，必须由一位罗马公民向卸任归来的前行省总督提出指控，因为罗马司法体系中不存在类似"君主起诉某人"或"国家起诉某人"的公诉操作。审判由裁判官主持，陪审员由元老院成员充任，而辩护人同样来自元老阶层。甚至有些控告人本身也是还没来得及进入元老院的年轻贵族。审判的各方参与者互为同僚，他们往往彼此同情，或仅仅是更加关心如何交易政治资源，而不是怎样查明真相。公元前 122 年，陪审员改为从骑士阶层成员中选拔。陪审团成员的构成自此成为各方争夺的政治战场，直到在公元前 70 年时被确定：元老阶层占三分之一，骑士阶层占三分之一，剩下的三分之一被分配给所谓的 tribuni aerarii[①]（一个文献记载对其语焉不详的人群，这一群

---

① 当代学界对于该词组的含义尚存争议。它可能最初指的是王政时期塞尔维乌斯改革之后负责收税和发放军饷的官员，但在后世指的是罗马公民中的一个富裕阶层。公元前 70 年的《奥雷利乌斯法》（Lex Aurelia）提及的 tribuni aerarii 应指这一阶层。

体的财产标准比骑士阶层略低）。尽管前文中提及了对鲁提利乌斯·鲁弗斯的不公正的审判，但我们仍旧无法得出这样的结论，即针对陪审员构成的改革会使法庭判决明显有利于某一势力。有些骑士阶层成员本身就是包税商，有些人则与包税商有瓜葛，但这并不意味着包税商这一群体有效控制了法庭判决。许多案件的细节不得而知，但文献记录下了公元前149年和公元前50年之间的46起审判。其中的22起中，被告被宣判无罪，20起中的被告被判有罪，而剩下的4起则结果不明。上述记载不足以帮助我们对罗马的法庭审判构建一个清晰的图景，因为有些年代的文献十分稀少，而文献又总是倾向于记录有罪判罚。[23]

总而言之，上述体制对卸任的行省总督较为有利。终结他人仕途这种行为，为罗马贵族所不齿，因此比起被告，指控方反而更加显得不光彩。出于这个原因，原告往往由年轻人出任，而更具经验和地位的元老们则倾向于担任被告的辩护人。此外，对朋友或政治同盟的忠诚总是能赢得尊敬，哪怕这位友人或盟友的罪行昭然若揭。许多滥用职权的行省总督卸任后免于被起诉，因为他们拥有显赫的履历和家族威望，或强大的人际关系网，使得没有人敢于承担与他们为敌的风险。这一恐惧有时甚至波及行省居民，并且最终催生了以下惯例：行省人将在总督卸任后不久派遣代表团前往罗马，为其歌功颂德。如前文所述，西塞罗曾制止这一行为，并因此引起了其前任阿皮乌斯·克劳狄乌斯·普凯尔的怨恨。对卸任的总督来说，行省代表团能够为其粉饰，最不济也能充当证据，证明针对他的一切指控都是子虚乌有。

维雷斯于公元前73年至前71年间担任西西里总督，他对行省的治理因为惊人的敛财、勒索和滥用职权而臭名昭著。根据西塞罗的描述，维雷斯本人甚至开玩笑说，他在任期的第一年为自己聚敛财富，用第二年来赚取聘请顶尖律师的钱，第三年的收入则用来在不可避免的审判中贿赂法官和陪审团。在罗马政坛，一个人新获得的财富、艺术品和其他高价值的礼物可以帮助他收买盟友，扩展自己的关系网。罗马的政治体制也可以被操纵和利用，因为法官年年都在更换，而且很多日期都因为节庆或者其他公共活动而无法开庭。起初，维雷斯及其盟友试图暗中安排一位我们不知其姓名的人作为起诉人，以为己方所用。但在一次公开听证会上，西塞罗击败了这位竞争者，当选起诉人。维雷斯及其同伙于是试图限制西塞罗用来寻找证人和收集证据的时间，并企图将审判拖到第二年，因为到了第二年，主持法庭的将是维雷斯的盟友。然而维雷斯的每一个阴谋都被西塞罗挫败。西塞罗打破常规，没有依据惯例做冗长的陈述，而是以简短而激烈的演说开启起诉程序。维雷斯的辩护人由当时顶尖的雄辩家担任，但一连串的证人和证据迫使维雷斯不得不接受失败的命运。他主动出走马西利亚，并随身带走了大部分赃款。近 20 年后，马克·安东尼处决了这位前西西里总督，并通过没收其财物和收藏品大赚了一笔。[24]

　　西塞罗在维雷斯一案中展现出了高超的技巧，并且因此而声名大噪——他公布了为此案准备的 5 篇非常长的后续演讲稿。西塞罗本打算在法庭上发表这些演讲，维雷斯却主动选择逃亡。但这丝毫不能贬损西塞罗的成就，我们也不应忘记，如果主持起诉维雷斯的是某位不那么勤勉、不那么技巧纯熟的人，也许维雷斯就能够逃脱惩罚，继续其仕途。如果此案涉及的行省更加遥远，收集可靠信息和召集证人的难度将会更大，那么结果也可能截然不同——在此案中，许多维雷斯暴政的受害者是自行从西西里逃到罗马的。整体上看，罗马的制度对行省总督比较有利，不过尽管如此，有些总督还是被起诉和定罪了。这样的结果至少可以杀鸡儆猴，震慑一下想要犯下类似罪行的总督们，但维雷斯和许多其他总督显然对这一威慑毫不在意。很明显，已经死去的受害者无法复生，而对于肇事总督的唯一惩罚不过是流放和仕途的终结。被维雷斯这样的总督盗取的赃款和其他物品也很难追索，维雷斯案的受害者，无论是罗马人还是西西里人，大概都无法得到多少赔偿。西塞罗声称维雷斯非法获取的赃款高达 4000 万塞斯特斯，但看来追索回来的财物只有 300 万塞斯特斯。[25]

和平及其代价

西塞罗认为，罗马精英人物的道德品质在公元前 88 年的第一次内战和紧随其后的苏拉独裁统治之后就急剧下降，而想要通过行省职务赚取不义之财的人则越来越多。在这一时期之前，根据西塞罗所述：

> 我们的帝国，更准确地讲，本不是统治世界，而是保护世界。甚至早在苏拉的时代之前，我们已经开始逐步修改上述政策和行为，但是正是从苏拉的胜利开始，我们彻底背离了这一宗旨。原来，任何对盟友的压迫都被视为不义，而如今，我们甚至可以对罗马公民犯下如此荒诞的罪行。[26]

现代学者往往不认同罗马人在解释事件时对道德和品格因素

的强调，但多数人大概不会否认这些因素确实存在。能够在这个罗马公民互相残杀的年代得势的人，自然不会在就任行省总督之后遵循标准更高的行事准则。而赢得职务所需的开销不断攀升，使情况进一步恶化：越来越多的高级地方官员为了偿还债务，急于通过职务快速获利。但我们不应夸大这种现象的严重程度或太过悲观。此前的总督也有好有坏，而在同时代的元老阶层中，仍然有相当多的人赞同西塞罗关于总督行为准则的看法。尤利乌斯·恺撒在他的政坛生涯中始终为行省居民而斗争，并领导了两次对前总督的起诉，尽管都没有取得成功。他还在公元前 59 年通过立法规范了行省总督的行为。现代视角本能地将焦点放在恺撒在高卢担任总督期间发动的扩张战争，但以同时代罗马人的眼光来看，恺撒对行省的治理堪称高效廉洁。[27]

罗马共和国的最后几十年间，担任领袖的人们对于 imperium 一词的理解与其前辈不同，因为在他们成长的年代，imperium 已经不只指代抽象的权力或权势，其含义变成了被划分成众多行省的、物理意义上的疆土。他们吹嘘罗马权倾"整个地球"，面对这一权势为罗马人带来的收益和便利，他们的心态相当开放。在多次演说中，西塞罗指出西西里是罗马最大的粮食供应地，而亚细亚则富甲各行省。公元前 66 年，西塞罗发表演说，支持一项旨在授予庞培特殊指挥权的立法，以便允许后者领军对抗本都大王米特里达梯。西塞罗如此描述这场战争的重要性：

> 这场战争关乎罗马的荣耀。你们从祖先的手中接过这份荣誉，你们的祖先曾是各领域中的杰出人物，但尤其因为战争而伟大。这场战争关乎你们的同盟和伙伴的安全，正是为

> 了捍卫他们，你们的祖先参与了许多伟大而残酷的战争。这
> 场战争关乎我们的公共收入的最稳定、最可观的来源，丢失
> 了这一财源，你们将在和平时缺少首饰，在战争中缺少军需
> 品。这场战争关乎众多公民的财产，无论是为了他们个人还
> 是国家的福祉，你们都不得不考虑他们的利益。[28]

这四个动机彼此关联。行省带来的利益对国家和在当地活动
的个体商人来说是一种激励；罗马的荣誉同样重要，尤其是因为
它作为一种关于罗马强大力量的信念，乃是遏止他人攻击罗马的
最佳工具。最重要的是保护同盟者的义务，因为如果他们受到袭
击，罗马的声誉和利益会相继受到损害。西塞罗和恺撒等人都认
为共和国有义务维护行省的和平、使行省居民免受侵略、镇压公
开叛乱以及消灭更低烈度的暴力和强盗行为。原本经常被用来为
战争正名的捍卫盟友的传统义务，已经演变为维护各省的领土完
整、促进和平与繁荣的明确任务。公元前 56 年，在元老院中发
表演讲时，西塞罗称"行省的分配应以维护持久和平为目的"。
这对罗马来说，的确是合乎正义而有利可图的事情。但这个过程
并不是一蹴而就的。同盟者和行省居民仍然需要在维护自身安全
中扮演重要角色。只有在安全威胁超越其自身应对能力时，罗马
才会介入，正如罗马决定在马其顿驻军时一样。[29]

劫掠成性的好战部落自然明显威胁到了行省的安全，因此罗
马有必要通过军事上的"胜利和捷报"震慑它们。在同一次演说
中，西塞罗指责当时在马其顿带兵的同执政官，称他的腐败和治
军无方造成了如下后果：

> ……这个行省现在如此苦于野蛮人的侵扰。在贪婪的驱
> 使下，他们打破帖撒罗尼迦（Thessalonica）居民的平静生
> 活。哪怕这些居民居住在我们帝国（imperium）的腹地，他
> 们也不得不弃守都市，加固卫城。穿过马其顿直达赫勒斯
> 滂①的军事道路［即埃格纳提乌斯大道］，现在不仅面临着
> 野蛮人的侵袭威胁，甚至已经遍布着色雷斯人的营地。30

色雷斯人击碎的正是罗马共和国通过武装力量和军事胜利建
立起来的"罗马和平"。西塞罗说他本可以"谈起当今世界上的
任何一个地区、任何一个敌人，而没有一个种族未被毁灭到如此
地步，以至于几乎完全灭绝，或未被征服得这样彻底，以至于对
罗马绝对顺从，或未被安抚到如此程度，以至于为罗马的胜利和
统治而雀跃"。31

为了应对侵略，罗马需要投入比侵略者更加强大的力量。罗
马手中的资源虽然可观，但仍然是有限的。战争耗费着罗马人的
时间、精力和财力，甚至大量罗马人及其同盟者的生命，而所有
这些投入换来的有时却是战败。正如上文中马其顿的形势所指出
的，罗马的军事胜利并不总能一劳永逸地解决问题。

有些问题存在甚久才会引起罗马的重视，其解决则需要更长
的时间。我们已经看到，罗马的扩张削弱了曾经有效遏制海盗行
为的各个希腊化王国，这使得海盗们在公元前2世纪再度猖獗。
海岸线上的罗马同盟城邦都成了海上匪徒的猎物，他们洗劫并抓
捕居民，将其作为奴隶出售。许多奴隶正是在提洛岛上的奴隶市

---

① 即达达尼尔海峡。

场被卖给罗马人和意大利人的。原本肆虐地中海东部的海盗们的活动范围不断向西扩展，罗马元老院可能因此而最终采取了一些措施。公元前 2 世纪的最后几年，一位同执政官受命组建一支舰队并剿灭海盗。公元前 102 年，奇里乞亚①被划作行省进行管理。从长远来看，这些举措收效甚微。公元前 74 年，罗马再次对海盗出手，却惨遭败绩。意大利本土开始遭到海盗袭击，他们攻击了奥斯提亚（Ostia）②，俘获了两名罗马裁判官和他们的全部随从。西塞罗感叹罗马的力量今非昔比，他说：

> 我们从前不仅能够保证意大利的安全，还可以凭借帝国的威望保障最遥远的海岸上的盟友的安全……提洛岛远在爱琴海，那里万国商贾云集，小小的岛上遍地财富，并且毫不设防，人们却从没有任何恐惧。[32]

公元前 67 年，握有前所未有的兵力和资源的庞培在 6 个月之内扫清了地中海的海盗。他对海盗的处置却相当温和大度：曾经以海盗为生计的居民被迁往远离海岸的肥沃土地之上，这样他们将来就不需要铤而走险以掠夺为生。海盗行为并未根绝，但其严重程度已大为降低。并且，随着越来越多的地中海沿岸地区被直接纳入罗马统治之下，海盗行为也越发罕见了。[33]

罗马对一个地区的统治很少会改变本地原有的战争模式和其他不同规模的暴力行为模式，但行省的建立的确带来了一些变

---

① 奇里乞亚为当时奥名昭著的海盗大本营。
② 位于台伯河口的港口，为罗马城主要的出海口。

化。在行省之内，罗马很难允许不同群体之间的争端演变为暴力冲突，也不太会允许群体内发生暴力的权力变更。行省本地社群仍然需要应对盗匪行为、奴隶暴动以及其他一些问题，现在不一样的是，这些问题的处理处在罗马的监督之下，并且他们还可能得到远为强大的罗马军团的支援。与罗马结盟的王国和邻近行省的国家受到的管控较少，但即便如此，现在的罗马人也比过去更乐于干涉盟国的内部事务。此外，罗马人还逐渐承担起了为远距离交通和贸易路线提供保障的责任，并在更广泛的地区促进和平。总之，公元前 1 世纪中叶的各行省比之前更加和平，很多行省已显露繁荣之象。行省周边或近或远的范围之内也大抵如此。

但这是有代价的。罗马人发动的战争是残酷的，征服的过程往往会伴随着城市与村庄的毁灭、田园的荒废以及对被征服人民大规模的屠杀和奴役。我们很难得出在罗马帝国的缔造过程中被杀和被奴役者的准确数目。第三次马其顿战争之后，执政官卢基乌斯·埃米利乌斯·保卢斯（Lucius Aemilius Paullus）为了犒赏将士，并昭示胆敢与罗马为敌者的下场，自伊庇鲁斯各城中抓捕了 15 万人，将他们作为奴隶出售。尽管其中有些人可能被家属用钱赎回，但他们中的大多数人还是被卖作奴隶。能够为市场提供大量廉价奴隶的大规模战争毕竟不多见，而市场对奴隶的需求却始终旺盛，因此奴隶也需要从其他渠道获得，例如海盗行为和绑架。除此之外，我们知道包税商会奴役那些无力缴税的人。所有这些现象都不新鲜，但随着罗马人的到来，以及整个帝国的财富集中于遍布奴隶主大庄园的意大利，对奴隶的需求大大增长了。[34]

整个公元前 2 世纪有数十万人沦为奴隶，公元前 1 世纪的人数更多。这就是罗马势力扩张的沉重代价。生存条件最差的是那些在西班牙和其他地区劳作于承包商经营的矿山中的奴隶。至于农场中的奴隶，他们的预期寿命也只稍长一些。有些奴隶被囚禁在兵营中。旅途中被绑架的自由人不断地充实着奴隶的数量。服务于家庭的奴隶的生活条件的确较好，但他们没有任何法律权利，只不过是主人的私有财产。奴隶们可以逃亡，但逃亡行动很难成功，而且一旦被捉回来将会面临严酷的惩罚。所有的奴隶起义无一不遭到镇压。斯巴达克斯（Spartacus）起义的结局，即6000 名起义者作为对奴隶的恐怖警告，被钉死在罗马和卡普亚之间的阿皮乌斯大道 ① 两侧的十字架上。[35]

没有任何迹象表明罗马人比希腊人或迦太基人更加残暴地对待他们的奴隶。希腊人和迦太基人也对奴隶制习以为常。据我们所知，奴隶起义的目的是获得个人的自由，而不是废除奴隶制。从某些方面说，罗马人对待奴隶甚至更加慷慨。与其他任何古代国家相比，罗马人释放了更多的奴隶，给予释奴的权利也远多于其他国家。据估计，公元前 1 世纪时，罗马人口中的大多数都可以在自己的先祖中找到释奴。然而，有一部分奴隶远比其他奴隶更容易获得自由，他们是经常陪伴主人左右的家庭奴隶，以及有一技之长的手工业者和专业人员，例如教师和演员。他们中的一些人最终过上了舒适乃至富足的生活。但这不应使我们无视大多数奴隶的苦难命运。[36]

---

① 阿皮乌斯大道（Via Appia）由监察官阿皮乌斯·克劳狄乌斯·凯库斯（Appius Claudius Caecus）主持修建于公元前 312 年，是罗马人修建的第一条大道。

征服过程往往十分野蛮，其后果对许多被征服者而言是恐怖的。然而大量外族领袖和族群从未与罗马为敌，他们自一开始就与罗马结盟，主动将罗马势力引入本地区。同执政官提图斯·昆克提乌斯·弗拉米尼努斯（Titus Quinctius Flamininus）在第二次马其顿战争胜利之后，宣布希腊城邦获得了"自由"。罗马在希腊化世界的其他地区也做出过类似的宣言。这曾是希腊化王国惯用的宣传手段，而此时罗马这么做的目的之一恰恰是防止这些王国插手城邦内政。即便如此，罗马人自己也并未干涉这些"自由"族群的内政或对它们征税。直到行省建立之后，某些群体仍旧被赋予特殊的法律地位，这往往取决于它们在过去与罗马的关系。自由城市享有豁免赋税的待遇，尽管它们可能有责任援助它们的罗马盟友，并且经常被要求履行一些不那么沉重的义务，例如缴纳贸易通行费。其他城市则需要以货币或实物直接向罗马缴税。[37]

行省居民肩上的负担大体上是沉重的，他们要承受行省总督和包税人的双重压榨，有时剥削者还包括他们自己的地方首领。罗马才是帝国统治的受益者，而且它乐于公开炫示这一点。然而罗马并不过多干涉行省居民的生活，而是放任他们维持罗马人到来之前的政治体制和律法。总督的权威有时可能侵犯到本地人的权益和特权，但他们如果愿意花费时间和精力，是有可能派遣使者说服罗马元老院重新肯定上述权益的。如果有幸遇上廉洁的总督，行省人则不必如此大费周章。有这样一种趋势，即每当有罗马官员参与处理法律问题时，他往往根据自己熟悉的罗马法律去解决问题，哪怕最终的决定取决于本地先例。罗马的影响缓慢地增长，这是不可避免的。在即将结束奇里乞亚的总督任期时，西塞罗曾开玩笑般地说道，由于他坚持自己的一贯政策，允许辖区内城市在解决争端时运用本地法律并任用来自同一行省的其他城市的法官，行省内的希腊人大概会"认为自己享有自治"。[38]

西塞罗很清楚关于自治的想象只是错觉。行省属于罗马，必须为罗马的利益服务。除了揭竿而起，行省居民无法改变这种局面。起义十分少见，罗马对起义者的惩罚也十分残酷。在共和国治下，从未有行省通过武力获得永久的解放，也没有任何一支外部力量能够侵入并控制某个行省超过数年。长期来看，行省人除了屈服于罗马的军事力量和统治意志，没有其他任何选择。而接受这些，则意味着要忍受总督们无法预测的行为，以及有时令人无法忍耐的放贷者和包税商们的活动。对行省人来说，和独立一同失去的，还有与邻国开战和发动政变的自由，换来的是更高程度的和平和稳定。因此总体来说，行省促进了地区的繁荣，尽管繁荣并不平等地惠及所有人。

*

随着时间推移，在罗马共和国领导人的概念中，他们的imperium渐渐不仅仅是一种抽象权力，而是某种更接近我们所理解的"帝国"的东西。保卫行省和同盟者、维护行省之内的和平，从来都是罗马的领袖们需要优先考虑的事情。但他们这么做不是出于利他主义，而是出于现实的考量。罗马因其海外领土而越来越富有，它自然应该保卫自己的财富，并使其增长。公元前2世纪末以及前1世纪最初几十年，罗马元老院成员们切实感到他们的 imperium 受到了某些对手的威胁，如金布里人、条顿人和本都的米特里达梯。与其意大利同盟者之间爆发的同盟者战争同样使罗马损失惨重。事后来看，我们比罗马人更加清楚这些敌人的真实实力，因此我们很清楚他们不太可能真的毁灭罗马，然而当时的人们是看不到这一点的。所有阶层的罗马人都感受到了威胁，而这些危机的经历，很可能使罗马人越来越认识到其帝国是需要保护的。[39]

接下来是罗马的一系列内战。公元前 88 年到前 30 年之间的内战对地中海世界的和平与繁荣构成了前所未有的威胁。第一次内战主要肆虐意大利本土，但也蔓延到了西西里、非洲和东方，并且催生了在西班牙绵延数年的另一场冲突①。公元前 49 年，恺撒的军团跨过卢比孔河，另一场旷日持久的内战爆发。这次内战中，意大利经历的战火不多，但在西班牙发生了两次重要战役，非洲也发生了两次，最终的决定性战斗在希腊进行②。亚洲和埃及也经历了大规模军事行动。恺撒遇刺之后，公元前 44 年至前 30 年之间发生的一系列内战也遵循着类似的模式。多个行省成为战场，那些侥幸没有经历战火的行省也被交战各方要求提供兵员、装备、坐骑、战船、粮草和资金。[40]

行省人若要元老院听取自己的请愿，首先需要结识有足够影响力的人物去说服元老院，这从来都很难办到。而到了这一时期，甚至很难得知罗马共和国内的当权者到底是谁，而且就算找

---

① 指公元前 80—前 72 年间的塞尔托里乌斯战争。苏拉夺取权力之后，罗马将军昆图斯·塞尔托里乌斯（Quintus Sertorius）率领麾下将士和受苏拉派欺压的西班牙原住民发起反抗苏拉的战争，最终失败。
② 指公元前 48 年恺撒与庞培之间的法萨卢斯（Pharsalus）之战。

到了当权者，等到双方达成协议，大权是否还在同一人手中也未可知。克利奥帕特拉的经历足以为证。在短暂地与弟弟联合执政之后，克利奥帕特拉被驱逐出埃及，她招募军队打回埃及的尝试也告失败。如果恺撒没有在这时出现，成为她的情人，并助她夺回权力，她有可能在 21 岁时客死异乡。克利奥帕特拉以埃及的财富和粮食产出换来恺撒的支持，但在后者遇刺之后就什么也得不到了。恺撒被杀之后，克利奥帕特拉在罗马逗留了一个月，想要得知此时是谁在执掌罗马大权，并与之交易。布鲁图斯和卡西乌斯 ① 前往地中海东部地区招募士兵时，克利奥帕特拉服从他们的指令，为其提供各种资源，但她事后又声称她当时并不情愿这样做。布鲁图斯和卡西乌斯被击败之后，她前往塔尔苏斯以华丽的排场赢得安东尼的欢心，成了他的同盟者以及情人。但与此同时，这也意味着她被卷入了另一场罗马内战。这场内战以公元前 31 年的亚克兴（Actium）之战告终，克利奥帕特拉和安东尼战败。到了最后关头，她仍然尝试与胜利者进行交易，并在安东尼自杀之后继续活了大约 10 天。直到确认自己无法保留王位，也无法将王位传给儿子们之后，克利奥帕特拉才决定结束自己的生命。[41]

克利奥帕特拉从未与罗马本身为敌，尽管在奥古斯都时代的宣传中，她总是被描述成罗马的重大威胁。在她的整个政治生涯中，她始终是一位忠实的盟友，只是在罗马共和国血腥残酷的政治斗争中，她站错了队。许多城市或附庸国的统治者都有类似的经历，他们只是在罗马的统治下尽可能地寻求自身的成功。对

---

① 盖乌斯·卡西乌斯·朗基努斯（Gaius Cassius Longinus），与布鲁图斯同为刺杀恺撒的主谋者。

尤利乌斯·恺撒：盖乌斯·尤利乌斯·恺撒是罗马历史上最伟大的征服者之一。他在公元前58年至前51年间征服高卢，并入侵了莱茵河东岸和不列颠。据称上述战争导致100万人死亡，并使更多人沦为奴隶。他的成功激化了他与元老院中政敌的冲突，并最终导致内战，而在赢得内战之后，他成为统治罗马的独裁官。

和平：这枚硬币铸造于公元68年，时值伽尔巴短暂称帝期间。硬币反面印着 Pax Augusta（"奥古斯都的和平"）字样。通过军事和政治上的成功维持罗马的和平是皇帝的主要使命之一。而伽尔巴治下的和平十分短暂，他的被杀引发了持续超过一年的内战。

阿尔勒：在多数地区，罗马人参与的贸易活动出现得比罗马军团早得多。这个在法国阿尔勒发现的浮雕描绘的是罗讷河上一艘满载着木桶和双耳瓶的商船。在高卢成为罗马行省之前很久，大量意大利生产的葡萄酒已经通过贸易路线北上进入该地区。

部丢利面粉厂：公元前 1 世纪末期，罗马城的人口已经达到 100 万左右。在罗马和平笼罩之下，帝国各地的小麦和其他粮食得以运输到罗马城来供养其庞大的人口，而西西里、埃及和北非是最主要的粮食产地。在繁忙的部丢利港，这些面粉厂正是庞大的粮食生产运输体系的一部分。

图拉真记功柱上的日耳曼酋长：整个罗马历史中，外交活动总是与武力相伴，而许多民族及其领袖都乐于与罗马结盟。图拉真记功柱上的这一浮雕场景展示了一群来自不同蛮族部落的使节，他们正等待觐见罗马皇帝。其中的一些酋长将头发挽成发髻，系在脑袋侧面。日耳曼的苏维汇人有此风俗。

图拉真记功柱上的德凯巴鲁斯：一些人欢迎罗马人的到来，而有些人则拒绝臣服。德凯巴鲁斯成功建立了一个以达契亚为中心的强大帝国，他入侵罗马帝国，迫使图密善以慷慨的馈赠换取和平。在受到图拉真的军队攻击时，德凯巴鲁斯为避免被生俘，选择自尽。这一场景被图拉真记功柱的浮雕记录下来。

图拉真记功柱上的罗马士兵及其战利品：侵略战争往往有利可图，而罗马人也从不忌讳谈及他们如何掠夺战败者。在图拉真记功柱上的这一幅浮雕中，一名罗马军团战士正将他劫掠来的金属器皿装进骡子身上的背包。在达契亚战争中获得的黄金被用来维持图拉真的挥霍以及建设罗马城中心的庞大广场。

在科隆复原的四轮马车：无论在什么时期，罗马行省总督总是要将大量时间花费在路途中，因为他需要往返于行省的各个重要城市之间，在各地主持巡回法庭。能行船的时候水路自然是首选，但大多数仍旧是走陆路，而总督的陆路交通工具就是一辆像这样的马车。这一马车模型由科隆的罗马考古博物馆复原制作。罗马马车设计精巧，比起18世纪的马车也毫不逊色。

卡尔克里泽的复原堡垒：公元9年，刚刚建立的日耳曼行省爆发起义。起义军领袖阿米尼乌斯精心设计了一个圈套，诱使率领3个军团的行省总督进入伏击圈。德国卡尔克里泽的考古公园复原了阿米尼乌斯的手下设立的堡垒。这些堡垒曾被用于引导罗马军队进入设伏地点并将其歼灭。这堪称反抗罗马统治的历次起义中最成功的一次行动。

马萨达：希律王修建了一系列豪华的堡垒作为自己的行宫，坐落于死海旁的马萨达就是其中之一。在反抗尼禄统治的犹太起义早期，起义者就占据了马萨达，并且在耶路撒冷陷落之后仍旧在此坚守了3年。尽管马萨达易守难攻，罗马人仍旧在长期的围困之后将其攻克。守卫马萨达的起义者在杀死自己的家眷之后自杀。

克桑滕的复原城墙：罗马行省中的很多城市并不会费功夫修建防御设施。有些城市虽然会修建工事，但就如同这段克桑滕的复原城墙一样，其防御工事与其说是真的为了抵御攻击，不如说是个形象工程。从克桑滕的这段城墙来看，其角楼几乎没有突出于墙面。城墙是城市地位的象征，而在罗马和平之下，城市也不太可能受到攻击。

巴斯的带有角斗士浮雕的赭色陶碗：这个出土于巴斯的赭色陶碗上描绘着一对正在决斗的角斗士。角斗士表演风靡罗马帝国全境，这种表演有时在专门为其建造的圆形剧场中进行，有时也会出现在各种永久或临时搭建的舞台上。在某些情况下，事实证明有必要立法限制城市在这些娱乐活动上的开销，因为城市之间的竞争会促使每个城市都不遗余力地举办更加盛大的表演。

别墅：罗马人往往希望拉拢本地贵族，鼓励他们采取罗马生活方式并为帝国服务。罗马人的到来为本地引入了新的建筑风格，这在西部各省尤为明显。其中就包括作为大庄园中心部分的豪华乡间别墅。通过位于英国罗克斯特的这座复原建筑，我们可以了解一个中等大小罗马别墅的大概样貌。

恺撒里亚关于本丢·彼拉多的铭文：这块刻有铭文的石头随后被重复使用，用于建造恺撒里亚的剧院。本丢·彼拉多无疑是当代最出名的罗马行省总督，而这是唯一一段提及他的铭文。这块石料被重复使用，显示出一种精打细算的作风。铭文记载了一座被称为 Tiberieum 的建筑，可能是一座用于为皇帝提比略歌功颂德的建筑。在福音书的记载中，彼拉多被迫处死耶稣，因为"犹太人的王"这一称号被认为是对罗马皇帝的挑衅。

巴斯的苏利斯密涅瓦：罗马人很少会压制本地宗教，其实他们常常会将本地神明纳入罗马的宗教体系中。这尊来自巴斯的镀金雕像雕刻的是苏利斯密涅瓦，即凯尔特女神苏利斯和罗马神话中的密涅瓦融合的产物。这尊雕像曾是苏利斯之泉（Aquae Sulis，即今天的巴斯）的温泉和浴场中的主角。

斯居托波利斯： 斯居托波利斯是德卡波利斯（希腊语"十座城"之意，为10个城邦组成的松散联盟）之中唯一一座位于约旦河以西的城市。尽管主要居民是希腊人，这里仍旧居住着数量可观的犹太人。公元66年，这些犹太居民曾与其他市民并肩作战，击退了来自犹太起义者的攻击，但随后不久，他们就遭到非犹太市民的屠杀。

科隆的雅典吹笛者墓碑： 罗马统治之下，商品和人员的流动范围比之前更广也更频繁。此墓碑位于下日耳曼的科隆，其主人是一名16岁的笛子演奏者鲁弗斯（Ruphus）。墓碑由其父为其设立。鲁弗斯的父亲是一位出生于埃及亚历山大的雅典公民。

铁器时代的圆形房屋：圆形的屋舍是铁器时代不列颠的典型民居，在罗马人到来之前已经被使用了很长时间。在罗马人统治不列颠期间，许多当地人仍旧居住在以圆形房屋和动物围栏为基础的农业聚落中。尽管如此，考古发掘证明罗马帝国生产的物品在这类聚落中远比过去常见，而这些聚落的继续存在，并不能被当做当地人抗拒罗马世界的证据。

来自不列颠的胜利：康茂德是备受崇敬的马可·奥勒留的儿子，但与其父迥异，康茂德很少前往边境与军队为伍，他更喜欢罗马城中的生活，热衷于在竞技场中展现自己的勇武。这枚硬币是用来纪念不列颠的行省总督取得的一场军事胜利的。行省驻军取得的胜利将被归功于皇帝，但同样，皇帝也需要为行省的军事失败负责。

奥古斯都：奥古斯都是第一位罗马皇帝，或以当时的官方称呼来说，是第一位元首。他同时也是罗马历史上最伟大和最后一位征服者。除却不列颠和达契亚等少数领土，罗马帝国的版图大体上在他治下成形。在其统治时期，奥古斯都将相当多的时间花费于巡视各行省。

克利奥帕特拉来说，如果想要在托勒密宫廷嗜杀的政治生态中生存下去，紧抓权力是唯一的选择。除了在与恺撒的战斗中丧命的那个弟弟，她还谋杀了另一个胞弟，并唆使安东尼处决了她的妹妹，而这是她的最后一位手足。为了保住权力，克利奥帕特拉将祖国的大量资源用于取悦罗马内战中的胜者及其仆从。通过这种方式，她不仅能够生存下去，还可以索回一些她的家族曾经占有过的土地，壮大自己的力量。如果她达到自己的目的，吃亏的将是罗马的其他同盟者，例如犹太的希律王（Herod of Judaea）。希律王曾经打算在内战中支持安东尼，但后来又设法赢得了奥古斯都的信任。他保住了王位，得以善终，死于大约 30 年之后。在罗马的内战年代，同盟者和行省人中有赢家也有输家，唯独没有人能够置身事外。[42]

　　在共和国的最后半个世纪，和平与稳定的最大敌人不是别人，正是罗马人自己。让我们拭目以待，看看内战中幸存下来的唯一一位军阀是否能够改变这一切。

卷二

元首制

7

皇 帝

罗马人，你应统治世界，而这是你的专长。你应以公正确立和平，以仁慈对待臣服者。而对傲慢者，你应以战争将其征服。

——维吉尔，公元前 20 年左右 [1]

权力无边

谋杀恺撒的人自命为"解放者"，并声称独裁者的统治使共和国失去了自由，而他们则将自由夺回。事后不久，卡西乌斯铸造了印着自由女神（Libertas）头像的硬币，而布鲁图斯铸造的货币上则印着一顶释奴的帽子——比提尼亚的普鲁西亚二世也曾用同一个形象表达他对罗马的顺从。但这一自由，显然不是行省人民能够享受得到的。它只属于罗马人，确切地说是罗马贵族，他们认为高级官职和国家大事的决定权应该由贵族阶层分享，而不是被某人垄断，无论此人有多么贤明。在旷日持久的罗马内战中，唯独这一次，交战中的一方声称自己为某一理念而战，而不仅仅是与对手争夺权力。但这一事业与行省人的生活无关。作为罗马人的忠实同盟，他们还得在接下来的内战中继续履行同盟义务。布鲁图斯和卡西乌斯在地中海东部地区征募军队时，曾将没有按照要求提供粮草和钱财的部族作为叛乱者处理。他们攻击了罗得岛，迫使其屈服，他们将犹太地区的一些族群整体卖为奴隶，还洗劫了吕西亚（Lycia）的城市桑图斯（Xanthus），迫使大量当地人自杀。[2]

公元前42年秋，卡西乌斯和布鲁图斯在内战中落败并自杀。曾经抵抗过他们二人的部族受到内战胜利者的称赞，并得到了一些赔偿。马克·安东尼命令将自由归还给那些被卖作奴隶的犹太居民，赠予罗得岛新的领土，并规定罗得岛和吕西亚此后无须向罗马缴税。在写给与罗马结盟的犹太统治者许卡努斯（Hyrcanus）的信中，安东尼将布鲁图斯和卡西乌斯称作"罗马人民的敌人"和"毁约者"（因为此二人如同所有元老院成员一样，曾发誓保卫恺撒），称他们对人与神皆犯下罪行：

> 现在他们已经得到了惩罚。希望今后我们可以享受和平，使亚细亚免于战火。我们希望让我们的同盟者也分享到神赐予我们的和平。由于我们的胜利，亚细亚的身体正在从一场大病中恢复过来。接下来，为了您和贵国的福祉，我将会对您的利益予以照顾。

并不是所有本地族群都曾拼死抵抗布鲁图斯和卡西乌斯，而那些当初曾欣然为这二人提供钱财和其他资源的人，现在不得不为胜利者付出更多。[3]

然而小亚细亚"免于战火"的时光如此短暂。公元前41年与前40年之交的冬天，西塞罗长期以来所担心的帕提亚入侵终于发生了。小亚细亚遭到劫掠，叙利亚和犹太地区沦陷。许多当地领袖和群体尽其所能进行抵抗，也有人开门迎接入侵者。许卡努斯的一位政敌得到帕提亚骑兵的帮助，将其推翻，而他又回过头来，在罗马军团的支援下夺回权力，赶走侵略者。与往常一样，在当地事务中，本地领袖的野心才是决定性的。对犹太地区来说，上述事件不过是哈斯蒙尼（Hasmonean）王族成员之间的无休止的内战的延续，只不过这一次，卷入争斗的除了罗马势力，还有帕提亚人。尽管罗马的同盟王国之内同样在发生着权力斗争，罗马内战才是这个年代的主旋律。参与内战的军阀一个接一个地倒下，直到最终，安东尼被尤利乌斯·恺撒的同名继承人①击败，于公元前 30 年 8 月自戕。[4]

内战的最终胜利者此时未满 33 岁，但他此后将不会再次面临任何人对其权力发起的重要挑战，直到他于公元 14 年逝世。以大将军恺撒·奥古斯都（Imperator Caesar Augustus）之名——元老院在公元前 27 年授予他这个带有宗教色彩的名号，其权力的根本在于他掌握的军队。在击败安东尼之后，他手下的军团数量超过了 60 个。许多士兵在战后退伍，奥古斯都在各地为他们设立了殖民地，给他们分配耕地。剩余的军人编成了 28 个常备军团，除了军团，还有海军部队和非罗马公民组成的辅军。此时的所有军人都是长时间服役的职业军人，在奥古斯都统治时期的后期，每位军团战士应服役 25 年。所有将士的军饷由奥古斯都一人支付，接受他一人的奖赏和提拔，对他一人宣誓效忠。这支军

---

① 盖乌斯·屋大维（Gaius Octavius）于公元前 44 年被尤利乌斯·恺撒收养之后，改名为盖乌斯·尤利乌斯·恺撒·屋大维亚努斯（Gaius Julius Caesar Octavianus）。其后随着其权力日渐增长，又数次更名。

日耳曼海

林杜姆
维罗科纽姆
不列颠
（4 个军团）
伦底纽姆
贝尔盖高卢
卡斯特拉维特拉
（2 个军团）
诺瓦伊修姆
本纳
莫贡提亚库姆
温多尼萨
阿根托拉特
德库马特斯地区

杜罗科尔托鲁姆
卢格杜农高卢
奥古斯塔
文德利库姆
莱蒂亚
维鲁努姆
诺里
坎塔布里亚海
阿奎塔尼亚
布尔迪加拉
卢格杜农
纳尔博高卢
科蒂埃
阿尔卑斯
滨海
阿尔卑斯
塔拉科西班牙
（与卢西塔尼亚共同
拥有 3 个军团）
纳尔博
意大利
卢西塔尼亚
塔拉科
撒丁与
科西嘉
罗马
埃梅里塔奥古斯塔
贝提卡
科尔杜巴
卡拉莱斯
廷吉斯
西西里
恺撒里亚（尤尔）
迦太基
叙拉
廷吉斯毛里塔尼亚
恺撒里亚毛里塔尼亚
特维斯特
努米底亚
阿非利加

1 上日耳曼（军区）
2 下日耳曼（军区）

0　　　　　　　　　　　　500 英里
0　　　　　　　　　500 千米

公元 60 年的罗马帝国

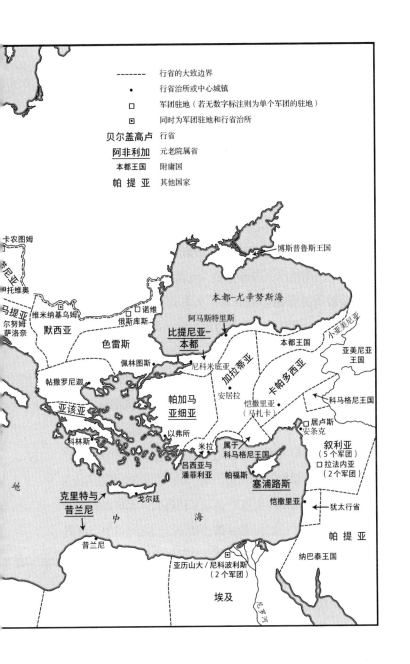

行省的大致边界

行省治所或中心城镇

军团驻地（若无数字标注则为单个军团的驻地）

同时为军团驻地和行省治所

贝尔盖高卢 行省

阿非利加 元老院属省

本都王国 附庸国

帕 提 亚 其他国家

卡农图姆

尼亚

托维奥

马提亚

尔努姆

萨洛奈

维米纳基乌姆

诺维

默西亚

俄斯库斯

博斯普鲁斯王国

本都-尤辛努斯海

色雷斯

阿马斯特里斯

比提尼亚-
本都

小亚美尼亚

亚美尼亚
王国

佩林图斯

尼科米底亚

尼科米底亚

加拉蒂亚

本都王国

帕撒罗尼迦

帕加马
亚细亚

安居拉

卡帕多西亚

科马格尼王国

亚该亚

以弗所

恺撒里亚
（马扎卡）

居卢斯

安条克

科林斯

米拉

叙利亚
（5个军团）

吕西亚与
潘菲利亚

帕福斯

属于
科马格尼王国

拉法内亚
（2个军团）

克里特与
昔兰尼

戈尔廷

塞浦路斯

恺撒里亚

犹太行省

地

昔兰尼

帕 提 亚

中

海

纳巴泰王国

亚历山大/尼科波利斯
（2个军团）

埃及

尼罗河

队纪律严明，远不像内战年代时那么骄躁。这是属于奥古斯都的军队，他和他的继承者非常谨慎地维持着自己对武装力量的垄断。公元2世纪，有一位以口才著称的元老院成员被问及他为什么允许皇帝哈德良公开纠正自己的用词。这位元老开玩笑说：显然每个人都必须承认"手握30个军团的人是所有人中最博学的"。[5]

神圣的尤利乌斯之子、大将军恺撒·奥古斯都并没有自封为国王或者独裁官。他的头衔是元首（princeps①），即第一元老、第一公民和国家的第一公仆。奥古斯都的宪制地位是随着时间推移不断发展、经过反复试错形成的，而非一种成熟的设计。在此过程中，他被授予各种官职、荣誉和特权。这一过程的趋势是，他的权力越来越多地具有个人色彩，各项权力被直接授予他本人，而不是与某个特定职位绑定，这样一来，权力就不会随着职位任期的结束而消失。奥古斯都的每一项权力都是通过合法程序获得的，但却没人可以将这些权力收回，除非奥古斯都本人主动放弃它们。起初，希腊人曾称呼他为Autokrator，即独裁者，但毫无疑问，无论他使用了什么头衔，他都不过是一位君主（monarch）。学者们将他创造的这个制度称为"元首制"（Principate），称其为披着面纱的君主制。[6]

然而这薄薄的一层面纱大概欺骗不了任何人。在奥古斯都治下，公民大会照常召开，如往常一样选举官员。此时仍旧存在真实的选举竞争，共和国最后几十年的恶习也得到了延续，例如经常性的贿选和偶尔发生的政治恐吓。然而大量的候选人都由奥古斯都本人推荐，且这些候选人无一例外会当选。奥古斯都的继任

---

① 拉丁语中有"第一个""领头的""最重要的"等意义。

者们则将官员的选举权从公民大会转交给了元老院，这成为元老院新获得的几项权力之一。元老院照旧集会，如往常一样受到极大的尊重，尽管它完全失去了以往的独立性。公元前30年，元老院成员的数量一度膨胀到接近千人。奥古斯都着手精简元老数量，剔除曾经卷入内战、不适合担此重任的人物，使元老人数又降到了600左右。传统贵族门第在元老院中得到了充分的代表，虽然这些家族在几十年的内战中损失惨重，但新一代后人成长起来，填补了前人的空缺。行省总督中的绝大多数出自元老院成员，其中包括埃及以外的所有重要省份的总督①。但这些领兵的总督身份变为了皇帝的代表（legate），即legatus Augusti②——被奥古斯都委任以军权的代表及臣子。（阿非利加行省是一个例外，那里的总督仍然具备同执政官衔，麾下只有一个军团。但奥古斯都的继任者也将会对此做出改变。）③

　　元首制时代，人们仍然有希望在政坛赢得官阶和荣誉，但元首的首肯成了仕途成功的条件。政坛新星仍旧有望通过赢得执政官之位来光宗耀祖，旧贵族的子弟也可以取得新的荣誉以告慰先祖。但没有人可以与奥古斯都及其继任者竞争，政治成功的可能

① 埃及作为一个特例，其总督由出自骑士阶层而不是元老阶层的人担任。
② 全称为legatus Augusti pro praetore，即"奥古斯都的代表、同裁判官"之意。
③ 此处原文所述不全面。应当说明，奥古斯都时代开始，罗马行省分为皇帝属省和元老院属省。前者往往靠近边境，战略位置重要，驻有军团。皇帝属省的总督由皇帝本人委任，其中较大、驻军较多的行省，总督职位为legatus Augusti，而较小省份的总督职位称作procurator Augusti，"奥古斯都的管理者"。而元老院属省的总督则由元老院委任，职位为同执政官，无论总督本人是否曾经担任过执政官。埃及作为历史上始终有特殊地位的一个行省，其总督由皇帝委任，但职位是praefectus Aegypti，即埃及长官。

性也受到局限。公元前 19 年见证了最后一次其主角与奥古斯都家族无关的凯旋式，在那之后，最成功的统帅也只能得到凯旋礼（ornamenta triumphalia）①作为嘉奖，无法像往日那样率将士游街展示军威。奥古斯都本人主持过 3 次凯旋式和 2 次小凯旋式（一种规格低于凯旋式的仪式，在这种仪式中，主将不像凯旋式中那样乘坐战车，而是骑马）。他还多次拒绝了因手下的将领取得胜利而授予给他本人的凯旋式。奥古斯都 13 次担任执政官，被称为神之子、祖国之父，并且获得了许多其他荣誉。

罗马城被改造得更加宏大辉煌，以彰显奥古斯都作为罗马人民领袖的荣耀。随着时间流逝，意大利和行省的各个城市竖立起了一座又一座献给他或他的家族成员的纪念建筑。其中有些是由捐款人出资所立，但更多的由本地人自发建造。奥古斯都的形象和名字出现在帝国境内的每一枚金币和银币之上——甚至许多铜币上也印着他的肖像。传统上，罗马货币上的形象应属于各路神祇或者已经过世的杰出人物。尤利乌斯·恺撒是第一位其形象被铸造在硬币之上的在世罗马人，他的肖像出现在其独裁官任期之内铸造的几乎所有硬币之上。他死后，其他政客如法炮制，效法者包括布鲁图斯。但没有一人铸造的钱币在数量上比得上奥古斯都。无论是在硬币上还是以胸像、雕像、浮雕或绘画呈现，元首的肖像无所不在。其形象经过理想化和精心处理，艺术作品中的奥古斯都拥有一张平静、英俊、永不衰老的青年面庞，这与罗马艺术传统中常见的写实的、往往面容沉郁的人物形象形成了鲜明

---

① 凯旋礼可视作凯旋式的替代品，被授予者无法享受胜利游行，取而代之的是获得穿着特殊服饰以及竖立本人雕像等特权。

对照。流传至今的古代肖像中，属于奥古斯都的作品在数量上超过了属于任何其他罗马皇帝甚至任何其他人的作品。[7]

公元前 27 年，奥古斯都接受了众多行省的管理权。他起初假装不愿接受如此沉重的职责，但元老院恳请这位国家最重要的公仆为了大众的福祉接受这一重任，这显然是精心策划的一出闹剧。起初，划归奥古斯都控制的地区包括西班牙、高卢、叙利亚和埃及。前 3 个地区被置于皇帝的直接控制之下，表面上是因为罗马人对那里的控制是最不稳定的，那里尚未被彻底"平定"或面临着外部威胁。西班牙的西北部此时仍有待征服，高卢苦于莱茵河对岸的日耳曼部落的侵扰，叙利亚则在内战中元气大伤，并且与帕提亚接壤。根据元老院的投票表决结果，奥古斯都对上述地区的管理为期 10 年。但他的"任期"此后多次以 5 年或 10 年为单位延长，直到他逝世。剩余的行省仍旧由元老院管理，元老院以传统方式在担任过公职的人选中抽签选出同执政官，派遣他们管理行省。[8]

此后 10 年之内，山南高卢行省和西班牙南部的贝提卡行省被移交给元老院管理。这两个行省此时和平且安定，通过将它们移交给元老院，奥古斯都表明他只是出于对于罗马的责任感，才接受了管理仍处于危险之中的行省这一重任，而当这些行省的形势稳定之后，他绝不会贪恋权力。于是，奥古斯都控制了新近纳入版图的行省，它们主要位于巴尔干和日耳曼尼亚。几乎全部罗马军队都驻扎在奥古斯都的省份，因此也就处于他的直接控制之下，或者由他委任的代表掌握。从公元前 54 年起，庞培就曾借助代表遥控他掌握的几个西班牙行省和那里的驻军，自己却从未离开罗马本土。后三头联盟时期①，安东尼、雷必达和青年奥古斯都也曾使用相似的方式，派遣代表以自己的名义治理被分配给自己的行省。奥古斯都的体制由此发展而来，但规模要大得多。[9]

和平与战争

在奥古斯都时代，和平的回归是艺术和文学作品的常见主题，这些作品大多是由奥古斯都本人及其亲信赞助的。奥古斯都声称自己"熄灭了内战的火焰"。在有关奥古斯都的大量艺术作品，特别是雕像、胸像和浮雕中，只有相对较少的作品将他塑造成统帅的形象。奥古斯都和平祭坛（Ara Pacis Augustae）由元老院于公元前13年下令建造，并于公元前9年完工。在所有为其歌功颂德的纪念建筑中，这是最令人印象深刻的作品之一。在祭坛的浮雕上，奥古斯都及其家人鱼贯前行，伴随他们的还有元老院的一些头面人物。男人们均身着托加袍，而女人们穿着正式礼服。所有人都是典型的罗马人形象，这是一幅和平时期的罗马人侍奉众神的场景。祭坛的浮雕中没有出现任何军人形象，唯一与军旅生活有直接联系的事物，是奥古斯都的继子德鲁苏斯（Drusus）穿着的斗篷。[10]

奥古斯都缔造的罗马和平以内战的终结为开端。诗人贺拉斯说，他们这一代罗马人是"流淌着被诅咒的血液的堕落的一代"，无休止地相互争斗，几乎要将罗马毁灭。

---

① 公元前43年至前33年。

你为何又拔出了刚刚归鞘的剑？难道嫌泼洒在大地与海洋中的拉丁人的鲜血还不够多？人们泼洒鲜血，不是为了攻克时刻保持警戒的迦太基要塞，也不是为了将布立吞人从天边俘虏而来，驱赶他们戴着镣铐走上罗马城的圣道①，却是为了应验帕提亚人的祈祷——愿罗马亡于自己人之手。[11]

　　贺拉斯和他的同行们无一不为奥古斯都在亚克兴战役中的最终胜利而欢欣鼓舞。在奥维德的笔下，奥古斯都和平祭坛与"亚克兴的桂冠"共同出现。在关于内战的种种记忆中，亚克兴战役的标志一次又一次地出现在艺术与文学作品中，出现在奖杯上，也出现在建筑物的装饰里。[12]

　　和平来自胜利和武力。奥古斯都的威望如此之高，以至于没有人敢于冒险与他开战。奥古斯都以这种方式终结了内战，他和罗马人也以同样的方式在更大范围内最终实现了和平。奥古斯都致力于复兴罗马的宗教、文化和道德，并且热衷于恢复各种古老的仪式。他满怀自豪地主持了雅努斯（Janus）②神庙大门的关闭仪式。雅努斯神有两张面孔，一张朝前，一张朝后。只有当罗马人免于战事之时，这间小小神庙的大门才会关闭，而在奥古斯都之前，此门只关上过两次。奥古斯都时期，元老院三次下令关闭雅努斯神庙的大门。第三次命令因遥远边疆突发战事而撤销。至于前两次，门都在关闭不到一年之后就再次开启了。在奥古斯都治下，尽管人们竭尽所能粉饰和平，罗马几乎无时无刻不在世界

---

① 圣道，Via Sacra，是罗马城内的重要大道，是凯旋式必经的道路。
② 罗马神话中代表开端、结束、起承转合的神。

上的某个地区卷入战事，这一点与共和国时期别无二致。[13]

这些战争多数都是侵略战争，军团士兵踏上了罗马人民的军队从未涉足的地区。在为罗马帝国开疆拓土方面，奥古斯都的成就高于罗马历史上的其他任何人。开辟新疆土往往意味着在陌生的土地上开展艰难的战斗。奥古斯都征服了伊比利亚半岛和阿尔卑斯山地区的此前未被罗马占领的土地，使当地部落再也无法用武力勒索过路者。巴尔干的战斗同样艰难，令罗马人损失惨重，但仍然将帝国的疆界向北拓展到了多瑙河沿岸。在北方，军团跨过莱茵河，着手建立了一个东部边界直达易北河的新行省。在其他方向上，奥古斯都的将领们或是率军沿着尼罗河溯流而上，或是征战于阿拉伯沙漠中，尽管罗马人在这些地区几乎没有攻下任何新领土。[14]

奥古斯都亲手缔造的职业军队给他带来了一场接一场的胜利。公元前 26 年，奥古斯都率军在西班牙作战时病倒，此后他再也没有亲临前线指挥作战，但他仍旧经常亲身前往广义上的战区。几乎每一次重要军事行动都由奥古斯都的家族成员指挥，其中最突出的是后来成为他的女婿的老朋友阿格里帕（Agrippa）和他的两位继子，提比略（Tiberius）和德鲁苏斯。小规模的军事行动则由奥古斯都的代表们指挥。但无论战斗由谁指挥，所有的功劳都归于奥古斯都。元老院曾 55 次下令公开感谢奥古斯都为罗马取得的胜利，胜利之后的欢庆活动，全部加起来长达 890 天。奥古斯都亲自撰写了自己的成就清单，即《奥古斯都神的功业》（ *Res Gestae divi Augusti* ），并下令将其镌刻在自己的陵墓之上。在其中，他历数了自己取得的数不胜数的胜利。那些歌颂和平的诗人同样在歌唱胜利。维吉尔声称，"以仁慈对待臣服者、以战争征服傲慢者"是罗马人的"命运和伟大的艺术"。贺拉斯则说：

> 当布立吞人和危险的波斯人
>
> 成为我们帝国的臣民之后，
>
> 奥古斯都将会被视作人间的神。[15]

胜利接踵而至，哪怕一时的失败也会由最终的胜利一雪前耻。公元前 2 年落成的奥古斯都广场（Forum Augustum）的中心矗立着"复仇者"马尔斯（Mars Ultor）神庙——战神马尔斯在这里扮演着复仇者的角色，既为被谋杀的恺撒复仇，也为罗马人民复仇。帝国疆界不断扩展，到公元14年，行省数达到了25个，其中 17 个由奥古斯都管理，剩下 8 个则归元老院所属。尽管如此，和过去一样，不是每次战争胜利都会带来领土的拓展。而且，尽管诗人们对扩张战争充满热情，奥古斯都却没有跟随恺撒的脚步入侵不列颠，也没有将恺撒制定的攻击帕提亚的计划付诸行动。相反，他将不列颠忽略，同时借助以强大军力为后盾的外交努力，迫使帕提亚签下条约，表明屈服于罗马。奥古斯都索回了克拉苏和安东尼的军队在与帕提亚人作战时被夺的鹰徽，并且以盛大的仪式将其安置于"复仇者"马尔斯神庙中。

罗马人的骄傲得以重拾，仇恨得到洗雪，先前的死敌此时也谦卑地承认了罗马的优越。帕提亚人从待征服的傲慢者变成了需要被仁慈对待的臣服者。与过去一样，罗马的胜利并不意味着对土地的永久占领，除非这么做被认为有好处。向罗马表明称臣的态度不意味着一定要给予罗马任何实际的好处，也不一定会有什么具体的后果。《奥古斯都神的功业》曾将印度人和布立吞人都算作罗马帝国的臣民，仅仅因为他们曾经派遣使者朝见奥古斯都。[16]

经过几乎持续了半个世纪的军事行动，奥古斯都将他认为罗马人民需要的土地逐步纳入帝国版图。如果不是帝国扩张的脚步在他的继任者们当政期间戛然而止，我们大概也不会关心奥古斯都的扩张动机为何。几个世纪以来，罗马人不断征战，不停扩张，尽管新行省的建立只是偶尔发生的事情。公元前1世纪，庞培和恺撒等人掌握了前所未有的资源和长久的指挥权，短时间内就席卷了大片大片的土地，将它们变为罗马行省。奥古斯都做的事情与此相似，只不过他手中的资源更为可观，拥有的时间更长，而且享有为所欲为的自由。与庞培和恺撒一样，奥古斯都声称这些战争都是正义的，都是为了回应罗马人曾经或正在遭受的侵犯。而以罗马人自己的标准来看，他们的说辞可能确为事实。

出身罗马贵族的奥古斯都与其他贵族一样渴望荣誉，尤其是军事荣誉。对一个在内战中以武力夺权的人来说，在同与所有罗马人为敌的外族敌人的较量中获胜，意味着未沾染同胞鲜血的"干净"的荣誉。奥古斯都遵循罗马传统，通过击败罗马的敌人证明自己的价值。与先前的战争胜利者一样，不仅作战本身是为国服务，胜利带来的战利品也被用于各项公共事务。利用战利品，奥古斯都在罗马城建设了神庙、纪念碑、引水渠、公共浴场和各种娱乐设施。与他的许多功绩一样，在这方面，奥古斯都的做法与前人并无不同，只是在规模上更胜一筹。

荣誉对奥古斯都来说十分重要，而且毫无疑问，他在有些时候表现得确实像一位好大喜功的机会主义者，然而他在战争方面一定有着更多的思考。同样地，尽管维吉尔向罗马人许诺了"无根的帝国"，但奥古斯都在是否入侵不列颠和帕提亚的问题上却表现出了克制，哪怕许多罗马人认为开战是完全合理的。奥古斯都的一些行动使罗马帝国的版图更具连续性，且更加安全，而且军队的部署也取决于哪些地区在未来更有可能出现战事。至少5个军团参与了西班牙的征服，但伊比利亚半岛上的驻军在战后迅速减少至3个军团，到了奥古斯都的继任者时期，还将进一步减少到1个军团。对阿尔卑斯山地区的永久占领极大改善了跨地区的交通状况，而多亏了奥古斯都的巴尔干战役，罗马和东方省份之间才终于有了安全的陆上通道。奥古斯都的行动未必遵循一个严密的计划，但确凿无疑的是，上述领土的加入使得帝国版图形成了一个更连续的整体。而另一方面，很难讲基于易北河的边界是否就比基于莱茵河的边界更加安全，因为前者存在的时间过短，我们难以对此做出判断。如果边界在易北河，从地图上看，帝国的版图会更加规整，但我们不知道罗马人对世界的真实地理了解多少，而且比起自然地理，罗马人显然更加关注各个部落和民族构成的政治版图。[17]

边 界

奥古斯都的一生经历了许多不如意，他的许多亲密的家族成员都早逝了。他还因丑闻流放了他唯一的合法子女——女儿尤利娅，之后又流放了她的两个孩子。奥古斯都晚年经历了一生中最惨痛的几次军事经历。公元6年，他的军队深入今天的波希米亚地区远征之时，巴尔干突然发生叛乱，迫使他将大军撤回，以平息内乱。平叛过程持续了 3 年，且并不顺利，罗马军队承受了大量损失。这次冲突中，10 个军团和大量辅军曾一度集中于同一营地之内，兵力已超过整个帝国军队的三分之一。巴尔干的战火刚刚平息，日耳曼尼亚的新行省又出了乱子，叛乱的日耳曼人伏击了总督普布利乌斯·昆克提利乌斯·瓦卢斯（Publius Quinctilius Varus）的队伍，全歼了第十七、十八和十九军团。罗马势力因此退回莱茵河一线。此后几年，虽然罗马人对日耳曼人发动了数次惩罚性进攻，但再也没能夺回失地。这是第一次有行省成功反叛罗马并永久赢得自由。[18]

此时的奥古斯都年过七旬，健康状况每况愈下。这一事件对他的打击极大——这个在一生中通过一个接一个的胜利走到今天的人，现在得设法应付战败的后果了。奥古斯都几个星期没有剃须，据说他这段时间一直在宫殿中游荡，大喊："昆克提利乌斯·瓦卢斯，还我军团！"奥古斯都于 5 年后逝世。他给继子提比略留下了书面忠告：不要试图改变帝国的当前边界。愤世嫉俗的历史学家和元老院成员塔西佗为我们记录下了这一切，他说奥古斯都的这一做法"不知是出于担忧还是嫉妒"。提比略继承了奥古斯都的地位和权力，其中不少权力在奥古斯都生前就已经被授予了他。他和他的继承人们也基本遵循了奥古斯都的建议。[19]

公元 43 年，皇帝克劳狄乌斯（Claudius）侵入不列颠，并在岛的南部建立了一个行省。罗马在不列颠的扩张断断续续地持续到 1 世纪末。但苏格兰的最北端从来没有被罗马人纳入控制范围，罗马对苏格兰低地的统治也只持续了几十年。公元 101 至 102 年，皇帝图拉真（Marcus Ulpius Traianus）开始了对达契亚王国（疆域大致相当于现代的罗马尼亚）的征服战争。公元105至106年，罗马赢下了第二场对达契亚的战争，并建立了一个新行省。图拉真还为帝国增添了一个阿拉伯行省①，还对帕提亚人发动攻势，试图在美索不达米亚和米底建立新的省份②。然而图拉真对上述新征服地区的控制是十分不稳固的，这些地区很快就叛乱四起。公元117年，图拉真在平叛过程中因自然原因死亡，在他死后，他刚刚建立的东方各行省遭到抛弃。马可·奥勒留（Marcus Aurelius）也似乎试图在中欧建立一两个新省份，但在他于180年逝世之后，这些计划也不了了之。奥勒留在世时曾攻占了部分帕提亚领土，并将这些土地划归叙利亚行省。此后，塞普蒂米乌斯·塞维鲁则新建了一个美索不达米亚行省。

　　罗马的扩张并没有随着奥古斯都的辞世而终止，但脚步的确大大放缓了。奥古斯都死后罗马的缓慢扩张与他在位时帝国版图的迅速膨胀形成鲜明对比。在这一方面，奥古斯都时代更接近共和国的最后几十年。庞培与恺撒固然是有天赋的征服者，但若不是当时的政治形势给了他们前所未有的机会，他们不可能取得那么大的成就。在他们之前，绝大多数担任行省总督的元老院成员仅仅满足于平息行省内部的暴乱和抵御外来的劫掠者。他们中确实也有不少人对边界之外的外族发动攻击，但其目的——除了获取个人财富和荣誉——是使外族屈服，而不是兼并他们的土地。

---

① 即佩特拉阿拉伯行省（Arabia Petraea），辖区大致相当于今天的约旦和西奈半岛。行省的管辖范围为阿拉伯人建立的希腊化王国、以佩特拉（Petra）为首都的纳巴泰王国（Nabataean Kingdom）此前的疆域，故名。
② 图拉真对帕提亚的攻势催生了短命的美索不达米亚行省和亚美尼亚行省，二者分别存在于116年至117年和114年至118年之间。公元198年，美索不达米亚行省被皇帝塞维鲁重新设立。

下不列颠

埃博拉库姆

德瓦

伊斯卡西卢鲁姆

上不列颠

伦底纽姆

卡斯特拉维特拉

贝尔盖高卢

莫贡提亚库姆

本纳

马科曼尼人

杜罗科尔托鲁姆

卢格杜农高卢

阿根托拉特

雷根河畔军营

莱蒂亚

诺里

坎塔布里亚海

阿奎塔尼亚

布尔迪加拉

卢格杜农

科蒂埃阿尔卑斯

纳尔博高卢

纳尔博

滨海阿尔卑斯

第七"双子"军团

塔拉科西班牙

塔拉科

意大利

卢西塔尼亚

埃梅里塔
奥古斯塔

撒丁与
科西嘉

罗马

阿尔巴

科尔杜巴

贝提卡

卡拉莱斯

廷吉斯

西西里

恺撒里亚（尤尔）

迦太基

廷吉斯毛里塔尼亚

恺撒里亚毛里塔尼亚

兰拜西斯

阿非利加

努米底亚

1 上日耳曼
2 下日耳曼
3 阿特雷克蒂亚奈阿尔卑斯
  与布匿奈阿尔卑斯
4 上潘诺尼亚
5 下潘诺尼亚

日耳曼海

阿尔比斯

莱茵河

多瑙

里

夸

0   500 英里

0   500 千米

塞普蒂米乌斯·塞维鲁于 211 年去世时的罗马帝国

行省的大致边界

• 行省治所或中心城镇

□ 军团驻地

⊡ 同时为军团驻地和行省治所

贝尔盖高卢 行省

亚美尼亚王国 附庸国

帕 提 亚 其他国家

博纳
卡尔西图姆
布里格提奥
阿昆库姆

雅济吉斯人

达契亚

□波泰萨

阿普鲁姆

罗克索拉尼人

辛吉杜努姆 萨尔米泽杰图萨

多布罗加

比提尼亚-本都

本都-尤辛努斯海

博斯普鲁斯王国

5

□维米纳基乌姆

杜罗斯托鲁姆

杜罗斯托鲁姆

提亚

洛奈

上默西亚

诺维

阿马斯特里斯

萨塔拉

亚美尼亚王国

下默西亚

色雷斯

尼科米底亚

卡帕多西亚

梅里特内

马其顿

佩林图斯

加拉蒂亚

萨莫萨塔

雷塞纳

帖撒罗尼迦

安居拉

辛加拉

伊庇鲁斯

帕加马

亚细亚

恺撒里亚
（马扎卡）

塔尔苏斯

尼科波利斯

科林斯

以弗所

奇里乞亚

安条克

亚该亚

米拉

塞浦路斯

科伊勒叙利亚
（2个军团）

吕西亚与潘菲利亚

帕福斯

拉法内亚

腓尼基叙利亚

推罗

克里特与昔兰尼

戈尔廷

卡帕科特纳

帕提亚

中
海

恺撒里亚

博斯特拉

巴勒斯坦叙利亚

昔兰尼

埃利亚卡皮托利纳

阿拉伯

亚历山大／
尼科波利斯

埃及

尼罗河

这就是罗马获得海外行省之后参与的绝大多数冲突的主要形式，在元首制时期也是如此。在这个意义上，征服了如此广袤的新领土的奥古斯都和成就略逊于他的庞培和恺撒才是罗马领袖中的特例。尽管如此，公元 14 年之后罗马获得的新土地远少于它在公元前 3 世纪时的扩张，更比不上公元前 2 世纪。在这一时期，同盟王国被转变为罗马行省，最终几乎帝国之内的所有土地都被置于罗马的直接统治之下，但此时的帝国版图与奥古斯都时代相比却没有发生多大变化。[20]

变化一定是有的，但是关于这些变化是什么、又因为什么而发生，学界并无定论。我们不知道奥古斯都给提比略留下的建议到底是想说什么，他究竟是认为帝国不该继续扩张了，还是单纯觉得应该暂时停下扩张的脚步？公元 6 年的巴尔干大起义和 9 年的日耳曼尼亚战败都使罗马军队元气大伤，减员带来的空缺很难在短期内被填补起来。上述两次事件之后，奥古斯都不得不购入一些壮年奴隶，将他们释放并使他们在军中服役。此前的几十年，在接连不断的战事中，奥古斯都已将士兵的服役期从 16 年增加到 20 年，又从 20 年增加到 25 年，以此来节省士兵退役时国家需支付的费用，并在军中保留更多有经验的老兵。罗马可动用的军事资源在几十年的高强度调用之后处于了低谷。提比略即位之初对莱茵河对岸的日耳曼人发动了 3 次攻势，但在公元 16 年却下令暂停这些军事行动。原因之一是，高卢和其他西部省份已无力继续提供军队所需的坐骑以及用来驮运和拖拽物资的牲畜。此时的罗马帝国根本没有足够的资源来维持频繁的军事行动，同时也有必要巩固一下对新占领地区的控制。[21]

这也许可以解释罗马扩张的一时放缓，却无法解释罗马在此后的漫长岁月中为何从未再次进行大规模扩张。有些学者则怀疑罗马帝国的疆域已经到达了其自然极限。一种老派的观点认为，奥古斯都的征服运动是为了建立最容易防御的边界，一旦达成这一目标，进一步的扩张既不必要，也不诱人。这一观点是传统的"防御性帝国主义"理论的延伸。当代主流论点则与之截然不同，且更加强调罗马的扩张性。但至少，既然罗马接受了失去日耳曼尼亚的行省这一事实，显然这样的边界设置也是可以根据情势而变通的。更重要的是，没有任何明显证据指出罗马人曾经制定过这样一个关于帝国边境的设计或方案，同时许多学者质疑，罗马人是否拥有足够的地理知识来设计这样的方案，或是制定一个如此宏观的战略（我们在考察边界怎样运作时，将再次审视这一问题）。

一种不同的观点认为，罗马帝国的疆域已经到达了其自然极限，尽管几乎没人明白何为"自然极限"。有些人说，罗马军队无法在帕提亚沙漠或者日耳曼尼亚和中欧地区发挥出应有的战斗力，因为上述地区的居民极少居住在城市里，而是散布在广大地域内的小定居点中。一方面，这样的敌人来去无踪，罗马军队很难与之交战；另一方面，当地的农业生产也无法产出足够的富余量来供养前来征服此地的罗马军团。然而事实上，罗马军队曾经征服过类似的地区，其战争机器十分灵活，完全能够适应本地的环境。罗马人也曾经在贫瘠的土地上长期维持驻军。"自然极限论"的另一个论据是，就算罗马人在上述地区取得了军事胜利，当地人的社会组织形式却无法融入罗马的统治体制。这个说法同样站不住脚，因为罗马人已经成功地将拥有如此多样的文化的人民纳入了自己的统治。[22]

罗马人不太可能没有征服更多领土的能力。提比略时期的希腊作家斯特拉波认为停止扩张是罗马人自己的选择。他在17卷的巨著《地理学》（*Geography*）中描述了已知世界的全部地区和民族。在结尾处，他写道："罗马人占据了世界中最知名的那一部分。"在书中其他地方，他说：

> 尽管罗马人有能力拿下不列颠，他们却不屑这样做，因为在他们看来布立吞人完全不足为惧……而征服和占领这片土地并不会带来相应的好处。因为目前看来，如果我们考虑到在不列颠维持驻军并征税带来的成本，商业关税带来的收益比直接征税更加可观。[23]

差不多一个世纪之后，在罗马帝国行政体制内任职的希腊历史学家阿庇安表达了相似的观点："罗马人占据大地和海洋中最好的那部分，总的来说，是为了通过谨慎行事维护他们的帝国，而不是为了控制那些从他们身上无利可图的部落和野蛮人。"[24]

类似的观点时有耳闻，许多人都认为继续扩张将是无利可图的。尽管斯特拉波有这样的判断，但克劳狄乌斯入侵了不列颠。后来有传闻说尼禄曾考虑放弃这个岛，因为比起它贡献的利润，在那里维持驻军的费用实在太高昂了。但尼禄最终没有这么做。收支平衡的考虑有可能被其他因素抵消，而对胜利、征服和荣誉的渴望仍然对罗马皇帝的决策构成重要影响。[25]

元首制毕竟仍旧是一种君主制形式。皇帝一人统率三军，在是否扩张的问题上拥有决定权。奥古斯都将其独裁统治合理化，凭借的是他对国家的贡献，特别是他在对外战争中取得的胜利。

起初，很多人厌恶他，还记得他是如何通过血腥的道路走向权力巅峰，但他们接受了他对罗马的良好治理，承认他带来了内部的和平繁荣以及外战的成功。随着时间推移，人们渐渐习惯了奥古斯都的统治和"元首"的存在。44年之后，元首制已成为自然秩序，因为没人记得一个曾经运作良好的共和国是什么样子。元首的存在是必要的，国家需要他的引领。所有元首都拥有imperator的头衔，并被期待在战争中取得胜利，无论是御驾亲征，还是派遣代表代其领军作战。贵族阶层对共和国时代充满怀念，那时领导国家的是他们这个阶层，没有一个独夫可以凌驾于他们之上。但没有人想要回到那个时代。皇帝卡里古拉（Caligula）于公元41年遇刺之后，元老院曾经就是否恢复共和国进行过辩论，但仅仅几个小时之后，他们就转而决定在元老阶层的成员中选出一人来担任皇帝①。²⁶

奥古斯都在其统治的大部分时间里都身处意大利之外。他巡视各行省，组织各地工作并处理请愿。他的旅行和工作直到晚年也没有停止。他亲自指挥了多数重要战役，其余的战斗则由他的亲密伙伴们负责，而他们往往是他的远亲。提比略即位时已年近56岁。在这之前，他已在战场上取得了一连串的胜利，因此他无须再证明自己的军事能力。提比略对于旅行以及奥古斯都式的严格朴素的生活兴趣不大。即位几年之后，他在乡村居住的时间越来越多。公元27年，提比略前往卡普里岛（Capri）居住，此后再未返回罗马，直至10年之后辞世。在提比略执政初期，他

---

① 此时近卫军率先拥立克劳狄乌斯为皇帝，元老院不过是认可了近卫军的决定。

的侄子兼养子日耳曼尼库斯（Germanicus）[①]于日耳曼尼亚和东方前线征战，一定程度上代其履行了元首的职责，这就如同提比略等人在奥古斯都在世时，也曾为后者分忧。日耳曼尼库斯于公元19年英年早逝，在此之后，提比略的亲生儿子德鲁苏斯曾短暂地接替了日耳曼尼库斯的角色，但4年后也不幸去世。此后提比略再也没有以这种方式任用自己的家庭成员。

有必要指出提比略的统治风格与奥古斯都的有多么不同，因为这种风格将深深影响其后继者。奥古斯都的大部分时间都在旅途中度过，每个行省他都至少去过一次。与此同时，他任用家族成员代他管理帝国的其他地区。在其后的罗马皇帝中，只有哈德良像他这样热衷于旅行。再没有一位皇帝像奥古斯都这样任用了如此多的家人作为助手，而基本上这是一个有关信任的问题。奥古斯都是神圣的尤利乌斯·恺撒之子、亚克兴之战的胜利者、帝国的国父。他的亲人们建立功勋时，既为自己赢得荣誉，同时又增加了他的威望。他们永远不可能与奥古斯都平起平坐，或成为他的对手，哪怕他们可以分享奥古斯都的部分权力。从很多方面来看，这种统治都像是一种由两个甚至更多"元首"共治的制度，但奥古斯都的统治又是无可辩驳的，没有任何人的位置像他一般稳固。

如果缺少值得信赖的亲属，皇帝或者需要御驾亲征，或者任命一位元老阶层成员作为自己的代表，但在这种情况下，这位代表本人有可能获得属于个人的荣誉和名声，甚至可能赢得麾下将

---

① 日耳曼尼库斯·尤利乌斯·恺撒（Germanicus Julius Caesar），其父为前文提到的奥古斯都养子德鲁苏斯，其子为之后的罗马皇帝卡里古拉。

士对其个人的忠诚。提比略早已久经沙场，是一位经过考验的指挥官。但他即位之后并不愿亲自领兵作战，也没有让家庭成员或元老院成员负责指挥太多的重大战役。一般来说，行省总督掌握的军团数量上限是 4 个，之后又被降为 3 个，因此一位总督不可能以一己之力推翻皇帝。几位总督合力也许做得到这一点，但罗马贵族相互竞争的本能使这种合作在大多数情况下很难实现。罗马人通过战争来维系帝国，但任何一位总督掌握的兵力都不足以独自进行大规模的扩张战争。[27]

提比略的继任者卡里古拉即位时十分年轻，毫无军事经验。尽管他曾在行伍中生活过一段时间，但在军事方面没有任何建树。下一任皇帝克劳狄乌斯即位时较为年长，但在军事方面同样缺乏经验。克劳狄乌斯是被近卫军（praetoriani）拥立为皇帝的。奥古斯都创立了近卫军作为自己身边的武装力量，因为他不愿在意大利本土部署任何军团。公元 43 年，即位刚刚两年的克劳狄乌斯发动了对不列颠的远征，并任命奥卢斯·普劳提乌斯（Aulus Plautius）来执行这项任务。即便如此，这位年老体弱的皇帝仍旧前往不列颠，亲自指挥了对敌方主要据点的围攻。克劳狄乌斯在不列颠仅仅逗留了 16 天，但这足以使他获得了胜利的主要功劳，尽管皇帝很慷慨地与所有参与远征的元老院成员分享这份荣誉。这次军事冒险满足了克劳狄乌斯对荣誉的需要。几年之后，当行省总督格奈乌斯·多米提乌斯·科尔布罗（Gnaeus Domitius Corbulo）率军深入日耳曼尼亚时，克劳狄乌斯及时叫停了这一行动。科尔布罗如此感叹："往日的罗马将领曾是多么幸运！"但他仍旧遵从了皇帝的命令。[28]

尼禄（Nero）对战事并没有表现出多少兴趣，尽管战争给他带来了一些荣誉——面对帕提亚人，他没有妥协并接受"可耻的和平"，而是命令科尔布罗领军与之作战。尽管如此，尼禄几年后却将后者召回，令其自杀。[①] 尼禄死于 68 年，皇位的空缺引发了内战，加尔巴（Galba）、奥托（Otho）和维特利乌斯（Vitellius）依次称帝，直到韦斯巴芗（Vespasianus）在公元 69 年结束了混乱局面。一年之后，韦斯巴芗的长子提图斯（Titus）攻占耶路撒冷，击溃了犹太人起义。为了证明皇帝统治的合法性，这些军事胜利被广泛宣传，与之相关的纪念物包括了提图斯凯旋门和大竞技场（Colosseum）。无论是韦斯巴芗还是提图斯，他们在即位前就已证明了自己的军事才能。而在即位之后，二者皆不愿再次亲临战场，但允许总督们在不列颠继续推进扩张战争。提图斯的突然死亡终结了他的短暂统治，韦斯巴芗的幼子图密善（Domitianus）继承帝位。刚刚即位的图密善没有什么军功可以凭借，因此他对日耳曼部落和达契亚人开战，战事持续数年。罗马人获得了些许新领土，至少罗马军队面对日耳曼部落的防线向前推进了一些。但图密善在与达契亚人的交锋中至少遭受了两次重大挫败，最终不得不与达契亚王议和，并向后者支付赔偿金和其他物资。这些挫败进一步削弱了图密善在元老阶层中本来就不高的声望。[29]

　　公元 96 年，图密善在宫廷阴谋中遇刺，元老院选择将年老人善的涅尔瓦（Nerva）扶上帝位。涅尔瓦收图拉真为养子和继承人，后者原为在莱茵河前线领兵的行省总督。仅仅两年之后，

---

① 科尔布罗的亲属曾卷入推翻尼禄的密谋，因而招致尼禄的猜忌。公元 67 年，科尔布罗服从尼禄的命令举剑自杀。

就轮到图拉真继承皇位了。即位时的图拉真尽管拥有比一般皇帝更多的服役经验，却仍未建立任何重要功勋。但这很快就会改变：图拉真发动了对达契亚的全面战争，在达契亚的土地上建立了新的行省，使罗马帝国的扩张达到巅峰。达契亚矿藏丰富，有了此地出产的黄金，皇帝得以建造金碧辉煌的图拉真广场（Forum Traiani），这个新广场的面积超过了恺撒广场和奥古斯都广场的总和。在多瑙河前线赢得的荣誉促使皇帝继续推进扩张，启动了大规模的东方远征。图拉真采取这一行动的部分原因，是他梦想比肩亚历山大大帝。最终，罗马军队饮马波斯湾，图拉真也得以将自己比作亚历山大，但叛乱很快席卷了大部分新征服的地区。与此同时，埃及、昔兰尼加和塞浦路斯为数众多的犹太居民也发动了起义。[30]

图拉真死于健康问题。据说在他去世之前，曾宣布决定收养哈德良（Hadrianus），并将其立为继承人。有人怀疑此为杜撰，因为图拉真的遗孀和他的宫廷官员在他死后曾四处寻找可以继承帝位的人选。鉴于这样的疑问，毫不意外的是，比起连年四处征战以平息叛乱，即位后的哈德良更愿意在罗马安享太平，因此他不得不放弃了一些新建立的行省。担任皇帝的大部分时间里，哈德良在帝国境内四处旅行。他最常造访那些驻有军队的行省，在那里视察军队，观看士兵训练。哈德良的视察数次导致驻军部署调整，其中最著名的是在不列颠北部修筑了著名的"哈德良长墙"。哈德良时期，罗马没有发动任何新的征服战争，但漫长边境之上仍旧偶有冲突，同时犹太地区的起义也导致了一场漫长艰难的平叛战争。[31]

哈德良于138年逝世。有人说他是一位娴熟的占星专家，曾精准地预测了自己死亡的日期和时刻。继承帝位的是安敦尼·庇护（Antoninus Pius）。尽管这位皇帝没有任何军事经验，但他的统治十分稳固，因此从未离开意大利和亲临战场的必要。在庇护治下，所有的战事都由总督们负责。这些冲突没有带来任何重要的征服成果，尽管哈德良长墙甫一落成即遭废弃，罗马军队向北推进到了连接不列颠两侧的福斯湾（Firth of Forth）和克莱德湾（Firth of Clyde）的"安东尼努斯长墙"（Antonine Wall）。庇护执政末期，帕提亚人攻击了罗马的东部行省——这可能是帕提亚人在元首制时期对罗马发起的唯一一次主动进攻。庇护的继承人有两位，他们是共治皇帝马可·奥勒留和卢基乌斯·维鲁斯（Lucius Verus）。后者率军远征以回应帕提亚人的侵略，远征军重现了图拉真曾取得的战果，洗劫了帕提亚首都泰西封，却没有复建图拉真曾经建立的新行省。远征军将瘟疫带回了罗马，这场瘟疫在随后几年几乎毁灭了整个帝国。维鲁斯壮年早逝，而奥勒留在其统治期的后半段，几乎不间断地忙于应付莱茵河和多瑙河对岸的日耳曼部落的侵扰。奥勒留曾有建立新行省的计划，也曾短暂占领新的土地，但当他于180年辞世，新领土也随之被放弃。奥勒留之子康茂德（Commodus）只想结束战事，返回罗马。尽管这位新皇帝年轻而精力旺盛，此后他再未上过战场。[32]

　　康茂德于192年最后一天遇刺，他的死在数月之内引起了新的内战，这一次的内战持续了4年，3位行省总督为争夺帝位而厮杀。内战的胜利者是塞普蒂米乌斯·塞维鲁。统治罗马期间，塞维鲁两次发动了对外战争，一次在东方，另一次在不列颠，而这两个地区正是他在内战中那两个对手的大本营。这不是巧合，塞维鲁发动外战的目的之一，就是检验当地驻军的忠诚度。同时

代的希腊裔元老院成员历史学家卡西乌斯·狄奥（Cassius Dio）
记录道，塞维鲁声称他建立的美索不达米亚行省是挡在叙利亚之
前的"堡垒"或"盾牌"，使叙利亚更加安全。卡西乌斯·狄奥
并不相信这一说辞，他认为占领大片帕提亚领土是代价高昂的挑
衅性举动。[33]

帝制之下的罗马与往常一样解释自己的开战动机，声称发动
战争只是为了自卫，或者为了捍卫自身和同盟者的利益。战争的
借口数不胜数，但正如在共和国时期，决定是否开战的，往往是
罗马的内部原因。奥古斯都接待了前来请愿的不列颠部落失势首
领，但没有同意他们借罗马之力重获权力的请求，因为他此时还
有其他需要考虑的事情。克劳狄乌斯也收到了类似的请愿，而此
时他本人权力不稳，恰巧渴望获得军事荣誉，于是便入侵了不列
颠。没有文献表明当时的元老阶层成员或其他任何人认为这样的
战争不义。卡西乌斯·狄奥认为，图拉真撕毁图密善和达契亚的
合约，是为了应对切实的威胁，但他也认为，对帕提亚的远征不
过是为了猎取荣誉。"无垠的帝国"的许诺并没有免除罗马人需
体面行事的责任。对罗马霸权的任何真正的挑战甚至侮辱都可以
成为开战的原因，但单纯为猎取荣誉而发动战争则是不名誉的。
关于帝国的梦想依旧存在，皇帝们和元老们仍在阅读维吉尔和其
他作家关于罗马使命的论述，他们仍旧为亚历山大大帝、恺撒和
奥古斯都的故事激动不已。与往常一样，旨在扩张罗马权力的战
争，并不必然意味着获得新领土或新行省，有时只是简单地以敌
人的屈服、荣誉的获得和财富的掠夺告终。[34]

公元 14 年之后，罗马就少有领土扩张了。有些皇帝之所以
征服了新领土，是因为他们需要获得军事胜利。在这种情况中，

皇帝们需要确保胜利的主要功劳被归于自己。确保这一点的最佳方式自然是亲自指挥战斗，但多数皇帝不愿这么做。与此同时，他们也无法放心地将指挥权下放给下属，而在奥古斯都之后，再也没有哪位皇帝拥有如此有才干的高级军官队伍，因此大规模侵略战争变得稀少，也就不足为奇。然而政治与战争在罗马总是紧密相关的，而皇帝们也必须表现出一副军事强人的形象。一旦爆发战事，皇帝必须取胜；如果没有战事发生，这必须是因为罗马的浩荡国威使得无人敢与之为敌。越来越多的人认为罗马有责任捍卫和平，使同盟者和臣民安享太平，而这也成了皇帝本身的核心职责之一。斯特拉波说："奥古斯都自获得绝对权力以来，提供给罗马人及其盟友如此安稳的和平和丰裕的生活，这是他们此前从未享受过的。现在则是由提比略，他的儿子和继承人，提供这份和平和富裕。"[35]

由于罗马及其帝王带来的和平，不仅更广泛的地区摆脱了战争的困扰，各行省内部的生活也更加安全和稳定。维莱伊乌斯·帕特尔库鲁斯（Velleius Paterculus）是一位任职于奥古斯都和提比略时代的军官和元老院成员，以如此的溢美之词描述皇帝们统治之下的世界："从南到北，自东到西，奥古斯都和平（pax augusta）播撒在边界之内的每一寸土地上，使世界的每一个角落都免除了对盗匪行为的恐惧。"强盗被捕猎，海盗被剪除，无处不享受着皇帝的权力及其持久的军事力量所确保的和平与繁荣。至少在帝国的宣传中，这一切都已成为现实。[36]

8

叛 乱

至于你现今对于自由的激情，我只能说来得太迟了。现在已经不是你应该为永不失去自由而斗争的时候了。被奴役是一种痛苦的体验，而为了永不受到奴役而做出的斗争是正义的。但如果一个人已然接受了枷锁，之后又想要抛弃它，那么他只是一个不服管教的奴隶，而称不上是热爱自由的人。

——弗拉维乌斯·约瑟夫斯（Flavius Josephus）
在谈论希律·亚基帕二世（Herod Agrippa Ⅱ）
尝试劝阻耶路撒冷的犹太人起义时如是说[1]

"所有人就必须接受被奴役的命运吗？"

尽管扩张的步伐在奥古斯都之后明显放缓，但每当征服战争发生，过程与往日并无多少不同，只是这一过程如今处在皇帝更为严密的控制之下。只有皇帝可以下令开战，也只有皇帝能够调动往往非常大的必要资源。在入侵不列颠时，克劳狄乌斯集结了4个军团以及相应的辅军步兵和骑兵、渡海所需的船只、一些战船还有相应的船员。如果上述部队都处于满编状态，那么参加此次行动的兵力将达到 4 万至 5 万。高卢战役晚期的恺撒掌握的兵力与此相当，也许略多一些，但在共和国时期，鲜有总督有机会指挥如此多的部队。公元 9 年之后，活动在日耳曼边境的罗马军队明显超过了这一数目，而参与平定潘诺尼亚叛乱的兵力更是其两倍。尽管如此，远征不列颠的兵力仍然算得上庞大，至少占了整个罗马军队的 15%。[2]

罗马的对手主要是包括国家、王国和部落在内的政治实体，战争的目的并不仅仅是控制土地。克劳狄乌斯公元 43 年的不列颠远征，其主要对手是一个部落联盟，以居住在泰晤士河以北的卡图维劳尼人（Catuvellauni）和特里诺文特人（Trinovantes）为核心。这些部落连败数场战斗，其大城卡穆洛杜农（Camulodunum，在今天的科尔切斯特附近）被罗马人围攻。克劳狄乌斯皇帝本人正是在此时来到不列颠，在这一关键时刻出现在战场上。短暂的逗留之后，皇帝渡海回到高卢，再经过漫长的旅途抵达罗马，在那里欢庆他的胜利。一旦部落联盟被击溃，罗马人的对手就成了各自为战的小部落和小股敌军。

为了应对新形势，罗马远征军被分为数个战斗群，每个战斗群由一个军团和一定的辅军组成，以应对较低烈度的冲突。有些敌对部落在政治上是统一的，征服这些部落只需赢下一次决定性战役或攻占其中心据点。但许多部落的社会结构和政治结构十分松散，处理它们就更加麻烦一些。称帝之前的苇斯巴芗曾率领第二奥古斯都军团（Legio Ⅱ Augusta）活动于不列颠南部，他在那里"进行了三十场战斗，平定了两个强有力的部落、二十多个设防城镇以及维克蒂斯岛（Vectis，即今天的英国怀特岛）"。与苇斯巴芗作战的部落中，有一支叫杜罗特里格斯人（Durotriges），他们的故地上如今遍布着山地堡垒的遗迹，许多堡垒规模庞大，拥有不止一道壕沟和城墙。这一现象指出，杜罗特里格斯人之中存在着许多相互竞争的头领，却没有一位强有力的集权领袖。梅登城堡（Maiden Castle）和霍德山（Hod Hill）的遗址都显露出遭罗马人袭击的迹象，后者随即成为苇斯巴芗麾下一支分队的驻地。³

罗马军队采取因地制宜的策略击败了不同的对手，不断改变着冲突的规模和行动的方向，但战斗只是罗马人的手段而不是目的。外交努力总是先于军事行动，在不列颠，如同其他所有地方，总是存在一些渴望与罗马结盟的本地头领和部落。恺撒入侵不列颠之后，卡图维劳尼人和特里诺文特人征服了一些其他部落，如此才控制了不列颠东南地区。奥古斯都和卡里古拉都曾接待过一些不列颠领袖，他们在权力斗争中失势而不得不流亡海外。正是这些流亡领袖中的一位，国王维里卡（Verica），向克劳狄乌斯寻求帮助，使得罗马人找到了插手不列颠事务的借口。随着卡穆洛杜农被攻克，克劳狄乌斯亲自接受了 11 位本地统治者的归顺。其中有些人很可能在罗马人到来前就是罗马的同盟者，也许还接受过罗马人的资助或其他形式的帮助。其他人的目的则是投靠强者，或者只是因为他们宁愿接受罗马人的统治，也不愿受制于此前的部落联盟。与别处一样，不列颠的地方统治者更多考虑的是其个人利害得失，或者只是因为仇敌或敌对部落选择了一边，自己便加入另一边。许多本地领袖和部落大概从未与罗马人交手。

没有明确的迹象表明，卡图维劳尼人和特里诺文特人曾在公元 43 年之前与罗马人为敌。不列颠与罗马帝国之间贸易往来频繁，部落联盟的领袖与其他本地头领一样渴望受惠于贸易，并获得罗马生产的奢侈品，以巩固自己的地位。罗马商人团体半永久地居住于泰晤士河畔后来将被称为伦底纽姆（Londinium，今伦敦）的地方，与周围的土著邻居们相处融洽。罗马的皇帝们曾接待了不少来自不列颠的流亡领袖，但克劳狄乌斯由于急需获得军事荣誉以便为自身统治正名，选择舍弃外交手段并发动大规模军事干预。面对罗马态度的急剧转变以及军团的到来，不列颠部落联盟的首领们大概和公元前 58 年的阿里奥维斯图斯一样惊讶。

罗马人发动入侵时，卡图维劳尼人和特里诺文特人的领袖是卡拉塔库斯（Caratacus）和托戈敦努斯（Togodumnus）两兄弟。后者死于初期的战斗，但卡拉塔库斯幸存了下来，并继续斗争。经历初期的失败之后，卡拉塔库斯转移到今天属于威尔士的地区，凭借着既有的同盟关系、新建立的友谊以及个人声望和魅力，他成功争取到了当地部落的支持。8 年之后，卡拉塔库斯再次战败，但他又一次得以逃脱。这一次他选择投奔英格兰北部的强大部族布里甘特人（Brigantes）。然而后者的女首领正是罗马人的同盟，她选择维持与罗马人的联系，并将卡拉塔库斯作为俘虏交给罗马。他被带到罗马，带到克劳狄乌斯面前，却始终维持着自己的尊严，并且声称，假设换一种情境，他一定会作为罗马的重要盟友而受到热烈欢迎。事实上，他的艰苦斗争只是增加了罗马胜利的荣耀。"我曾拥有骏马和勇士，刀剑和财富。我想要继续拥有这些东西，这有什么奇怪的吗？难道只因你妄图统治整个世界，所有人就必须接受被奴役的命运吗？"罗马历史学家塔西佗记录下了这些话。但无论他到底说了什么，克劳狄乌斯并没有对卡拉塔库斯以及他的家人和追随者大开杀戒。他们失去了自由，却仍旧得以安稳地生活。被击败的领袖不再对罗马构成威胁，皇帝反而可以利用他来向公众展示自己的仁慈。[4]

女 王

伊凯尼人（Iceni）是那些对罗马入侵者敞开怀抱的部落之一。他们居住在东安格利亚（East Anglia），正好是卡图维劳尼人和特里诺文特人的北邻，因此毫不意外地将后者视为比罗马人大得多的威胁。他们早就是罗马人的同盟，而且在那些向克劳狄乌斯表示效忠的本地统治者中，伊凯尼部落大概贡献了不止一人。伊凯尼人的领袖避免与罗马为敌，以罗马同盟者的身份保住了自己的权力和部落的繁荣。其他部落也在做同样的事情。其中最著名的部落领袖是阿特雷巴特斯人的王托吉杜布努斯（Togidubnus）。他的名字曾经被认为是 Cogidubnus，但现在一般认为这一拼写的可能性不大。一份在奇切斯特（Chichester）发现的铭文称，克劳狄乌斯授予托吉杜布努斯罗马公民权，并称其为"国王、奥古斯都在不列颠尼亚的代表"（regis legati Augusti in Britannia）。根据塔西佗的记录，罗马将一些其他部落也置于他的统治之下。另一个可能被授予罗马公民权的本地头领是提比略·克劳狄乌斯·卡图阿鲁斯（Tiberius Claudius Catuarus），但我们关于他的全部信息都出自出土于萨塞克斯的菲什本（Fishbourne）的一枚金戒指。[5]

远征不列颠的总指挥、不列颠行省的总督奥卢斯·普劳提乌斯（Aulus Plautius）于公元 47 年卸任，这一人事变动导致伊凯尼部落的部分成员人心浮动。新上任的总督质疑某些定居于行省之内的部落的忠诚，决定解除其武装。我们不知道他的怀疑有何依据，因为关于此事的唯一记载只是塔西佗简短而费解的一段话。解除行省居民武装的操作在罗马历史上并不多见。投降仪式可能会包括象征性的缴械，但针对整个部族的全面解除武装，既不现实，也无必要。与在共和国时期一样，行省内部的本地社群还需要自行维持本地治安，且在许多情况下需要向罗马军队提供辅军或武器装备。一群伊凯尼人说服来自其他部落的武士与他们一同叛乱，并占领了一座有土墙防护的村落。我们不知道这一行动的组织者是否曾站在罗马人一边，抑或他们本来就是本地亲罗马势力的失势政敌。罗马总督的回应来得很迅速，他带领一支完全由辅军组成的队伍攻占了叛乱者盘踞的据点，成功扑灭了叛乱。此次事件被如此轻易地平息，说明卷入叛乱的人数应当不多，参与其中的伊凯尼人显然只占整个部落的一小部分。[6]

部分或全部伊凯尼人的王普拉苏塔古斯（Prasutagus）并未参与上述叛乱。塔西佗称他是一位"长盛不衰的领袖"。我们不知道他是否也被授予了罗马公民身份，但当他于公元60年逝世时，指定他的两个女儿和尼禄为共同继承人。塔西佗称："他以为可以通过如此的献媚行为使自己的国度和家户免受伤害。"一般来说，罗马皇帝并不默认同盟国国王有权自行指定继承人，而普拉苏塔古斯这么做，很可能是想引导罗马人做出相似的决定。但不幸的是，开销无度的尼禄此时正渴望从帝国四处榨取更多的财富。不知是否收到了皇帝的直接命令，当地的罗马官员将普拉苏塔古斯的遗嘱解读为允许他们立即占有其部落财产。他们中领头的是德基亚努斯·卡图斯（Decianus Catus），他此时担任财务总管（procurator）[①]。奥古斯都创立了这一职位，作为皇帝属省总督的助手，正如元老院属省的同执政官总督有财务官作为自己的副手。然而与财务官不同的是，财务总管与皇帝本人的关系更加密切。他可以直接向皇帝本人报告情况，同时也充当皇帝用来监督行省总督的工具。[7]

公元 60 年的不列颠总督是盖乌斯·苏埃托尼乌斯·保利努斯（Caius Suetonius Paulinus）。这位总督站到了行省土著的对立面：他发动了对莫纳岛（Mona，今英国西部安格尔西岛）的攻击，捣毁了位于那里的德鲁伊圣所。德基亚努斯·卡图斯作为行省的财务总管，除了负责税收，也负责管理省内的皇产，而他也参与了上述行动。火上浇油的是，德基亚努斯·卡图斯要求立即偿还那些对显赫的罗马人欠下的债务，债主中甚至包括皇帝尼禄的亲密顾问，哲学家塞涅卡（Seneca）。与西塞罗掌管的行省情况类似，本地社群往往没有多少偿还能力，却被要求立即支付欠款。德基亚努斯·卡图斯也许帮助了许多他的朋友和朋友的朋友追索债务，而他的行动总是猛烈而暴力。他野蛮地回应一切反抗，"像夺取战利品一般"强占当地头领的财产。普拉苏塔古斯的遗孀布狄卡（Boudicca）被公开鞭笞，他的女儿们被强暴。恰巧此时罗马军队的主力不在附近，不足以威慑伊凯尼人，迫使他们强忍如此的奇耻大辱。于是，在布狄卡的领导下，伊凯尼人揭竿而起了。[8]

很快，其他部落也加入了起义者的行列。伊凯尼人的邻居

[①] 与 legatus 类似，procurator 一词在不同语境下有着不同的含义，一些行省的长官也被称为 procurator。此处的 procurator 负责的是一省之内的财政事务，因此译为财务总管。

特里诺文特人曾于公元 43 年与罗马人作战，但 17 年过去了，只有老者还记得在战场上面对罗马军团并被击败的感受。但无论老幼，大家都尝到了被征服的滋味。一个罗马军团曾进驻卡穆洛杜农，直到公元 48 年被调至别的战场。随后，卡穆洛杜农建立了一个用于安置退伍老兵的罗马殖民地。在这里，退伍士兵被授予从原住民那里没收来的土地以便在此务农并供养家人。奥古斯都曾禁止服役中的军团战士结婚，但一些人随军带来了非正式的妻子，还有些人则与本地姑娘成亲。生活在这里的这些外族人趾高气扬，每时每刻都在提醒着当地人被征服的命运。罗马人还伤口上撒盐般地在此地建起了高大的胜利女神像和神圣的克劳狄乌斯神庙，后者的巨大台基在多年之后还被诺曼人用来修建科尔切斯特城堡。这些宏大建筑造价高昂，为被神格化的克劳狄乌斯举行的祭祀活动也花费不菲。无论参与其中的祭司是殖民地的退伍军官还是不情愿的当地部落贵族，祭祀的花费总是由部落承担。[9]

　　沉重的税赋激起了每一处居民的反感，也是促使当地人反抗罗马的最有可能的原因。此外，那些在罗马占领期间失势的头领想要趁机恢复权力，而当权的领袖则期待在赶走入侵者之后能够扩大势力。我们不知道罗马人迫害德鲁伊、毁坏其神圣树林①的行为是否激起了本地人对他们的广泛仇恨。恺撒在《高卢战记》中记述了德鲁伊对凯尔特人的重要性，特别是在其精神生活中的重要地位，以及他们在法律、外交事务以及在部落间争端的仲裁中扮演的角色。但恺撒从未提到德鲁伊们曾带头反抗罗马人。奥

① 即 Nemeton，德鲁伊们聚会和举行宗教仪式的场所。莫纳岛上的神圣树林被入侵的罗马军队毁坏。

古斯都禁止罗马公民参与德鲁伊信仰活动，可能还禁止了德鲁伊宗教中存在的人祭行为，但除此之外再无任何针对德鲁伊的政策。提比略宣布高卢的德鲁伊信仰非法，在高卢禁绝了其活动，而随着罗马入侵不列颠，这一政策自然而然地适用于岛上。恺撒提到过，在他的时代，有些高卢人会前往不列颠接受最高等的德鲁伊教育。[10]

对罗马人来说，人祭活动是完全无法接受的（尽管他们可以愉快地观赏公开处决和角斗竞技）。同样重要的是，德鲁伊拥有处理部落间关系的权威，以及将个人排除出本社区宗教生活的巨大权力，而这形成了一种超脱于行省行政系统的政治体系。无论在高卢还是在不列颠，罗马人宁愿借用庞大的部落军事贵族的力量，而不愿保留封闭而狭隘的德鲁伊精英团体。苏埃托尼乌斯·保利努斯摧毁了莫纳岛上的德鲁伊祭祀场所，如果这不是他这次行动的唯一目标，也是重要目的之一。很难相信，这一对当地传统信仰和既有世界观的亵渎，不会激起本地人的愤慨、仇恨和绝望。很显然，从一开始，起义者的行为就表现出了一股哪怕在野蛮的古代世界也不多见的暴戾。很显然，罗马人对这一愤怒情绪的爆发也是始料未及。[11]

首先感受到这种愤怒的是卡穆洛杜农的罗马殖民地。这是个不设防的城镇，因为城墙的建造费时费财。殖民者投入了更多的精力去建设那些一个罗马城市应该拥有的各种公共设施。殖民地官员向德基亚努斯·卡图斯求援，但等来的却只是装备不良的二百多名士兵，他们可能原本是从大部队中分离出来执行治安任务的分队。这二百多人，加上殖民地原有的微不足道的驻军，以及用一切可充当武器的东西武装起来的退伍老兵，组成了一支可怜的队伍，去防守这样一座没有城墙的城镇。一些守军在克劳狄乌斯神庙中坚守了两天，但没有等来任何援军。沦陷的殖民地被起义者夷为平地。现代考古学者在这一地点发现了属于罗马时代的厚厚一层灰烬，还有严重烧焦的钱币、陶器和其他物品。起义者没有留下任何活口。随后，同样遭到毁灭的还有伦底纽姆——这个当初的贸易站此时已成长为一座像模像样的城镇，以及维鲁拉缪姆（Verulamium，今天的英格兰圣阿尔本斯），卡图维劳尼人的旧都。眼看整个行省就要落入起义者手中。[12]

德基亚努斯·卡图斯逃往高卢。塔西佗转述说有 7 万人在上述屠杀中遇害，这个数字应当还包括乡村中遇难的罗马人。此后又有历史学家将遇难者人数提高到 8 万人。这些数字无法证实，也无法证伪，但罗马人的损失无疑是巨大的，遇害者总数肯定数以万计。令塔西佗惊讶的是，起义者并不打算"按照战争惯例"将罗马人生俘，以便作为奴隶出售或换取赎金，而是杀戮落入他们手中的所有罗马人，将他们钉死或绞死，将一切付之一炬。一个半世纪之后，历史学家狄奥写下了这样一些恐怖的细节，只是其可信度不得而知：

> 袭击者犯下的最野蛮、最骇人听闻的暴行是：他们将最高贵、最显赫的女人们赤裸地挂起，将她们的乳房割下，缝在嘴里，模拟出她们在吃自己的乳房的样子。之后，他们又用尖利的木桩贯穿她们的身体。伴随所有这些暴行的，是他们的祭祀活动、宴会和各种放荡行为。[13]

行省总督苏埃托尼乌斯·保利努斯得知消息时，正与第九

公元 60 年时的不列颠诸部落和布狄卡起义

"西班牙"军团在一起。他的第一个回应措施是带领部分军队南下攻击起义军。战斗的细节不得而知，但结果是一场灾难。总督和他的骑兵得以逃脱，但所有步兵被伊凯尼人及其盟军屠戮。几个月后，罗马人从莱茵河边境调来 2000 名军团战士以补充第九军团的损失，根据这一线索，我们推测第九军团的减员可能也在这个数目上下。此外，伴随军团的辅军一定也遭受了惨重的损失。起义的消息需要一定时间才能传到总督耳朵里，而总督需要更多的时间来率军奔赴现场。苏埃托尼乌斯·保利努斯和一支规模不大的护卫队赶在伦底纽姆陷落前赶到那里，但他的兵力不足以防守城市，因此决定放弃并撤离，只带走了能够跟得上他的平民。

保利努斯集结了 1 万士兵，精心选择了战场，打算和兵力远远超过他的布狄卡决战。跟随女王的人太多，他们无法在任何一个地方久留，否则给养将会耗尽，因此女王无法持久作战。她的战士们渴望胜利，士气正旺，但她的队伍成分复杂，既有贵族及其追随者，也有大量因愤怒而加入的农夫，而这些人既没有接受过正式训练，也不具备良好的武器装备。跟在战士们后面的是他们的女眷，发生战斗时，她们就坐在战线后方的辎重车上观战。罗马人这边，参战的都是久经沙场、百战百胜的老兵，他们纪律严明，配合默契。罗马军人也正因起义军的暴行而激愤不已，渴望与对方决战。在一场激烈而持久的战斗之后，布狄卡的队伍最终崩溃，战斗演变成对四散奔逃的布立吞人的屠杀。军团和辅军的战士们将起义军的女眷与敌军士兵一同砍杀，甚至杀死了敌军中驮载辎重的牲畜。这样的无差别杀戮十分罕见，毕竟奴隶和牲畜都价值不菲，而且士兵往往希望将其作为战利品瓜分。

战争还在继续，但对布狄卡来说大势已去。她死于此战之后不久，有人说她服毒自尽，另一种说法则称她死于疾病。接替她领导布立吞人战斗的领袖并没有留下名字。保利努斯毁坏了曾参与起义和烧杀抢掠的那些部落的土地，这一措施导致了农业生产的中断，并最终引起食物短缺。饥馑与疾病造成的损失甚至超过了战争伤亡本身，而伊凯尼人及其同盟损失的人口远远大于他们造成的伤亡。至于德基亚努斯·卡图斯，他被尤利乌斯·克拉西基亚努斯（Julius Classicianus）顶替，此后他的命运我们不得而知。尤利乌斯·克拉西基亚努斯与总督相处得并不融洽，他向皇帝抱怨说，保利努斯在惩罚当地部落时表现出过强的报复心。皇帝派出一位释奴负责调查此事，最终决定撤换保利努斯。撤换总督的表面原因是他手下的一些战船因恶劣天气而失事，而不涉及任何对其政策的批评。保利努斯的继任者表现得宽宏大量得多——在刻薄的塔西佗看来，是慵懒和缺乏进取心。和平终于重新降临。克拉西基亚努斯死于任上，他的墓志铭现藏于大英博物馆。[14]

很快——可能比我们预想的更快，毁于战争的城镇被重建并恢复繁荣。我们不知道多少部落参与了伊凯尼人和特里诺文特人的起义，但显然确实有部落没有参加。托吉杜布努斯、卡图阿鲁斯等人始终站在罗马人一边，同样对罗马保持忠诚的一定还有许多没有留下名字的部落领袖。如果他们曾经参加战斗，那也只能是与起义军交战。而且，大量布立吞人死于布狄卡军手下，例如，维鲁拉缪姆的大部分居民不是罗马人，而是布立吞人。无论是出于对罗马的忠诚、对报复的恐惧、对来自其他部落的统治的抗拒，还是因为没有被罗马官员欺压的切身体验，许多甚至大多数布立吞人并未参与公元 60 年的起义。无论原因为何，不列颠行省的大部分居民保持了对罗马的忠诚，而这才是罗马能够成功镇压起义的主要原因。更值得注意的是，布狄卡起义被镇压之后，直到罗马的统治于三个多世纪之后终结，不列颠低地再也没有出现大规模暴乱的迹象。相反，这一地区享受着持久的稳定和繁荣，尽管伊凯尼人的土地变成了不列颠南部最贫困的地区之一。[15]

赋税与暴政

公元前 53—前 52 年发生在高卢的维尔金格托里克斯起义与布狄卡的起义有一些共同点。这两个事件中，发动起义的部落和领袖在早期的罗马征服阶段都并未与罗马为敌。他们都曾是罗马的同盟，并且凭借与罗马的关系获得权力、影响力和财富。但一旦罗马的统治确立下来，他们意识到罗马人即将反客为主，于是重新考虑自己的立场。恺撒杀死杜姆诺里克斯和公开处决阿科的行为，以及公元 60 年布狄卡及其家族遭受的野蛮对待，都说明如果罗马的代表遭到冒犯，那么没有人会是安全的。对他们来说，罗马人的占领意味着永不消失的风险，意味着失去自由和许多事情上的自主权。罗马人对布狄卡和她的女儿们犯下的暴行很自然地激起了她的反叛意愿，但在大多数的情况里，利害考量和情感因素都会对当事人的决定产生影响。公元前 53 年至前 52 年之交的冬天，恺撒正身处阿尔卑斯山以南，并没有和自己的军队在一起，而这让起义者认为有机可乘。公元 60 年，保利努斯和罗马野战军的主力正在别处执行任务，无法及时赶来镇压暴动。

至于奥古斯都时期的潘诺尼亚大起义，据说当地人原本正在募集兵员，以便提供给罗马军队作为辅军，可是当兵员集合起来，他们发觉自己的力量竟是如此强大，这给了他们起义的勇气。[16]

公元 9 年的日耳曼起义是元首制时期最成功的一次反抗罗马的暴动。这次起义正好爆发于潘诺尼亚战争结束之时，这并不是巧合。潘诺尼亚起义引发了持续 3 年的战争，罗马帝国三分之一的军队参与镇压，并且伤亡惨重，这表明罗马人不是不可战胜的。更重要的是，这场战争消耗了大量新兵，使罗马军队一时面临人力短缺。日耳曼前线并不是罗马的重点方向，因此分配到的资源和优秀指挥官都更少。但本地驻军仍旧有足足 5 个军团，统领他们的行省总督是普布利乌斯·昆克提里乌斯·瓦卢斯（Publius Quinctilius Varus）。他曾在公元前 4 年担任叙利亚行省的总督，并率军镇压了犹太地区的暴动。此时的瓦卢斯 50 多岁，他的妻子是奥古斯都的姐姐的外孙女，而这也许是他能够获得总督职位的主要原因。[17]

罗马势力大规模进入日耳曼始于公元前 12 年。此后的很长时间，日耳曼前线的军队都由奥古斯都的两位继子德鲁苏斯和提比略领导。起初，罗马军队只在春夏渡过莱茵河，每年都会回到莱茵兰的基地过冬。一段时间之后，他们开始冒险在莱茵河和易北河之间新建的日耳曼行省过冬，过不了多久这就成了常态。军营附近开始出现罗马人居民点，随着军队继续推进，永久性的定居点开始出现。德国村庄瓦尔德吉梅斯（Waldgirmes）的考古发掘向我们展示了一个完整的罗马城镇，年代在公元前 1 世纪和公元 1 世纪之交。日耳曼的大部分地区都算得上平静，公元 5 年的一次重大战斗之后，只是偶然可见小规模暴力冲突。冲突并不总是指向罗马人，因为日耳曼部落本就有相互劫掠的长期传统。但瓦卢斯于公元 7 年就任总督之后，竟满意地看到本地人之间的争端往往通过法庭而不是暴力解决。[18]

瓦卢斯可能试图推进日耳曼行省各方面制度的建立，并对日耳曼部落征收常规的税赋。这意味着罗马人要对原住民进行普查，明确他们的财产状况和缴税义务，而这往往会使本地人心生怨恨。哪怕征税过程正常进行，这对本地人来说也意味着新的负担，而罗马官员总是有机会在征税过程中巧立名目，中饱私囊。稍早前，一位在高卢任职的帝国官员发明了两个新月份，借此要求当地人每年多交两个月的税。他的理由是，每年最后一个月的名称 December 的意思是"第十个月"①，这一名称来自公元前 46 年被恺撒以太阳历取代的老旧的太阴历。"第十个月"这一名称在恺撒的历法改革中得以保留，一些重要的宗教和政治活动会在这个月举行，例如这个月的 31 日是执政官卸任的那一天②。那位官员向高卢居民解释说，显然应当存在"第十一月"和"第十二月"，因此强迫他们缴纳这两个月份的赋税。[19]

没有证据表明瓦卢斯曾参与此类贪赃行为，尽管历史学家维莱伊乌斯·帕特尔库鲁斯声称瓦卢斯任职叙利亚总督时，"身无分文来到这个富裕的行省，卸任时却腰缠万贯，留下一个贫穷的

---

① 英语中的 December 来自拉丁语中对十二月的称呼"Mensis December"，即"第十个月"。

② 恺撒创立儒略历之前，罗马人的历法以 Mensis Martius，即"战神马尔斯之月"作为一年的开端。Martius 是西方多种语言中"三月"名称的来源。如果以这个月份作为每年的第一个月，December 正是第十个月。恺撒的改革将一年的开头移至 Ianuarius，此后 Martius 成为第三个月，December 成了第十二个月。

行省"。作为日耳曼行省的总督,瓦卢斯被指高估了日耳曼的安定程度以及轻蔑地对待部落居民,认为他们"只在外表和语言两方面具备人类特征""虽然不会被刀剑所征服,却可以屈服于法律"。但是上述对瓦卢斯的看法属于后见之明,而实际上我们不知道瓦卢斯是否真的比一般的罗马官员更加傲慢自大。共和国时代行省治理中存在的高傲态度、暴虐和剥削,并未随着元首制的到来而消失。奥古斯都时代,潘诺尼亚大起义中的一位起义军领袖曾说:"你们罗马人理应为此负责:你们派去保护羊群的,不是狗或牧羊人,而是狼。"[20]

无论是税收的额度还是征收赋税的方式,都常常导致摩擦。弗里西人(Frisii)定居于莱茵河东岸,他们在公元 9 年的条顿堡森林战役之后仍旧服从罗马的统治。弗里西人每年向罗马缴纳牛皮作为赋税,而且看来在此前一代人的时间里,这一税收对他们并不构成特别沉重的负担,也没有引起他们的强烈反感。公元 28 年,负责监督征税的罗马军官宣布:从此以后每张上缴的牛皮都必须符合一定标准,并且选择了体形巨大的森林野牛作为标准。弗里西人无法大量提供满足标准的牛皮。塔西佗指出,日耳曼地区的牲畜比帝国境内的牲畜体形要小,考古发现证实了他的说法。面对无力缴纳足额赋税的弗里西人,罗马人开始强占他们的土地,抓捕他们的妇女儿童并作为奴隶出售,以抵销他们欠下的税款。与在其他地方一样,累积的愤怒不爆发则已,一旦爆发则往往伴随着激烈残暴的行为。负责征税的罗马士兵被弗里西人钉死在十字架上,但像不列颠起义时的德基亚努斯·卡图斯一样,领头的罗马官员得以逃脱。下日耳曼行省的总督对弗里西人发动了一次惩戒性军事行动,但这一未经良好组织的行动导致了沉重的损失。罗马主力撤退时，两支分队被留下断后，其中的一支遭到全歼，另一支的士兵则不得不自杀以避免被俘。塔西佗称皇帝提比略隐瞒了这次行动的伤亡人数，因为如此惨重的失败理应通过一次大规模进攻来报仇雪恨，而提比略不愿任命任何人在边境指挥大规模军事行动。[21]

在不同场合，赋税有可能是现金税、实物税或为辅军提供的兵员。提比略时期，色雷斯地区风传，原本应在邻近行省服役的色雷斯辅军士兵将会被派往边远地区服役。传闻引发了叛乱。一些部落起事，其他部落则对罗马保持了忠诚，并配合罗马军队行动，叛乱很快被平息。公元 70 年，曾忠诚于罗马的巴塔维人（Batavi）对罗马征兵官员的"贪婪与乖张"忍无可忍，决定起义。巴塔维人是一个日耳曼部落，他们此前渡过莱茵河，定居于今日属于荷兰的那片土地上。提供兵员是巴塔维人肩上的唯一负担，他们无须缴纳任何其他赋税，而巴塔维辅军被认为是罗马军队中最出色的部队之一。罗马征兵官员的一个惯用伎俩是征发那些年老和体弱者，借此强迫其家庭将他们赎回，并提供替代人选。此外，甚至存在这样的案例：未达到服役年龄的男孩被征召，并被征兵官员强奸。尼禄的死引发了持续一年半的混乱内战，此时的征兵官员大概觉得他们有机可乘，不会为其暴行付出代价。部落中的愤怒情绪在此时不断积累，逐渐抵消了对罗马长久以来的忠诚。此外，心怀怨恨且野心勃勃的部落领袖们也有心将民众的不满情绪转化为起义。这些部落领袖全部拥有罗马公民身份，许多还是骑士阶层成员，他们是本地贵族的代表，曾在罗马帝国体制内获益颇丰。[22]

与此类似，公元 9 年在日耳曼，大量部落领袖欢迎罗马人的到来，并视其为一个强大的盟友。其余人则在抵抗了一段时间后接受了罗马人的统治。不少日耳曼贵族都是瓦卢斯主持的宴会的常客。来自切鲁西人（Cherusci）部落的阿米尼乌斯（Arminius）此时 20 多岁，却已经拥有了罗马公民身份，跻身骑士阶层。他已经带领本部落的同胞组成的罗马辅军参与了几场战斗。阿米尼乌斯很可能曾在帝国境内甚至罗马城内接受教育，并且讲着一口流利的拉丁语。这样一个人物似乎完美地证明了罗马对于部落精英的吸引力。然而，终有一刻，阿米尼乌斯决心与罗马反目成仇，以他为首的一群日耳曼贵族秘密会面并策划起义。曾有一位日耳曼部落头人在瓦卢斯面前告发阿米尼乌斯，但瓦卢斯却认为这不过是竞争对手为了争宠而在他面前相互诬陷。[23]

　　起义的计划和实施相当周密，这反映出阿米尼乌斯的过人胆识以及他对罗马军队的充分了解。公元 9 年夏天，瓦卢斯率 3 个军团和 9 支辅军部队巡游行省，展示罗马的军事实力。阿米尼乌斯及其同伙说服瓦卢斯分兵前往不同目的地，以此分散了他的兵力。随后，他们又引诱他率军前往行省的最东端，去平息那里爆发的叛乱，而叛乱却在瓦卢斯接近时自行停息了。此时已近夏末，罗马军队主力开始返回，目的地是他们的冬季营地。阿米尼乌斯此时正率领一支部落武装，充当罗马军的先导和斥候。起义爆发之后，这支部队自然加入了起义军。罗马主力落入起义者精心布置的埋伏圈，陷入持续数天的苦战，而日耳曼人占尽了天时地利。战斗中受了伤的瓦卢斯在绝望中自杀，而这是一名罗马贵族在与外族作战时所不应该做的。他麾下的全部兵力——第十七、十八和十九军团，以及全部辅军，被消灭殆尽，只有少数士兵得以逃脱。被俘的高级军官被日耳曼人用来祭祀，其他俘虏或被折磨而死，或沦为奴隶。[24]

接下来的几个星期，瓦卢斯派往行省其他地区的分队不是被消灭，就是被赶回莱茵河西岸。罗马人彻底失去了莱茵河与易北河之间的土地，并且再未能收复。此后的 7 年间，罗马军队数次深入日耳曼地区，也曾击败过阿米尼乌斯，却始终没有取得决定性胜利。自此之后，罗马人面临了短暂的资源短缺，并且在更长的时间内缺乏相应的政治决心，因此从未再次尝试染指日耳曼。至于阿米尼乌斯，他击败了一位日耳曼对手，苏维汇人部落的马罗勃杜斯（Maroboduus），却最终被不满其长期独揽大权的本部落贵族谋杀。1 世纪末，塔西佗感叹道，罗马人已经与日耳曼人争斗了 210 年，却仍旧未能取胜。塔西佗期待的对日耳曼人的胜利，此后也从未实现。[25]

阿米尼乌斯在战场上取得了意义重大的胜利。假使维尔金格托里克斯击败了恺撒，布狄卡歼灭了兵力单薄的苏埃托尼乌斯·保利努斯，他们的起义也许会取得同样的成功。上述三次叛乱中的每一次都让罗马人猝不及防，尤其是因为叛乱的参与者和领导者被罗马人视为彻底的顺民，而罗马人的注意力此时正巧放在别处。罗马在三次事件中的回应也是相似的：集中一切可以调遣的军力，在最短时间内对起义军主力予以打击。公元 9 年的瓦卢斯的确如此操作。得知行省东部发生叛乱，他立即决定率军前去镇压。此时正值夏末，由于罗马军队本已准备返回冬季营地，其辎重和随军人员的数量都多于往常，这不可避免地拖累了行军速度，但瓦卢斯的本能反应仍旧是立即对起义威胁予以打击。公元前 4 年，面对起义的犹太人，瓦卢斯就是这么做的。

面对类似的局面，恺撒同样匆忙赶回军营，立即组织对维尔金格托里克斯的反击。公元前54年与前53年之交的冬季，他也曾快速反应，救援被叛军包围的罗马军团。每次事件发生时，恺撒的军队都很不巧地分散在各地，难以集中使用，因此他手中可用的兵力并不充裕。而这些可用的兵力也并未处于整装待发的状态。他们没有多少时间收集给养，而冬季正是最难获得粮草的季节。实际上，公元前52年初，恺撒攻击高卢人市镇的目的之一就是获取粮食以喂饱他的将士。

每次起义的初期阶段，大多数当地人都在观望，等待事态的进一步发展。罗马人一定曾被认为是不可战胜的，毕竟起义永远发生在本地人被罗马人征服之后。因此只有彻底的绝望和极端的愤怒才会驱使人们甘愿冒着被罗马人报复的风险，公开反抗罗马的统治。而罗马必然会采取报复。公元前4年，当瓦卢斯兵锋指向耶路撒冷时，大量房屋被焚烧，无数人被钉死在十字架上。迅速展开惩戒行动和制造恐怖才能证明罗马的不可战胜、震慑举棋不定的观望者。如果罗马人花太长时间集结兵力，那么每拖延一天，起义者的信心就增长一分，对起义成功的信念也会蔓延开来。[26]

拖延对起义者有利，只有快速的反击才能展现罗马的信心和力量，而这可能足以在起义军壮大之前将其击溃。这当然也意味着风险，因为快速的反应往往意味着单薄的兵力和贫弱的给养。但有时，这就足够将起义镇压下去了。公元48年，一支完全由辅军构成的罗马军队足以击败伊凯尼人及其同盟。不列颠总督甚至命令骑兵下马作战，以充实攻击城镇壁垒的兵力。罗马军队由职业军人组成，他们经过了充足的训练，拥有明确的指挥体系，其灵活性是笨拙的部落军队无法相比的。这一优势往往就足够使罗马军队击溃在人数上数倍于己方的起义军。尽管有些战斗是必须进行的，但有时罗马士兵的出现就足以威慑对手。军队的威名可以起到很大作用，哪怕一支罗马人的小分队，也代表着那个已征服了半个世界、为了胜利不惜使用一切手段的武装力量。[27]

然而，帝国及其军队不可战胜的光环可以被打破。如果军事挫败发生在远方某处，那么对于与其不相干的人来说，这只会使其光环暗淡。而对于在场者来说，罗马的失败会将其神话碾得粉碎。这就是在选择对叛乱予以快速回应时，罗马人需要押上的赌注。公元 60 年，德基亚努斯·卡图斯派去增援卡穆洛杜农的 200 名士兵别无选择，只能与当地驻军和居民一同覆灭。随后，总督派遣第九"西班牙"军团的部分兵力攻击起义者，这已经算得上重大回应了，如果伊凯尼人及其同盟不那么人多势众，士气没有那么高涨，或者只是少一些运气，总督的举措可能会奏效。参加战斗的仅有一个军团的部分兵力以及部分辅军，全部加起来不过几千人，而且他们应该并未做好长期机动作战的准备。这一兵力太过单薄，无异于抱薪救火。拖延的确会助长起义者的决心，但如此的军事失败则会让起义者更快地壮大自己。

面对布狄卡的大军时，总督苏埃托尼乌斯·保利努斯手中掌握的野战军并未如他预期的那样多。他曾命令另一个军团赶来增援，但那个军团的指挥官却拒绝服从命令。我们无从得知这位指挥官为何抗命，但最有可能的解释是，他无法带领军团安全撤离其驻扎的不列颠西南部地区（起义结束之后，这位军官因使自己的军团错过这次辉煌胜利而自尽）。无论出于什么原因，当苏埃托尼乌斯·保利努斯加入不列颠自公元 43 年后最重要的这场战役时，他的兵力不足当时侵入该岛的兵力的四分之一。到此时为止，布狄卡的战士们无往不胜。但避免与之交战的行为将会被视为胆怯，使起义军士气更加旺盛，甚至可能促使目前仍旧忠于罗马的部落倒向起义军。公元前 52 年，埃杜伊人就曾在战争中倒戈加入高卢叛军。拖延时间对保利努斯来说并无益处，因为他已经没有多少进一步充实兵力的可能，而且根据狄奥的记录，保利努斯的粮草也即将告罄。他决定背水一战，并赢得了战斗。至于公元 9 年在日耳曼，阿米尼乌斯的起义策划如此精密，瓦卢斯其实并无任何胜算。[28]

行省的得与失

阿米尼乌斯的胜利终结了罗马对莱茵河与易北河之间的土地的统治，罗马此后再没有恢复对这一地区的控制。与之相反，恺撒通过公元前 52 年阿莱西亚战役的胜利，打断了高卢起义军的脊梁，苏埃托尼乌斯·保利努斯也于公元 60 年大败布狄卡，一战击溃起义军。恺撒和保利努斯随后都花费很长时间攻击叛乱部落的大本营，将每一个参与起义的部落逐一征服。起义者遭受的惩罚固然恐怖，但双方之间的调解也随之而来，哪怕在不列颠，和解是在保利努斯被撤换之后才得以实现的。从未有哪次起义得到了行省全部居民的响应，毕竟行省只是征服者的人工构建物，其境内居民从来不是铁板一块。在罗马人的概念里存在着高卢人、日耳曼人和布立吞人等"民族"，然而实际上，这些"民族"的成员只知道自己是某个特定部落、氏族、聚落的成员，或只是忠于某一位特定领袖。一位富有人格魅力的部落领袖和对罗马的共同仇恨也许可以短暂地团结不同部落的人，但他们彼此间的隔

阁从未消失。公元前 52 年，参与了起义的高卢人宁愿各自为战，
也不愿共同行动。某些部落，例如埃杜伊人，则在为领导权归谁
争得不可开交。阿米尼乌斯也并不总能说服其他部落参与他的计
划，而最终，他被谋杀的原因正是他想要将其他几个部落纳入自
己的统治。[29]

公元 9 年的日耳曼起义爆发时，阿米尼乌斯的兄弟保持了对
罗马的忠诚，继续在罗马军队中服役。在瓦卢斯面前告发阿米尼
乌斯的那个日耳曼人也是切鲁西部落的王族成员，并且是阿米尼
乌斯本人的岳父。起义首战告捷之后，他无法抑制部众对起义的
热情，便决定加入其中。他的儿子此时已经成为新的日耳曼行省
中的祭司，负责侍奉神化的罗马形象和奥古斯都，却表现得比其
父更加热衷于起义，在暴乱伊始就参与其中。据说这位年轻人曾
在战后侮辱瓦卢斯的尸体。然后再后来，这对父子却双双倒向罗
马人，最终得以在莱茵河西岸太平度日。很少有部落头目坚决地
亲罗马或反罗马，而只要他们对罗马表示效忠，几乎没有谁是罗
马不接受与之和解的。[30]

高卢、不列颠和日耳曼的起义都发生在罗马征服之后的一代
人时间之内。阿米尼乌斯取胜，维尔金格托里克斯和布狄卡则落
败。此后，英格兰低地再未经历任何严重叛乱，高卢也从未再次
出现规模堪比公元前 53 年至前 52 年那一次的大起义，但和平完
全降临到高卢地区还是在一段时间之后。罗马内战爆发时，恺撒
能够将大部分兵力撤离高卢用于内战，而不必担心这个新征服的
行省会失控。我们虽然无从得知细节，但却知晓高卢在恺撒的独
裁官任期内发生过叛乱，奥古斯都时期也有过几场事变。但在这
些事件中，参与起事的不过是少数几个部落，并未出现旨在推翻

罗马统治的部落联盟。古代文献作者往往将这些起义与越过莱茵河发动袭击的日耳曼人联系起来。无法阻止日耳曼人渡过莱茵河的罗马人,将会被高卢人视作不可靠的盟友,而且这一点也会使本地部落认为罗马人的军事实力不比当年。很有可能,部分入侵的日耳曼人与当年的阿里奥维斯图斯类似,是作为某些野心勃勃的高卢部落头目的同盟者来到高卢的。[31]

罗马在行省进行的一连串普查和征税行为滋生了不满情绪。许多高卢贵族曾向奥古斯都检举那位发明出两个额外月份的征税官员。违规操作被叫停,这位官员申辩道,他这么做是为了帝国的利益,因为这样可以避免高卢贵族积累足够的财富来发动叛乱。在事件的最后,赃款是被还给高卢人,还是进了罗马国库呢?我们不得而知。公元 21 年的一次高卢起义中,领头的全部是负债累累的贵族。他们都是罗马公民,并且据塔西佗记载,他们的家族在罗马公民身份还很少授予高卢人时就已获得了这项荣誉。在罗马行省境内的部落中维持自身的显赫地位本身就意味着巨大的开销,比起赋税负担,更有可能是这一负担造成了贵族们的负债。而且这一次起义之前,高卢地区并没有出现任何滥征税款的迹象。[32]

许多部落的绝望贵族开始秘密往来。与之前的暴动一样,这次起事并不是突然爆发,其计划缓慢地成熟起来。参与者相信提比略的统治不得人心,罗马军团也对其心生不满。暴动的领导者是特雷维里人尤利乌斯·弗洛鲁斯(Julius Florus)和埃杜伊人尤利乌斯·萨克罗维尔(Julius Sacrovir)。他们名字中的"尤利乌斯"证明其公民权是由恺撒或奥古斯都授予的。起义之初,这两位主谋隐藏在幕后,并未公开与罗马为敌。两个部落首先起事，但立即被罗马人惯用的快速打击镇压了下去。击败其中一个部落的是一支城市步兵大队（urban cohort），这是一支守卫卢格杜农（Lugdunum，今天的里昂）铸币厂的准军事部队，兵力至多1000人。另一个部落则遭遇了莱茵兰的一个罗马军团派来的一支分队。伴随这支部队的还有一些本地盟军，其中包括仍未公开起义的萨克罗维尔率领的一支部队。他不戴头盔投入战斗，声称要让所有人看到他的勇气。此役被俘的起义军却指出，萨克罗维尔这么做是为了使自己容易辨认，免得被起义者误伤。然而根据塔西佗的记载，战俘提供的信息没有引起提比略的重视。

罗马军中有一个骑兵翼，由尤利乌斯·弗洛鲁斯的部落同胞组成，因此他尝试贿买这个翼的士兵，邀请他们加入自己那主要由门客和绝望的债务人构成的队伍，但应邀者不多。他的队伍很快被来自莱茵河前线的罗马军队及其辅军击溃。在平叛战斗中表现最活跃的一位罗马军官，本身就是特雷维里贵族。他叫作尤利乌斯·因杜斯（Julius Indus），与弗洛鲁斯有长期的个人恩怨。罗马军队中长期存在过一个骑兵单位，名为因杜斯高卢骑兵翼（ala Gallorum Indiana），可能就是以他的名字命名的。叛乱分子不是被杀就是被俘，弗洛鲁斯只身逃脱，最终还是被逼至绝境，不得不自尽。[33]

特雷维里人和其他定居于贝尔盖高卢（Gallia Belgica）[①]的部落处在莱茵兰驻军的打击范围之内，因此很容易遭受迅速的报复。而埃杜伊人的土地远离任何重要的驻军点，且更加人多势众，财力也更雄厚。萨克罗维尔纠集了足够多的手下，占领了埃

---

① 相当于今天的比利时和法国东北部。

杜伊人的主要据点奥古斯图杜农（Augustodunum，今天的瑞士奥格斯特）。这座城市由奥古斯都创建，用来替代原先的比布拉克特镇。来自全高卢的年轻贵族在此地接受罗马式的良好教育。萨克罗维尔将他们扣为人质，企图胁迫他们的家族和部落参与起事。这让人想起，公元前52年，埃杜伊人也曾扣押过来自高卢各个部落的人质。很快，起义军人数超过了4万人，但其中只有8000人获得了良好的罗马式的装备。他们释放了一群正在接受训练的角斗士，让他们加入自己的队伍，但多数起义者仅装备有打猎用的矛和其他一些临时赶制的武器。正如我们提到过的，罗马人并不会主动解除被征服民族的武装，但随着社会环境越来越和平，军事装备自然会变得越来越稀少。此时的高卢贵族通过从事宗教活动、担任本地公职、积累财产和为帝国政府服务等方式来相互攀比，他们的社会地位不再取决于他们豢养了多少武士。尽管萨克罗维尔设法秘密制造了一批武器，但为了避免引起罗马方面的怀疑，他无法做太多的准备工作。[34]

起义者数量十分可观，但他们缺乏战斗经验，给养不足，装备低劣。好消息是，上日耳曼行省和下日耳曼行省的两位总督正在就平叛战斗的领导权而争论不休，这使得罗马方面的反应迟缓了一些。据塔西佗说，附近地区存在一些同情起义的人，但他们却不敢公开支持起义。其中某些人无疑在观望，计算起义有多大可能取得成功，但这一现象也表明，债务危机和对罗马的怨恨并不是普遍现象，或者至少其程度并不足以使本地民众可以不顾与罗马为敌的风险。两位罗马总督解决了指挥权问题之后，终于从上日耳曼行省抽调了一支驻军前往奥古斯图杜农。在一场一边倒的战斗中，起义军被击溃，起义在几个小时内被镇压，萨克罗维尔战败自杀。此时在罗马，提比略并未公开宣布高卢叛乱的消息，使得流言四起。直到收到捷报之后，他才写信通知元老院：高卢发生了叛乱，且叛乱已被彻底平息。[35]

这是高卢地区的最后一次起义，以及最后一次集结多个部落的力量反抗罗马的尝试。但这次"大规模"的起义，也不过波及了高卢地区4个行省中的2个，并且失败得非常彻底。实际上，这次失败之后，高卢从未出现哪怕出自单一部落的暴动。公元69年的罗马城里，在皇帝维特利乌斯过世之际，卡皮托利努斯山的神庙发生大火，"至善至大的"朱庇特神庙也遭焚毁。这一消息散播开来，关于罗马帝国末日即临的德鲁伊预言在高卢广泛传播，被人们热烈地谈论，却并未引起任何暴乱。此事一年之前，波伊部落（Boii）的马里库斯（Mariccus）身边聚集了8000名追随者，他自称是神，是"高卢的斗士"。马里库斯并不是部落贵族，反而看起来像某个神秘教派的教主。值得注意的是，埃杜伊部落的贵族们组织起了一支民兵队伍，在罗马辅军的支持下镇压了马里库斯的组织。他被扔进角斗场，与野兽搏斗，但野兽们居然不愿伤害他，这一度使他声名大噪。最终，在正从莱茵兰赶往罗马登基的维特利乌斯的注视下，马里库斯被使用正常的方式处决。[36]

公元70年的巴塔维人起义造成了更严重的后果。这次本来因罗马内战引起的暴动，甚至催生了一个自称的"高卢帝国"。但起义波及地区几乎仅限于莱茵兰，而就在莱茵兰本地，许多部落及其领袖仍然对罗马保持忠诚。实际上，起义者在罗马帝国边境之外的日耳曼部落中找到了更多的同盟者。这次起义持续了一年有余。看起来，边境行省的确比帝国内地的行省更加不稳定。

自罗马重兵布防莱茵河前线起，高卢地区比以往和平了许多，公元 9 年日耳曼行省的沦陷也没有对高卢的稳定造成太大影响。有些地区，例如北非和不列颠北部，则从来没有享受过这样的稳定局面，然而其他地区都未出现发生大规模叛乱的可能。此后，尤其是从 3 世纪起，如有发生叛乱，其目的往往并不是推翻罗马的统治，而是将本地人青睐的人物扶上罗马帝国的帝位。

我们可以总结出这样的规律：无论征服过程像在不列颠那样迅速，还是像在西班牙和高卢那样持续了几代人的时间，被征服的地区在完全稳定下来之前，往往会经历一次大规模起义。在这次起义之后，严重暴乱将极端少见，而且就算发生，也不太可能波及多个行省。提比略在得到捷报之前隐瞒了高卢发生叛乱的消息，之后又掩盖了罗马军队在与弗里西人交战时的惨败，这使一些学者怀疑文献中记载的暴乱数量和规模都低于实际情况。这一假设的一个明显弱点是，正是同样的文献资料告诉我们提比略曾隐瞒事实。不得不承认，关于某些历史时期，例如 2 世纪的大部分时间，古代文献所能提供的信息是十分有限的。这使人担心有些大规模叛乱是否碰巧未被文献提及或留下其他痕迹。诸如马里库斯叛乱那样的小规模事件完全可能被历史记载忽略，我们得以知晓这一事件，是因为塔西佗事无巨细地描述了尼禄之死引发的内战这段时期的事情，并且得以流传下来。他的《历史》的其余章节，即关于公元 70 年至公元 96 年图密善之死这段时期的内容，就没有这么详细了。发生在其他时间、其他地点的规模类似马里库斯事件的叛乱未曾出现在文献记载中，这是完全有可能的。但这些事件并不会动摇罗马统治的根基，很多时候，起事者的目的与其说是推翻罗马的统治，不如说是打倒某个地方当权者。[37]

　　没有任何一次针对罗马的叛乱在行省内获得了普遍支持。作为当地贵族，有些叛乱的发起者曾得益于与罗马的交往。当他们背叛罗马时，往往还有大量同胞继续站在罗马一边。这些人对罗马保持忠诚，可能是出于对罗马的真诚爱戴、对叛乱后果的恐惧、对叛乱领袖的敌视，或对奖赏的期待，但这些都无关紧要。罗马的统治从未使某个行省的每一位居民都无法忍受。随着时间推移，在每个地区，愿意冒险叛乱的人越来越少。我们需要再一次提醒自己：行省内并没有类似民族主义情绪这样的东西。相应地，哪怕不同行省的居民对帝国怀有共同的不满，他们之间也并不存在彼此认同的情感。如果当地的罗马军队实力薄弱或被调往别处，不安定分子可能会认为有机可乘，但他们发动叛乱的目的仍旧局限于本地区。没有证据表明，曾有叛乱者制定出这样的计划，旨在分散帝国的兵力，或联合各方力量组织一支能够对抗帝国军队的武装力量。就单次叛乱来说，哪怕行省的大部分人口都参与其中，其力量也不足以对抗罗马的军事实力。

　　公元9年的阿米尼乌斯赢得了一场足够有决定性的战斗，将罗马人赶回莱茵河对岸，而在接下来的几年里，他成功避免了罗马人在他身上取得决定性胜利，直到提比略决定放弃收复失地的行动。罗马人并非没有可能抛弃某个边缘行省。假设维尔金格托里克斯或者布狄卡取得与阿米尼乌斯类似的成功，罗马人可能不会再次尝试收复高卢或者不列颠。元首制时期，这个问题主要取决于皇帝的态度，以及他是否有决心投入大量资源以收复失地。日耳曼可以被抛弃，但帝国核心地带的行省是绝对不容有失的。在收复失地之前，罗马人可以花费很长时间做兵力和物资的准备，但绝不会放弃任何一个核心行省。

犹太历史学家约瑟夫斯在改变阵营之前曾参与反抗罗马的
起义。在他的笔下，公元66年，希律·亚基帕二世国王发表了
一次演讲，试图劝阻准备起义的耶路撒冷居民。国王的主要理由
是，罗马的强大使得任何起义都注定失败，并会招致凶残的报
复，而仅仅因为总督的残暴和苛政而发动战争，是愚蠢的行为。
"尽管罗马总督们的苛刻令人忍无可忍，但这并不意味着每一位
罗马人都会比恺撒更加不公地对待你们。"在塔西佗的笔下，巴
塔维人起义的镇压者也讲过相似的话。强大的罗马不可战胜，此
外，尽管某些总督贪婪而残暴，但仁慈的官员同样存在。行省居
民恐惧罗马的力量，同时也认为，罗马的统治尽管多少有些压迫
性，总体而言毕竟可以忍受。这些因素使得他们中的大部分并不
会投身叛乱。[38]

更强烈的民族认同感？

犹太行省（Judaea）的历史，以及地中海东部的其他犹太人
聚居地的历史，相较于罗马帝国其他地区的历史进程，可以说
是某种程度上的例外。瓦卢斯在担任叙利亚总督期间，曾于公
元前4年两次出兵犹太行省。此后的叙利亚总督曾于公元6年再
次出兵，这一次是为了平息骚乱，而起因是罗马政府进行的人口
普查在犹太居民中激起了广泛的不满。犹太行省是一个骑士行
省（equestrian province），这意味着其总督出自骑士阶层。这位
总督统领的驻军不含军团战士，仅包括六七个辅军大队。驻军的
兵员于当地征召，出自撒玛利亚人以及本行省和叙利亚行省的非
犹太人。这支部队经常投入短暂的低烈度行动，对手往往是宗教

领袖或被认定为土匪头子的人物。犹太人与撒玛利亚人和非犹太族群都十分不和睦，这种对立在犹太行省地中海沿岸的恺撒里亚（Caesarea）和埃及的亚历山大尤为激烈，有时会演变为大规模暴力冲突，而这往往招致罗马方面冷酷的军事干预。

公元66年，即犹太地区被罗马直接统治了60年之后，一次大起义爆发了。起义发端于恺撒里亚和亚历山大两城中犹太居民与非犹太居民之间的暴力冲突。当时的犹太行省总督，其正式职位被称为procurator而不是praefectus①，但这位procurator不同于皇帝属省中负责财务与税收、同样被称为procurator的财务总管。当时暴虐的犹太行省总督不得人心，他在走马上任时接到了尼禄的明确指令：增加其行省的财政收入。我们应该记得，引发布狄卡起义的导火索之一就是罗马官员奉尼禄之命大肆敛财的行为。这位总督在介入争端时处置不当，被暴民击退，不得不撤离耶路撒冷。族群间的暴力冲突于是愈演愈烈，迅速扩展到邻近地区。叙利亚总督集结了所有可用兵力，包括同盟者提供的部队，出兵耶路撒冷，却在那里遇到了出乎意料的顽强抵抗。叙利亚总督也不得不撤军，他的军队主力遭受重创，损失了超过5000名士兵，还丢失了第十二"闪电"军团（Legio XII Fulminata）的鹰旗。不同于遥远边境的偏僻行省，犹太行省位于地中海沿岸，地位极其重要，因此公元67年，一位新的指挥官率领一支强大得多且准

①　公元41年之前，犹太行省的长官被称为praefectus，而41年之后的行省首长则被称为procurator。克劳狄乌斯当政期间，曾经授予一些行省中原本掌管财务的procurator以完整的行政职权，使他们成为实际上的行省总督。procurator替代有军事色彩的praefectus一词成为行省总督的官职名称，也标志着和平的稳固。

备充分的部队前来平叛，他就是后来将成为皇帝的苇斯巴芗。但罗马内战的爆发拖延了犹太战争的进程。苇斯巴芗赢得内战并成为皇帝之后，耶路撒冷于 70 年被攻克，而犹太人最后一座抵抗堡垒的陷落更是在数年之后。[39]

犹太人一度建立了自己的独立国家，铸造自己的货币，同时也将大量时间和资源耗费在无谓的权力斗争中。公元 66 年，在以几个大祭司家族为核心的耶路撒冷贵族中，许多人选择参加起义，年轻的约瑟夫斯也是他们中的一员。尽管如此，并不是所有犹太人都决心对抗罗马。在加利利，当周围村落都尽可能快地归顺起义军之时，有几个有着庞大犹太人口的聚落却选择与起义军为敌。起义者从未能够组织起一支有效的野战军。他们的主力是数支规模不大却士气高昂的小部队，由起义的主要领袖指挥。此外就是出自平民的志愿者，他们没有良好的组织，缺乏良好的训练，也缺少武器装备。在野战中，他们面对少量的罗马正规军也毫无胜算。犹太战争的过程就是一系列的围城战，而起义军控制的地区一步步缩小。整个战争的过程中，只要存在可能，罗马人总是鼓励对方变节和投降。如果对方坚持抵抗，罗马人就用强大的工程能力和坚定的战斗决心攻陷每一座堡垒。耶路撒冷的围城战持续了 3 个月，犹太圣殿也毁于战火。发生在死海附近的马萨达堡垒围攻战则充分说明了罗马军队的顽强。无论起义军逃到哪里，无论他们的壁垒有多坚固，罗马军团一定会找到他们并将他们毁灭。

115 年至 117 年，埃及、昔兰尼加和塞浦路斯的犹太人再次起义，这次冲突充斥着战争暴行和有关食人行为的指控。犹太人与其异族邻居的恩怨似乎又一次成为起义的导火索。这场战争耗费了罗马大量资源，并且正巧发生在大量兵力被抽调去参与图拉真的东部远征的时候。但这次起义同样遭到镇压。同一时期，没有任何关于犹太行省和加利利发生战事的记载，显然这些地区的犹太人并未参与起义。然而犹太行省在 132 年至 135 年之间再次发生起义，起义的领导者是富有号召力的巴尔·科赫巴（Bar Kochba）。关于这次起义的文献记载有限，但是罗马方面显然损失惨重——哈德良皇帝在给元老院写信时，没有使用习惯用语"朕与军队皆安好"。这次起义中，独立的犹太国持续时间比上一次更短，但也曾一度铸造货币并建立了基本的官僚制度。与此同时，加利利的大部分似乎并未受起义波及，考古记录也显示，此地的居民点在这一时期并未受重大影响，反而保持了繁荣。在犹太行省，罗马军队对一座座堡垒化的城镇和村庄进行了漫长的围攻。狄奥称，共有 50 座城镇和 985 个村落被夷为平地。战后，耶路撒冷变成了一座属于外邦人（Gentile）①的城市，圣殿山上也建起了朱庇特神庙，而犹太教的精神中心则转移到原先处于边缘地位的加利利。[40]

早在亚历山大大帝到来之前，犹太人已经形成了强烈的民族认同。他们的共同信仰将他们维系在一起，增强了他们的民族意识，他们的传说提供了一次又一次奇迹般地战胜强敌、摆脱奴役的事例。犹太人的传统使他们很难融入罗马的统治体系，例如，在罗马治下，犹太人被免除兵役义务，这使他们长久以来的雇佣兵传统被断绝。罗马人到来之前，犹太人已经开始意识到自身的与众不同。公元前 2 世纪，犹太人在马加比（Maccabees）起义

---

① 指非以色列人。

中推翻塞琉古帝国的统治，建立哈斯蒙尼王朝。这段记忆很大程度上增强了犹太人反抗征服者的信心。但只要理性地思考一下，考虑到犹太行省的全部人口，哪怕他们能够团结起来并击败加利利人和以东人（Idumaeans）——客气点说，其可能性微乎其微——也绝无可能与罗马帝国抗衡。他们注定会失败，而这就是约瑟夫斯希望借希律·亚基帕二世之口告诉人们的。犹太起义者也许寄希望于帕提亚人的援助，因为帕提亚控制下的巴比伦有庞大的犹太社区，直到耶路撒冷的圣殿毁于战火，那里的犹太人经常来到耶路撒冷参加节庆活动。如果起义者曾如此期待，那么他们的期望从未成为现实，而且帕提亚人本身也从未有能力永久攻占罗马帝国的任何一片土地。[41]

犹太人的宗教并非不可能与罗马帝国居民这一身份共存。135 年之后，犹太人从未发动起义，而在这一年份之前的大部分时间里，犹太行省和帝国境内其他地区的犹太人也并不总是徘徊在起义边缘。公元 66 年的起义爆发远不是不可避免的。这次起义使犹太人和罗马当局的关系变得紧张，但在此之前，罗马社会中并没有明显的反犹情绪，而罗马精英的态度，更多的是对犹太人漠不关心，或仅仅对其风俗感到好奇而已。1 世纪的犹太行省很可能存在严重的社会经济问题，在这种情况下，一旦出现强有力的领袖，很容易在绝望的农村人口中一呼百应。但我们无从得知犹太行省的社会问题是否比其他未发生叛乱的地区严重。起义的后果的确恐怖，但在考古记录中我们看不出本地区受到了任何永久性的破坏。犹太人也并未因起义被驱逐出犹太行省，尽管其人口损失巨大，一部分人被迫背井离乡。加利利，特别是其乡村地区，犹太氛围仍旧浓厚。犹太行省和加利利的犹太人也从未再次发动大规模起义。[42]

三次犹太起义初看上去似乎表明犹太行省比其他地区更加坚决地渴望推翻罗马的统治并获得自由，但如果我们将图拉真时期的那次并未波及犹太行省的犹太起义区别对待，我们会发现犹太行省并不那么特殊。最终，犹太人还是接受了帝国的统治，放弃了将起义作为手段。而且，就算在那几次起义的过程中，起义者对其非犹太邻居展现出的敌意，似乎比对罗马帝国更深。

9

抵抗、骚动与掠夺

被称为布科利人（Bucoli）的一群人在埃及引发了骚乱。一位叫作伊西多鲁斯（Isidorus）的祭司率领着他们，煽动其余的埃及人发起叛乱。起初，他们中的一些人穿着女性的衣服欺骗了一位罗马百夫长，使他以为他们是一群布科利妇女，是来支付黄金以赎回"她们"的丈夫的。他们在百夫长靠近时将他击毙。他们还将他的战友用于祭祀，在对着他的内脏起誓之后，吃掉了这些内脏。伊西多鲁斯是他的同伴中最勇敢的一个。

——卡西乌斯·狄奥，3 世纪初 [1]

"和平与宁静"

针对罗马的大规模起义渐渐消失，尽管在犹太行省，和平来得比其他地区稍晚一些。小规模的暴乱也十分罕见，虽然偶尔会出现在某些省份。171 或 172 年，一个被叫作布科利人的群体在尼罗河三角洲发动叛乱。"布科利"这个称呼来自希腊语中的 boukolos，意为"放牛倌"或"牧民"。关于这次叛乱的文献记载十分有限，最完整的记载不过是卡西乌斯·狄奥于很久之后写下的、长度为一个多自然段的事件概要，而他的叙述主要突出的还是那些诡异和猎奇的情节。他说，有一群布科利人男扮女装，以便接近前来收钱的罗马百夫长。他们通过突然袭击砍倒了百夫长之后，还在祭祀中肢解了他的同伴，吃掉他的内脏，通过这样的恐怖仪式集体起誓在叛乱中同进同退。

一位叫作伊西多鲁斯的祭司被描述为"勇冠众人"。他带领一群人加入了叛军，使其声势更加浩大。罗马人以惯常的方式进行反击，但前去平叛的队伍却被击败了。此时埃及的驻军有一个军团和最多十几个辅军大队。其中一部分兵力驻扎在南部边境，守卫尼罗河上游，其他兵力或者在通往红海沿岸各港口的道路上巡逻，或者分成小股部队守卫采石场和粮仓，又或者在各地维持治安和承担行政工作。这样的部署使被派去处理叛乱的兵力不可能很多，也不会是训练良好、准备充分的部队，因此其失败也并不那么令人惊讶。[2]

首战告捷激励叛军向亚历山大城进军，尽管他们的行动显然拖延了好几个月，因为我们得知，他们在半路上遭遇了来自叙利亚行省的军队。率领这支军队的是叙利亚总督盖乌斯·阿维狄乌斯·卡西乌斯（Caius Avidius Cassius）。叙利亚总督一职由元老阶层成员担任，而在一般情况下，元老阶层成员是禁止进入埃及的，因此这一行动必定出自皇帝马可·奥勒留的命令。这也就意味着，在叛军抵达亚历山大之前，一份报告被呈交给皇帝，皇帝命令叙利亚总督出兵，命令被送到叙利亚，总督再集结军队，率军赶往埃及，而这需要耗费不少时间。卡西乌斯并不打算一战击溃叛军主力，而是通过多次小规模战斗将叛军各个击破。这说明叛军已分成小股部队四处劫掠，要不就是分散在各地保卫各自的家乡。[3]

　　这次事件的很多重要细节我们已无从得知。例如，百夫长被攻击的事件说明罗马的征税行为激起了人们的怨恨，但我们并不知道这是否为叛乱的主要起因。残忍的人祭活动和一名叫伊西多鲁斯的祭司的出现都暗示着暴乱参与者的宗教狂热，但宗教在其中起了什么样的作用并不清楚。宗教仅仅被用来团结参与者并提醒他们异族统治的现状，还是像高卢的马里库斯对其追随者的承诺那样，是为了让起义者相信他们有神明相助？面对如此简略的文献描述，我们必须保持谨慎。希腊人和罗马人认为埃及人极其迷信，说他们的宗教仪式怪异野蛮，所以其作家也倾向于如此描述埃及人的行为。布科利人同样出现在古代传说里，他们在传说中的典型形象就是热衷于食人和人祭的野蛮人，因此古代历史叙述在谈到他们时，也很有可能受到上述刻板印象的影响。[4]

　　尽管这次叛乱的始末藏在疑云之中，我们仍旧能够得出某些结论。与许多叛乱相似，无论从长期还是短期的视角来看，埃及的叛乱都出乎罗马人的意料。1 世纪末到 2 世纪，埃及的驻军规模不断缩小，这表示罗马人完全没有预料到埃及会发生事变。无论真实的布科利人是什么样的，无论他们是否真的如同文献中描述的那样野蛮残忍，他们也只是埃及众多的乡村人口中的一群人而已。他们的叛乱得到了部分人的响应，但这次叛乱的主体绝不是一个有着共同身份认同感和凝聚力的人群。相反，叛乱的参与者不如说是彼此有着松散联系的多个族群。尽管我们无法准确断定叛乱的规模，但与整个行省的人口相比，参与叛乱的人一定是少数。此外，尽管叛军明确表达了对罗马的敌意，但其向亚历山大进攻的举动显示，叛军对帝国统治下的其他族群也没有多少善意。在古代文献中，亚历山大经常被描述为一座"靠近埃及的城市"而不是"埃及城市"。亚历山大大帝建立的这座城市，此时居住着来自各个民族的数十万市民。但这座城市中占主导地位的族群，从法律和文化上说是希腊人，尽管其成员不一定都是血缘上的希腊人。布科利人这样的埃及乡村居民对于这样一座"外国"城市并没有多少认同感，亚历山大城的居民对他们也是如此。[5]

各民族在一个行省内混居，这种局面解释了为何哪怕大规模叛乱也无法赢得行省内全部居民的支持。小规模的叛乱只能波及有限的地区和人口，而且很难扩大影响，因为行省内的其他族群对叛乱者并无好感，甚至对他们公开表示敌意。帝国境内，没有几片地区在罗马人到来之前享受过长久的和平和稳定，而不同族群在战乱时期结下的仇恨，此时仍旧非常强烈。被征服的命运甚至加深了不同族群的隔阂，因为某些领袖或某些族群看上去更受征服者照顾，甚至事实就是如此。在地中海东部地区，罗马人是一系列征服者中最晚到来的，他们的统治并未消除此前统治该地区的帝国种下或加剧的民族隔阂。假设亚历山大人和乡村埃及人对罗马的统治怀有一样的不满，假设他们不约而同地揭竿而起，二者也绝无可能联合起来对抗罗马。实际上，一旦罗马统治消失，最有可能发生的就是他们将重新陷入往日的争执中。

在尼禄死后爆发的内战中，高卢的卢格杜农和维恩嫩西斯（Viennensis，今天的法国维埃纳）两城重燃往日的仇恨，他们之间爆发的冲突"太过野蛮和频繁，以至于没人相信他们是在为尼禄或加尔巴而战"。随后，卢格杜农的头目试图说服一支来自莱茵河边境、正赶去参加帝位争夺战的罗马军队，要求他们攻击维恩嫩西斯，并称其为一座大可掠夺一番的"异族敌对城市"。但维恩嫩西斯的市民进行了一场戏剧性的表演，向罗马士兵交出钱财和武器，以便免遭劫难。还是在罗马内战期间，北非的奥亚（Oea）和大莱普提斯（Lepcis Magna）两座城市之间也起了争端：双方农民相互偷窃牲畜和谷物引发的冲突，竟升级至一场"以精良的武器进行的激战"。奥亚一方引来南方的加拉曼特斯人（Garamantes）的帮助，因此在冲突中占了上风。加拉曼特斯人在文献中被描述为一个"惯于掠夺邻居的无法管束的民族"。最终，一支罗马辅军部队赶到并赶走了加拉曼特斯人，夺回了后者劫掠到手却还没来得及卖到远方的赃物，这才为冲突画上了句号。[6]

　　哪怕在意大利本土，不同城市之间也并不总能和睦相处。在同一场内战中，普拉肯提亚（Placentia，今天的意大利皮亚琴察）城墙外的一座"最辉煌不过"的圆形剧场遭到焚毁。没人知道它是被围攻城市的队伍故意焚毁，还是被城墙内射来的投掷物偶然引燃。但在事后，某些"普通市民"声称，其他意大利城市因为嫉妒普拉肯提亚的辉煌建筑，曾派人在这座剧场布满了引火物。娱乐活动是展示市民自豪感的绝好机会，宏大的剧场和惊心动魄的角斗表演以及其他节目都有助于达到这一目的。公元59年，庞贝城内的剧场举办的一场活动，竟在庞贝和邻城努凯里亚（Nuceria）的市民间酿成一场暴力冲突。庞贝城内留存至今的涂鸦——"祝愿所有努凯里亚人好运，诅咒庞贝人和皮特库萨（Pithecusa）人"——也暗示了两城之间长久以来的积怨。事件起于体育赛事中双方支持者的相互谩骂，但接下来，根据塔西佗的描述，"人们开始用石块打斗，随后则动用了铁器"。庞贝一间房屋内的著名壁画描绘了这样的场景：角斗士在剧场中格斗，而其他人则在街头打斗。这一场景描述的显然是比赛之后发生的骚乱。在庞贝城作战的努凯里亚人数量远逊于对手，因此损失更加惨重，许多人或死或伤。部分伤者被送往罗马，事件因此引起了尼禄本人的关注。尼禄命令元老院调查整个事件，而调查结果对庞贝人十分不利，庞贝城因此在 10 年内被禁止举办娱乐活动。[7]

这样的大规模冲突不仅在意大利是罕见的，在整个帝国内也是少有的。我们对于事件背景及其根本起因所知甚少。元老院流放了几名罪魁祸首，其中包括体育赛事的组织者，此人在事件发生之前就已被剥夺本阶层的身份。城市之间的竞争在整个帝国之内是普遍存在的，但竞争通常以和平方式进行，尽管原因之一是敌对城市的居民很少有与对方成群相遇的机会。比较普遍的冲突是关于辖区边界划定的争端，这样的争端至多会导致小规模暴力冲突和偷窃行为。通过撒丁岛的一则铭文，我们得以了解两个村庄间长达 185 年的冲突是如何被画上句号的。罗马当局于公元69 年为两个村庄制定了和平协议，而撒丁岛早在几个世纪前就已经成为罗马行省了。和平能够实现，还是因为罗马当局威胁对其中一个村庄使用武力。对众多行省居民来说，罗马的形象非常遥远。比起罗马，他们往往更加怨恨邻近之处的宿敌。[8]

国王与坏邻居

关于本地居民之间的对立与暴力事件，最完整的记载出自犹太行省以及邻近行省的犹太社区。犹太人与众不同，他们是生活在多神教世界中的一神论者，遵循着独特的风俗，与其他族群保持距离，并且注重宗教纯洁性，这使他们很难与异族融合。但犹太人与其他群体间的对立不能简单地归因于反犹情绪或对于另类群体的恐惧和猜忌。马卡比家族推翻塞琉古帝国的起义，建立了犹太人的哈斯蒙尼王朝，这一王朝十分具侵略性，依次征服了北方的加利利和南方的以东，并强迫这些地区的居民皈依犹太教。撒玛利亚的多数居民来自犹太人与其他民族的通婚，他们的信仰来源于犹太教，但被正统犹太教视为异端。敌视撒玛利亚人的哈斯蒙尼王朝摧毁了基利心山（Mount Gerizim）上的撒玛利亚圣殿，这一圣殿是撒玛利亚人信仰的中心，其地位如同耶路撒冷的圣殿之于犹太人。撒玛利亚人和犹太人之间的相互厌恶如此为人熟知，正是在这个背景下诞生了耶稣所讲述的"好撒玛利亚人"故事：一位犹太人被打劫并负伤，路过的祭司和利未人对其不闻不问，只有一位撒玛利亚人愿意伸出援手。[9]

除此之外，与犹太人杂居的还有各种外邦人社区，他们有些是经历了征服的早期居民的后代，有些是亚历山大大帝及其继业者建立的殖民地的居民。部分外邦人在不同时期依次接受了犹太国王的统治，其他人则居住在王国的边缘地区。同时代的其他王国和城邦同样渴望扩张领土，因此有些地区的归属曾几度易手，其居民的命运几经沉浮，这取决于他们是否得到了当权者的偏爱。马克·安东尼曾经割取希律王和南部的纳巴泰王国的部分土地，赠予埃及的克利奥帕特拉，而这三者皆为罗马的同盟。安东尼甚至仍未满足克利奥帕特拉的全部诉求，因为早些时候，埃及托勒密王朝曾经控制着广阔得多的领土。奥古斯都时期，罗马又将此前拿走的土地归还希律王，甚至还将一些此前并未归属过他的土地作为奖赏划归给他。[10]

希律王本人是以东人，因此耶路撒冷的犹太精英并不将其视为纯粹的犹太人，而他本人也对希腊文化颇为着迷。恺撒里亚和位于撒玛利亚的塞巴斯特（Sebaste）是其王国境内两座公开的非犹太城市。二者皆以奥古斯都的名字命名①，因为希腊语中，与"奥古斯都"一词对应的即是 Sebastos。希律王在这两座城市竖立起大量雕塑和神庙，而在王国内的其他外邦人地区，他也尽可能地将自己表现为一位宽容、仁慈的希腊化统治者。希律王还曾为海外的希腊社区和奥林匹克竞技会慷慨解囊。他的军队中有色雷斯人、日耳曼人和高卢人，而这些士兵在退役时还会被授予耕地。此前逃往巴比伦的犹太人也为希律王提供军事服务，他们甚至被允许建立了自己的殖民地。犹太地区和加利利的犹太人并不在其军队中服役，这使希律王的军队的非犹太和外族色彩越来越强烈。尽管如此，希律王仍旧小心地遵守犹太律法，他本人及其后代都坚持认为，如果其家庭成员与外族王室联姻，其联姻对象必须皈依犹太教。尽管希律王善待外邦人，他在耶路撒冷的犹太纪念建筑上花费的资金只会更多，尤其是，犹太圣殿的扩建工程是在他统治期间完工的。[11]

对这样一个多民族王国的统治者来说，令每一个族群满意是非常困难的，更不要说得到他们所有人的爱戴了，因为每一个族群都会因他施与其他族群的恩惠而心生嫉妒。使局面更加复杂的是，每一个族群内部也分为不同势力。犹太人在这一点上表现得尤为突出，但其他族群也不能例外。争权夺利、谋求在人民中和上级统治者那里扩大影响力的地方豪强，在哪里都不会缺少。希律王在平衡各方需求这一点上并没有取得太大成功，而

① 奥古斯都的全名中包含"恺撒"，"恺撒里亚"城名来源于此。

他的继任者很少能做得比他更好，哪怕他们统治的王国面积更小，局面不那么复杂。公元 6 年，奥古斯都废黜了国王希律·亚基老（Herod Archelaus），并设立犹太行省，如何管理这片各族杂居的土地，成了出自骑士阶层的罗马总督面临的难题。加利利仍旧有一位国王，而公元 41 年至 44 年期间，希律王曾经统治过的大部分地区，包括犹太行省和撒玛利亚，被重新授予他的孙子希律·亚基帕一世。犹太社区对这位国王的评价毁誉参半，而一些非犹太人则认为他过于偏袒犹太人，因而对其心怀不满。希律·亚基帕一世去世时，恺撒里亚和塞巴斯特的民众公开欢庆他的死讯，甚至他的一些士兵也加入了庆祝的行列。这些士兵不久前还是罗马辅军的成员，他们主要出自本地区的几座外邦人城市。国王女儿们的雕像的外表与犹太习俗迥异，具备明显的希腊风格，被民众"带往妓院，放置在房顶，受尽一切可能的侮辱，人们对它们做的事情太过下流以致不宜记录下来"。[12]

同盟国的国王们的统治仰赖罗马方面的支持。罗马的支持与否，往往取决于皇帝及其顾问团的一念之差，但根本上取决于这些国王是否有能力控制住属地内的臣民。帝国政府可以决定授予和收回王国的领土，乃至王位本身。希律·亚基帕一世曾是卡里古拉和克劳狄乌斯的密友，也受益于他与两位皇帝的密切联系。这其中既有风险也有机遇。比起行省内发生的事情，罗马人对于王国内部事务更加漠不关心。王室家族成员间一直争夺权力，许多同盟国的国王都面临公开的敌对行为。希律王统治期间，真实发生或被捏造出的宫廷阴谋导致了多次针对王室成员和贵族的屠杀。奥古斯都曾开玩笑说，他宁愿做希律王的一只猪，也不愿做他的儿子。这种说法也许极端，但绝不是孤例。[13]

相邻的统治者之间往往关系不佳，有时还会爆发公开的战争，哪怕双方都是罗马的同盟者。希律王曾与纳巴泰王国开战。他在战场上取得了胜利，却几乎败在了另一个战场上，即这一冲突被如何呈报给奥古斯都。罗马皇帝是一切争端的最终仲裁者，他的决定将确认或逆转战场上的胜利。希律·安提帕斯（Herod Antipas）也曾与纳巴泰人作战，但这一次他失败了。叙利亚总督即将率领军队前往纳巴泰来维持和平，却在此时收到了皇帝提比略去世的消息，因此决定按兵不动，等待进一步指示。两年之后，卡里古拉废黜了安提帕斯，以希律·亚基帕一世取而代之。上述两次冲突都起于双方边境的劫掠行为，双方都指责对方默许甚至组织了这些劫掠活动。[14]

希律王经常发动军事行动，打击具有匪帮色彩的地方豪强，尽管有些时候他的对手是与哈斯蒙尼王朝有联系的王室竞争者。多数罗马行省总督也致力于清除匪患，但他们的行动有时会导致与本地族群，特别是与其领袖的摩擦。本丢·彼拉多（Pontius Pilate）自公元 26 年至 36 年或 37 年前后担任犹太行省总督。在他率领一个辅军大队进驻耶路撒冷时，与军旗一同携带的皇帝塑像令本地的犹太教信徒认为受到了冒犯。这很可能是出于对本地禁忌的无知，而非有意挑衅，尽管军队选择在夜间入城这一点让人觉得可疑。可能这只是因为队伍很晚才抵达耶路撒冷，或者彼拉多选择在夜间入城，以尽可能不扰乱城市的正常生活。军人携带皇帝像入城的消息散播开来的时候，彼拉多已经返回恺撒里亚。他在这座海滨城市度过了任期内的大部分时间，这里的非犹太氛围对罗马人来说更容易适应。一群耶路撒冷长老组成的代表团访问了彼拉多，要求他撤除耶路撒冷的罗马军队携带的带有皇帝形象的标志物。当彼拉多拒绝时，他们匍匐在他的法庭上，长达五天五夜。彼拉多命令士兵将犹太长老们包围，并且拔出了刀剑。然而犹太代表团面不改色，他们伸出自己的脖子，置于罗马士兵的剑刃之下，说他们宁死也不愿看到自己的宗教律法被亵渎。面对这一幕，彼拉多只好妥协，命令撤除耶路撒冷军中的皇帝塑像。[15]

这一事件并不是被动抵抗策略的唯一一次成功。公元 41 年，卡里古拉命令在耶路撒冷的犹太圣殿内竖起他的雕像和其他帝国标志，这打破了罗马长久以来尊重犹太民族情感的政策。皇帝很清楚该行为具有十足的挑衅意味，但他这么做并不是出于单纯的虚荣心。卡里古拉此前收到报告，得知靠近海岸的一座犹太城市中，有一尊希腊人建立的祭坛被犹太人捣毁。这座祭坛实际上是临时赶制的，它的设立本身就是为了亵渎犹太人的信仰，但卡里古拉读到的报告却将犹太人的行为描述得极为恶劣，而皇帝身边的几位顾问也表示支持这份报告的立场。这些顾问中有一位来自亚历山大，另一位来自阿斯卡隆（Ascalon），而阿斯卡隆是旧约时代的几座主要非利士人 ① 城市之一。皇帝命令叙利亚总督率领军队进驻耶路撒冷，确保他的雕像设立在圣殿中。但总督遭遇了大批抗议者，他们同样声称，宁愿自己被杀也不允许他们最神圣的场所遭到亵渎。值得称赞的是，总督没有一意孤行，而是给皇帝写信，请求他撤销命令。卡里古拉命将这位总督处决，但他自己很快就死于谋杀。幸运的是，携带其命令的船耽搁了行程，

---

① 非利士人（Philistine）是公元前二千纪末期居住于巴勒斯坦南部沿海地区的民族，在圣经中经常与以色列人发生冲突。

率先到达的反而是新上任的皇帝克劳狄乌斯的命令,他下令撤销处决叙利亚总督的命令,一并撤销的还有在圣殿中竖立皇帝雕像的决定。[16]

像这样的和平而坚决的抗议十分少见,同样难得的还有罗马人表现出的克制。彼拉多利用犹太圣殿的资金修建了一条旨在改善耶路撒冷城市供水的引水渠。这一本应被视作德政的举措,却因其资金来源及用途招致犹太群体的抗议。面对抗议人潮,总督命令士兵化装成平民混进人群,待他一声令下,士兵们立即对抗议者展开攻击。但他们挥舞的是棍棒,而不是军用武器,希望以此避免对抗议者造成致命伤。尽管如此,还是有一些人被打死,还有人在随后的混乱中死于践踏。彼拉多的行动是有预谋的、攻击性的,但我们知道,控制和驱散暴乱人群始终是个难题。就算有了水炮和催泪瓦斯等现代发明,现代政府当局面对示威人群的反应仍然经常被认为下手过重。[17]

彼拉多任职犹太行省总督超过 10 年,而文献仅记录下了他与当地人群发生摩擦的那几个瞬间。这些冲突的最后一次并不涉及犹太人,而是发生在总督与撒玛利亚人之间,爆发于基利心山。一位善于蛊惑人心者在身边聚集了大量信徒,他们中不少人携带着武器。他率领信徒们前往基利心山上已被毁坏的圣殿遗址,向他们承诺,可以在那里挖掘出摩西埋下的数不尽的财宝。彼拉多率领步骑封堵了下山的道路,撒玛利亚人无法冲破罗马辅军的围困,许多人被杀,剩下的人被俘,很多俘虏也立即被处决。事后,撒玛利亚人社区的领袖们在叙利亚总督面前抗议彼拉多的铁腕行动。他们的抗议奏效了,彼拉多被召回罗马,在皇帝面前解释自己的行为。然而,皇帝提比略在彼拉多抵达罗马之前就已去世，文献记载也没有告诉我们这位前总督是否因其所作所为受到官方调查。[18]

聚集在旷野中的大量人群似乎比城市中的抗议者更容易激起罗马当局的激烈反应。库斯皮乌斯·法杜斯（Cuspius Fadus）任职犹太行省总督期间（44—46年），一个名叫丢大（Theudas）的招摇撞骗者蛊惑了一群人收拾家当，随他前往约旦河。《新约》中记载，他的党徒大约有400人。丢大自称先知，有能力命令约旦河水向两边分开，使人得以轻松抵达东岸。法杜斯派出一个翼的骑兵击溃了丢大及其信徒，丢大的首级被带回耶路撒冷。[19]

马库斯·安东尼乌斯·菲利克斯（Marcus Antonius Felix）担任犹太行省总督期间（52—60年），一位埃及犹太人也自称先知，根据约瑟夫斯的记录，他在身边聚集了多达3万的信徒，尽管《使徒行传》的记载只有4000人。他带领其党羽"投身旷野"，计划行进至耶路撒冷东边的橄榄山（Mount of Olives），之后一举拿下圣城。但这支队伍遭遇了菲利克斯率领的罗马辅军和来自耶路撒冷市民的志愿者——这些与罗马士兵并肩作战的志愿者大概也是犹太人。冒牌先知及其密党逃脱了接下来的屠杀，但其党羽被杀或被俘，其中的幸运者得以逃回家乡。在这一事件中，集会群体显然具备武装且有意谋反，而在丢大事件和其他群体性事件中，尤其是在基利心山的撒玛利亚人事件中，我们不清楚涉事群体是否有与当局对抗的打算，而文献记录对于冲突缘何而起也往往语焉不详。在一些事例中，大量群众聚集在郊野，倾听施洗者约翰或者耶稣这样的富有号召力的宗教领袖的演讲，却没有引来罗马总督或犹太王国统治者的武力镇压。在犹太起义之后开始书写的犹太贵族约瑟夫斯，以及圣经新约的作者，显然都未对上述暴力事件中的死难者和被俘者表现出任何同情。[20]

犹太行省总督率领的辅军基本由本地兵员组成，士兵们主要来自恺撒里亚和塞巴斯特两座外邦人城市。这样一支队伍显然不会对犹太人有好脸色，少数来自叙利亚地区的士兵也不太可能改变这一点。耶路撒冷驻有近一个大队的辅军士兵，而在节庆期间，由于世界各地的朝圣者的到来，城市人口大为增加，驻军兵力也会得到补充。犹太圣殿的柱廊顶端和圣殿旁的安东尼要塞①之上常部署有罗马士兵的哨位。温提狄乌斯·库马努斯（Ventidius Cumanus）担任总督期间，有一名哨兵被人看见撩起自己袍子的下摆并发出淫荡的声音。有人向总督投诉这名士兵的行为，却被置之不理。一时谣言四起，说是总督本人指示士兵这样做的。事发的第二天，总督命令全部士兵全副武装地登上安东尼要塞的城墙。这一幕使圣殿附近的朝圣者大为恐慌，惊恐的人群相互践踏，死伤惨重。约瑟夫斯称死伤者的数量达到几万人。[21]

不久之后，一队辅军士兵前往一个村庄，惩戒当地村民，因为一名为帝国政府服务的奴隶此前从附近经过时，遭到了村民的打劫。罗马士兵逮捕了村民领袖，可能怀疑他包庇肇事者。士兵们搜查并洗劫了村中房屋。有个士兵找到一份犹太圣经的抄本，并发表了攻击犹太人的充满污言秽语的长篇演讲，然后将其撕碎并投入火中。这激起了犹太居民的强烈抗议，抗议活动的发起者可能包括众多耶路撒冷的重要人物。在犹太社区施加的巨大压力之下，库马努斯只得下令将肇事士兵斩首。[22]

---

① 要塞以马克·安东尼命名。

接下来的事件彻底引燃了犹太人与撒玛利亚人之间的敌意。一群加利利人途径撒玛利亚前往耶路撒冷，却与村民起了冲突，他们中有一人或几人死于撒玛利亚村民之手。加利利人向总督申诉，却未得到任何答复。总督可能过于繁忙，抑或听信了撒玛利亚人的一面之词，甚至可能收受了撒玛利亚人的贿赂。不甘心的加利利人于是鼓动耶路撒冷人采取行动。犹太人的民团和匪帮联合起来，开始向撒玛利亚人展开袭击。对撒玛利亚人的某些攻击甚至发生在犹太人提出正式抗议之前。就像历史上曾经多次重演的那样，报复行动的受害者往往是与肇事者毫无关联的村庄，报复的手段也十分激烈。犹太武装不分老幼地杀死了许多撒玛利亚村民。得知消息的库马努斯集合了4个步兵大队和1个骑兵翼镇压了最主要的犹太武装，抓获了大批俘虏。耶路撒冷的犹太社区领袖此时也出面调停，说服剩余的犹太武装分子放下武器，各回各家。同一时间，撒玛利亚人向叙利亚总督表达了对库马努斯的不满，这促使叙利亚总督亲自调查此事，因为他担心犹太人又在酝酿一场新的起义。经过调查，叙利亚总督责备撒玛利亚人挑起事端，并将某些涉事人员钉死在十字架上。接下来，他又处决了一些制造麻烦的犹太人。库马努斯本人被传唤至罗马，同行的还有冲突双方的代表团，以便皇帝克劳狄乌斯全面调查此事。

经过调查，克劳狄乌斯认同叙利亚总督的意见，将事件的主要责任归咎于撒玛利亚人，并下令处死更多的肇事者。他还指责库马努斯没有妥善地处理事件，并将他流放。库马努斯手下的一名军官，塞巴斯特骑兵翼的指挥官，被认为在镇压犹太民团的过程中明显滥用了武力。他被押送回耶路撒冷，在那里被游街示众，公开受辱，随后被处决。这对于一个出身骑士阶层的罗马军

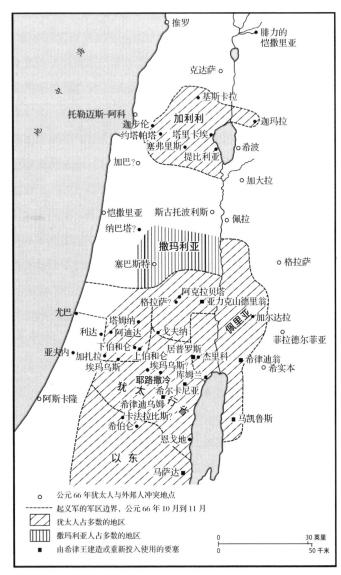

公元 66 年的犹太行省

官来说是非常严厉的惩罚。这名指挥官或者本身出自外邦人贵族，或者本人虽并非本地人，却深受麾下众多外邦人士兵反犹情绪的感染。克劳狄乌斯显然已经将出自塞巴斯特和恺撒里亚的大量士兵视作对地区安定的威胁，认为他们随时可能羞辱和攻击犹太社区。在其执政初期，克劳狄乌斯曾考虑将犹太行省的辅军调往遥远的本都，以其他部队将其替换，期待来自陌生地区的士兵不会参与犹太行省的内部冲突。但在塞巴斯特和恺撒里亚派人面见皇帝求情之后，皇帝并未做出上述安排。自罗马军队中退伍的士兵一般会被安置在曾经服役过的行省，因此塞巴斯特和恺撒里亚两城的长老们大概不愿看到自己的城市失去如此众多的青壮男子。此外，他们也可能期待通过为总督提供大部分兵力来维持在地区内的影响力。[23]

在连续几任罗马皇帝治下，犹太社区的呼声，特别是犹太贵族的声音，在多数情况下都得到了皇帝的正面回应。此外，对犹太人有利的还有希律王及其后代——尤其是希律·亚基帕一世和希律·亚基帕二世——对罗马当局的影响力。无论上述犹太国王居住在罗马还是自己的王国，无论犹太地区是否处于其实际管辖之下，这一影响力都会发挥作用。他们的关切延伸到了居住在犹太地区之外的犹太人，特别是亚历山大的犹太人。那里的犹太社区人数众多，繁荣兴旺且树大根深。他们由自己推选出的领袖管理，显著区别于占人口多数的希腊社区和人数较少的埃及人。大多数亚历山大犹太人能讲流利的希腊语，熟悉希腊文化和希腊文学，但这无法消除希腊人和犹太人之间根深蒂固的成见。亚历山大始终是个动荡不安的城市，频繁的暴乱曾推翻和杀死了几位托勒密王朝的统治者。罗马人的统治也并未带来太多改变。亚历山大城中，有人专事操纵暴民，依靠有组织的党徒惹是生非。希律·亚基帕一世途经亚历山大前往犹太地区期间，城中的一群希腊人上演了一场冒牌的王室游行，给一个疯子穿上荒唐的长袍来模仿犹太国王。骚乱接踵而至，而埃及总督站在希腊人一边，指责犹太人寻衅滋事，对其进行惩罚和掠夺。这位总督最终被召回罗马，受到了羞辱和流放，尽管卡里古拉对他的不信任在这一结局中起了很大的作用。[24]

恺撒里亚是另一座冲突高发的城市。与亚历山大类似，规模较小但商业繁荣的犹太社区与占人口多数的外邦人共存在一座异教城市中。罗马总督在这座城中度过的时间比在任何地方都多，这增加了本地人对其施加影响的可能性。总督指挥的军队主要由本地人和塞巴斯特人构成，因此这支武装力量惯于站在非犹太人一边。1世纪中叶，眼看对手占尽了上风，犹太社区的领袖们决定通过运作，使恺撒里亚被宣布为一座犹太城市。他们薄弱的论据在于这座城市的重建和发展都有赖于犹太的希律王，却对城中人口自始至终由希腊人主导这一事实视而不见。就像历史上其他许多分裂的城市一样，恺撒里亚的紧张气氛逐步升级，对立双方相互示威，尽一切可能恐吓对手。他们夸大一切真实的或臆想的来自对方的挑衅，创造寻衅滋事的机会。双方的年轻人各自结成帮派，相互讥讽、互扔石块乃至拳脚相见。尽管地方官员和双方的长老都在尽力平息局面，小规模冲突还是逐渐变得频繁。最大的犹太帮派终于占了上风，在赢下了一场冲突后，他们甚至拒绝服从总督菲利克斯要他们解散的命令，哪怕他们知道总督手下的士兵恰恰来自为他们所憎恨而且刚刚被他们击败的阵营。总督于是命令士兵使用武力，而士兵们则以极大的甚至过度的热情执行了命令。事后，来自双方阵营的代表被菲利克斯派去寻求皇帝尼禄的仲裁。这一次，尼禄的决定对外邦人有利。皇帝们以往总会偏向犹太人，因此这一次的结果相当意外，尽管实际上犹太人一方并不占理。[25]

尼禄宣布恺撒里亚仍然是一座非犹太城市，但其市民面临着严重的分裂。一群犹太人在城中购置土地，打算建造一座新的犹太会堂。为了将犹太会堂建得更大，它们还尝试购买邻近的地块，但土地的主人，一位外邦人，拒绝出售土地。犹太人放弃了，他们修改了建造方案，于公元66年在现有的土地上建起了一座尽可能大的新会堂。就在这时，他们的外邦人邻居决定将自己的土地用于手工业，这么一来，前往犹太会堂的信徒们就不得不通过一条狭窄的小巷，经过一排排嘈杂的、弥漫着烟尘的工场。这位邻居完全有权这么做，他的决定大概出于纯粹的商业考量，他并无意挑衅犹太人。一些犹太年轻人试图赶走正在搭建工棚的工人，但被时任总督弗洛鲁斯（Gessius Florus）制止。几个地位颇高的犹太人给了总督一笔可观的钱财，想让他叫停外邦人邻居的工程，弗洛鲁斯却卷走了这笔钱，动身前往塞巴斯特，没有履行受贿者的义务。

第二天，那是一个安息日，当犹太人聚集在会堂时，他们看到入口处的旁边摆放着一口锅，锅底朝天，一个恺撒里亚的恶作剧者在其上将鸟儿用作牺牲。这一场景被犹太人认为触犯了他们的律法，亵渎了他们的圣地，自然引得他们勃然大怒。犹太人中的持重者认为应立即将此事诉诸官方裁决，但易怒的群众和血气方刚的青年们则想要用武力解决。

恺撒里亚人这边则是有备而来，他们本就是预谋行事，派之前那个人在这里上演了假装祭祀的闹剧。于是双方很快就拳脚相向。[26]

一位罗马军官介入此事，他迅速叫人把锅撤走，但并没有使事态避免演变为骚乱。这促使一些犹太人逃离城市。

这一事件成为引发犹太大起义的导火索之一。事件本身、弗洛鲁斯的袖手旁观，以及他攫取耶路撒冷犹太圣殿的钱财一事，都足以激起犹太人的愤怒。愤怒引发了骚动，骚乱进一步升级为武装冲突。出身当地的罗马辅军士兵平日对犹太人的严厉态度，以及犹太人对他们的怨恨，使事态进一步激化。驻守在耶路撒冷的一个辅军大队向犹太人投降，换来的却是被屠杀的命运。唯一免于一死的是大队的指挥官，这可能是因为这位出自骑士阶层的军官并非塞巴斯特人或恺撒里亚人，而且他承诺皈依犹太教。当耶路撒冷全城暴动的消息传播开来，恺撒里亚的暴民屠杀了大量仍旧居住在那里的犹太人。这又促使"犹太帮派"攻击德卡波利斯（Decapolis）的那些希腊城市——即钦定版《圣经》中的"十城"①，以及他们打击范围之内的一切外邦人定居点，包括海滨的加沙和阿斯卡隆。[27]

约瑟夫斯告诉我们：

……在每座城市的附近，许多村庄被洗劫，大量居民被

---

① Decapolis 即希腊语"十座城市"之意。这十座城市位于今天的叙利亚、以色列和约旦。

抓捕和杀害。叙利亚人同样杀死了数目不少于此的犹太人。他们屠杀在城里遇到的每个人，这不仅仅是出于仇恨，也是为了预防这些人会转过头来杀死自己。整个叙利亚陷入了可怕的混乱局面，每个城市都分裂为相互残杀的两个阵营……他们在血光中度过每一个白天，在恐惧中熬过每一个黑夜。[28]

犹太人的同情者也成了怀疑的对象，但人们对某一阵营的归属并不是可以一刀切的事情，也不是每一座城市都陷入了自相残杀。推罗（Tyre）城 ① 的居民杀死了大量犹太人，并将生还者囚禁，然而附近的西顿（Sidon）没有任何人被杀或被囚禁。亚历山大不出意料地陷入混乱，但安条克则平静如常。在亚历山大，犹太暴民在与希腊人的厮杀中占了上风，直到罗马部队到来并在一场激战之后将他们击退。此时的埃及总督恰巧是一位犹太人，但他为了担任公职，不再严格遵循犹太传统。亚历山大的冲突告一段落后，他将军队撤出，却发现这样将很难阻止希腊居民报复犹太人。在斯古托波利斯（Scythopolis，今天以色列的贝特谢安）——德卡波利斯诸城中唯一位于约旦河西岸的城市，犹太居民与其邻居联手抵抗入侵的犹太武装。尽管如此，这些犹太居民还是得不到其他族群的信任，被要求在城外露营。3 天之后，邻居中的一些人将矛头转向这些犹太人并将其杀害。我们无法得知是什么决定了每个城市的不同命运，因为每个地方各自的历史和事发时当地领袖的个人性格显然是起了决定性作用的。约瑟夫斯认为恐惧与仇恨同样重要，而有时决定事件走向的仅仅是贪婪，

---

① 位于今天黎巴嫩的地中海沿岸。

因为总有人借着混乱局面趁火打劫，谋害和掠夺富有的邻居。在希律·亚基帕二世离开领地期间担任摄政的人，派兵谋杀了巴塔奈亚（Batanaea）[①]的犹太社区派来寻求保护的代表团。约瑟夫斯称，他这么做仅仅为了他们的钱。[29]

谋杀、掠夺与政治

内战和起义造成的混乱使许多人得到一夜暴富的机会。值得注意的是，我们讨论过的所有事件都伴随着劫掠行为。这并不意味着族群间的仇恨和对立是虚构的产物，因为文献中明确记载着敌对人群间具有相互残杀的意愿。从某种程度上看，这一现象是对罗马统治到来之前的社会现实状况的重演。罗马人到来前，劫掠是战争的正常形式，只要邻居——或者任何被认为值得掠夺且并非盟友的人——看起来有机可乘，劫掠行为就会发生。无论是在罗马直接控制的地区，还是在合作不畅的同盟者王国之间的边境地带，一旦中央政权控制力减弱，劫掠行为就会发生，而且尤其容易发生在本就相互怀有敌意的不同群体之间。

这些劫掠行为可能由经验丰富的强盗头子领导。动荡的时局让他们获得了更多的作案机会。库马努斯担任犹太行省总督期间，犹太人在袭击撒玛利亚人时，任命了一位名叫以利亚撒（Eleazar）的人作为他们的头目。他的父亲德奈乌斯（Deinaeus）是"一个多年藏匿在深山中的盗匪"。公元66年的起义中同样涌现出大量类似的人物，并且他们身边都聚集起了一群人。约瑟

① 位于约旦河东北方。

地　中　海

亚历山大

旧巴比伦
要塞
开罗

孟菲斯
阿尔西诺伊
法尤姆
迪奥尼西亚斯

小绿洲

俄克喜林库斯

西
部
绿
洲

东部沙漠

格德良大道

大赫尔莫波利斯

安提诺波利斯

绿洲

波尔菲里
特斯山

米欧斯霍莫斯港

尼立特亚湾

阿波里诺波利斯-
赫普塔科米亚斯

帕诺波利斯

克奈狄亚努斯山

托勒迈斯

凯尼波利斯

莱乌科斯利门

绿洲

科普托斯

腓尼孔

底比斯

特
罗
格
洛
迪
特

大绿洲

阿弗洛迪托波利斯

底比斯

卢克索

迪迪梅

康帕西

大阿波里诺波利斯

翁波斯

阿波罗诺斯

海
岸

贝莱尼基

象岛
西耶内
菲莱

布莱米耶人

塔菲斯

塞尔基斯

· 堡垒
● 城镇
■ 驻军地点

多德卡斯科伊诺斯

特里亚康塔斯科伊诺斯

希耶拉叙卡米诺斯
普里米斯 / 克斯尔-易布利姆

努比亚人

0 ───── 100 英里
0 ───── 100 千米

埃及与红海港口

夫斯被耶路撒冷的起义当局任命为加利利的长官之后，募集了大量强盗作为雇佣军，因为这一任命使他多少能够掌控这些强盗。66年起义之前的动荡年代中，很多耶路撒冷贵族，包括高级祭司，都在豢养武装门客。另一个在此时出现的人群叫作西卡里（sicarii），这一名称来自拉丁语中的sica，即匕首。他们是身藏匕首的刺客，对目标进行突然袭击，随后消失在人群中。西卡里的目标全部是备受公众瞩目的人物，这说明他们可能怀有某些政治目的。但约瑟夫斯说，他们是可以接受雇佣的，甚至声称总督菲利克斯曾雇佣他们去刺杀一位犹太教高级祭司。文献中也提及亚历山大等城市中有人善于操纵暴民。有些青年人组成的帮派显然经过了良好的组织和策划。[30]

拉丁语单词latro（复数形式为latrones）和希腊语单词leistes（复数形式为leistai）一般被翻译为"强盗"，如果他们出现在水面上，则被翻译为"海盗"。但这样的翻译折损了原文包含的暴力意味。这些人往往并不单纯抢劫财物，而是惯于使用暴力，而且经常置人于死地。在古代小说中，他们是程式化的人物，总是使男女主人公陷入危险境地，不到最后一刻无法脱身。历史叙述有时也在一定程度上沾染了这一浪漫主义色彩，像罗宾汉一样富有传奇色彩的绿林好汉时常出现在历史记载中，他们勇敢强干、善于伪装、计划精明，往往作为暴君的对立面存在。但像这样的同情态度仍旧是不多见的，而且是以偏概全的。latrones和leistai这两个单词在古代文献中是对非法使用暴力的邪恶分子的蔑称。罗马法律如下描述："所谓敌人，是那些罗马人民正式对其宣战或对罗马人民宣战的人。其他不法之徒则被称作强盗或匪帮。"[31]

根据这样的区分，强盗们是犯罪分子，而不是代表某一民族或国家的战斗人员。他们是来自帝国内部还是边境之外并不重要，他们的人数多少也不重要。哪怕外国敌军拥有的极其有限的权利，这些劫掠者团伙也无法享有。他们是非法分子，面临着严厉得多的惩罚。另一方面，一名公民若在战争中被俘，将会失去他或她的地位，成为战胜者的奴隶，不得不经过一定过程才能重新为社会所接受；但被匪徒俘虏的公民仍然具备公民身份，因为被俘过程并不发生在战争中。[32]

匪徒和海盗属于犯罪分子，而不是值得尊重的合法对手，所以将冲突中的敌方诬为匪徒的做法越来越普遍，而既然劫掠行为是军事行动最常见的方式，指责对手为匪帮也更容易找到证据。公元前67年，庞培在对地中海海盗实施大围剿时，实际上攻击了许多城市和国家，而这些城市和国家中为数不少都在这次行动中被罗马吞并。罗马内战中的交战方也相互攻击对方为匪帮。奥古斯都将塞克斯图斯·庞培（Sextus Pompeius）①描述为海盗，说他指挥的水手是由逃亡奴隶充任的。在同盟王国内部，挑战国王权威的人往往也被称为盗匪，尽管他们的行动目的主要是政治性的。[33]

盗匪行为出现在帝国境内的各个地区，但边境省份尤其受其困扰，那里的山区为强盗提供了藏匿之所。西班牙的征服过程结束于奥古斯都时期，但在提比略治下，坎塔布里亚的居民再次开始了劫掠活动，而且这些活动显然持续了一段时间。西班牙在几

---

① 格奈乌斯·庞培的幼子，曾与后三头同盟为敌，战败被俘后未经审判而被处决。不经审判而处决罗马公民是非法的，但屋大维曾宣布塞克斯图斯·庞培为不法分子，因而丧失一切公民权。

个世纪内始终保持有一个军团的驻军，这一点令人费解，因为西班牙既没有外部边境，也不存在大规模叛乱的威胁。西塞罗曾经讨伐过的阿马努斯山周边地区，以及许多山区和贫瘠而闭塞的地区，同样存在难以根除的匪患。在这些地区，居民们与往日一样从事劫掠，除非他们的活动为暴力所制止。这种活动也被用来昭示他们的独立地位，尽管他们反抗罗马统治的意愿，远远没有他们攻击和掠夺邻居与旅行者的愿望强大。[34]

在更安定、都市化程度更高的地区，情况则有所不同。盗匪活动在平日无影无踪，但在动荡来临时就会立即猖獗起来，约瑟夫斯笔下提及过许多 leistai，其中一些留下了姓名。约瑟夫斯认为他们的活动加剧了紧张局势，最终导致 66 年起义的爆发。约瑟夫斯对这些人从未笔下留情，尽管他也曾提到，他们中的一些人声称，其目的并不是为了获取不义之财。如我们所见，有人挑战希律王的统治，有人将希律王视作外族，并且憎恶罗马的统治以及随之而来的赋税。在这几十年，一个犹太善人应该如何行事，始终是一个争论不休的问题。《马太福音》中，法利赛人[①]和希律党人问耶稣："请告诉我们，你的意见如何？纳税给恺撒，可以不可以？"耶稣的十二使徒当中，有出身西卡里的加略人犹大（Judas Iscariot）[②]，尽管约瑟夫斯认为西卡里在这一时期还未出现，还有被称为"雷之子"的雅各和约翰——他们的绰号暗示着往日的革命团体。彼拉多释放的那位因犯巴拉巴（Barabbas）也是一个 leistes，圣经说"这巴拉巴是因为在城里发生的一个暴

---

① 犹太教派别之一。

② 有一种说法认为 Iscariot 一词与 sicarii 有关，持此说法者认为犹大是西卡里的一员。这一理论的反对者则认为西卡里在此时仍未出现。

乱和杀人案，被投进监狱的"。耶稣被钉上十字架时，旁边的两个十字架上钉着的两个强盗也是 leistes，因为如果他们只是犯了偷窃罪而并未使用暴力，应当不至于被判死刑。[35]

希律王及其继承者，还有诸位罗马总督，无一不在剿匪行动中取得过多次胜利，但他们都未能根治匪患。总有新人填补那些被杀、被俘虏和被处决的前人留下的空缺。盗匪行为如此顽固，部分原因是这些匪帮中的一些人怀有政治诉求或宗教信念——政治与宗教在这一时期的犹太地区从来不可分割。与此同时，严重的社会和经济问题也促使一些人投身绿林，尽管这部分人仇恨当地的地主贵族远甚于遥远的罗马。同样明显的是，在 leistai 中间，也不乏单纯企图谋财害命的武装劫匪。这些潜在的因素相互促进，促使人们通过抗议、宗教或暴力寻求出路，并致使局势一步步升级，乃至失控。非犹太人聚居的地区存在类似的现象，只是人数更少，并且几乎没有人真正渴望摆脱罗马的统治。公元 66 年，真正的盗匪团伙与怀有政治诉求的革命者混合在一起，又裹挟着大量狂热而绝望的平民，在广阔的地区内制造混乱。类似的群体很可能在图拉真时期的犹太起义中同样扮演了重要角色，在那次起义中，族群间的相互攻击同样屡见不鲜。哈德良治下的犹太起义大概也并无太多不同。[36]

怀有政治目的的匪帮追求的是政治变革，这往往意味着通过起义的形式反抗罗马的统治。但在哈德良之后，犹太起义从未再次发生，而在多数其他行省，暴乱早已绝迹。早在提比略时期，军人、元老和历史学者维莱伊乌斯·帕特尔库鲁斯（Velleius Paterculus）就声称，罗马世界"摆脱了劫掠活动带来的恐惧"。诸位皇帝无不吹嘘自己的领导如何带给世界和平，就如同现代政府声称自己降低了严重犯罪的数量。尽管如此，犯罪活动并未消失，而且有时甚至如同往日一般普遍。[37]

在许多地区，自罗马人的统治开始以来，就存在着大量强盗活动的证据，犹太行省也不例外。而且，与其他民族相比，关于犹太人在罗马统治下的生活，我们掌握的资料更加丰富。部分学者指出，尽管数次犹太起义终告失败，仍然有一些人投身草莽并非单纯为了牟利，而是出于对罗马的怨恨。这个观点值得重视，因为如果一部分犹太匪帮从事的是针对罗马统治的抵抗运动，活跃在其他地区的强盗集团内部也有可能存在类似的情况。如果确实是这样，上述抵抗并未演变为大规模起义这一事实，说明作为治安力量的罗马军队效率极高地维持了行省社会的稳定，尽管有些地区甚至没有任何驻军。[38]

支撑上述论点的证据基本来自《塔木德》（Talmud）。《塔木德》记载着犹太教拉比的言论，其成文年代远远晚于我们讨论的历史时期，但据称反映了早期先贤的智慧。《塔木德》较晚的成书年代以及其道德说教的文风，使我们很难断定它所记述的事件的年代和真实性。强盗活动经常出现在《塔木德》的文本中，但这些文本对外族人，特别是罗马人的态度，充其量只能说是矛盾的。有些段落，尽管不是所有段落，仍然表现出了残暴贪婪的外族强权造成的逆反情绪，例如以下这段关于《申命记》某一章节的评论：

> ……这些压迫者占据了以色列的土地……但明天，以色列就会继承他们的财物，享用它们如同享用油与蜜。"牛的奶油"，这是他们的官员和总督；"羊羔的脂油"，这是他

们的护民官；"公绵羊"，这是他们的百夫长；"还有巴珊
所出的牲畜"，这是那些从人们口中夺［食］的罗马免役士
兵（beneficiarii）[1]；"山羊"，这是他们的元老；"与上好的麦
子"，这是他们的女眷。[39]

《塔木德》很少会以友善的口吻去描述罗马士兵，仅有的例
外是这样一个故事：西弗利斯（Sepphoris，位于加利利地区）的
一队罗马驻军在安息日紧急出动，赶往邻村参与救火。失火房屋
的主人让士兵离去，随后一场暴雨浇灭了大火。尽管士兵们并未
投入火场，主人还是在安息日之后送给他们一些钱财作为酬谢。
失火房屋的主人似乎是当地的重要人物，所以有人会将此事件视
作罗马当局笼络地方望族的行为。在其他故事中，罗马士兵的出
现往往是不祥之兆：一旦某位妇女落入罗马士兵手中，她很有可
能会遭到强奸或者被迫与士兵发生关系，但被土匪抓获的妇女反
倒一般不会被强暴。在这方面，匪徒的举止往往比士兵要好，但
尽管如此，匪徒们杀人越货的受害者多数都是犹太人。在一则故
事中，作恶多端的强盗给一位拉比送信，告诉他他们已经杀害了
他的儿子。强盗想让受害者的家人知道，男孩并没有失踪，而
是丢了性命。也许有人如此解读，即匪徒们往往不只是简单的
犯罪分子，而是怀有某些政治或宗教目的，但对于本故事来说，
这样的解读不免有些夸张。在另一个故事中，一个遵循拿细耳
人誓约[2]的人被强盗故意剃掉了头发。这个故事大概是虚构的，

---

① 罗马军队中有一定特权的军士。
② 拿细耳人（Nazirite）是自愿侍奉上帝的人，他们的誓约包括不饮酒、
不剪发等戒律。

但也表现出强盗们蓄意残暴的一面，哪怕上述行为只是为了散播恐惧。[40]

强盗往往被描述为藏身于洞穴之中，在犹太行省范围内多处进行的考古发掘的确展现了一些位于村庄下方的地道系统。这些隧道网络经过精心设计，具备生活空间和储藏室。根据卡西乌斯·狄奥的记载，在巴尔·科赫巴起义期间，起义军"在乡村中占据了有利的位置，通过围墙和地道加强防御，这样他们在遭遇强力镇压时就有了藏身之处，也可以在地下秘密集会而不被发觉；地下通道中，每隔一段距离就打出一个通往地面的孔，用于采光和通风"。这些秘密基地中的一些显然与起义有关，但这类设施的建造年代很难被确定，而且显然其中的一些洞穴在其他时期也被使用过，也许其使用时间横跨数个时期。[41]

第一次犹太起义之后，犹太行省的驻军不仅在兵力上增加了一倍多，在质量上也大大提高。公元 2 世纪时，这里驻有两个军团以及相应的辅军。这一兵力对于行省的面积来说相当庞大，哪怕考虑到本地区此时已被纳入面积更大的叙利亚-巴勒斯坦行省①。这表明罗马皇帝认为本地区麻烦不断。马可·奥勒留据说曾对犹太人的顽固有所评论。考虑到《塔木德》也反复描述了阻断道路甚至夜袭村庄的匪帮，我们说犹太地区在罗马时期的大部分时间内都存在严重的盗匪问题，似乎并不过分。作为当地匪徒的犹太同胞，拉比们在谈论他们时似乎更多地将他们看作一个个独立的个体，拉比们关心的是他们的个人生活及其家人的行为，例如一位被谴责者的妻子是否应当与其发生性行为。拉比们似乎确

---

① 135 年，巴尔·科赫巴起义之后，犹太行省与叙利亚行省合并成为新的叙利亚-巴勒斯坦行省。

实认为，在某些情况下，有些强盗的举止好过罗马士兵，或者更准确地说，后者比前者更加恶劣。尽管如此，没有人会认为这些盗匪是维护犹太人共同利益的斗士，或犹太文化的捍卫者。[42]

在另一则故事中，罗马军队为了抓捕一名强盗包围了一个村庄，并威胁说，如果村民们不交出强盗，将洗劫村庄。最终，村中的一位拉比说服强盗自首。这则故事希望表达的寓意是，上帝并不认可强盗的行为。我们在分析任何对盗匪怀有同情色彩的信息时，或是在面对任何包括盗匪在内的本地族群表达出的对当局的共同反感时，都应保持谨慎，因为这些平民毕竟与盗匪出自同一个族群。他们之间也许确实有着本能般的同胞感情，但他们也十分了解彼此的手段。罗马当局的报复行为的确很恐怖，但往往来得不那么及时。而被激怒的匪帮在进行报复时会更加残酷而精准，特别是当这些人本就藏身于当地社区，甚至隐匿于村庄地面之下的洞穴中。哪怕在当代的一些冲突地区，就算在被当局牢牢控制的地点，也很难找出哪个人敢于公开谴责活跃在附近的武装组织或恐怖分子。[43]

哈德良之后，没有任何证据表明这一地区还存在针对罗马人或其合作者的有组织抵抗，同样销声匿迹的还有各地针对非犹太人的有组织暴力活动。盗匪活动并未消失，但他们掠夺的对象是本族群的平民，他们无差别地掠夺和杀害犹太人与非犹太人。如果有些强盗自称是在抵抗罗马帝国的压迫，这一声明也不会改变他们的行为。没有哪位强盗通过这样的声明获得了更多人的支持，或者激励更多人发动针对罗马的起义，哪怕强盗本人曾经有过这样的想法。毫无疑问，众多犹太人厌恶罗马的统治并哀叹圣殿的毁坏，但他们并无意愿在盗匪或其他任何群体中寻找一位可以带领他们推翻压迫者的领袖。

在帝国的其他地区，情况似乎并无太大不同。相较犹太人来说，其他地区的居民的族群认同感和与周遭人群的隔绝都弱得多。有组织的抵抗行为在大多数行省早已绝迹，而在仅有的几个例外中，抵抗规模也极为有限。在被今天的学者们称为《异教烈士录》（*Acts of the Pagan Martyrs*）的故事集中，亚历山大有这么一些人，他们敢于与罗马当局公然对抗，面对面地斥责横征暴敛的罗马总督，甚至包括康茂德在内的罗马暴君。但这些文本充斥着反犹主义的主题，对罗马的攻击反而是次要的，而作为占领者的罗马人受到指责，更多的是因为它们被视作亲犹太势力。这些文本表达的是对罗马人来临之前那段时期的怀念，但仅此而已，其人其事也并未引发起义。从这些流传至今的材料来看，一些亚历山大居民确实怀有类似的情绪，但这种情绪不会促使他们采取任何行动，更不可能令他们团结起来与罗马帝国对抗。[44]

总而言之，在行省局势安定之后，没有任何令人信服的证据表明，本地人通过盗匪活动来进行对罗马统治的长期抵抗。哪怕在犹太行省，在大规模起义被镇压之后，任何政治或宗教信条，至多也不过是匪帮进行抢劫和暴力活动的借口而已。盗匪行为是一种长期存在的威胁，平时存在于大多数地区，却规模有限，但一旦中央政权面临危机，则会立即猖獗起来。对强盗们来说，罗马政权的代表并非多么特别的目标。

*

我们在本章节引用的多数事例出自犹太行省以及其他有着

庞大犹太人口的地区。在罗马帝国的其他地区，族群间的暴力行为则较少见诸文献，尽管如我们所见，仍然有一些。这也许是因为在其他地区，本地族群间的敌意很少特别激烈，或者因为这种敌意很少有机会引发大规模暴力冲突。在最终成为叙利亚-巴勒斯坦行省的这片土地之上，多个民族杂居在一起，有时甚至共存在同一城市中。他们信仰不同的宗教，长期以来冲突不断。这一地区的不同部分，其管辖权时而自同盟王国转移至罗马，时而从罗马转移至同盟王国，频繁的管辖权变更使得行政区划在很多时候没有太多的实际意义。公元 1 世纪的一段时期，德卡波利斯诸城归叙利亚行省管辖，却与行省的其他地区并不接壤，而是被犹太地区的同盟王国环绕。亚历山大作为帝国境内排名前列的大都会，拥有 3 个主要族群，其中的每一个都与另外两个不睦。尽管如此，我们不应夸大骚乱的频繁程度。我们发现，一段时间之后，关于犹太地区及周边地区的族群间暴力冲突的记录越来越少，乃至绝迹。[45]

其他城市尽管同样存在发生乱象的可能，但大体来说更加安定。在这些城市中，骚乱的起因可能是政治竞争：地方领袖们争夺公共职位，并动用一切手段恐吓其竞争对手和操纵选举。公共秩序的另一个重大威胁是粮食问题。食物短缺时，任何被怀疑囤积谷物等待最高价抛售的人，都会成为暴民的攻击目标。无论是上述哪种原因引发的暴乱，在罗马帝国之前都早已存在。与盗匪活动、山地部落的劫掠行为和机会主义的海盗行径一样，这些都是在古代世界中的大部分地区长期存在的现象。接下来，让我们看看罗马皇帝们如何治理这样一个世界，又如何处理上述问题。

IO

帝国总督

他对城市官员和行省的总督进行了如此用心的节制，以至于他们比其他任何时期都要诚实和公正。然而我们看到，在他死后，如此多的官员面临各种罪行的指控。

——苏埃托尼乌斯谈论皇帝图密善，公元 2 世纪早期 [1]

"坚定和勤奋"

西塞罗在以弗所登岸前往奇里乞亚行省赴任之后大约 160 年，另一位卸任执政官乘船抵达这一港口，赶往比提尼亚-本都行省（Provincia Bithynia et Pontus）就任总督。他就是盖乌斯·普林尼乌斯·凯基利乌斯·塞孔杜斯（Caius Plinius Caecilius Secundus），也被称作小普林尼。小普林尼并不像就任总督时的西塞罗那样满心不情愿，但还是比预期抵达得晚了一些。他的船因为糟糕的天气而受到延误，在登岸之后，他的行程还因为种种问题耽搁了一些。酷暑时节，马车上的漫长旅途令人难以忍受。小普林尼发烧病倒，不得不在帕加马停留了几天。随后，他们一行人搭乘沿海岸航行的商船继续旅程，却再次因为天气原因耽误了一些时间。这位新总督直到 109 年 9 月 17 日才抵

达他的行省，正好来得及参加第二天为图拉真皇帝寿诞举办的庆
祝活动。[2]

　　与西塞罗一样，小普林尼是一位政坛"新人"，他的家族来
自意大利小城科穆姆（Comum），即今天位于风景如画的同名湖
泊边的科莫（Como）。同样与西塞罗类似的是，小普林尼也是一
位相当成功的辩护律师和多产的作家。他发表了9部书信集，在
写作方面不甘落后于自己那位著名的前辈[①]。与小普林尼进行书信
往来者包括许多著名的元老阶层成员，例如历史学家塔西佗。书
信的内容涉及家庭事务、文学、杰出男女的事迹，还有作者亲身
参与的一些重大审判。书信集中也有一些信件的目的是为作者本
人或他的朋友索取恩惠。西塞罗当初对于选举结果、构建政治友
谊、不断改变的权力平衡、某人在元老院内的影响力，以及立法
的细节等问题的关注，在小普林尼的信件中完全缺席。小普林尼
书信集的读者无疑能够感受到，这是一个元首一人掌控的国度。
元首的影响力无处不在，尽管小普林尼对图密善多有指摘，而对
图拉真则不吝赞美。小普林尼的演讲作品中，唯一保留下来的是
一篇献给图拉真的颂词。这很难说是巧合。因为在元首制下，元
老阶层成员对于皇帝恩惠的依赖程度，是西塞罗那个时代的人完
全无法想象的，哪怕那一代人曾经历过恺撒的独裁。[3]

　　来到比提尼亚的小普林尼相当于皇帝的个人代表，一位特别
任命的"奥古斯都的代表"（legatus Augusti）。他由图拉真本人
亲自任命，这一任命并不经过元老院讨论或者抽签。在行省内，
小普林尼的权威超过任何其他人，唯一可能发生的例外就是元首

---

① 指小普林尼的舅舅兼养父，著名作家老普林尼（Gaius Plinius Secundus）。

本人驾临行省，然而这不太可能发生。但图拉真的巨大影响力仍然是不能忽视的。小普林尼随身带来了图拉真做出的一系列指令，这些指令比元老院为西塞罗做出的"建议"涉及面更广，也更具强制性。尽管并非不可能，但行省当地人很难未经小普林尼的允许直接向罗马发起申诉。行省内还有一位财务总管，他负责管理本地的皇产以及部分税收，并且与皇帝本人及其顾问直接联络。幸运的是，小普林尼与本行省的财务总管相处得不错。[4]

比提尼亚-本都并不是一个具有重要军事意义的行省，其驻军至多是一些辅军部队。我们明确知晓的是，这里驻有一支由步兵和一小部分骑兵组成的所谓的骑兵大队（cohors equitata），并且几乎可以确定存在第二支类似的单位，其他部队的存在也不能排除。该行省本来被置于元老院的管辖之下，其总督具有同执政官头衔。元老院为其管辖下的各行省可能出现的空缺职位制定了一份候选人名单，总督人选就从这个名单中抽签产生。元首本人有时会对总督人选提出一些建议，而就算他没有这么做，元老院显然也并不会选择元首不中意的人物。在职的行省总督并没有很大的施政空间，如果事态吸引了元首本人的注意，元首可以随时推翻总督的决定。过往皇帝们的判决也制约着总督的行为，他若想改变相关政策，必须获得在位元首的首肯。奥古斯都在执政初期大概并未向元老院行省的总督颁发指令，但可能在后期开始这么做了，并形成了惯例，被继任元首沿用。[5]

2 世纪初期，比提尼亚-本都行省麻烦不断。历任几位行省总督因贪污遭到起诉，行省内的几座主要城市也互相争抢优势地位，同时还存在着大量滥用公共资金的现象。这种情况下，图拉真决定临时将这一行省置于自己的管辖之下，并派遣小普林尼就

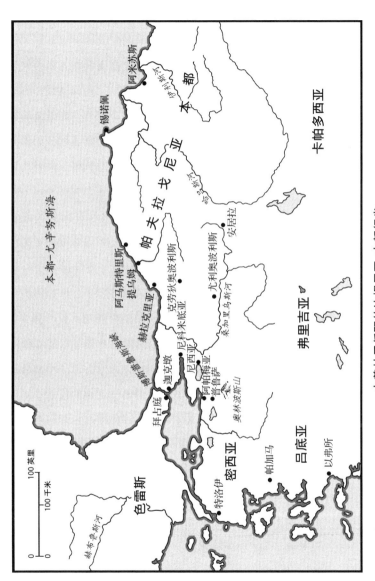

小普林尼任职的比提尼亚-本都行省

任总督。元老院无法抗拒元首的安排，而且他们本就不太可能对此有何不满，因为新任总督仍然是一名元老院成员。[6]

大体来说，同执政官头衔的元老院属省总督和作为皇帝代表的皇帝属省总督，在职权方面并无太多不同。一位成功的元老，有可能在职业生涯的不同阶段分别担任这两种职位。元老院属省的总督在正式场合穿着托加袍，这强调了他的文官属性，而作为武官的皇帝属省总督则会佩剑，穿着军人斗篷和胸甲。前者出行时有 6 名手持束棒的扈从开道，而后者只拥有 5 名，这表明，作为皇帝的代表，他们的权力在名义上低于元老院任命的公职官员。在所有重要的方面，两种类型的总督对行省内驻军拥有的权力完全相同，区别仅仅在于元老院属省的驻军数量远少于皇帝属省。前者总督的任期也更短，经常不会超过 12 个月的传统任期。与之形成鲜明对比的是，皇帝属省的总督任期一般不会少于 3 年，这使得行省的领导层有更好的延续性，并使总督能够处理一些更复杂的问题，无论是在军事方面还是内政方面。小普林尼逝世于其就任时间即将满 3 年之时。我们不知道他的任期本应该是多长时间，但他在就任时带来了一个明确的使命，即在行省内重建财政秩序和行政体系，因此可能并没有一个确定的任期。[7]

总督任上的小普林尼与图拉真之间进行着频繁的书信往来，他经常就具体问题征求皇帝的指示。小普林尼的第十册书信集在其死后得以出版，这一册的内容全部是他与图拉真之间的通信，并且主要写成于他任职总督期间——他从比提尼亚发出的信件，以及图拉真相应的回信，占了全书 121 封信件中的 107 封。尽管我们不知道此书是在怎样的环境中准备和出版的，但图拉真及其幕僚一定批准了甚至可能深度参与了它的出版工作。这一时代诞生了许多技术手册，而在一定意义上，小普林尼在比提尼亚写下的信件有着类似的教导功能，展示了一位好总督应该如何管理自己的行省。小普林尼在处理问题时，习惯参照先例和以往的判例，尽力找出对行省居民最有利的解决方案，并且在不知如何做决定时请皇帝来最终定夺。这明显就是图拉真希望他的统治给人们留下的印象：高效、仁慈、尊重当地传统，并且遵守法律的文本和精神。这些信件中的图拉真对行省居民友善并且关心他们的福祉。在许多记载皇帝们如何回复城市或个人请愿的铭文中，也可见到类似的明君形象。

所有皇帝属省的总督都会向皇帝呈交报告和询问皇帝的意见，我们不知道小普林尼与皇帝书信往来的频繁程度是否超过一般总督。我们也不知道他是否写了更多的信件，但其中有些太过简短或琐碎，因此没有被收录到书信集中。书信集中的信件有这样一种倾向，即每封信只叙述一件事，这并不意味着这些信件都是为了出版而重新编写的，更有可能的是，这是为了方便帝国行政部门在档案库中查阅先例，以便为元首提供参考。有些问题有可能本意就是为了让图拉真做出官方形式的回答，尽管通信双方应该都能想到，信件最终有可能被结集成册并被出版。信件中经常出现的一个主题是要求皇帝为行省派出各种专家。小普林尼曾请求图拉真从意大利或军事行省调来诸如建筑师和测量师等专家。这里提到军事行省，是因为军中盛产娴熟的技术人员。然而图拉真只有一次同意了小普林尼的请求，允诺将命令默西亚（Moesia）行省总督派出一位专家来指导一个复杂的运河工程。除此之外，皇帝无一例外地回复说：不仅比提尼亚，任何一个行省都可以在本地人中找到称职的专家。这是个程式性的回复。[8]

总体上看，小普林尼的第十本书信集应该并非虚构。它为我们提供了关于元首制下行省总督的最详尽的资料。我们值得花时间将其与西塞罗发自奇里乞亚的信件进行对照。2 世纪早期的环境显然迥异于公元前 1 世纪中叶。任职总督的小普林尼一定给亲友和其他相识者写了大量信件，但这些通信没有被出版。真正重要的是元首、总督和行省当地人口这三者之间的关系。自始至终，小普林尼称呼图拉真为 domine①，即主人或君主。而图拉真则回以"亲爱的塞孔杜斯"。奥古斯都并未被认真地称呼为 dominus，但在其继任者的治下，包括那些被认为尊重元老院的贤明之主的执政时期，这一称呼变得普遍。皇帝对总督的回复中，有些信件风格正式，这显示它们出自皇帝身边的秘书之手。但信件中对总督们表达出的亲昵和愤怒，显然是皇帝情感的真实反映。⁹

比提尼亚-本都：浪费、腐败与对立

小普林尼的行省管辖范围主要包括小亚细亚半岛的黑海沿岸地区，自西边的博斯普鲁斯海峡一直延伸至东边的阿米苏斯城（Amisus）。庞培击败米特里达梯之后对地中海东部地区进行重组，比提尼亚-本都地区在这一过程中成为罗马的一个行省，当时制定的许多行政安排在小普林尼的时期仍然有效。尽管这一地区的主要人口居于乡村，重要的行政部门仍然聚集于城市。这些希腊文化主导的城市贡献了数位 2 世纪最杰出的希腊作家。在罗

---

① domine 为拉丁语 dominus 的呼格形式，意为主人。

马时期之前，当地城市由当地王国指派的总督管辖，因此比起其他一些地区的希腊城市，本地的自治传统要弱一些。在南方，与比提尼亚-本都接壤的是元老院属省亚细亚，以及皇帝属省加拉蒂亚。[10]

负责管理比提尼亚-本都行省部分沿岸地区的是一位骑士阶层的官员——本都海岸长官（praefectus orae Ponticae）。总督的这位下属可能掌握有一支独立于行省驻军的小部队。此外，行省还拥有一些战船，它们组成了本都舰队（classis Pontica）。但将上述所有兵力相加，行省内的驻军也不太可能达到2000人。比较可能的是本地驻军总数刚好达到四位数，而如果有些部队处在不满编的状态，总兵力将会更少。距离比提尼亚-本都最近的重要军事力量驻扎于卡帕多西亚，而这支驻军很难在有事时及时赶来。因此，罗马人显然不认为这样一个非边境行省可能面临什么严重的军事挑战，而上述兵力也的确是一个元老院属省的常规配置。根据小普林尼的通信记录，他并不认为自己的行省中存在哪怕最小的叛乱风险，也不认为有必要花费夏季时间进行任何军事行动。行省中有可能存在盗匪问题，但一定远比西塞罗在奇里乞亚面临的问题轻微。小普林尼麾下的比提尼亚-本都行省驻军在很大程度上扮演的是准军事的警察部队的角色，以及担任总督和其他官员的护卫队，甚至参与行政工作。[11]

元首制的建立并未给罗马行省政府的基本结构带来太多改变。多数日常事务仍旧由本地社区自行解决。我们对小普林尼行政班子的细节所知甚少，但显然它的规模不会比西塞罗在奇里乞亚的"大队"大多少。小普林尼手下有一位副手，叫作塞尔维利乌斯·普登斯（Servilius Pudens），他可能是皇帝亲自指派的。一般来说，元老院属省总督的副手由元老院指定。与共和国时期一样，总督有权将友人作为助手带到行省来。总督的友人们可以组成顾问团，为他出谋划策。这种幕僚团体的存在不仅对任何一位行政官员来说是恰当的，对元首本人来说也是如此。总督也被允许向其幕僚分派任务。同样是在 2 世纪，一位后来成为知名作家的元老院成员马库斯·科尔内利乌斯·弗隆托（Marcus Cornelius Fronto）被任命为亚细亚行省总督。他在接到任命之后立即开始征集幕僚：

> ……朋友们的帮助将会让我更好地应对严苛的工作。我召集了家乡的一些以忠诚和廉洁闻名的亲属和友人。我致信亚历山大的密友们，要他们尽快赶往雅典，在那里与我会合……我还从奇里乞亚召唤来了一些杰出人士……［弗隆托提到，他曾为奇里乞亚的某些个人和社区做过一些事情。］此外，我还从毛里塔尼亚请来了尤利乌斯·塞内克斯（Julius Senex），他对我忠心耿耿，是我的亲密伙伴。请他来助我一臂之力，不仅是因为他的忠诚和对工作的热忱，也因为他精力充沛、不知疲倦，并且曾有力地清除匪患。[12]

与共和国时期相同，国家提供的公职人员数量非常少，因此总督的工作严重依赖其家族与友人的辅佐。有时这些助手能够很好地胜任分派给他们的工作。弗隆托称来自亚历山大的朋友们——可能其中就有历史学家阿庇安——"非常博学"，他们将负责他的希腊语通信工作。在一个几乎没人使用拉丁语的东方行省，处理希腊语文书可能意味着总督事务的一大部分。还有一些人成了专事辅佐总督的专家，并以此为业，例如弗隆托提到的强盗猎手尤利乌斯·塞内克斯。但最终，弗隆托因病未能就任亚细亚行省总督，他的苦心安排也没能派上用场。

根据一份铭文记录，165 年 5 月 1 日，马其顿行省的同执政官衔总督访问萨莫色雷斯岛（Samothrace）的一座神庙时，随行人员如下：4 位朋友、3 个持束棒的扈从、3 个信使、15 名奴隶以及 5 名辅军军人，其中一名是低级军官，另一位担任信使的角色，因此可能是一名骑兵士兵。在场的还有一位皇室奴隶，还有属于上述人员中的某几位的三四名奴隶。所有这些人都参与了神庙的祭祀活动。列席的一定不是总督的全部随行人员，而这里面出现的扈从不是 6 名而是 3 名，也比通常情况少。他的护卫队也显得单薄，因为一般来说，更低级的官员也会拥有更多的护卫人员。根据官方规定，本都海岸长官的护卫队只应包括 10 名挑选出来的士兵、2 名骑兵和 1 个小普林尼的部队派出的百夫长。然而在实际操作中，他使用了更多的士兵作为警卫，并且对小普林尼和图拉真说，他确实需要这么多人。在图拉真进行干涉之前，小普林尼默许了他的行为。小普林尼还提到，行省的财务总管也拥有 10 名经过挑选的士兵作为护卫。然而，这位财务总管的助手，一位名叫马克西穆斯（Maximus）的皇室释奴，坚称他还需要 6 名士兵。作为回复，小普林尼在财务总管前往帕弗拉戈尼亚（Paphlagonia）征粮时为他加派了 2 名骑兵，保证其旅途安全。图拉真对小普林尼说："你应允我的释奴马克西穆斯的要求并加派士兵，决定很正确。"但皇帝也说，以后给他 4 名士兵就足够了。[13]

一位总督竟会写信向皇帝询问如何派遣几位普通士兵，这不免让人吃惊。也许这样的询问是为了获得官方回复，以便为此类问题提供先例。图拉真反复强调，应尽量避免从军营中抽调士兵去承担非军事工作，但他也允许在现实需要面前放宽标准。于是，上述两位官员都获得了比原定数目更多的士兵。然而，当小普林尼使用士兵替代工作不力的公职奴隶来看守监狱时，图拉真命令他停止这一权宜安排。小普林尼申请派遣一位百夫长和一些士兵前往尤利奥波利斯城（Juliopolis）以维持当地的交通秩序，但这一申请同样遭到皇帝拒绝。皇帝认为，如果允许这种行为，将会立下一个危险的先例，促使其他城市提出类似的要求。皇帝的态度反映了罗马当局的两个倾向，即希望军事单位尽量处于满员且训练充分的状态，同时希望行省当地社区自行解决内部事务，而不依赖帝国政府的干预。[14]

像比提尼亚-本都这样的元老院属省仅拥有少量驻军，因此繁重的非军事任务很容易使其陷于无兵可用的境地。军官尤其容易数量不足，因为他们比普通士兵更适宜执行各种杂务。军队自身也需要受过教育的人来从事内部管理，特别是对那些离开军营执行公务的人员的管理。一般来说，元老院属省的驻军只有辅军，其成员的受教育水平参差不齐，往往取决于兵员的具体招募地点。同样也有一些例外，例如，驻于努米底亚行省的第三"奥古斯都"军团（Legio III Augusta）每年都会派遣一个大队前往阿非利加行省——一个元老院属省，这个大队会暂时归于阿非利加总督的节制之下。军事行省的总督能够使用的人力资源则多得多。每个军团都有自己的军团长，还拥有 6 位军事保民官，其中 1 位出自元老阶层，其余 5 位出自骑士阶层。此外，一个军团还有 60 名百夫长。而且，据估计，一个军团还有大约 100

名更低级别的军人可以为总督承担行政工作，成为其工作团队（officium）的成员。综上所述，在一个驻有 3 个军团的行省，可以为总督所用的，有一系列不同级别的军官以及 300 名左右可承担行政工作的士兵。其中的军官可以加入总督的行政班子，也可以单独执行任务。这还没有算进总督自己的武装警卫以及抽调自辅军的骑马或不骑马的个人护卫。此外，总督还可以调遣自己的亲友、奴隶和释奴，尽管其属下的公职人员数量比不上元老院属省的总督。总督可使用的人力资源看似可观，但其中的不少人员需要维持一定的备战水准，甚至可能需要参加正在发生的战事。3 个军团的管理、装备和给养本身就意味着庞大的工作，哪怕是在和平时期。这显然已经耗费了总督及其管理团队相当大的精力。[15]

总督的随行人员在元首制时有所增加，但这并不是一项旨在提高其行政能力的刻意改革，也不具有强制性。共和国时期，总督上任时被允许带上他已过青春期的儿子，但他的其余家人必须留在意大利本土。总督也不能携妻子前往行省，尽管他们中有人会将情妇带去，或者在行省当地找到伴侣。这一情况在共和国末期的内战期间开始改变。包括庞培和马克·安东尼在内的一些人物在前往行省赴任时带上了他们的配偶，尽管在作战时并没有让她们随军行动。元首制之初，奥古斯都在旅途中的大部分时间内，他的妻子利维娅都陪伴在他身边。奥古斯都家族内的年轻成员如此效法，因此这种行为很快成为多数总督和大量军官的习惯，毕竟官员们在行省任期的时间比以往大大延长了。《马太福音》中，本丢·彼拉多的妻子与他同时居住于耶路撒冷。正是她关于耶稣的梦使彼拉多不愿承担杀死耶稣的责任。[16]

提比略时期，一位经历过漫长军旅生涯的元老院成员提议元老院发起投票，禁止总督携妻子上任。此人在其参与的 40 次军事行动中从未带上自己的夫人，但这对夫妻却诞下了 6 名子女，并拥有着至少在他自己看来十分幸福的婚姻生活。他认为，携带女眷会妨碍军事行动，而且有些总督的夫人有干涉军务的倾向，或者易于听信行省当地人的谗言并给丈夫吹枕边风。然而此人的提案激起了强烈的反对，甚至没有被提交表决。小普林尼也将妻子卡尔普尼亚（Calpurnia）带到比提尼亚。这位夫人于是也不得不忍受了颠簸的海上航行和炎热漫长的车马劳顿。[17]

元首制下的罗马政府并未为行省指定永久的治所或行政中心，尽管有些总督在一座或数座城市拥有舒适的官邸。如同西塞罗时期的总督一样，小普林尼在行省内的不同城市之间来回旅行，在四处主持巡回法庭。这也是总督的行政队伍规模有限的原因之一：他们不得不伴随总督四处巡游。成为巡回法庭举办地对一座城市来说仍然是极大的荣誉。在元首制时期，总督不再像西塞罗那样停留在一个固定地点主持法庭，让参加审判的民众自行前来。总督往往将大量时间花在了旅途上。在条件允许时，他们也会乘船旅行。

元首制时期，总督的旅途轻松了一些，这得益于覆盖各行省的全天候道路网络，以及新建立的帝国邮驿系统。在这一系统中，各地的驿站可以为公务旅行者提供马匹和其他交通工具。地方社区则被要求提供上述服务所需的牲畜、交通工具、车夫和向导，这有时会为当地居民带来沉重的负担。使用驿站设施的许可证由皇帝本人颁发，其中一些分配给了行省总督，但经常会被滥用。小普林尼曾给图拉真写信，为他发给妻子许可证的行为做解释，这时他的妻子正因祖父去世而需要赶回家乡。图拉真批准了小普林尼的请求。除了驿站，主要城市往往拥有官办驿馆，道路沿线也有被称作 mansiones 的住所，以便为旅途中的公务人员提供住宿。尽管如此，交通设施远称不上完善，因此旅行中的总督往往需要投宿旅店，与普通旅客共处，或者在野外扎营。小普林尼抵达行省时大约 50 岁，身体说不上十分强健，因此就任总督对他来说是一项艰苦的任务。有些总督甚至比小普林尼更老。一般来说，任职行省总督者至少已入届中年。[18]

每座城市都拥有自己的法庭，足以自行解决大多数本地的法律纠纷和案件。交由总督审理的案子则更重大一些，包括许多谋杀案、涉及藐视罗马权威的案件，以及社区之间的争端。罗马公民涉案时，或者地方显要人物对本地法庭的判决不满而提起上诉时，案件也会被呈交总督。理论上说，认为总督判决不公的话，涉案人还可以直接向皇帝提出上诉，或者如同西塞罗时代一样，设法拖延审理过程，一直拖到下任总督就任。总督在每个巡回法庭地点停留的日子是有定数的。一般来说，交由他审理的案件会被事先公布，但总督可以自行决定优先审理哪些案件，或者根据自己的判断，决定在哪些案件上花费更长的时间。待审案件的数量似乎总是远超总督的能力范围，因此一些涉案人不得不等待很久，而且也许等待数年也不会有任何结果。但是与往常一样，更具影响力的人物总是更有机会接近总督，达到自己的目的。[19]

小普林尼正要离开普鲁萨城（Prusa，今土耳其布尔萨）之时，一位市政官员请求他处理一起诉讼，起诉方是一位本地贵族，而被告是他的政敌演说家狄奥·克吕索斯托姆（Dio Chrysostom）。狄奥承接了一个公共建筑项目，此时尚未完工。

项目被指存在挪用公款的现象,指控还含沙射影地说,他在承建公共建筑时,在家族墓地的附近竖起了一尊图拉真雕像。鉴于涉事人员非比寻常,小普林尼决定延长他在本地的停留时间以处理此案。然而,原告一方的律师克劳狄乌斯·厄莫尔普斯(Claudius Eumolpus)需要更多时间来为案件做准备,因此请求总督待到在其他城市主持巡回法庭时再审理此案。于是,小普林尼向图拉真去信说:

> 我设法在尼西亚(Nicaea)处理此案。但当我刚刚就座,正要听取双方陈述,厄莫尔普斯却请求休庭,说他仍然没有做好充分的准备。与此同时,狄奥却要求立即开庭。双方争论了很久,其中有些争辩是关于案件本身的。最终,我决定休庭,以便可以请示您的意见,因为这案件可能会创造一个判例。我让双方以书面形式呈交了他们的要求,因为我希望您可以通过他们自己的文字了解案件。

原告方认为这一处置对自身不利,并且未在小普林尼给皇帝去信之前呈上陈述词。皇帝雕像一事,对某些敏感的前任皇帝来说,可能会被视为一桩大案,但图拉真对此事不置可否,而是将注意力全部集中在重要的指控上。他要求狄奥为小普林尼提供建设项目的全部账目。比提尼亚和罗马之间的书信往来至少需要几个月的时间,我们不清楚这一案件是否最终解决,又花了多长时间解决。无论那时还是当代,法律纠纷往往旷日持久,参与者想方设法利用制度、拖延时间、使用各种指控来占用时间和中伤对手,并寻求当权者的青睐以使本方获利。[20]

小普林尼对过往判例的关注实际上反映了罗马行政体系方方面面的情况。有时，查阅判例只是例行公事，但先例无疑对所有相关方都至关重要。阿帕梅亚城是一座罗马殖民城市，地位较普通城市更高。小普林尼之前，从未有总督调查过此城的公共账目，但小普林尼决定开这个先例，因为他就任时带来的一项重要任务就是恢复本地城市的财政秩序。但他被告知：只要他在审查记录中写明，本城在此之前从未有义务服从这样的审查，那么城市当局将很乐意让他查阅账目。小普林尼将阿帕梅亚城提交的文档寄往罗马，以便获得图拉真的支持，后者回复说，总督应根据元首本人的命令对城市财政账目进行审查，而这是特殊情况下的临时处置，并不改变城市的地位，也不会成为将来可以被引用的判例。[21]

小普林尼在审理案件时会参考当地律法、历史案例和具体判例，包括庞培和皇帝们曾经做出的判例。他也会将自己对于罗马法律的理解用于审判。很多情况下，这些判例的应用范围为仅限于特定族群，通用于整个行省的判例并不多见。每个行省都有自己的既有律法和惯例，罗马人也从未尝试建立一种适用于整个帝国的司法体系或公民权体系。一位总督在别处的行政经验往往也无法用于当下的判决。很少有人在从政生涯中两次任职于同一行省，也没有迹象表明一个人对某个特定地区更熟悉会使他更有可能被任命为这一地区的官员。

考虑到行省总督的流动性，他们的随行人员不可能携带足以应付可能遇到的每一种情况的案例记录。因此，总督审理案件所需的依据，就需要由涉案人和地方政府提供，在这种情况下，他们需要同时提供足以证明判例真实性的文件档案；总督也可以请求皇帝在这方面提供帮助，皇帝的文书团队，尽管以现代标准来说规模有限，但足以提供以往在罗马发生的判例。根据图拉真与小普林尼之间的书信，图拉真往往不愿做出新的判决，而宁愿尊重过往的皇帝们做出的判例，哪怕其中有些皇帝，例如图密善，曾受到广泛的非议。也许不仅小普林尼，所有行省总督都有必要就各种问题向罗马寻求意见，而这必然意味着许多案件的审理过程被大大拖延。如此，行省人之间的纠纷使罗马当局不得不卷入它此前从未关注过的各种问题。[22]

总体而言，与共和国时期类似，比起罗马当局，行省人扮演着更为主动的角色。他们带着问题和纠纷来求助于小普林尼，因为他有权力做出裁决。没有迹象表明，罗马城中曾有权贵向小普林尼施压，要求他照顾自己在行省内的业务。包税商仍旧承担某些徭役和税费的征收工作，而直接税款则由国家负责。同时，协助当局征税的本地社区又反过来将税收工作委托给当地的私人承包商。元首制时期，随着政治生态发生变化，包税商及其靠山的金钱已无法对罗马的选举和政治竞争施加重要影响。毫无疑问，此时的政治体制中仍旧存在大量的腐败行为，但已经没有任何团体有能力对总督的决策施加影响。与此前相仿，地方上仍旧活跃着大量利益集团，他们竭尽所能拉拢有权势的罗马人，以便对总督施加影响。此时，越来越多的地方权贵获得了罗马公民权——这一现象首先在地中海西部地区变得普遍。比起其同胞，这些罗马公民身份的持有者自然更容易引起当局的关注。[23]

罗马政府关心的是使行省社区保持足够程度的稳定与繁荣，以便使其有能力缴纳赋税；使其居民彼此和睦相处，并乐于接受帝国统治。罗马当局倾向于放任行省社区自行处理内部事务，这一点在小普林尼和图拉真之间的最为人所知的两封信件中表露无遗。通信的主题是如何处理某座城市的地方当局抓捕并交给小普林尼的基督徒。小普林尼告诉皇帝，他处决了那些拒绝放弃基督信仰的非罗马公民，而那些持有公民身份者，则被押解往罗马以便在那里接受审判。任何一位嫌疑人，只要声称自己不是基督徒，并且通过发誓、参与祭祀和咒骂基督之名来证明这一点，就会被立即释放。图拉真认可了小普林尼的做法，但补充说："不应搜捕这些人；但如果他们被带到你面前，且对其的指控被证实，你就必须惩罚他们。"

基督徒是否会被搜捕取决于行省当地领袖的态度。如果他们没有注意到基督徒的存在，或对其活动毫不在意，那么什么都不会发生。公元64年，尼禄将基督徒作为罗马城大火的替罪羊，而基督教也在同时被宣布为非法。而图拉真和3世纪中叶之前的多数皇帝都不曾将基督教视为一个重大威胁，这可能是因为基督徒的数量仍旧十分有限，或其活动仍旧显得微不足道，不足以威胁罗马的统治。根据小普林尼的调查，基督徒作为一个团体并无危害，其唯一的过错在于"过度的迷信"。他的处理方式则耐人寻味：处决那些被带到罗马当局面前的基督徒，却又刻意不去追捕社会上的基督徒。只有在本地权贵对基督徒的存在感到担忧时，基督徒才会遭受迫害，因此这种迫害并不多见，影响也局限于当地。而罗马当局关心的，只是让本地社区保持满意。[24]

行省总督将大量精力用于处理当地人提交给他的案件。与之相似，在更高的层级上，罗马皇帝也总是在回应地方上的请愿和上诉。尽管如此，我们仍旧不能认为他们扮演的是完全被动的角色。小普林尼作为特别任命的总督，其任务是解决行省的财政混乱，而甫一就任，他就主动对行省内的各行政环节进行了广泛的调查。前文中我们已经了解到，小普林尼曾短暂地指派士兵去监督那些管理监狱的公职奴隶。图拉真命令小普林尼停止这一操作，要求他确保公职奴隶们各尽其责，并对他说，这一工作有赖于他本人的"坚定和勤奋"。另有一次，小普林尼发现，在尼西亚和尼科米底亚，有些人原本被判死刑、在矿山中服劳役，或在竞技场中角斗，却不知怎的摇身一变，成了在当地社区服务的公职奴隶，甚至还领着一份年薪。总督查阅档案，也没有发现他们是怎样逃脱惩罚的。图拉真针对此事回复，强调司法系统不容有这等疏漏，并指出，过去 10 年内的所有判决都应立即被执行。但皇帝也有网开一面的时候："如果犯人年迈，且判决事件早于10 年之前，那么他们可以被安排去从事一些与原判决相差不远的工作，例如清扫公共浴场和下水道、维护街道和路面等此类人经常被发配去做的工作。"[25]

　　有一类问题特别容易引起总督的关注，即那些烂尾、延期或质量堪忧的大型公共工程。这些公共工程无一不耗资巨大。尼科米底亚有两座引水渠工程在完工之前遭到抛弃，两项工程此时已分别耗费了 331.8 万和 20 万塞斯特斯。尼西亚在一座剧场的建设上耗费了超过 1000 万塞斯特斯，工程却因地面沉降而未完成——小普林尼提到，数位显要人物曾承诺为这座剧场提供装饰物品，但没有任何承诺得到兑现。同样是在尼西亚，人们耗巨资开工建造一座新运动场，用以替代毁于火灾的老建筑，但工程进展缓慢。在克劳狄奥波利斯（Claudiopolis），浴场的建设同样停滞不前，这一工程的资金问题更是引起小普林尼的关注。在普鲁萨，那项使狄奥·克吕索斯托姆身陷官司的公共工程也陷入停滞。狄奥希望当局能够接管这一项目——也许是期待当局承担其开销。人们总是期待市政官员和当地贵族为公共工程慷慨解囊。他们以此争夺名望，而城市之间则相互比试谁拥有最宏伟的建筑。如同今日的政客，他们更关心宣布伟大工程落成带来的荣誉，却没有多少人愿意承担工程过程带来的艰辛。

在针对上述问题的回复中，图拉真基本上都将决定权交给小普林尼。皇帝说，亲临现场的人才能做出最妥善的安排，同时表达了他相信小普林尼拥有良好的判断力。皇帝将尼西亚剧场的命运交给小普林尼：他需要决定是对剧场进行维修，还是采取更实际的做法，即拆除重建。图拉真提到，待到工程主体部分完工，装饰物件应由那些做出过承诺的捐献者提供到位。至于尼西亚的运动场，皇帝建议当地人更加现实一些，并且指出："小希腊人"（拉丁文原文为 Graeculi）是如此钟情于健身场所，而这使他担心他们的运动场修建计划过于雄心勃勃而不切实际。皇帝要求小普林尼对克劳狄奥波利斯的浴场项目进行调查，但再一次强调：没有必要从罗马或驻军行省调来建筑师，因为本行省内一定存在足以胜任这一工作的人选。图拉真要求小普林尼确保尼科米底亚的引水渠顺利完工，以便保证城市的供水。皇帝十分关心这一工程中存在的资金浪费问题，命令小普林尼找出责任人。[26]

小普林尼也向皇帝转达了本地社区领袖关于新建设项目的申请。例如，普鲁萨想要得到建造新公共浴场的许可，以便替代老旧且维护不善的老浴场。若是其他时候，这样的工程通常并不需要得到帝国当局的认可，而这时的新项目却需要得到政府批准，这反映出的是行省内公共建设项目中丑闻和弊案的泛滥。普鲁萨计划挪用其他经费来建造公共浴场，被挪用的资金本应该用于为市民免费供应橄榄油。与橄榄油不同，新的公共浴场可以为"城市的荣耀"再添光辉，还可以证明"总督您的统治带来的繁荣"。图拉真指示小普林尼：只要城市资金充足，财政状况足以负担工程开销，并且无须为此额外征税，那么就允许他们这么做。[27]

在其他事例中，小普林尼未等地方提出申请，便主动萌生了启动某些建设项目的想法。例如，他认为锡诺佩（Sinope）需要补充供水，便建议修筑一条引水渠。图拉真批准了他的建议，条件是锡诺佩有足够的经济实力以支撑这项工程。我们也许会想起，本丢·彼拉多挪用耶路撒冷圣殿资金修建引水渠的举动引起了犹太人怎样的抗议。在阿玛斯特里斯（Amastris，今天的土耳其阿玛斯拉），小普林尼发现城市的主干道尽管建设得宽阔大气，路旁却能看到露天的臭水沟。他提议将这些水沟封闭以便去除恶臭和保障公共卫生。小普林尼向皇帝保证，城市完全可以承担这项工程的开销，并再次获得了皇帝的批准。总督最宏大的一项计划是挖掘一条运河，连通大海和尼科米底亚附近的一个湖泊，以便使大宗货物的运输更加便捷。他对图拉真说，这一工程"配得上您不朽的名讳和荣耀，并把实用性和壮美的外表结合了起来"。上文曾提及，从不为小普林尼调配技术人员的图拉真，曾一反常态地从默西亚调来一位军事工程师，帮助他指导运河工程。这一令人印象深刻的例外就发生于此时。皇帝和总督都强调，谨慎和精准的规划对于此类工程的成功至关重要，并且指出错误的计算可能带来严重的后果，甚至可能导致要把湖水抽干。[28]

任何工程，只要涉及大量水的控制，都会非常复杂。阿非利加行省的一段长长的铭文记录了另一位工程专家的经历。他名叫诺尼乌斯·达图斯（Nonius Datus），是一名退伍军人，被派去指导一条引水渠的修建工作。该工程涉及穿过山丘的隧道。诺尼乌斯·达图斯事事皆不如意：他在赴任的路上遭遇强盗，"只身逃脱，还负了伤"。在他抵达现场前，隧道已经开工了。当地人决定从山丘的两面同时挖掘。然而根据测算，此时两条相向而行的隧道的总长度，已然超过了山的宽度，这说明至少其中一条隧道没有走直线，而两条隧道将不会交会。在一片绝望的气氛中，当地人似乎打算放弃这项工程了，至少这位工程师的记录中是这么写的。但最终，经过了仔细的测量、缜密的规划，以及来自海军部队和辅军的人力援助（来自不同部队的士兵在工作中甚至会相互竞争），达图斯得以完成这项工程。[29]

良好的供水改善了城市居民的生活，哪怕更多的水流向了富人的宅邸，或用来满足公共浴场的庞大用水量。提供此类服务的人自然希望获得居民的赞扬和感恩。罗马引水渠标志性的高大拱券在工程上并不总是必需的，但它们可以使引水渠显得更加高大挺拔，使人们记住修建者的功绩。小普林尼和图拉真都十分关心行省居民的福祉。他们不仅关注基础设施的建设，也关心弱势群体的状况，例如那些被无力抚养孩子的父母抛弃，并被作为奴隶养大的人们。小普林尼曾提议在尼科米底亚建立一支消防队，那里的一场大火毁灭了不少私人宅邸和公共建筑。这场大火似乎发生于那场烧毁运动场的火灾之后，这表明如同多数古代城市，尼科米底亚也时刻面临火灾的威胁。然而图拉真却认为有意识的干预可能会适得其反：

> 你很可能会产生这种在尼科米底亚建立消防队的想法……但我们必须记住，就是这样的团体导致了行省内部的

政治混乱，尤其是在城镇中。一旦人们为了某个共同目的聚集起来，无论我们给予他们怎样的名称，无论他们出于怎样的原因而走到一起，这些人过不了多久就会演变成一个政治团体。更好的举措是提供必要的救火设备，教导房主使用它们，并让他们在必要时寻求众人的帮助。[30]

在罗马城，奥古斯都曾创建了宵警营（vigiles），这是一支负责救火和夜间治安的准军事力量。奥古斯都设立这一单位的部分原因是公元前19年发生了一次未遂政变。政变的发起者正是组织了一支属于自己的私人消防队。图拉真认为任何有组织的团体都有可能演变为一支政治力量，尤其是消防队。这一担心不无道理。毕竟消防队的成员必须身强体健，却只是偶尔才能派上用场。宵警营处于帝国政府的严密控制之下，而且罗马城中还有其他力量相制衡。罗马城作为世界上最大的城市，也是士兵和其他穿制服的人员数量最多的地方，他们的总数在2世纪末大约有2万人。如果尼科米底亚拥有一支消防队，尽管其员额至多数百人，但它对于本地政治来说将会构成一支无法比拟的强大力量。规模较小且分散部署的行省驻军也无法和这支消防队形成制衡。[31]

图拉真对此表示担忧，并指示小普林尼确保救火设备随时可用，但他并不打算进一步干预。罗马当局从来不愿直接干预地方事务，也不想组织和管理地方上的公共服务，但同时也无法放心地放任地方豪强扮演这一角色。因此，罗马政府倾向于让当地民众依据旧例，以非正式、非制度性的方式去处理问题。但这种做法显然无法有效率地应对火灾，尽管我们应该注意到，罗马人不会取缔业已存在的消防组织。尼科米底亚和本地区的其他城市在此前的历史上从未拥有过消防力量，而恰恰是小普林尼，一位来自罗马的局外人，提出了建立消防队的设想。图拉真可能想说，至少从他的角度来看，维持现状是最好的办法。

图拉真暗示，该行省内的各城市在近期都受到了政治纷争和暴力行为的困扰。火上浇油的是，不同族群为了争夺主导权而长期竞争，各主要城市也从不间断对更高地位的追逐。如我们在上一章所见，类似的竞争和对立在帝国各处屡见不鲜。在比提尼亚-本都行省，这一对立未曾导致族群间的暴力行为，更不用说对罗马统治的反抗，取而代之的是城市内贵族之间的竞争。众多超出这些贵族的能力的宏大工程终告失败，这反而给了另一些贵族机会，使他们有机会公布新项目以压倒竞争对手，或者指责对手曾犯下种种错误。有些时候，这种竞争会导致骚乱甚至更糟糕的情况，狄奥·克吕索斯托姆的一些演讲作品记录下了其中的某些事件。有人指控说他在粮食短缺时囤积居奇，而他在为自己辩护时，提到一伙暴民曾攻击他的宅邸。狄奥是富甲一方的人物，至少在他受到帝国政府青睐时，是有能力为不止一座城市的饥民慷慨解囊的。这样的人会因为其善举而受到人们称颂，但随后也有可能因为没能满足任何一个地方的民众而受到指责。[32]

行省驻军的规模十分有限，这意味着罗马当局根本没有足够应对骚乱的资源。有些城市拥有自己的治安和警卫力量，出于与消防队相同的原因，当局不允许此类力量过于强大。在这种情况下，能够用来对抗一伙暴民的，往往是另一伙暴民。总督和其他罗马官员的护卫队可以保护他们，使其免遭诺尼乌斯·达图斯遭遇的强盗抢劫，但不足以应对更大的威胁。未来将成为罗马皇帝的韦斯巴芗在担任阿非利加行省的同执政官衔总督时，曾遭到愤怒的人群投掷萝卜。他唯一可以凭借的，就是罗马帝国强大却遥远的武力的威慑。就算总督身边有一支庞大的军队，其兵力往往也不敌一座大城的居民。命令士兵对人群展开攻击通常会奏效，但如果暴动人群过于庞大，其中还有准备好使用暴力的有组织团体，那就胜负难料了，而且贸然行动可能会使事态恶化，就如同公元 66 年在耶路撒冷发生的事情。圣经在描述对耶稣的审判时，提到彼拉多无法拒绝人群的要求，这反映了一个许多罗马总督不得不面临的现实：他们可以倚赖的力量，一半来自实际拥有的兵力，剩下一半则来自虚张声势。[33]

不法之徒

法学专家乌尔比安曾说：

> 一位称职、有责任感的总督应当使他的行省和平安定。做到这一点并不难，只要他认真地驱除不法之徒，将其绳之以法。他应当缉捕那些亵渎神灵的人、强盗、绑匪还有窃贼，使他们中的每一个人受到与其罪行相应的惩罚。他还应逮捕那些窝藏罪犯者，因为如果缺少包庇者的帮助，没有任何罪犯可以逃脱追捕。[34]

与这段话相印证，弗隆托雇佣尤利乌斯·塞内克斯，就是看中他在捉拿盗匪方面的经验，也因为他曾公开重申罗马人的主张，即居住在犯罪现场附近的人有义务帮助当局缉拿罪犯，不然就应被认定犯了包庇罪犯的罪行。

现代学者通常认为盗匪活动在罗马帝国是一种流行病般的普遍现象，甚至有时推而广之，认为在整个古代世界都是如此。学者们倾向于认为帝国当局无力根治盗匪行为，甚至无力有效控制该现象。

有些学者更进一步，认为元首及其代表对于匪徒活动漠不关心，除非罗马人、其他重要人物受到威胁，或者罗马统治体系或税收受到影响。根据这一观点，匪徒活动是生活中的日常现象，任何人都将遭遇盗匪被视作不可避免的事情。而法律条文也在涉及损失的赔偿时，将死于匪徒之手或被匪徒绑架看作与火灾、风暴和洪水等自然灾害并列的不可抗力因素——用现代通俗的话来说，这就是"天意"。[35]

小普林尼在较早的一封信中提到，他的一位骑士阶层的友人在意大利北部旅行时失踪。这位友人的儿子前往当地寻找父亲，但小普林尼对此表示悲观，并提起了几年前一位叫作梅提利乌斯·克里斯普斯（Metilius Crispus）的科穆姆年轻人失踪的往事。当时，小普林尼在罗马军团中为克里斯普斯争取到一个百夫长职位，并且赠予他 4 万塞斯特斯，让他购置一名军官应有的一切装备。但这位年轻人消失在从军路上。"他是被自己的奴隶杀害，还是与奴隶一起被害了呢？没人能知道。无论如何，克里斯普斯和他一行中的任何人都再也没有出现过。"可以理解，一些奴隶渴望逃离被奴役的生活：在比提尼亚，小普林尼发现两名奴隶企图通过参军的方式摆脱奴隶身份，而参军是自由人才享有的权利。忠于主人的奴隶会在旅途中为主人提供保护，但对想要逃亡的奴隶来说，途经僻静之地意味着逃脱的良机，如果他们彼此协作，成功概率还会更大。显然，在作为奴隶主的小普林尼看来，死于自己奴隶之手的可能性丝毫不亚于死于盗匪刀下。罗马法律规定，如果一户人家中有哪位奴隶杀害或企图谋杀主人，那么这户人家拥有的全部奴隶都应被处决。该规定由尼禄引入。甚至许多元老院成员也认为将无辜的奴隶与有罪者一同处死的做法过于残酷。至于逃跑的奴隶，罗马人认为他们与逃兵一样，很有可能会落草为寇。[36]

一些罗马人的墓志铭表明他们死于匪徒之手。例如，一份在上默西亚（Moesia Superior）发现的墓志铭属于"斯克维艾杜斯·西泰斯（Scerviaedus Sitaes），享年30岁，为匪徒所害"。墓碑是死者的儿子和儿媳所立，可能他们年少成婚，也可能墓碑是在死者过世数年之后才竖立的。这些涉及盗匪活动的墓志铭仅占罗马时代留下的大量墓志铭的一小部分，但绝大多数墓志铭并未说明死者的死因。在这一小部分有关强盗的墓志铭中，我们能读到一些凄惨的故事。有时夫妻二人双双遇害，有时一个小女孩被杀，只因强盗觊觎她的首饰。使徒保罗描述自己的传道之旅时，将"匪灾"与"水灾"等其他危险相提并论，并提及，他的讲道曾招致犹太人和非犹太人的攻击。诺尼乌斯·达图斯一行人遭到抢劫但得以生还，这说明并不是所有的匪徒都决心置人于死地，尽管他们中的很多人的确嗜杀。出身奴隶的斯多葛学派哲学家爱比克泰德（Epictetus）声称，明智的旅行者不会冒险独自穿越传闻有盗匪活动的地区，而会"等待有外交使节、总督下属或总督本人经过时，与之同行。如此可保旅途无虞"。弗隆托显然预料到匪患会是他将要接手的行省中的一个需要特别留意的大问题。能够有效控制暴力犯罪的总督，总是能收获人们的称赞。[37]

但总督能够依仗的资源十分有限，毕竟对规模不大且部署分散的行省驻军来说，维持治安只是众多任务中的一项。上文中提到过的免役士兵是一些经验丰富且识字的军人，他们经常被单个部署在重要道路沿线的村镇中。免役士兵的主要职责是管理交通，但他们也在对抗犯罪方面起着一些作用。除此之外，在当局认为有必要时，会部署一些由被称作 stationarii 的士兵看守的哨站。一些被称作地方长官（regionarii）的百夫长负责着某些地区的治安工作。来自埃及的资料显示，民众在遭遇盗窃或暴力伤害时，会去寻求这些百夫长的帮助。这些零散部署的军官和小队士兵在维持治安中能够起到多大作用，取决于他们的个人能力和地区具体情况，但最重要因素还是他们在行省之内的覆盖率有多高。作家阿普列尤斯（Apuleius）在 2 世纪写下的小说《金驴记》（*Metamorphoses/Asinus Aureus*）中，有人抱怨说，在帖萨利（Thessalia）的一座城中，有一伙年轻人在夜间四处游荡，肆意妄为，到处抢劫和杀戮，因为"总督的部队距离太远，无法阻止他们的恶行"。[38]

还是在《金驴记》中，有位富有的青年来到匪徒的营地中，这伙匪徒绑架了他的未婚妻。青年假扮成知名大盗海穆斯（Haemus），对强盗们讲述了他的"经历"：他一度风光无限，直到在一次打劫客栈的行动中受挫。那时，恰巧有一位罗马官员以及他的妻子、奴隶和卫兵在客栈中留宿。被声响惊动之后，"官员的妻子不断地在客栈中大喊大叫，呼喊着每个士兵和仆人的名字，甚至打算把周围的邻居叫来帮忙。还好所有人都吓坏了，不敢露头，我们才得以全身而退。"事后，官员的妻子向恺撒①报

---

① 此处的恺撒并不是盖乌斯·尤利乌斯·恺撒，而是指当时的罗马皇帝。

案。"恺撒捣毁了强盗海穆斯的团伙，我们的团队立刻销声匿迹了。这样的大人物稍微动一下手指头，就能有这样的威力。我的整个团伙都被捉拿归案，成员们全部被军队处决。只有我一人得以逃脱。我伪装成女人，骑着驴子，经过巡逻的士兵面前而未被识破。"[39]

强盗和海盗为小说家提供了丰富的创作素材。我们不应忘记上述故事是虚构的——甚至在小说情节里，这个故事也是那位青年编造出来的。《金驴记》这部第一人称小说的主角是一个被魔法变成驴子的人，尽管小说有着强烈的神话和幻想色彩，其中的很多细节应当确实反映了这一时期的罗马帝国，特别是希腊北部地区的现实生活图景。偶然的是，就在176年前后，阿普列尤斯写下《金驴记》的几乎同一时期，罗马皇帝从默西亚的军团中抽调部分军队到希腊北部地区，以剿灭色雷斯匪帮。元老院属省的驻军原本弱小不堪，而训练有素的军团战士的到来，使其打击盗匪的能力大为增强。我们不知道是什么促使罗马当局增兵打击匪徒，但有意思的是，在小说中，罗马军队的干预是因为一位罗马官员牵涉其中，官员夫妇的报案得到了皇帝本人的关注。但我们不应将此当作普遍现象。有影响力的人物，尤其是皇帝属下的高级官员、元老院成员或地方富豪，特别是如果他们拥有罗马公民身份，当他们求助于当局，无论是报案还是在其他任何事情方面，都比一般人更容易获得当局的帮助。但这并不意味着只有权贵的报案能够带来对匪徒的打击。匪徒是否会受到严厉打击，在很大程度上取决于行省总督本人的意愿。[40]

兵力分散的罗马军队根本没有足够的士兵去执行治安和管理任务，也无力保卫广阔帝国境内的所有角落。这种情况下，个人和团体不得不采取措施自保。旅行者常常自我武装并且尽量结伴活动，以确保安全。牧民要保护自己的牲畜远离猛兽、强盗，甚至其他牧民的威胁。大庄园的主人及其监工则可以集合雇工来驱逐甚至追捕匪徒。在《金驴记》中，一群无辜的旅行者收到这样的建议，要他们小心提防荒野中游荡的狼群。可是经过精心准备的他们装备精良，行动有序，以至于：

> ……我们偶然经过一座庄园之外时，庄园的雇工们根据我们的数量判断我们是一伙强盗。出于对财产安全的担心以及对我们的极端恐惧，他们放狗来咬我们。这是一群巨大、狂暴的猛兽，比任何狼或熊都要凶猛，而且他们接受过看家护院的良好训练……这巨大的危险还未结束，更糟糕的情况出现了。站在屋顶和山坡上的农民们开始疯狂地向我们投掷石块……[41]

在各个讲希腊语的行省，特别是亚细亚行省，广泛的证据提到了一个叫作治安官（希腊语称作 eirênarchai）的官职，"负责维持公共秩序、纠正不良行为"。尽管如同大多数官职，该职位往往由富人独享，但治安官们看起来确实是要做些实事的。一位知名的雄辩家，以惜命著称的埃利乌斯·阿里斯蒂德斯（Aelius Aristides），曾费尽心机想要避免被任命为城市的治安官。在此之前，本城的治安官已遭歹徒杀害。还有一种级别更低的职位叫作警卫官（希腊语为 paraphylakes）。警卫官们很可能并不是由富人担任的任期较短的官职，而是由职业人员充任的。包括普鲁萨的一块墓碑在内的一些雕刻作品向我们展示了警卫官的形象：他们骑在马上，身后有穿制服的武装警卫。普鲁萨的一幅浮雕中，警卫官携带有小圆盾、棍棒和短剑。一幅出自以弗所的浮雕中，他们则手持更大的椭圆盾，和辅军习惯使用的盾牌非常相似。警卫官们有时也被称作追猎者（希腊语为 diôgmitai）。我们对其编制数量一无所知，但考虑到帝国当局对武装团体的不信任，一城之内警卫官的数量大概不会达到三位数。至于西部行省，我们没有关于那里的治安力量的切实证据，只能猜测那里存在着大体类似的治安人员。[42]

瞭望塔在边境地带很常见，而在帝国内地，特别是重要道路沿线，也会有类似的塔楼。但整个塔楼往往只有地基部分能够保留至今，因此我们很难复原其完整设计，而且若无铭文说明，我们也无从得知塔楼的建造目的。资料最充分的地区是埃及。在那里，罗马人在前政权遗产的基础上建立了一套完备的治安体系，这一体系是帝国其他地区无法比拟的。纸莎草纸文档和陶片记载清晰表明士兵和平民都可以承担瞭望塔上的执勤任务，执勤者是士兵还是平民取决于瞭望塔的地点。志愿服务或被征召的平民守卫在希腊语中被称作 skopeloi 的塔楼的高台上，为居民预警强盗、偷牛贼和劫掠者的出现。在克劳狄乌斯山（Mons Claudianus）的一处军队管理的采石场中，考古学家发现了一份文书，出自一位骑兵支队长（decurion，率领大约 30 名骑兵的低级军官）之手。文书井井有条地记录了关于瞭望塔人手配备的命令，还有关于近期发生的一次事件的处理，看起来可能是犯罪事件：

小队长赫伦尼乌斯·安东尼努斯（Herennius Antoninus）向阿玛蒂奥斯（Amatios）问安。由于目前在瞭望塔中执勤的巴拉涅乌斯（Balaneus）之子还是个孩子，请告诉什长（dekanos）①，让他指派一名年轻人来替换他。我已经就此事向他传递了命令。此外，请将那些在新建的军营（praesidium）附近的芦苇丛中放火的平民送到我处。此致敬礼。[43]

这里提到的瞭望塔很有可能只是一座简单的砖石平台，至多再加上用来遮阳的篷布。通往红海港口的道路沿线分布着许多这样的瞭望塔，沿途还有负责管理行人的军人。在这种受到管控的地区，考古学者们发现了许多被作为通行证使用的陶片。例如，有一块陶片上写着"允许阿斯克莱皮亚德斯（Asklepiades）通过"。许多陶片并未写明持有者的姓名，而是像这样："4个男人，20头驴"或者"1名妇女，2个小孩"。通行证只在指定时间内有效，而且士兵们会对通过的旅行者收取过路费。但这样的机制也在一定程度上防止人们未经允许进入匪帮出没的区域。[44]

瞭望塔上的少量士兵和平民无法阻止强盗的袭击。他们能够做的仅仅是为旅行者预警，让他们及时逃离并寻找庇护所，以及召唤大部队的支援，如果附近确实有部队的话。部署这么多塔楼的人力成本很高，因此既要使用士兵，也要使用平民。最不济，如此显眼的瞭望塔也可以使人感觉本地区正处于监视之下——在这一点上，他们的作用与现代城镇中心的闭路电视摄像头类似。这也许就足以震慑犯罪分子，或者至少驱使他们将活动范围转移至监视不那么严密的地区。无论在埃及还是在其他任何地区，罗

---

① 此处的"什长"为文职官员，而并非军官。但这一官职的希腊语名称dekanos 转写自拉丁语 decanus，来源自"十"一词，原指军队中的什长。

马军队在维持治安时都会与当地民众配合行动。一般来讲，罗马人维持治安是为了保护商路、维持官方通信的畅通，并保障国家和军队所需物资的运输。因此这一行为的初衷并不是为了造福当地民众，尽管这的确也为平民提供了保护。[45]

将盗匪行为形容为普遍现象并不精确。很显然，尽管罗马皇帝们大肆吹嘘自己的功德，但他们从未有能力使整个帝国摆脱匪徒的威胁，或者彻底清除海盗。没有任何政权能够彻底根除暴力犯罪，罗马人也做不到这一点，这并不令人惊讶。哪怕在现代世界，打击犯罪也是一场永远没有尽头的斗争，在这一战场上，从来没有一劳永逸的胜利。惯于杀戮和绑票的武装盗匪出现在众多行省的不同文献记载中，这些记载贯穿了整个罗马帝国时期。他们的形象一定在当时人们的头脑中挥之不去，成了居民生活中的现实威胁。受到他们威胁最大的是旅行者，但多数关于旅行者的文献记载都过于模糊，无法量化。

杰出的现代历史学家埃里克·霍布斯鲍姆（Eric Hobsbawm）在其颇具影响力的关于近代盗匪活动的研究中，提出了"义匪"（Social Bandit）这一概念。这个概念曾被尝试套用至古代世界，但并不贴切。"义匪"应当出自深受地主和政府压迫的农民阶层，他们唯一的劫掠对象是压迫者。他们"始终归属于农民阶层，并被他们的人民看作英雄……总之，一定会被视为值得敬仰、帮助和支持的人"。在一定的社会经济条件下，"义匪"的出现是不可避免的，而有些人则认为罗马帝国也具备这样的社会经济条件，在那里，享有特权的富有贵族与帝国当局紧密勾结，他们全部都是大庄园主，使用奴隶或农奴进行生产。

但这一简单粗暴的观点在许多方面都是值得争论的。此外，有人指出，霍布斯鲍姆的论点本身也存在弱点。霍氏的证据主要来自民间传说，这些传说的主角是一些罗宾汉般的人物。他断定这些传说一定源于现实生活。这表明，哪怕严肃学者也会有浪漫的时候，而霍布斯鲍姆的浪漫主义则是由他的马克思主义意识形态塑造的。关于近代历史的仔细分析表明，存在着许多更具掠夺性的强盗，他们的掠夺对象恰恰就是农民，而促使人们"帮助和支持"他们的主要因素，是对他们的恐惧。而对罗马时代来说，"义匪"的形象就更站不住脚了。如果罗马世界中的确存在某些罗宾汉般劫富济贫的好汉，他们也是极端稀少的例外。在罗马世界中，哪怕是穷人，也一样仇恨匪徒。在虚构文学中，英雄可能会假扮成强盗或海盗，但真正的强盗或海盗从来不会得到正面刻画。与好莱坞长久以来对于不法分子、罪犯和匪帮的痴迷形成鲜明对比的是，医生盖伦如此描述他和同伴在旅途中遇到的景象："我们看到路旁高地上躺着一副强盗的骨架。他是被自卫的旅行者杀死的。没有一个本地人愿意将他埋葬，出于对他的仇恨，他们都很乐于见到他的尸体被飞鸟分食殆尽。"[46]

在上一章中，我们看到，有证据表明随着时间推移，怀有政治目的的盗匪变得极其稀少，甚至这种类型的抵抗在某些行省从未出现过。在将包括盗匪行为的严重暴力犯罪视作罗马世界的普遍现象之前，我们也应保持这样的谨慎态度。小普林尼举出了克里斯普斯的例子，并怀疑他的朋友也遭遇了类似的事情，但他似乎并不认为这种事情是经常发生的。毕竟，小普林尼和他的通信者们四处旅行，却只有这两位失踪了。圣保罗和其他早期基督教的传道者走遍了几乎整个地中海东部地区，但全部安然无恙，没有一人死于强盗之手。

有位学者打了个很好的比方，认为古代旅行者遭遇强盗的可能性类似现代驾驶员遭遇交通事故的概率。对二者而言，危险都是切实存在的，悲剧的发生也是完全可以想象得出来的，但尽管如此，这些悲剧仍旧是少见的。对于这些意外情况的恐惧也并不会阻止他们踏上旅途。绝大多数公路旅行者并不会遭遇交通事故，导致重伤和死亡的意外就更少了。同样，只有极少数的古代旅行者会路遇强盗，其中一些人还得以逃脱。遭遇入室抢劫的房主和住店客也只是少数。[47]

毫无疑问，武装劫匪仍旧对广大居民的生活构成威胁，哪怕在远离边境、相对平静的行省也是如此。各级别的官方力量，从总督及其下属到自治城市和社区的地方官吏，都在积极地寻求解决匪患的方法。但他们可用的资源有限，而且匪患至多只能被控制，而无法被根除。集合大量人力、寻求军队的支援和发动当地人组成民兵等措施都可以在短期内取得一定效果。大量文献记载了著名大盗如何被捕和被处决：他们中多数人的最终命运是倒在角斗场中———一种残酷而充满想象力的死刑形式。通过这种方式，当局得以使公众亲眼看到强盗如何受到制裁，并对潜在的罪犯形成震慑。然而，在某一地区内集中力量打击盗匪，结果可能仅仅是使犯罪集团转移阵地而已。另一方面，内战、2 世纪的大瘟疫，或者地区范围内的饥荒和天灾都可能造成政府与社会的混乱，这种混乱很可能会促使盗匪活动的发生频率和规模激增，因为越来越多的平民被迫选择落草为寇。

很多时候，在学者们描述的罗马行省中，盗匪肆意横行。但匪徒们在罗马人到来之前就已存在，在罗马帝国崩溃之后还将再次崛起。在罗马人的统治下，普遍情况大概并不会比之前或之后更糟，我们也不应认为罗马皇帝及其代表对于强盗的活动漠不关心。在罗马人的官方宣传中，帝国的统治为大地和海洋带来了和平。这当然有些夸张，但也并非毫无根据。无论怎样，元首制下社会的繁荣与稳定为居民创造了许多新的机会。流动的人员和商品数量大为增加，流动的频繁程度和距离也显著提高。这样一来，劫匪潜在袭击对象的数量也随之增加了。然而，这种贸易和人口流动一直保持了非常高的水平，特别是在公元1世纪和2世纪，并且没有受到海盗和土匪的严重遏制，更不用说停止了。而这仅仅是罗马的统治带来的众多巨大改变中的一项。

II

罗马治下的生活

尽管经常被你们挑衅，我们唯一曾运用的胜利者的权力就是向你们征收维持和平所必需的开销。没有军队，你们就无法维持部族间的和平，没有军费就无法维持军队，而没有税收就没有军费。在其他方面，我们享受到的待遇是相同的。你们经常使用我们的军团，你们统治着这个行省以及一些其他行省……你们与我们一样，享受着贤明的君主带来的福祉……以相似的方式，你们忍受着你们自己的统治者的乖张和贪婪。有人的地方就会有罪恶，但是这罪恶不是永恒的，他们会为盛世的到来所抵消。

——塔西佗笔下，总督刻里亚利斯（Cerialis）于 2 世纪早期对特雷维里人和林戈内斯人所做的演讲[1]

"文明"与"奴役"

我们在小普林尼与图拉真之间的通信中读到的罗马帝国政府，是一个仁慈、尊重地方律法和传统的政府，它不仅致力于维持稳定的统治和和平，也关心行省居民的福祉。这也反映在其他罗马皇帝及其代理人的言行中，很显然也是罗马当局的官方看法。皇帝和总督希望人们眼中的自己符合上述印象，甚至他们中的一些人就是如此看自己的。整个帝国都通过一种正式的、表面上的尊重维系起来。这种尊重使元老阶层接受了皇帝的统治，使行省当地精英接受了罗马帝国的治理。与此同时，行省人也在用相近的论调——常常更加夸张而富有感情——赞美罗马统治者。罗马帝国的基石是强大的军事力量，而这一事实同样被毫不避讳地用于对皇帝的赞美，因为此时，军队的角色正是文明世界的捍卫者。[2]

不仅叛乱很少见，我们甚至很难看到任何对罗马统治公开表达的不满。普鲁塔克[①]和狄奥·克吕索斯托姆都曾抱怨说，希腊人没有能力处理好自己的事情，总是轻易要求罗马人进行干预。让二人感到愤怒的是这样一些希腊社区，它们无力自我管理，不知享受罗马帝国授予他们的自由。尽管这两人也会批评某些不称职的总督和皇帝——他们从不指摘仍旧在世的皇帝，但他们从未表达过任何反对罗马的意见。无论是在犹太圣殿被毁之后尝试理解自己的宗教的犹太教拉比，还是那些沉醉于书写前罗马时代祖先们的光辉岁月的希腊人，他们对于地区传统文化的关注也并不意味着反对罗马的统治。罗马人的统治作为一个事实被广为接受。然而，其原因并不是罗马统治的存在感微弱、其行政系统规模极小，或行政人员很少进入人们的视野，从不干预其生活。[3]

行省内没有人会意识不到罗马的统治。许多日常行政工作由本地社区自理，但每个人都知道总督的权力远远高于任何一位本地官员或议会。每个人都知道，同盟国国王的权力来自罗马的授

---

① 普鲁塔克（Plutarch），罗马帝国时代著名的希腊历史学家。

权，而罗马皇帝的权威又远在总督、国王和其他所有人之上。在
《马太福音》中，当耶稣被问及"纳税给恺撒可以不可以"时，
他要求提问者拿给他一枚银币。耶稣问："这像和这号是谁的？"
他们说："是恺撒的。"耶稣说："这样，恺撒的物当归给恺撒，
神的物当归给神。"人们向皇帝纳税，皇帝的头像或其他标志出
现在所有金币和银币，以及大多数铜币之上。即使在最偏远的乡
村中，人们也会使用硬币，尤其是因为有些税款不是以实物形式
而是货币形式征收的。严格来说，这些税收流向了罗马国家，而
不是皇帝本人，但这样细致的区分对大多数纳税人来说显然没有
多大意义。[4]

地理学家斯特拉波讲述了这样一个故事以说明希腊小岛伊亚
罗斯岛（Gyaros）的贫困。公元前 29 年，斯特拉波登上一艘停
泊在海岸边的船，从船上可以看见一座渔村。

> 我们起航时带上了一位渔民，他被选出作为使者，要去
> 见恺撒［指奥古斯都。刚刚取得亚克兴战役的胜利、正要返
> 回罗马举行凯旋式的奥古斯都，此时正在科林斯逗留］。在
> 旅途中，渔民告诉询问者，他此行是作为使者，去请求恺撒
> 为他的同胞减税，因为他们咬咬牙才能交出 100 德拉克马 ①，
> 此时却被要求上缴 150 德拉克马。

整个伊亚罗斯岛上缴的税额远远低于一位罗马军团战士的年
薪，也低于几乎同时期的埃及纸莎草纸文档记录的一头奶牛的价

---

① Drachma，希腊货币。

格。就算如此少的税金也必须用现金支付，这意味着渔民们必须将一部分渔获出售以换取货币，而无法将全部收获自用或用来以物易物。[5]

我们不知道这位渔民使者是否得到了面见奥古斯都或其权力代表的机会，所以也无从得知他的要求是否被应允。但令人印象深刻的是，这样一个籍籍无名、极端贫困的村落的代表，也有希望直接向最高当权者请愿，其要求也有可能得到满足。哈德良花在旅行中的时间几乎不逊于奥古斯都。曾有一次，在旅途中，他遇到一位想要向他请愿的妇人。他起初说："我没时间。"妇人哭喊着说："那么，请您暂时放下皇帝的身份！"于是，哈德良转过身来，倾听她的诉说。这是一种广泛深植于人们心中的期待：无论国王或皇帝，都会愿意倾听百姓的声音，并慷慨地广施恩泽。[6]

多数皇帝并不会经常巡游行省，而位于边远地区的行省，无论在财政或军事层面具有怎样的重要性，都很难有机会迎接皇帝大驾。整个公元 1 世纪，曾经踏足叙利亚的在任皇帝只有奥古斯都和韦斯巴芗两人，而且后者曾亲临叙利亚，是因为他是在镇压犹太起义的过程中被下属拥立为帝的。这样一来，有机会亲眼见到皇帝的人寥寥无几，因为想要面见皇帝，首先需要来到意大利，而只有富人能够承担得起前往意大利的旅费。但尽管罗马皇帝本人十分遥远，他的形象和名号却随处可见。除了货币，他的形象或标志还可见于路旁的里程碑，从浴场、桥梁到引水渠的每一座公共建筑，还有各种雕像、半身像、浮雕和绘画。阿里安①

---

① 卢基乌斯·弗拉维乌斯·阿里亚努斯（Lucius Flavius Arrianus），通常被译为尼科米底亚的阿里安，罗马帝国时期的希腊历史学家。

生于尼科米底亚，但也是罗马公民和元老院成员。他被哈德良任命为卡帕多西亚行省总督，其职责包括监督黑海沿岸的驻军和港口，检验其备战状态。有一次，他注意到当地的一座皇帝雕像制作水平低劣，于是命令重新制作一尊更好的雕像。[7]

但肖像总是理想化的，甚至人们可能并不能从肖像中捕捉到其人的本来面目。奥古斯都的形象永远是一位青年，而克劳狄乌斯的雕像则掩盖了他身体的虚弱。同一位皇帝的雕像并不都是完全一样的，它们显然都是遵循一系列官方认可的标准和特征进行复制的。货币上出现的皇帝形象也是如此。这些雕像具备一些属于当朝皇帝或某位先帝的识别特征，而至少有人能够辨认出这些外表特征。哈德良的形象总是留着胡子，比希腊哲学家常常拥有的大胡子稍微利落一些。这一形象在当时的男子中引发了一阵蓄须的风潮。同样，刻画皇室女性的艺术作品中展现的发型，也会为整个帝国之内追逐时尚的女性所模仿。

大多数官方文档中记录的年份，是从当朝皇帝获得保民官权（tribunicia potestas）① 的那年算起的。这一制度由奥古斯都创立。通过这种方式，皇帝的名字出现在各种文档中，特别是关于重大事件或公共建筑的建造和维修的铭文中。这些文本会提及皇帝的部分或全部头衔。根据吕西亚城市俄伊诺安达（Oenoanda）的一份长长的铭文的记载，当地贵族德摩斯梯尼（Demosthenes）出资设立了一个以希腊文化和竞技活动为主题的节日。铭文的开头引述了一封来自哈德良的信，皇帝在信中批准了节日的设立。铭文写道："皇帝恺撒·图拉真·哈德良·奥古斯都

---

① 相当于保民官所拥有的权力，但持有者不一定担任保民官一职。

（Caesar Traianus Hadrianus Augustus），神圣的图拉真·帕提库斯（Traianus Parthicus）①之子、神圣的涅尔瓦·日耳曼尼库斯（Nerva Germanicus）之孙、大祭司（Pontifex Maximus），于其获得保民官权的第八年，第三次执政官任期。"皇帝的形象和对他的溢美之词在节日过程中随处可见。多数西部行省采用了罗马历法，并引入了新的纪年方式。地中海东部的希腊化地区继续沿用以往的历法，但罗马和罗马皇帝并未被忽视。埃及使用当前皇帝的在位年份作为纪年方法，这是法老时期的纪年方式的延续。罗马皇帝的名字，如同托勒密王朝的马其顿统治者的名字一样，完美地融入了这样的纪年方法。公元前9年，亚细亚行省的所有城市根据行省总督的指示修改历法，将9月23日，即奥古斯都的生日，作为一年的开端。而一年的第一个月份则被命名为"恺撒月"。[8]

　　罗马与罗马皇帝的形象渗透进了公共生活的每一个方面，以至于一个没有他们的世界是不可想象的。罗马人建造新城，复兴古城。雅典的哈德良凯旋门上，一面刻着"这里是雅典，曾经的忒修斯之城"，另一面则是"这是哈德良之城，并非忒修斯之城"。为了向元首致敬，一些城市被命名为奥古斯塔（Augusta）、恺撒里亚或塞巴斯特（Sebaste）。每一座城市都拥有献给皇帝的纪念建筑，为皇帝的健康和成功举行的祭祀活动也成为定例。重要的社区会拥有供奉罗马及其皇帝的庙宇或神殿。这些城市被一张庞大的道路网络连接起来，其中位置最便利的一些城市从交通基础设施的运行中受益匪浅。[9]

---

① 帕提库斯（Parthicus）即"帕提亚征服者"之意。

对罗马人来说，城市是一种理想的行政机构，是一个拥有官员和行政机器、可用于管理周边地区的行政中心。在缺少城镇中心的地区，罗马人乐于发展或创造出全新的城镇。尤利乌斯·恺撒的时代，高卢境内分布着许多市镇，这些市镇一般坐落于山丘之上，环绕有城墙。在奥古斯都及其继任者治下，上述市镇逐渐被遗弃，让位给了兴起于平原地带的一些罗马风格的城镇。起初，这些城镇的建筑多为木质，哪怕是最核心的广场建筑和公共会堂。随着时间推移，砖石逐渐取代了木头，瓦片替换了茅草。大型建筑和各类设施拔地而起，包括神庙、浴场、剧院和角斗场，有些城市还建起了用于战车竞赛的赛车场。改变的速度不尽相同，也并不是所有城市都有财力建造上述设施。每一地区可能还会做出一些地区性的创新，例如在高卢地区备受青睐的结合了圆形剧场的两用剧场。[10]

有些新城市是出于安置退伍士兵的目的而设立的，老兵们会在那里获得土地作为奖赏。最初的殖民地居民由罗马公民组成，并适用罗马法律。殖民地的各项制度机构与罗马共和国相同，只不过规模较小。尤利乌斯·恺撒和奥古斯都则将数十万退伍士兵安置在新建立的殖民地中。这些新殖民地中有一些仍旧保留着早期殖民地的军事功能，但所有这些殖民地都被设计成为模范城市生活的样板，并具备恢弘的外观。在建立之初的10年内，卡穆洛杜农已经拥有了一座剧场、一座巨大的克劳狄乌斯神庙，还有广场、大会堂，以及属于城市议会的议事厅等建筑。在西部行省中，受到当局青睐的城市会获得自治市的地位，并被给予一份基于罗马法律原则、以拉丁文写就的制度，但其居民并非罗马公民。自治市的高级行政官员在结束任期时会获得罗马公民身份。[11]

至于其他一些行省，尤其是在希腊世界，城市本就十分普遍，因此新建城市的数量比西部行省少得多。罗马人在这些地区建立了一些殖民地，但对其他城市来说，授予其自治市地位是不必要的，因为这些城市已经拥有了自己的一套制度和法律。然而，就算在东部的希腊世界，城邦也并不能代表一切居民点。在埃及，居统治地位的是村庄而不是城市，这一情况并未随罗马人的到来而改变。在加拉蒂亚和安纳托利亚高地几乎不存在任何城邦，这里的居民聚居在一座座有城墙环绕的据点周围。加拉蒂亚人的祖先来自 3 个高卢部落，他们于公元前 3 世纪迁徙至此。从那时起，加拉蒂亚人终日劫掠其邻邦，或以劫掠相威胁以勒索钱财，又或是为整个地区的各政权充当雇佣兵。哪怕在公元前 189 年被罗马执政官曼利乌斯·乌尔索（Manlius Vulso）击败之后，加拉蒂亚人仍旧实力强大。与他们的高卢表亲一样，加拉蒂亚人绝少居住于城市，因此罗马人在当地新建了城市，为 3 个部落中的每一个都建造了一座首府，并且允许它们保留自己原有的名称。罗马人在高卢和不列颠的做法与此类似，即为当地部落集团建立城市作为行政中心。大多数情况下，我们并不能通过罗马人的政区设置来推断罗马征服前的部落边界。在加拉蒂亚，3 个部落中最大的特罗克米（Trocmi）部落似乎损失了领土。行政便利性大概是罗马人在划分政区时考虑的首要因素。埃及在罗马人到来前已经拥有了古代世界最复杂的官僚体系，因此罗马人没有必要改变其行政制度。[12]

对希腊人和罗马人来说，城市对于文明是不可或缺的，但罗马人对城市功能的考虑更加现实，没有那么多意识形态方面的因素。罗马人在高卢和加拉蒂亚建立的新城市，选址时考虑的首要因素是交通而不是防御。这些城市的建立意在允许当地居民，尤其是当地贵族，享受更为舒适的生活，以担任公职或神职的方式相互竞争，在发生争端时通过法庭解决，而不是像以往那样兵戎相见。格奈乌斯·尤利乌斯·阿格里科拉（Gnaeus Julius Agricola）担任不列颠总督的时间很不寻常地长达 7 年以上，这一时期的经历成为他的女婿塔西佗为他书写的传记的主要内容。塔西佗写道：

> 为了使这群散居、未开化同时又十分好战的人适应和平与安宁带来的安逸生活，他通过对个人的劝告和对社区的帮扶，建立起了神庙、市场和住宅；他赞赏勤劳者，训斥懒惰者，当地人之间，为获得他的褒奖而进行的竞争取代了相互胁迫的行为。此外，他还使部落首领的孩子们接受开明的教育……结果就是，这个曾经抗拒拉丁语的民族开始热衷于修辞学，穿着我们的服装成为风尚，托加袍变得随处可见。[13]

塔西佗很早就写下了这段话，形容的是阿格里科拉在不列颠度过的第二个冬天，而在夏天他总是忙于军事行动。但我们有理由将此视为他整个总督任期的缩影，并相信这在一定程度上反映了其他总督的施政行为。愤世嫉俗的塔西佗倾向于对罗马社会持悲观看法，并且将其与部落民族做对比，并突出后者在道德上的单纯和高尚。他将罗马人的政策解释为彻底的陷阱："布立吞人一点一点地陷入了诱人的恶习，他们走向游廊，走向浴场，走向考究的晚宴桌。单纯的当地人将这些奴役他们的东西称作

'文化'。"[14]

在城市化过程中得益最多的是当地贵族，但受益者也包括其他人，那些住在新城市里或附近的人同样能够享受到城市生活带来的便利。很多人认为，为了这种生活，失去独立和向罗马纳税都是值得的。但这并不适用于所有地方。罗马人在莱茵河以东的日耳曼地区推广城镇化的企图，被公元9年阿米尼乌斯的胜利所终结。繁荣的城市也并不是在当地维持和平的必要条件。在高卢，许多地区的贵族在享受城市生活的同时，也在乡村中度过大量时间，他们并不会为了城市割断自己与乡村生活的联系。在不列颠和其他许多行省，很少有城市在繁荣程度上可与高卢城市相匹敌，它们中的很多城市规模有限，从未拥有过让人惊叹的宏伟建筑。与高卢相比，不列颠大部分地区的社会焦点仍旧基本停留在农村。然而，与拥有更多和更大城市的地区相比，这些地区并未表现得更不安定，或更加隔绝于帝国其他部分。[15]

从罗马的角度来看，城市同样是便利的行政中心。城市可以控制和监视周围地区、评估和征收赋税，以及处理法律纠纷。总督和他手下小小的行政团队则无法承担所有这些工作。其他的行政结构，包括村落、村庄的集合或者部落群体，也被用来从事上述工作，但一般来说，城市是罗马人的首选，因为城市总是处在陆路、河运和海运便捷的位置，城市中保存着大量文档，而且城市的行政机构对罗马人来说更加熟悉。总督可以从行省内挑选一些城镇和都市，于每年的确定时间在那里主持巡回法庭。而住在任何一处的人们都知道要到哪里去向总督提出诉讼请求。在举办巡回法庭期间，城市中满是诉讼者、想要寻求总督恩惠者或向其请愿者，以及更多的围观群众。此外还有各路商贩、民间艺人、皮条客、妓女和扒手，他们都期待从人们身上牟利。这是一年中的大日子，在这一时刻，罗马和罗马皇帝的标志集中出现，而处在所有这些事物中心的则是罗马官员。[16]

自始至终，罗马利用行省来获得资源和财富。来自整个帝国的财富使罗马得以维持一支昂贵的职业军队，在罗马城翻建宏伟的建筑，以及在意大利和各行省修筑纪念碑、道路和公共设施作为对当地居民的馈赠。塔西佗说，阿格里科拉曾考虑过远征爱尔兰的可能性，但结论是，征服爱尔兰带来的收益不足以抵消在当地驻扎军团和辅军的开销。斯特拉波和阿庇安也都声称，哪怕异国统治者前来罗马请求成为同盟者，边境之外的贫穷还是使罗马皇帝打消了继续扩张的念头。[17]

罗马公然从整个帝国境内获取利益，并且不以为耻，甚至罗马人本身也乐于谈论这一霸权为自己带来的好处，从不假装他们的初衷是为了给混乱的世界带来秩序。遗憾的是，我们对于罗马的税收系统还有很多未知，对帝国的经济状况则了解得更少，因此很难判断罗马的统治给行省人的生活带来了多大影响。有人认为，向帝国缴纳赋税的需要在许多地区刺激了农业的发展，使当地农业生产产生了一定盈余，而这一盈余需要被用以缴纳田赋，或出售以换取用来缴纳现金税的货币。这是一个很说得通的假设，但我们仍旧需要保持谨慎，因为我们对于一个地区农业系统的有限了解，往往不足以用来评估罗马征服带来了怎样的改变。环境考古学表明，在罗马征服之前，铁器时代的不列颠曾经出现大面积砍伐森林并将其变为耕地的现象。对此，我们只能猜测，造成这一现象的是否会是人口的增长、海峡对面罗马帝国的出现带来的市场、部落的政治变化或一些其他因素。在帝国的其他许多地区，当地人本就习惯于向某一政权缴纳赋税。在埃及，罗马人则是继承了托勒密王朝的一整套征税机制。[18]

如果罗马帝国直接或间接施加的税务负担算得上沉重，那也没有沉重到使省省民力凋敝。提比略曾愤怒地对他的总督们说，他想要他们做的是"剪羊毛，而不是剥羊皮"。罗马的目的是获得稳定可持续的税收收入，而不是在最短时间内榨干一个地区的全部财富。总督、财务总管和其他罗马官员有时会违反这一原则，他们这样做通常是为了中饱私囊，而不是想要增加国家的收入。而这种做法将有可能引发起义。尽管如此，任何一位学者，哪怕有意识地强调罗马的统治给被征服者带来的高昂代价，也会惊异于起义的罕见。与其他很多事情类似，税赋多少往往取决于一个地区是怎样被罗马纳入统治的。税务负担并不是一成不变的，而是在不同地区间有显著的差异。不仅在行省之间，行省内的不同地区所承担的赋税负担也不尽相同。对有些地区来说，税收是一项罗马人引入的新鲜事物，但这些地区的大多数人在罗马人到来前也曾不得不将一部分生产所得上缴给某位统治者。罗马人的统治为许多地区带来了改变，但罗马人并不总是带来了更沉重的负担。哪怕税赋真的随着罗马人的到来而加重，新的税赋模式也将在接下来的一两代人的时间里变为常态。[19]

随着大片土地被纳入罗马皇帝的权威之下，除了税收，人们的经济生活的其他方面也发生了改变。其中的一个改变是，比起从前由经常彼此敌对的众多小政权组成的世界，在罗马人统治的时代，富人们对于其私有财产的安全感充实了许多。很多人在行省购置庄园，因为投资土地不仅是能够博得尊敬的行为，而且也十分安全，因为土地不可能像货船一样沉入海底，并且能够带来长期稳定的回报。罗马帝国营造的稳定环境不仅造福了罗马公民，尤其是富裕的元老阶层和骑士阶层，而且也同样为行省居民带来了好处。人们在远离家乡的地方购置土地，其中很多人可能从未亲眼看到过自己购买的土地，但这不妨碍他们愉快地享受土地带来的收入。最大的地主就是皇帝本人。皇室资产庞大无比且遍及帝国各处，这些资产或是在征服过程中获得，或是没收自受到惩罚的元老或其他富人。

　　这一时期同时存在多种所有权模式。有些地区集中了许多大庄园，而其他地区则分布着大量小农户。在意大利以外的地区，很少存在以奴隶作为主要劳动力的大庄园，而这样的庄园在意大利本土也远不是普遍现象。最常见的形式是地主将土地分块租赁给自由佃户，这些土地租种者有时被称作隶农（coloni）。地主一般不会亲临劳动现场，其庄园往往由他的代表管理，其中许多人是他的奴隶或释奴。人们经常会认为佃农的生活十分悲苦，这一印象很大程度上出自阿非利加行省禁止佃农离开土地的法律。但其他迹象表明他们的生活状况没那么糟糕。在亚细亚行省，佃农明确可以将租赁权传给下一代。他们中有些人能够积累可观的财富，可以联合起来组织节庆活动。这些资料反映出的并不是一群被压迫和虐待的农奴，而是生机勃勃的乡村生活，农民们年年通过祭祀和宴饮来庆祝宗教节日。拥有属于自己的土地的小农同样存在，他们的普遍程度依地区而不同，尽管与大庄园相比，小农们不可避免地会在文献和考古资料中留下较少的痕迹，因为大庄园拥有更庞大的建筑，进行小规模的手工业活动，并且更有可能竖立可以流传后世的碑文。[20]

　　罗马帝国带来的最显著的变化之一，是新商品和新市场的出现。很多庄园专精于种植某种经济作物，这些经济作物曾经在本地十分罕见，且只能满足当地的需求。葡萄种植广泛传播。随着时间推移，包括高卢在内的一些地区出产的葡萄酒在满足本地市场之外，也成了重要的出口商品。市场对橄榄油的需求同样巨大，因为橄榄油不仅被用于烹调，也在浴场中被人们涂抹在身上，或充当帝国境内大量使用的油灯的燃料。开发这些市场的能力取决于货物运输的便利性。对大宗商品的远距离运输来说，最理想的方式是水运。罗马帝国治下，陆路和海路的长途贸易获得繁荣，在1、2世纪达到顶点，但在其后仍旧规模可观。一些地区开始因其特产而闻名，例如小亚细亚高地出产的细羊毛和来自西班牙的发酵鱼汁，即著名而刺鼻的鱼酱（garum）。此时，矿产资源得到了大量的开采，其使用量远远超过之前的时代。对极地冰盖中采集的样本的分析表明，罗马时代——尤其是1、2世纪——产生了非常高的工业污染，其规模是工业革命之前的任何时期都无法比拟的。这些污染很大程度上要归因于国有矿山，这些矿山或由国家直接经营，或承包给私人。无论我们在了解罗马时期的经济活动过程中遇到了怎样的困难，我们都不应怀疑其经济活动的规模绝对是空前的。[21]

　　除了市场，帝国当局也对商品提出了巨大的需求。政府需要大量谷物和其他食品，用来供养驻守在边疆的军队和罗马城的人口。供养军人和罗马城的居民是皇帝的首要任务之一，因此意大利与西西里、埃及、非洲和西班牙之间的航路变得更加繁忙。行省之内，罗马人修筑道路、开掘运河、改善河流的通航条件，目的是使通往边境军队驻地的路途更加便捷。用来供养军队和罗马市民的物资大部分甚至全部都来自田赋或皇室地产，但大量人口在这些物资的运输过程中获益。大宗物资的陆路或海路运输还给了其他商品搭便车的机会。毋庸置疑，其中还有奢侈商品的长途运输，例如香料、高级餐具和金属制品。日常运输品的贸易量大概也远远高于某些学者的估计。很明显的一点是，穿越安纳托利亚山区的道路不仅仅被步行者或驮畜使用，同样也可以用于车载运输。行省居民成为一个广阔世界的一部分。只要付得起价钱，人们就可以获得来自远方的商品或异乡的发明。毫无疑问，享用到这些的更多是富人。许多农业雇工为他们从未谋面的地主耕作，他们出产的粮食养活着远方的另一群人。但我们在最穷困的地区往往也能够发现从工具到首饰的各种具备新风格的日常用品，因此就算是在日常生活的层面上，罗马帝国的存在也对人们施加着影响。[22]

羊与牧羊人，罗马人与行省人

提比略不愿行省臣民被罗马官员"剥皮"，但他的抱怨显示，有些官员并未遵照他的指示。潘诺尼亚起义领导人的话印证了提比略的担忧，他说罗马人派来看管羊群的"不是狗或牧羊人，而是狼"。元首制的建立，使检举总督的不良行为对行省人民来说稍微容易了一些，因为他们此时只需要向皇帝本人陈情，而不用像在共和国时期那样，要找到一位有足够影响力的元老院成员，并说服他代表自己提起指控。为了达到目的，行省人仍需派遣使者前往罗马或皇帝此时所在的其他地方，期待使者能够面见皇帝向其陈情，并获得有利的答复。斐洛①曾率领来自亚历山大的犹太人代表团前往罗马，并获得了卡里古拉的接见，但皇帝在会面过程中突然跳起并跑出房间，而代表们也不得不紧随着他，直到被允许发言。性格更严肃一些的皇帝自然不会如此行事，但代表在获得面见皇帝的机会之前，往往仍需等待很长时间。与此同时，任何一位被认为有可能对皇帝施加影响的人物都会收到来自行省代表的求助。奥古斯都的妻子利维娅就曾经在他面前替行省臣民说话，而约瑟夫斯也曾记述，他和来自犹太行省的其他代表得到了来自尼禄的妻子波派娅（Poppaea）的帮助。²³

如果关于总督不当行为的指控被认为有效，那么尤利乌斯·恺撒的关于索贿罪（repetundae）的法案仍旧能够发挥效力，特别是当案件涉及勒索或腐败行为时。反之，若指控无效，指控方可能会被认为犯了叛逆罪（maiestas），即损害了共和国或皇帝本人的威严。公开法庭中陪审团的成员构成已经被证明具有很强的政治争议性，因而审判已不像以往那样在公开法庭中进行，而是由元老院或皇帝本人亲自主持，尽管只有那些所谓的"暴君"会亲自主持这样的听证会并私下做出判决。这样的过程，意味着作为元老阶层成员的总督是由同一阶层的成员审判的，而与共和国时期一样，元老院成员往往倾向于同情来自本阶层的人。小普林尼在国库任职时，于休假期间被说服返回罗马参加一次诉讼。来自西班牙贝提卡行省的代表们与往常一样，选择小普林尼作为本方的代理人，这一选择得到了元老院的批准。对小普林尼来说，这一次诉讼任务并不那么艰难，因为被指控的总督已经过

---

① 斐洛·尤迪厄斯（Philo Judeaus），亚历山大的犹太哲学家。

世了。"这为我移除了此类案件中最痛苦的一部分，即一位元老的身败名裂。于是，我认为我将可以如同这位被告还在世一般，因为承接了这次诉讼而获得人们的感激，同时又免于招致来自另一方的恶意。"值得注意的是，小普林尼毫不怀疑被告的有罪以及其罪行的严重性和残忍性，但他仍不情愿毁掉这样一个人的仕途。[24]

从奥古斯都到图拉真的这段时期，我们知道结果的、涉及总督或其下属的不当行为的案件有 35 宗。其中的 28 宗案件中，被告被判有罪。只有 7 宗案件中的被告被判无罪。与往常一样，相较于那些被驳回的指控，有罪判决，特别是那些臭名昭著的案件，更容易被记录在文献资料中。我们不知其结果的案件则有 5 宗。多数指控都指向与西塞罗的演说中提到的事件类似的滥用职权的行为。塔西佗称，阿格里科拉通过打击官员的滥用职权，改善了谷物和其他实物税的征收。其中的一个伎俩，是迫使布立吞人自官员处以高价购买必需的粮食。另一个操作则是要求当地人将他们应缴纳的粮食送往遥远的驻军地，以此来征收高额运输费——除非这些当地人能够买通相关官员。我们在前文中已经了解到，一位帝国政府的释奴是如何向奥古斯都宣称，他向高卢人征收那两个不存在的月份的税金，目的是让高卢人陷入贫困，以至于无力发动叛乱。[25]

除了要承担税赋负担，由于许多本地人十分重视来自总督本人的恩惠，他们愿意向总督或其周围的人馈赠"礼品"来获得这一恩惠。元首制时期，总督的下属和家人与他一同被起诉已经成了一种常态。尽管贝提卡行省的总督已经过世，仍然有人可以被起诉，其中包括从罗马伴随他去行省的友人、他在行省的同事，还有他的妻子。小普林尼确信她难辞其咎，尽管他不确定自己是否能够证明她有罪。诉讼过程以阐明总督的罪行开始，这对小普林尼来说并不难，因为他手中掌握着关于总督进行过的所有交易的详细记录，甚至包括他是如何操纵法庭审判的。小普林尼甚至还掌握着一封总督写给在罗马的情妇的信："欢呼吧！我将作为一个自由人回到你身边。我现在已经将大多数贝提卡人作价400万塞斯特斯卖掉了！"总督的一些下属辩称他们别无选择，只得服从命令，但小普林尼尽其所能证明这一点不足以作为逃脱法律制裁的理由。[26]

在共和国时期，维雷斯得以在法庭做出判决前自我放逐，并卷走大部分赃款。元首制时期，惩罚的范围更广，有些审判中的涉案金额较小，被告只需将他从行省搜刮来的钱财归还原主。小普林尼说，被告总督的个人财产已经经过评估，他在前往贝提卡上任之前的全部财产被与其他部分分割开来，并被交予他的女儿，后者也名列被告名单，但被证明完全无罪。财产的其余部分被归还给行省的团体或个人，他们依据自己的损失分得了相应的赔偿。总督在行省的两位同事被判处5年的流放，一个辅军大队的指挥官被判流放出意大利2年。总督的女婿和其他一些人被判无罪。小普林尼没有告诉我们总督的妻子下场如何，因此她可能也被判无罪。还有一些不那么重要的被告则被判流放。在这些判罚之外，有罪的被告还可能丧失公共名誉或被禁止担任高级官职。判决可能会终结一个人的仕途，但其影响未必就是永久的，尽管有些被告仍然会畏罪自杀。被判处一定年限的流放的被告，在流放期满之后可以重新踏上仕途，而那些被判永久流放的人，也有可能在新皇帝上台之后被召回。

文献记载中，被批评的肇事总督多数出身骑士阶层，而不是元老阶层。毫无疑问，对同时代的人来说，攻击那些原本社会地位相对更低、社会关系更薄弱的失势者，是一件更容易做到的事。被审判的同执政官衔总督也显著多于皇帝属省的总督。部分原因在于，元老院属省往往更加富裕和安定，因此也更便于搜刮钱财。此外，皇帝属省内有一位直接向元首本人负责的财务总管以及大量驻军，其中的每一个军团都拥有一名出身元老阶层的军团长，和一名来自同一阶层的军事保民官。这些人的存在使得总督很难为所欲为，除非他能够将所有这些人变为自己的同谋。塔西佗指出，在阿格里科拉就任不列颠总督之前，该行省中存在着贪腐行为，但他将罪责归咎于总督的下属，而不是总督本人。塔西佗认为其中一位财务总管需要为布狄卡起义的爆发负责，但没有告诉我们这位财务总管后来是否受到了惩罚。在文献记载中，关于出身骑士阶层的总督和其他官员受审的细节描述的确相对较少。[27]

拥有大量驻军的省份在政治上十分敏感，因此会受到皇帝的密切关注。随着时间的推移，本职工作是为军队收集和运送粮草的军粮官（frumentarii）①承担了越来越多的情报工作，这令皇帝得以监视重要驻军的一举一动。图密善曾经召回并处决了一位不列颠总督，因为这位总督允许人们以他自己的名字命名一种新式长矛。这被认为是一位过分多疑且不安的元首的残忍之举，尼禄也做过类似的事，他曾下令让数位战功赫赫的将领自尽，其中包

① 单数形式为 frumentarius。词源为 frumentum，意为"粮食、谷物"。在中文文献中有时因其功能被译为特务或间谍组织，或音译为"弗鲁曼塔里伊"。

括著名的科尔布罗。奥古斯都通过内战获得大权，同样经由内战登上帝位的还有韦斯巴芗和他的几位短命的前任皇帝，以及之后的塞普蒂米乌斯·塞维鲁。一则关于马可·奥勒留逝世的谣言促使叙利亚总督阿维狄乌斯·卡西乌斯自立为元首。当他得知谣言不实之时，已然没有回头路可走了。卡西乌斯似乎并未试图与广受尊敬的奥勒留开战。尽管如此，奥勒留还是亲自前往叙利亚行省，以便确认东方地区的忠诚。卡西乌斯和他的儿子被杀，但他的致命错误并没有招致广泛的报复性处决。[28]

公元 19 年，提比略的养子日耳曼尼库斯被派去执掌东方各省军务。他撤换了叙利亚总督格奈乌斯·卡尔普尼乌斯·皮索（Cnaeus Calpurnius Piso）。日耳曼尼库斯疑似死于毒杀，皮索之后不仅设宴庆祝了他的死讯，还赶回叙利亚，试图恢复对行省的控制。他集结了一部分驻军，与现任叙利亚总督的军队发生了一些小规模战斗。皮索战败，并被送回罗马接受审判。他的控告人包括提比略的儿子德鲁苏斯。皮索在担任总督期间的作为，以及他发动短暂内战的行为，都受到了指控。尤其受到关注的是他企图通过破坏纪律和纵容的方式获得士兵的拥护。对于自己的党羽，他通过贿买或直接任命的方式让他们得到百夫长的职位或者获得晋升，而经验丰富和作风严格的军官则被替换。记录中也提及了他的妻子普拉基娜（Placina），她被指控向军人们献媚。很可能是普拉基娜的行为促使罗马制定了禁止总督携妻子前往行省的禁令。

皮索畏罪自尽，在死后被判有罪。元老院对于此案的判决被复制多份，在帝国各处公示。人们在西班牙的一段铭文中发现了判决的内容，佐证了塔西佗对于此案的描述。将皮索的罪行昭示天下的做法意在提醒所有人，特别是军队成员，应对元首保持忠诚，以及任何胆敢挑战元首权威的人都必将受到惩罚。这也证明行省总督也必须服从法律和皇帝的权威。但无论罗马当局如何宣传，假使总督的非法行为并非意在发动兵变或叛乱，皇帝进行干预的可能性并没有那么大。总体来说，公元1、2世纪的各类总督的表现，相较其共和国时代的前辈来说更为规矩。但例外仍旧不可避免，有时会出现严重的非法行径，相对轻微的不当行为则更多。在任何历史时期的任何体制之下都一样，总有一些个人认为他们可以破坏规则。哪怕在监管严格的情况下，总有一小撮人能够成功，并且使其他图谋不轨者的信心增强。接受礼物和对友人予以特别照顾都是常见的行为，而且如同在其他时代一样，人们会辩称："所有人都是这么做的。"[29]

与共和国时期一样，对前任总督的审判往往起因于行省社区对其提出的正式指控，这一指控通常通过向罗马方面派出代表来完成。随着时间的推移，随着元首制提供了更加安定的大环境，行省人民越来越清楚在这一体制下该如何行事。小普林尼此前曾经在类似的案件中充任贝提卡人的代表，因此他们在遇到问题时再次向他求助。小普林尼指出，本应感恩的人们，在新的请求遭到拒绝时，会立刻忘记自己曾经受到的恩惠，因此他认为自己不得不再次应允贝提卡人的请求，以便维持双方的联系。小普林尼担任总督之前的几年，数位比提尼亚总督都受到审判。这不仅表明总督的违法行为十分常见，也指出行省人民十分清楚该怎样提起控告，又怎样使其受到审判。如果我们承认小额受贿和走后门的行为都是相当普遍的，那么多数总督可能都留下了某些足以被指控的把柄，哪怕他们总体来说表现良好。[30]

与共和国时期相比，另一个重大变化是此时居住或活跃在行省中的罗马人多了许多，这意味着有更多值得注意的人物可以充当总督非法行为的证人。内战和其后的殖民活动将数十万罗马公民及其家人安置在整个帝国的不同地区。他们的后代，尤其是那些高级军官的后代，往往是受过一些教育、有一些财产的人。他们可以成为对当地产生实质影响的人物。与此同时，罗马公民身份被授予越来越多的行省居民。至少从克劳狄乌斯时代开始，服役满25年、光荣退役的辅军士兵，都可以获得罗马公民身份，同时获得公民权的还有他的妻子和子女。有时，非罗马公民也可以进入罗马军团服役，例如来自加拉蒂亚的兵员。他们会被立即授予罗马公民身份。退伍老兵并不一定特别富裕。一项基于埃及农村的研究表明，很难将退伍士兵与他们的平民邻居和非公民邻居区分开来。但他们数量庞大，特别是在那些重要的兵源地，例如西班牙、色雷斯、莱茵兰和叙利亚的部分地区。[31]

还有一个人群，他们数量更少，但无论作为个人还是集体都更加重要，他们就是被授予罗马公民身份的行省本地精英。他们或以个人身份被授予公民权，或通过担任自治市的官职来获得公民身份，这是其公共服务换来的回报。上述人群本就具备一定财产和社会地位，罗马公民身份对他们来说是一项锦上添花的荣誉。我们不应低估这类人的数量：公元1世纪早期，加德斯（Gades）宣称其居民中有不少于500人不仅是罗马公民，还跻身骑士阶层。这一地位使他们获得了担任帝国公职的可能性。一般来说，他们首先可以充任辅军步兵大队的指挥官，然后短暂担任某一军团中的5个骑士阶层保民官之一，随后将可以指挥某个辅军骑兵翼。他们中的佼佼者将得以指挥近卫军步兵大队、驻扎于罗马的城市步兵大队或宵警营。有些人能够担任行省财务总管，其中最成功者甚至能够成为骑士阶层行省总督。[32]

尤利乌斯·恺撒曾将几位来自山南高卢和山北高卢的当地贵族引入罗马元老院。这种提拔行省人进入元老院的趋势在元首制时期得以持续。克劳狄乌斯曾经发表过一个冗长的演说，来阐明他为何允许"长毛蛮子"高卢人进入元老院，但一段时间之后，生于行省的人进入元老院这种事情已经不值一提了。阿格里科拉生于高卢，塔西佗可能也是。阿里安和卡西乌斯·狄奥出生于比提尼亚-本都行省。公元2世纪，图拉真和哈德良两位皇帝都来自西班牙，塞普蒂米乌斯·塞维鲁则来自阿非利加。哈德良曾经因他的西班牙"行省"口音遭到嘲笑，但没人质疑他是一个货真价实的罗马人。在意大利以外出生的人并不一定对行省人有更多的同情。小普林尼参与起诉的那位贝提卡行省总督就出生于阿非利加。相当讽刺的是，正当他在西班牙担任行省总督之时，他的家乡阿非利加行省正苦于一位出生于贝提卡的总督的盘剥。后者随后同样遭到审判和定罪。小普林尼提到，贝提卡人曾引用一句古老的俗语打趣说："我们是自作自受。"[33]

本地家族能够产生骑士阶层的军官甚至元老院成员，这的确也意味着越来越多的行省人有能力对行为不轨的总督提起控告。这一趋势同样在使行省居民接受罗马统治的过程中扮演了中心角色。没有一个近代帝国可以在容纳外族的意愿和手段这方面与罗马帝国相比拟。一旦融入帝国体系，本地精英获得成功、财富和名望的机会迅速增长，他们中的最成功者将成为元老、总督甚至罗马皇帝。这要求他们有意愿学习拉丁语，并且像罗马人一般穿着和行事。这也是阿格里科拉鼓励不列颠部落精英去做的。阿米尼乌斯、弗洛鲁斯、萨克罗维尔、基维利斯 ① 还有其他一些人曾踏上这条道路，却最终与罗马背道而驰。然而绝大多数本地精英拥抱了帝国提供的机会，并且在这条道路上相互竞争，争相获得成就。在东方的希腊地区，大量本地精英走上罗马仕途的现象出现得晚一些，这反映了他们更专注于国内政治且获得罗马公民身份的速度更慢，但他们很快就迎头赶上了。宗教限制使犹太贵族无法担任帝国公职，除非他们像来自亚历山大的提比略·亚历山大（Tiberius Alexander）一样放弃信仰。这显然阻碍了犹太行省的精英融入罗马主流社会，并且在一定程度上导致了尼禄治下的犹太起义。

行省当地精英在融入帝国的过程中获益，而由于他们本可以成为起义的天然领袖，融入帝国的他们也有助于帝国加强对行省的控制。愿意加入罗马军队的人将可以获得公民身份、一定的社会地位以及法律的保护。我们很难得知出身较低微的人是否很难跻身当地贵族之列。也许只有少数人可以做到这一点，但这应该还是有可能的。看起来很多辅军的百夫长都是当地人，并且在服役期间不一定拥有罗马公民身份，但他们的收入仍旧可观，而且哪怕在服役期间没有获得公民权，在退役之后也可以得到。几代之内，一个本地家庭将可以跻身骑士阶层，甚至有成员进入元老院。有些自相矛盾的是，奴隶，无论来自世界的哪个角落，都可以获得一条更加快捷的上升通道。富有的释奴是当时的讽刺故事中常见的话题人物，但也是行省社区中有影响力的重要角色，而

---

① 盖乌斯·尤利乌斯·基维利斯（Gaius Julius Civilis），领导了前文中提及的巴塔维人起义。

且他们的后代在仕途上将不会有任何法律限制。佩尔蒂纳克斯（Pertinax）是一名释奴的儿子，他没能获得军团百夫长的职位，因此去当了一名学校教师，但在之后获得了骑士阶层地位。他担任了一系列骑士阶层的官职，因为杰出的表现得以进入元老院，直至统率军团、成为行省总督，最终于193年登上帝位——尽管仅仅3个月后他就死于谋杀。[34]

多数行省居民仍旧未拥有罗马公民身份，直到卡拉卡拉（Caracalla）于212年将公民权授予帝国境内的所有自由人，而此时罗马公民权带来的法律特权已经被大大侵蚀了。在拥有罗马公民身份的行省人之中，也仅有少数人能够担任帝国公职并走上仕途。与人口中的大多数相比，权贵们在帝国体制之内获益更多，无论他们出身于旧的特权贵族，还是在罗马统治之下进入了贵族行列或夺取了旧贵族的特权。但这并不意味着他们与行省社会脱节，尽管他们可能在行省之外度过了相当长的时间。元老院成员必须在意大利拥有地产，尽管他们可能将更多的财富投资于行省。旧时的义务和服务契约关系可能已经改变，几乎无法追溯，但这一变化不一定对下层阶级不利。总的来说，随着越来越多的骑士阶层和元老阶层的成员都出自行省，穷困的行省居民找到具有影响力的保护人的机会可能也更多了。有些地区在这一方面的情况可能远好过其他地区，而经济繁荣是其中的一个重要因素，因为无论是骑士还是元老身份都要求拥有可观的财产。据我们所知，不列颠没有产生过任何一位元老院成员。我们不可能知道其原因，也不可能得知这是否意味着不列颠居民受到了区别对待。

"罗马人"与"外人"

我们看到的文献资料，较多涉及富人而较少涉及穷人，较多涉及城市生活而较少涉及乡村地区，尽管当时人口中的大多数居住在乡下，而且其生活几乎都和农业生产有着某种关联。风格最独特的建筑和纪念物大多出现在城市中，而从公元 1 世纪末期到 2 世纪，罗马帝国境内的所有城市都表现出了高度的一致性，可以看得出这些城市都属于同一种广泛传播的文化。罗马帝国的文化并不是纯粹的罗马文化，也不是静止不变的，它在不同思想和不同社会的影响下不断发展。最强大的影响来自希腊文化，但其他文化也不容忽视，且"希腊文化"本身同样是个松散概念，并且在接受了罗马统治之后也发生了一些变化。衣着和饮食的风潮，以及对浴场、赛车运动和角斗士表演的钟爱传遍了整个帝国，但新风尚并未取代诸如体育运动（gymnasium）这样的老传统。思想在传播，文学和艺术也在传播，无论是正式的肖像，还是镶嵌画和壁画。不同地区的艺术作品之间有着大量共同特征，与之相比，口味偏好和用料等方面的地方特色反而不那么引人注目。广泛传播的还有表演艺术，包括希腊语或拉丁语的喜剧或戏剧，以及最普遍的哑剧。哑剧是舞者在器乐或声乐伴奏下演绎的神话故事，因此在这种戏剧中，语言与文学的作用不太重要。于是，有可能会出现如下有趣场面：泰恩河（Tyne）[①] 和幼发拉底河畔的人们观赏的是同一出戏，哼唱的是同一个旋律。

在乡村地区，变化相对缓慢一些，但正如我们所见，罗马帝国仍旧带来了显著的变化。城镇与农村的分野可能只是人为的，

---

① 位于英格兰东北部。

因为在有些地区，二者联系紧密，在地理上也十分相近，而在另一些地区，市镇与都会则距离乡村生活十分遥远。在高卢和不列颠这样的地区，当地贵族并不会将全部精力放在城镇中，而是仍旧将农村作为其生活的重要场所。在现代语境中，"villa"一词的含义比罗马人口中的同一单词狭窄得多。当代的 villa 指的是乡村大庄园中的大宅子，而即使在这个意义上，不同的 villa 在规模和奢华程度上也千差万别。在罗马时代的 villa 中，有些确实是符合这一单词的现代意义的乡村别墅，功能是提供舒适的居所和炫耀财富。这些别墅也许也会有一些现实用途，而其他的 villa 则是纯粹的农业或牧业活动的中心，其中一些的规模一点都不大。我们很难知道这些农舍的主人是谁，以及他们到底是当地人，还是在当地购置土地的外来者。[35]

新的建筑技术、材料和风格花费了更多的时间才为农村人口的大多数所接受。这一变化不应被夸张，就算在许多市镇和城市中，木材、枝条和泥土构成的房屋也存在了许久，尽管它们的痕迹经常为新建造的砖石建筑所取代，因而无法被我们发现。在高卢，瓦片屋顶花费了数代人的时间才在乡村和小农庄中普及开来。在不列颠，许多人在罗马时期仍旧像其铁器时代或更早年代的祖先一样，居住在茅草顶的圆屋中。这些圆形房屋是坚固的建筑，往往很庞大而且功能齐全。几座圆屋由一组可用来圈养牲畜的矮墙连接起来，就可以容纳一个靠耕种周围土地为生的大家族。常见的分布模式是几组圆屋之间保持不远的距离，而不是坐落在一起组成村落。除非经过发掘，否则我们无法确定这类圆屋的年代。尽管在建筑风格上存在着上述延续性，考古发掘仍旧显示，这些圆屋的居民仍旧能够获得在铁器时代十分罕见或根本不为人知的物品。这些传统房屋的主人可能居住得比城市贫民区的住户更加舒适，尽管他们无法享受到城市生活的便利。[36]

在古代世界中，生活可能是一件困难的事情。一次坏收成，或者更糟的，连续几次歉收，将会导致食物短缺以及粮价高涨。在这种情形下，最危险的是那些贫困的自由人，他们若不想活活饿死，就不得不负债购买食物以求生存。奴隶作为私产有其价值，因此哪怕时局艰难，他们的主人也有可能愿意保护自己的资产，为他们提供食物，除非主人也穷困至不得不将他们出售来减少粮食消耗。大多数时期，饥馑在许多行省都构成一种现实威胁，有些学者甚至认为它是一种普遍的威胁。在这方面，罗马时期与之前和之后的时代并无不同，因此这种威胁也不是罗马帝国特有的。[37]

皇帝花费大量精力和庞大开销来喂饱罗马城的居民和他的职业军队，而其他不那么重要的群体就没这么幸运了。地方市政官员和当地富人——这两个群体往往相互重叠——的确会收集粮食并低价或免费供给市民，而且如果他们不这么做，将会受到市民的攻击。城市人口有更多的机会提出抗议，因此在饥荒时期，他们的境况会比散居在乡村中的居民好一些，尽管后者有更多的觅食机会。奥古斯都时期，希律王曾经在闹饥荒时向埃及行省购买粮食。这种发生在同盟国王和行省总督之间的粮食交易显然是有先例的，行省之间在有需要时很可能会相互援助。当然，大量粮食的运输工作是十分艰难、缓慢和昂贵的，哪怕有时可以借助海运。帝国创造的安全环境使这种运输比以前相对容易了一些，而且帝国的存在也意味着绝大多数行省都被其他行省或同盟政权环绕。但即使当局有充分的政治意愿去解决问题，能够做到的事情毕竟是有限的。饥馑或其他自然灾害的规模越大，施加在救灾意愿和可用资源之上的压力也就越大。[38]

一部分人口在饥饿边缘挣扎求生，一些家庭，以及不可避免的，一些无依无靠的女性，绝望地将他们的孩子丢弃在垃圾堆或粪堆边，任别人捡走，哪怕这些孩子会成为奴隶。在埃及，有些人被给予了 Kopros 的名字，这意味着粪便。其中的一些人赎回了自由，并骄傲地将其作为家族姓氏予以保留。我们很难得知这一现象有多么普遍，但它确实发生了，而这也是每一个人都可以想象得到的。如上文所述，小普林尼发布的一道法令涉及了那些在孩童时期以这样的方式沦为奴隶的人。有些人即便领着薪水，还是不免陷于绝望的贫困。公元前 1 世纪，瓦罗①讲述道，利古里亚农田中劳动的妇女可以暂停工作去休产假，随后再回到工作岗位上来，而不会丧失她们微薄的薪水。作为罗马元老院成员的瓦罗认为这一做法新奇而陌生，他感到这不同寻常，并且值得借鉴。我们看到的多数资料都是轶事性质的，因此不可一概而论，但这些故事告诉我们，不可将现代西方标准套用在罗马时期。惊人的贫穷存在于意大利，也存在于行省，更存在于罗马帝国之前的大多数地区和人类历史的大多数时期，包括今日。没有证据表明罗马人的统治使更高比例的人口陷入这种境地。[39]

奴隶作为私产有一定的价值，但没人可以保护他们不受主人的惩罚、处决或性虐待。也许有些奴隶的生活是可以忍受的，他们有获得自由甚至飞黄腾达的希望，但涉及逃亡奴隶的法律数目

---

① 马库斯·特伦提乌斯·瓦罗（Marcus Terentius Varro），公元前 1 世纪的罗马作家。

繁多，这说明大量奴隶仍旧渴望抓住一切逃跑的机会。自由人依据其法律地位和财产数量被分为不同等级。行省居民可能会被强迫参与公共服务，包括为帝国邮驿系统提供服务或为建筑工程出力。这些负担的分派并不见得十分公平，有可能对当地社区造成压迫或对个人造成极大伤害。但特别严重的伤害仍旧是罕见的。

除非因严重罪行被判刑，自由人不会被迫从事那些最艰苦的工作，例如做矿工。矿山中的劳工，其生命往往艰难而短暂。这样残酷的劳动基本上由奴隶和罪犯承担，但有充分证据表明，为换取高薪而自愿在矿山工作的自由人数目惊人。其中一些人是不可缺少的专家，但其他人从事的是基础性的挖掘工作和体力活。约旦的一处保存良好的矿井遗址为我们揭示了矿工的劳动环境。其中最大的地下空间，长宽分别为 390 英尺（120 米）和 180 英尺（55 米），高达 8 英尺（2.5 米）。此处设施在罗马时代之前和之后都曾被使用，但罗马时代的开采活动最为活跃。直至今日，周遭环境仍旧被当年洗矿和冶炼产生的毒物严重污染。[40]

罗马帝国的大部分人口并不会在这样艰苦的环境中劳动，他们在不同程度上享受到了帝国的经济和社会发展带来的更丰裕的物质条件和更舒适的生活。但这一情况不可一概而论。总体来说，城市居民受惠更多，但都市环境同时也意味着更大的疫病传播的风险。小普林尼提到的阿玛斯特里斯的露天阴沟绝不会是孤例，这些阴沟是在罗马统治到来之后几代人的时间内才得以改造的。即便在最好的情况下，罗马人建立的供水、排水和垃圾处理设施也远非完美，因此瘟疫始终构成一个与饥荒同样重要的威胁。至少与晚近一些的繁荣而稳定的社会相比，罗马时期的婴儿死亡率很高，而预期寿命较低。但我们应再次强调，近现代的繁荣对漫长的人类历史来说是个特例。然而，出于谨慎，一些学者对罗马社会表现出了过分的悲观，但我们很难相信罗马时代的预期寿命会与新石器时代早期一样低。[41]

行省居民有可能面临当权者滥用权力或肆意妄为的情况。在阿普列尤斯的《金驴记》中，一个罗马士兵想要没收作为主角的驴子，在被拒绝后又叫来了同伴，想要用武力将驴子抢走。一些士兵会以征用的名义掠夺他们想要的一切。施洗约翰曾要求士兵"不要以强暴待人、也不要讹诈人、自己有钱粮就当知足"。如果更高当局不在场或不愿干预，那么士兵的无理要求很难被抗拒。在福音书中，押送耶稣前去受刑的罗马士兵强迫一位路人古利奈人西满（Simon of Cyrene）去背负十字架。对此类要求的拒绝可能会换来一顿痛打，而且不太可能获得赔偿。[42]

在一个没有护照，而且很少有人拥有正式身份文件的时代，证明一个人的社会地位并不是一件简单的事。在罗马殖民地腓立比（Philippi），保罗和西拉（Silas）被控闹事，被拖到当地官员面前。《使徒行传》的作者解释，两人治愈了一名被巫鬼附体的奴隶女孩，使她的主人无法再利用她的法术牟利，恼羞成怒的奴隶主因此抓捕了这两位传道人。一些人聚集起来，支持对二人的指控，我们不知道这是出于对犹太人的厌恶，还是因为他们本就是奴隶主的友人，但他们的出现显然促使官员严肃对待此案。未经审判，保罗和西拉就被剥了衣裳，被加以棍棒和监禁。第二天，殖民地的官员下令释放他俩，这可能是因为官长们觉得自己已经通过施加刑罚展示了权威，或者是认为对二人的刑罚足以平息众怒，因此认为事情可以了结了。然而保罗对他们说："我们是罗马人，并没有定罪，他们就在众人面前打了我们，又把我们下在监里，现在要私下撵我们出去吗？"罗马公民不应受到随意的体罚和监禁，于是，在发现被捕者的社会地位比自己想象得要高之后，当地官员亲自前来释放了他们。[43]

在科林斯，保罗和他的伙伴再一次受到人们的指控，这一次是在亚该亚行省总督的法庭上，他此时正巧在科林斯主持巡回法庭。指控保罗的人是他的犹太同胞，大群犹太人抓住保罗，押他去见总督。《使徒行传》对此事的记载十分简略，并未说明细节。我们不知道犹太人这样做是为了示威并引起总督的关注，还是已通过正式渠道申请总督审理此事。后者似乎可能性更大一些。无论怎样，总督拒绝进行判决，并说犹太人所争论的不过"关乎言语、名目，和你们的律法"。总督宣布他不会过问此事。保罗被释放，而一群希腊人在总督面前殴打了当地犹太会堂的首领，而总督则"这些事都不管"。这一蓄意针对犹太领袖的羞辱型攻击反映了犹太社区和外邦人之间的敌意，但我们并不清楚事件的背景。[44]

此后，在耶路撒冷的犹太圣殿发生一次骚乱之后，驻扎在安东尼要塞的辅军士兵逮捕了保罗。辅军的大队长命令士兵将其捆绑并鞭挞审问，认为这样可以让他吐露实情。这时，保罗对执行命令的百夫长说，他是罗马公民，不应被如此对待。大队长亲自询问保罗是否真的是罗马公民，并相信了他的话。自此之后，保罗便受到了稍好的待遇，并被护送去见菲利克斯，即当时的犹太行省总督。在这段时间，保罗虽被软禁，却过得相当舒适，这一定不仅是因为他的公民身份，也因为他的财富，或是他有一些富有的熟人。据说菲利克斯想要让保罗交出赎金来换取自由，但保罗没有这么做，因此他一直被囚禁至新任总督费斯图斯

（Festus）上任。针对耶路撒冷的一些祭司对保罗提出的指控，费斯图斯当着希律·亚基帕二世和他的妹妹百尼基（Berenice）的面审问了保罗。在此过程中，保罗要求皇帝的仲裁，因此又被送去罗马，尽管此时总督已经情愿将其释放。[45]

罗马公民可以最终将案情上诉至皇帝那里，这是元首制下的一项创新。小普林尼就曾将具有罗马公民身份的基督徒送交图拉真裁决。押解保罗和其他因犯前往罗马的是一支由奥古斯都大队（cohors Augusta）的一位百夫长率领的小分队。这是一支辅军大队，似乎充当过希律·亚基帕的护卫队。他们没有获得官方分配的交通工具，所以不得不搭乘顺路的船只。船主不得拒载，却也没有义务为他们改变既定的航程。前往罗马的旅途漫长而危险，保罗一行人还遭遇了船只的失事。终于抵达目的地之后，保罗还将等待数年，直到当时的皇帝尼禄决定处理此案。《使徒行传》的故事在皇帝判决之前就已完结，但后世的教会传统观点认为保罗最终被处死，那时尼禄正巧将基督徒作为公元64年罗马大火的替罪羊，对他们展开迫害。[46]

上述故事展现了罗马帝国的行政工作是何等缓慢甚至停滞。对总督来说，保罗的事件算不上任何紧急事务。菲利克斯公开囚禁保罗，希望以此获利并取悦指控保罗的祭司们。这些祭司在当地很有影响力，总督不得不与之打交道，并且最好不要与之为敌。菲利克斯在此事上的拖拉态度可能已经使祭司们感到不快，于是他们在费斯图斯上任之初就再次提出指控。但与此同时，祭司们一定也向总督请求了其他方面的恩惠，因此总督在此事上的不作为，可以被他们用来在其他事情上施加压力。正是在保罗被关押于恺撒里亚的这几年，犹太社区试图让尼禄宣布此城为犹太

城市；几乎与此同时，约瑟夫斯作为犹太代表之一，前往罗马求
见尼禄，为被菲利克斯逮捕的祭司求情。保罗的对手们如果想要
在皇帝面前为此案争辩，想必也需派遣使者前往罗马，而他们与
保罗一样，也将不得不等待许久，直到元首本人有足够的时间和
意愿来处理他们的事情。保罗等待了三四年，而且若不是尼禄发
动了针对基督徒的大规模处决，他可能还要等更久。[47]

耶稣的审判和处刑则迅速得多。他不是罗马公民，也并非来
自富有或权贵家族。耶稣于圣殿驱逐高利贷者的行为公开挑战了
管理圣殿的祭司们的权威，而圣殿的守卫却没能阻止此事发生。
这件事、耶稣的其他一些行为，还有他的民望，都使贵族祭司感
受到了威胁，因此他们决定采取行动。仅有《约翰福音》提到耶
稣在被捕时，罗马士兵与圣殿守卫和祭司们一同出现，但这足以
说明祭司们在行动之前就已经获得罗马总督的首肯。耶稣被捕之
后受到祭司们的讯问和谴责，随后被送到总督面前。在一些情况
下，犹太公会（Sanhedrin）可以针对渎神罪动用私刑甚至处决，
但在耶稣一案中，他们不愿承担责任，这也许是因为他们没有找
到合适的处理方式，或者是想要将可能引发争议的烫手山芋丢给
罗马人。[48]

本丢·彼拉多不得不与高度宗教化的耶路撒冷贵族集团合
作，并且依赖他们来控制本地人口。因此，他必须听取当地贵族
的关切。出于同样的原因，在耶稣被钉上十字架之后，彼拉多
同意了亚利马太的约瑟（Joseph of Arimathaea）的请求。这位富
翁和犹太公会的成员要求将耶稣的遗体交给他安葬。要求处死耶
稣的人群是由同一群祭司策动的，他们对耶稣的最主要的指控就
是，他自称是犹太人的国王，而这构成了对罗马权威的挑战。如

同《约翰福音》中的犹太人向彼拉多所说的："你若释放这个人，就不是恺撒的忠臣。凡以自己为王的，就是背叛恺撒了。"彼拉多不可能对这样的指控无动于衷，特别是当指控者本身是一群有钱且受过教育的人，他们有能力向叙利亚总督甚至直接向罗马提出上诉。提比略时期的政治生态十分凶险，近卫军长官塞扬努斯（Lucius Aelius Sejanus）勾结了众多元老和富有的骑士，企图成为元首的接班人，而其阴谋的血腥破产又引发了一场针对其盟友的大清洗。唯一一块载有彼拉多姓名的铭文出自恺撒里亚的一座旨在为元首歌功颂德的提比略神庙（Tiberieum），这显然不是巧合。[49]

与保罗在菲利克斯和费斯图斯治下被囚禁的事件一样，对耶稣的审判也只是彼拉多与耶路撒冷精英之间漫长而艰难的关系史中的一页而已。耶路撒冷精英本身并不是一个团结的集体，内部各派为争夺影响力而争斗不休。作为总督，彼拉多无法承担完全疏远他们的代价，但他也需要巩固自己的权力，使他们彼此争斗而无法一致对抗自己。从福音书看，耶路撒冷精英彼此相处不睦，每一派都希望对方为事情公开负责。除了福音书关于市民骚动和强盗巴拉巴的模糊记载，我们无从得知其他信息，但这足以说明时局的动荡和暴力。耶路撒冷人口庞大且不安分，而在逾越节期间，大量信众从行省甚至外国涌来，庆祝这一纪念犹太人摆脱埃及人奴役的节日。既然有人要求将耶稣处死，那么在那几天一定也会有人在赞美他，毕竟我们知道耶稣是有追随者的，而且他的追随者并未被罗马当局当作公开叛乱者加以残酷镇压。彼拉多似乎想要留下这样的记录，即高级祭司们和在他官邸（即希律王朝的旧宫殿）门外聚集的人群都要求他将耶稣处死。彼拉多并不介意耶稣受到鞭打和羞辱，但他也指出，没有任何证据表明耶稣应受死刑。在《路加福音》中，彼拉多曾说："我要责打他，把他释放了。"罗马人惯用这种方式显示自己的权威，并对"麻烦制造者"施以简略而非致命的惩罚。

但彼拉多并未如此行事，因为当地精英中的重要人物和聒噪的人群索要更重的刑罚，而这可以被彼拉多当作整个当地社区的意愿。除了福音书，没有证据表明存在着在逾越节期间释放一名囚犯的传统，所以我们无从得知这一传统怎样起作用，又持续了多久。作为总督，彼拉多有义务倾听行省居民的意见，特别是当地富人、出身高贵者和社区领袖的意见。彼拉多的妻子介入此事，这也印证了有些人关于总督的亲友对其频繁施加影响的指控。彼拉多终于命令将这名被控侵犯了罗马皇帝之权威的犯人处死，但他同时也强调，这一命令出自当地社区及其领袖的压力，而非他本人的武断决定。处死耶稣时，用拉丁语、希腊语和阿拉米语书写着"犹太人的国王"的木牌，既是对犹太领袖和整个犹太社区的挑衅，也是总督权力的宣示。这一信息告诉当地人：他们无法控制总督，相反，他们必须屈服于总督的权力和判决。此外，木牌也在昭示世人，罗马官员处决的是一位威胁皇帝权力的谋反者。[50]

对耶稣的审判和钉十字架是所有罗马总督的事迹中最著名的一件，哪怕彼拉多只是一名骑士阶层的总督，掌管着一个小省份，而且事件发生的时间也无法被精确确定，我们只能大概地估计它发生在1世纪30年代早期。除了担任犹太行省总督期间的事迹，我们对彼拉多一无所知，而他那位没有留下姓名的妻子，虽然只曾出现在《马太福音》中，却毫无疑问地成了最著名的罗马总督夫人。尽管如此，事件发生的方式、总督承担的压力和他对自己的权威的宣示，完全符合我们对一名罗马行省总督的所有了解。这一事件也可以用来解释残暴行为如何被用来加强对行省的控制。野蛮的鞭打和钉十字架是常见的刑罚形式。一般来说，钉十字架造成的痛苦比耶稣所经历的更加漫长，刽子手不会将受难者的双腿打断以让他们尽快断气，而是放任其慢慢死去。成百上千的人死于这种酷刑。毫无疑问，来自塞巴斯特和恺撒里亚的士兵们一定津津有味地围观了耶稣所受的羞辱和折磨，因为他们本就对犹太人怀有深深的厌恶。他们一定乐于见到一位被同胞所遗弃的犹太国王受到虐待，因为这将证实他们眼中犹太人的乖张形象。耶稣等三人被钉在十字架上受尽折磨时，士兵们坐在地上抽阄，这表明这种酷刑对他们来说是多么司空见惯。[51]

　　无论罗马帝国是否有造福行省居民的真实意愿，抑或只是如此粉饰自身的统治，帝国的维持依靠的仍旧是武力，而罗马军队的士兵们则是具体的执行者。

12

军队与边疆

他们的祖国不会等到战争爆发才使他们第一次接触武器……与之相反，他们出生时手中就持有武器，从不休止地训练，从不等到大事发生才进行准备。而且他们和平时期的演练并不比真实的战争更加轻松，每名士兵把全部精力投入每一天的训练中，仿佛训练就是真实的战场。因此，在战场上，他们如此轻松地回应战争的震撼，他们熟练的阵法不会因任何迷惑而露出破绽，他们不会为恐慌所瘫痪，不会因疲劳而力竭。他们的对手则无法拥有上述品质，因此他们战无不胜。

——约瑟夫斯如此形容罗马军队，公元 80 年 [1]

"军营环绕的帝国"

奥古斯都创建的职业军队在欧洲、非洲和近东都是史无前例的，此前没有任何一个王国或政权曾经维持过如此庞大的常备军。奥古斯都去世时留下了 25 个军团，公元 9 年于条顿堡森林战役损失的 3 个军团也已经得到补充。这 25 个军团理论上共拥有 12.5 万名士兵。除了军团，罗马还拥有大约兵力相同的辅军，以及海军舰队、近卫军和驻守罗马城的其他军事单位。武装力量的总数可能达到了 25 万人左右。这一数量随着时间大幅增长。尽管一些军团在行动中损失或被裁撤，2 世纪初的军团数量已达到 30，而 2 世纪末，在塞普蒂米乌斯·塞维鲁治下，又进一步增长至 33。尽管辅军的编制单位比军团更小因而更难以统计，但其兵力增长幅度似乎甚至超过了军团。公元 200 年，罗马武装力量的纸面兵力至少有 35 万人，所有军人向皇帝一人宣誓效忠，由皇帝一人发放军饷和决定晋升。在法国大革命带来的大规模征兵之前，没有任何欧洲军队在兵力上能赶超罗马军队，而即便在法国大革命之后，也很少有国家在战时动员之外的时间里维持如此庞大的军队。[2]

上述数字令人印象深刻，但与此同时，罗马帝国的体量也远远超过其他任何古代国家，甚至也超过了近代的主要欧洲国家。与罗马人征服和控制的广袤疆土相比，其军队规模反而显得很小。由于证据的缺乏和难以解读，古代社会的人口统计基本依靠猜测。例如，奥古斯都时期的人口普查中登记在册的 400 多万罗马公民应当全部为成年人，但普查可能只涉及男性，因此公民的总数量可能是其两倍，而这一数量显然还不包括未成年人。

关于元首制时期的罗马帝国人口，最广为接受的估计是 6000 万左右。但我们几乎可以肯定这一数字远远低于真实人口，因为这一结论的基础，是对于当时的预期寿命和农业生产可以供养的最大人口的过分悲观的看法。随着考古技术的进步，每年都有越来越多的罗马时期和前罗马时期的定居点被发掘。做出结论还为时尚早，但假以时日，考古发掘一定会促使人们提高对罗马人口的估算。即便我们暂且接受 6000 万这样一个数字，2 世纪末期人口与军人数量的比例也将达到超过 170 个平民对应 1 个士兵。这一比例在公元 1 世纪一定更高，甚至可能在整个罗马时期都超过了这一水平，因为一方面，罗马帝国的人口很可能远远超过 6000 万，而另一方面，有证据表明罗马军队实际的士兵数量在大多数时期明显小于其纸面兵力。[3]

罗马军队的兵力从来不是均匀分布在整个帝国境内的，因此实际上的军民比例会随着时间推移和地区不同而不同。塔西佗于公元 23 年记录下了当时罗马军团的部署情况。8 个军团构成的"主力"部署在莱茵河一线，多瑙河沿岸的潘诺尼亚行省和默西亚行省各自拥有 2 个军团，与之相邻的达尔马提亚还有 2 个军团。4 个军团驻守在叙利亚，3 个位于西班牙，埃及和阿非利加则各驻有 2 个军团。这一部署反映了奥古斯都时期主要军事活动的方向。兵力大量集中于新近征服的地区，例如埃及、西班牙，尤其是巴尔干地区各行省。莱茵兰的大量军团随时准备反击日耳曼部落的侵扰，而一旦皇帝决定发动新的征服，他们将跨过莱茵河，进军日耳曼地区。塔西佗指出，莱茵兰的军团同样可以用来应对高卢地区的事件，正如它们在弗洛鲁斯和萨克罗维尔起义时的反应。军队部署不是一成不变的。1 世纪末，上日耳曼的一个军团被调离莱茵兰，它在数十年内被部署于西部地区，随后又被调回边境附近。叙利亚的大军则被用来帮助罗马控制这一曾在共和国最后几十年深受内战和帕提亚入侵蹂躏的地区。[4]

军事部署的优先级随着时间发生变化。公元 23 年，阿非利加行省拥有 2 个军团，但这种兵力配置并未持续很久。两个军团的出现是为了打击塔克法里纳斯（Tacfarinas），他曾经是罗马辅军的一员，但最终与罗马反目成仇，在长达数年内不断侵扰阿非

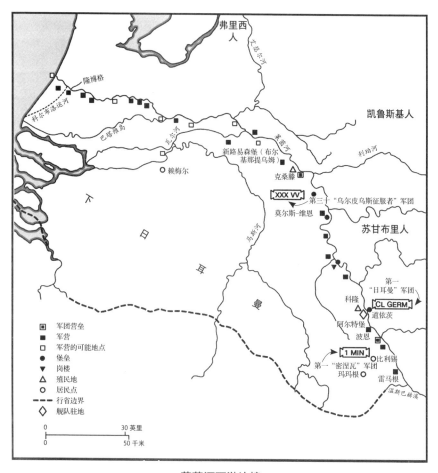

莱茵河下游边境

利加这一本已获得安定的省份。在塔克法里纳斯被击败之前，多余的兵力就已撤离阿非利加。在接下来的几个世纪中，该行省只拥有 1 个军团，即第三"奥古斯都"军团（Legio Ⅲ Augusta），以及相应的辅军部队。不久之后，罗马人认为伊比利亚半岛的形势也足够稳定，因此其驻军数量被削减至 1 个军团。埃及的情况也是如此。克劳狄乌斯曾派遣 4 个军团入侵不列颠。在不列颠被征服之后，自 1 世纪末开始，3 个军团作为占领军驻扎在那里。大约与此同时，莱茵河沿岸的部分驻军被调往多瑙河地区。莱茵兰的驻军被减半至 4 个军团，上日耳曼行省和下日耳曼行省各拥有 2 个军团。2 世纪的大部分时间里，多瑙河沿岸各行省共部署有 10 个军团。另外一个驻军大量增加的地区是东方各行省。卡帕多西亚、叙利亚、犹太和阿拉伯 4 个行省的驻军总量上升至 8 个军团。在必要时，一个行省的驻军可以得到其他省的增援。罗马军队没有设立中央预备队，因为那个时代军队缓慢的机动速度使设置预备队的想法在战略层面上无法付诸现实。这意味着，所有部队都部署在预计会出现用兵需要的地区。[5]

　　多数军队部署于帝国边境附近。2 世纪的演说家埃利乌斯·阿里斯蒂德斯说："罗马人并未忽视城墙的作用，但他们并未使用城墙环绕自己的城市，而是用它来保卫整个帝国。罗马人将城墙修建得尽可能远……就像一条环绕军营的壕沟。"稍早前，阿庇安表达了类似的意见，他说罗马人"使用大军将整个帝国环绕，使他们守卫全部的陆地和海洋，就像保卫一座单一的要塞一样"。100 年之后，另一位希腊作者认为奥古斯都"建立了一种由堡垒构成的防御体系"，领薪水的职业士兵守卫着这些堡垒，"使它们成为保卫整个罗马帝国的工事"。该描述反映的并不是奥古斯都主导的持续几十年的扩张行动，而是 3 世纪的图景。[6]

但罗马军队并非被设计成一支执行静态防御的力量。奥古斯都时期，多数部队会在行军营帐中度过春夏两季，他们不是执行战斗任务，就是在进行野外演练。到了秋冬季节，军队会回到被称为 hibernum 的越冬基地，这一做法对恺撒、西塞罗和更早的罗马指挥官来说并不陌生。在形势稳定、城市化水平高的行省，部队有时也会像共和国时期那样借宿在城市中，但这一做法一般不会在考古记录中留下痕迹。军队也会修筑设防营地和木结构住房作为军营。在高卢，恺撒的军团很少会在同一个地方连续度过两个冬季。奥古斯都时期，固定的越冬营地变得更加普遍，在莱茵兰地区尤其如此。此时的越冬基地更具永久性且更加坚固，它们的基本设计被应用于整个帝国境内的军队中。营地的选址意在尽可能利用逐渐完善起来的道路系统和可用于运输人员与物资的水运路线。除非当地形势发生急剧变化，或者部队被调往其他行省，否则罗马人不会认为有必要改变营地的地址并花费时间与精力建造新的军营。随着时间的推移，越冬营地逐渐成了长期基地，容纳着部队的指挥部、档案库、作坊和其他设施。尽管如此，军队只有在执行战斗任务和其他许多工作之外的时间才会居住在这样的营地中，这些军营也并非用于防御敌人进攻，除非情况十分紧急。我们在这种营地的平面图上可以见到士兵营房、军官宿舍和粮仓等用于管理的建筑，却见不到多少防御工事。[7]

军团被设计成一支能进行高烈度作战的力量。它的基本战术单位是步兵大队，一个大队应有 480 名士兵，而一个军团拥有 10 个这样的大队。公元 1 世纪的某一时刻，有些军团将它们的第一步兵大队扩充至 800 人，而且该大队的成员有可能身材更加高大，或者更有经验。每个军团有一支120名骑手组成的骑兵队，他们可以充任高级军官的护卫、侦察兵或信使，也可以作为一个整体投入战斗。全部10个大队的成员都是以密集队形进行战斗的步兵，他们用头盔、铠甲和长盾牌保护自己，有时还会在右臂上佩戴额外的护臂或环片臂甲。军团战士的进攻性兵器包括一种有效距离大约为15码的重型标枪（pilum），以及一种有着良好平衡感的短剑（gladius），既可劈砍也可突刺，剑刃长度在20英寸到24英寸之间。即便处于守势，军团战士的经典战术仍旧是率先投掷标枪，之后手持短剑对敌人发起冲锋。他们手中沉重的盾牌不仅可以保护从肩膀到膝盖之间的部分，也可用于攻击。士兵们可以使用盾牌中心的金属鼓包撞击对手，迫使其失去平衡，更容易被短剑刺中。[8]

作为军团的补充力量，辅军拥有大量装备精良、训练有素的骑兵——该兵种在共和国时期经常短缺——以及装备着精巧的复合弓的弓箭手。辅军中还存在着使用投石索的投石手和其他兵种，但辅军步兵的主体部分仍然是以密集队形肉搏的，这与军团士兵的战斗方式十分相似。辅军步兵不使用重型标枪和军团战士惯用的弧面大盾，也没有证据表明辅军曾使用过今天被称为lorica segmentata的著名的环片甲，但即便是军团士兵，也从来没有普遍穿戴环片甲。与军团战士不同的是，辅军步兵装备着长而平的盾牌以及各种矛和标枪（但与重型标枪有区别）。所有辅军步兵都佩戴头盔，穿着锁甲或鳞甲，因此我们不应将他们看作战斗方式与军团战士截然不同的"轻步兵"。约瑟夫斯将辅军步兵和军团战士都描述为"重装步兵"（hoplites），在他的叙述中很难将二者区分开来，而我们要知道，约瑟夫斯是曾经在犹太起

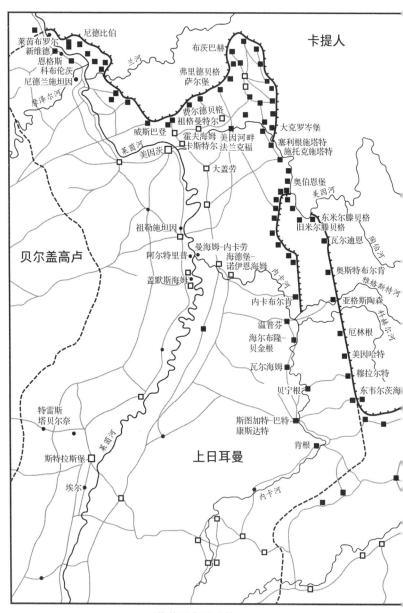

莱茵河上游边境

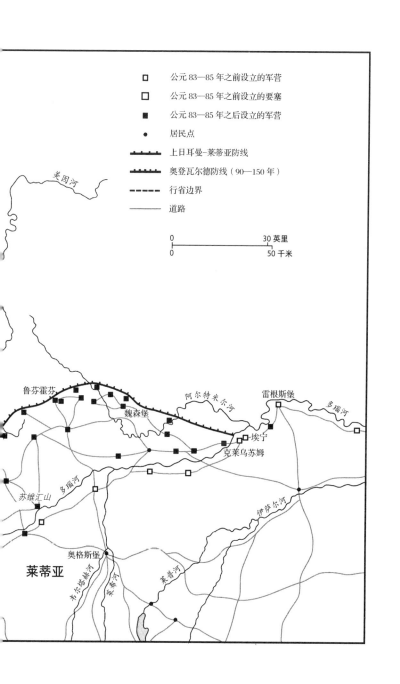

莱因河

鲁芬霍芬　　　　　　　阿尔特米尔河　　　雷根斯堡

魏森堡　　　　　　　　　　　　　　多瑙河

埃宁

克莱乌苏姆

苏维汇山　多瑙河

伊萨尔河

奥格斯堡

莱蒂亚

韦尔塔赫河　莱希河　莱亭河

义中与罗马军队交过手的。在公元 84 年的格劳皮乌斯山（Mons Graupius）战役中，罗马指挥官 ① 正是使用招募于莱茵兰的 6 个辅军大队发动了对喀里多尼亚人的攻击：

> ……他们将战斗引入短兵相接、近身肉搏的阶段。这一情况对于久经战阵的辅军来说十分熟悉，而敌人们使用小型盾牌和过长的剑，因而并不习惯如此的战斗方式……巴塔维人逼近敌人之后，使用盾牌上的凸起冲击对手、刺伤他们的脸，在平地上击溃了敌军，将他们赶上山坡……他们如此急于获得胜利，竟在身后留下了许多半死不活甚至毫发无损的敌人。

对大多数对手来说，军团战士和辅军步兵并无太多不同。二者皆为训练有素的攻击性力量，有良好的铠甲保护，装备着短距离的投射兵器，并且在近距离作战中极具威胁。这两类士兵都训练有素、纪律严明。[9]

辅军为罗马军队提供了大量优质的骑兵和有用的投射兵种，在数量上也是军团的有力补充。辅军不失为一支平衡而灵活的战斗力量。在骑兵翼和步兵大队之上，辅军没有任何永久编制，因此其最大编制的规模也仅仅相当于一个军团的十分之一。这意味着，与辅军相比，更加分明的组织架构使军团成为任何重要战场上的一支更有力的力量。罗马的军事思想很重视预备队的作用，在战场上，罗马人一般会布置至少两道阵列，三道甚至更多的情

---

① 这位指挥官正是不列颠总督阿格里科拉。

况则更常见。骑兵被布置在两翼，有时还会有一部分骑兵被作为
预备队。步兵则位于阵型中央。辅军士兵一般被部署在两翼的骑
兵与中央的军团之间，或者位于军团之前。塔西佗称赞他的岳父
阿格里科拉，说他未折损一名军团士兵就赢下了公元84年的格
劳皮乌斯山战役。但军团被布置在辅军之后的主要原因，并不是
指挥官不愿让罗马公民蒙受伤亡，而是意图保存军团直至最需要
的时刻，再令其投入战斗。这一做法的目的是在关键时刻一锤定
音拿下胜利，或者填补战线上的空缺，对敌军持续施加压力，直
到敌人崩溃。接下来，轮到骑兵出场，发动可控的追击，使敌军
的撤退演变为溃散。理想状态下，追击行动应由仍旧精力充沛的
辅军骑兵发起。[10]

　　罗马军队是一支复杂的力量，它的各个组成部分相互支持，
并且习惯于因地制宜地适应不同地区的作战环境。罗马军队擅长
野战，也善于攻城拔寨，它的工程技巧和各种攻城器械使其在围
城战中具备强大的优势。罗马人在野战中有时会用到轻型投石
器，更重型的投石器则在围城战中大展身手。罗马军队使用工程
槌破坏城墙，或在城墙之下挖掘地道使其坍塌，又或者借助云梯
和移动攻城塔，使步兵对城墙直接发动攻击。在这一切行动的背
后，罗马人拥有一套组织良好的后勤系统，使军队随时可以持续
进行机动作战或围城战。最适合罗马军队的作战方式是与敌军主
力直接对垒，无论是在野战中还是在围城战中。这意味着罗马军
队所有层级上的战略战术都是攻击性的，力求在最短时间内取得
决定性胜利。除了这种攻击性，罗马军队还具备在错误中学习的
意愿和不胜利决不罢休的决心。这几点要素的结合在战场上是非
常有效的。公元1、2世纪期间，罗马人赢下了绝大多数战斗的

胜利，几乎没有输掉任何一场战争。

军团与辅军的成员都是长期服役的职业军人。他们中的大多数是志愿兵，尽管有时也会出现强制征兵的行为。征兵现象可能只是为了在同盟部落中征集辅军士兵。在25年的服役期内，士兵们必须遵守严格的纪律，在不执行战斗任务时也必须接受单兵和团体的严酷训练。如约瑟夫斯所说："他们出生时手中就持有武器，从不休止地训练，从不等到大事发生才进行准备。而且他们和平时期的演练并不比真实的战争更加轻松……实际上，如此描述并无不妥：他们的训练即是不流血的战斗，而他们的战斗则是流血的训练。"情况至少在理论上是这样的，但约瑟夫斯的描述过于简单化。正如我们所见，各种相互冲突的工作抢占着士兵的时间，他们有时不得不离开原部队，去扮演建筑工、行政人员和治安力量的角色，这不可避免地降低了他们的备战水平。罗马军队并不完美，也并不总是处在充分准备好进行大规模战争的状态，但即便各种琐事使军人分心，训练因懒惰和疏忽而松懈，罗马人能够通过努力，在短时间恢复军队的效率。也许军事单位很难长时间保持在理想状态，但仍旧维持了一个较高的备战水平，帝国中央对军队的密切监管也有助于其维持备战状态。[11]

军队可能是罗马世界中官僚化程度最高的部门，这部分是因为此时的军队占据了帝国预算中最大的开支，也因为每一位皇帝都十分重视对军队的严密控制。记录档案会跟随一名士兵的整个职业生涯。103年2月24日，一名辅军大队的文书（cornicularius）抄写了一份档案，档案涉及6名新兵。"盖乌斯·朗基努斯·普里斯库斯（C. Longinus Priscus），22岁，左眉上有伤疤；盖乌斯·尤利乌斯·马克西穆斯（Gaius Julius

Maximus），25 岁，没有明显识别标志。"[12] 牲畜，尤其是骑兵的坐骑，也被记录在册：

> 马里乌斯·马克西穆斯（Marius Maximus）致瓦伦提努斯（Valentinus）
>
> 收于 208 年 3 月 16 日：
>
> 关于马匹的常规手续的记录：4 岁，红褐色，面部有白色图案，没有烙印，已经我核验。将其分配给你指挥的帕尔米拉第二十大队（cohors XX Palmyrenorum）士兵尤利乌斯·巴苏斯（Julius Bassus），价格为 125 第纳瑞斯……[13]

一名士兵的薪饷、晋升、任命和离队执行任务等事，统统被记录在案，直到他退伍。我们也看到一些因健康原因提前退伍的记录，例如"俄克喜林库斯（Oxyrhynchus）城的纺织工狄奥尼修斯（Dionysius）之子特吕丰（Tryphon），患有白内障和视力受损"。士兵名册中，希腊字母 θ（theta）被用来作为 thanatos（死亡）的缩写，这相当于纳尔逊时代英国皇家海军使用的缩写"DD"，意味着"死亡除役"（discharged dead）。发音为 theta 的希腊语缩写进一步衍生出了拉丁语俚语 thetatus。[14]

军人履历由本单位保存，其中一些档案的复制件或概要会被送交行省总督的行政人员。视察辖区内的驻军和军事基地是总督的一项重要职责。出生于尼科米底亚的罗马元老院成员阿里安曾在哈德良治下担任卡帕多西亚总督，他留下了一份关于巡视黑海东部沿岸地区驻军的记录。阿里安的《红海环航记》（Periplus）是一部以希腊语书写的散文，其中两次提及他曾经用拉丁语写下一份更完备更正式的报告，但这份报告不幸佚失。即便如此，阿里安流传至今的文章仍使我们得以一窥他的活动："中午之前，我们抵达了阿普萨罗斯（Apsaros），那里的驻军有 5 个大队。我向他们支付了军饷，并且检视了武备、壁垒、壕沟、病员和食物供给的情况。"而在发西斯（Phasis），阿里安描述道：

> 在我看来，考虑到选址带来的优势，这个有 400 名经过挑选的精兵驻守的堡垒是坚不可摧的，它的位置正好可以为航海至此者提供最大的安全保障。此外，堡垒还拥有两道等宽的壕沟。堡垒的墙曾经是夯土建造的，其上布置有木塔楼，而如今无论是墙体还是塔楼，都是使用烧制的砖建造的。堡垒的地基也十分坚固，并且拥有各式战争器械。总而言之，对蛮族来说，哪怕靠近这座戒备森严的堡垒都十分困难，更不用说对其展开围攻。

像小普林尼一样，阿里安也要求驻军做出一些改进。他命令挖掘一条新的壕沟，用来保护堡垒之外的平民定居点和港口。他两次提到发放军饷的问题——每年应当发放 3 次。他还谈及对人员、装备、马匹和医院的视察情况。阿里安的记述中缺少关于军队训练情况的细节描述，但提到他曾要求一小队骑兵展示投掷标枪，并且命令另一队骑兵展示如何上马。由于此时马镫还未出现，上马对骑兵来说是一项重要技能。[15]

位于努米底亚的蓝拜西斯（Lambaesis）的第三"奥古斯都"军团驻地中的一份铭文向我们展示了在类似的情形下，军队是如何训练和演习的。铭文记录了哈德良在视察行省驻军之后发表的讲话。哈德良高度赞扬了驻军，因此当地人有意愿为了纪念而将其讲话记录下来。实际上，各时期的高级将领可能都在驻军面前做出过相似的评论。哈德良的讲话表明他对当地局势相当了解。皇帝告诉第三军团，他很清楚当地驻军处在缺编状态：

> ……每年都有一个步兵大队被轮流划归［阿非利加行省的］同执政官麾下，而两年前，你们派出一个大队，并从每个百人队抽调 5 名士兵，划归另一个第三军团①，众多遥远的前哨站分散了你们的兵力，而在我们的记忆里，你们不仅曾经改变过堡垒的位置，还修建了一些新的据点。

所有这些不利条件都可以成为驻军表现不佳的借口，但这个军团不需要任何借口。哈德良赞许了军团的表现，称其军官和总督治军有方。军团以战斗状态进行了演习，在演习中行军、构筑了一个比普通营垒更加坚固的行军营地，对武器装备做了保养，并在野战条件下准备了伙食。辅军部队也以相似的方式操练。哈德良观看了辅军步弓手的射击训练与骑兵的越障和投掷标枪表演。哈德良一贯强调严格训练的重要性，并且在认为必要时会针对训练提出具体的批评意见。皇帝警告骑兵翼的成员不要鲁莽地发动攻击或追逐，因为"从来不应不计后果地做任何事情"。哈德良认为，第三"奥古斯都"军团的骑兵部队为了给他留下深刻印象，展示的演练难度过高，但他赞扬了部队的进取精神。潘诺尼亚第一骑兵翼（Ala I Pannoniorum）尤其令皇帝印象深刻。

---

① 可能指驻扎在埃及的第三"昔兰尼加"军团（Legio III Cyrenaica）。

"若有什么不足，我会注意得到；若有突出之处，我也不会忽略。你们在整个训练过程中都表现得让人满意。"[16]

毫无疑问，面对皇帝的视察，行省驻军会尽最大努力进行一场令人印象深刻的演习，尤其当这位皇帝是哈德良时——他对于军事训练和武器装备的浓厚兴趣为人所熟知。军队将有足够的预警和时间来做准备，而皇帝无疑也将获得关于地方形势的详细信息，以便在视察时展现出他对士兵的了解和关心。为行省总督进行的演习规模更小，但并无本质区别。阿里安提到的投掷标枪和上马训练，在哈德良于兰拜西斯发表的演讲中也能找到踪影。我们不知道行省总督视察军队的频率有多高，总督也许只是在就职时检阅军队，也可能每年都会亲自主持驻军的操练。阿里安的文字表明，总督在视察军队之后，会为皇帝送去一份书面报告，对每支部队及其指挥官的表现发表评价。该评价将可能对后者的职业生涯施加影响。[17]

部队会定期向总督提交详细的军力报告，而视察文化则意味着军团和辅军都要尽可能地为视察提前做准备。一份在英国卡莱尔（Carlisle）发现的 2 世纪早期的书写板使我们得以了解罗马军队如何进行日常内部检查：

> 多基利斯（Docilis）问候长官奥古里努斯（Augurinus）。根据您的命令，我们以下列出了所有丢失了骑枪的骑兵的姓名，其中有缺少骑枪的士兵，也包括缺少 subarmales［可能是一种带胸甲的无袖短上衣］的士兵，以及缺少佩剑者。

这份文书并未说明缺少装备的原因，因此我们不知道这些装备

图拉真：图拉真在即位之前并没有多少军事经验，而这可能恰恰是他热衷于开疆拓土的原因之一。他通过两次战争征服了达契亚，将其变为罗马行省。之后，他又对帕提亚展开了大规模攻势，但他这一次攻占的土地中的大部分，随后不是因叛乱频发而丢失，就是被其继任者哈德良放弃。

塞普蒂米乌斯·塞维鲁：塞维鲁在内战中击败了两位分别来自不列颠和叙利亚的行省总督，由此得以登上帝位。他随后就对帕提亚帝国和不列颠北部的喀里多尼亚部落发动了军事行动，这并不是巧合。虽然当时可能确实有必要确保罗马对上述边境地区的控制，但军事行动同时也是检验当地驻军忠诚度的手段。

南希尔兹复原重建的堡垒大门：这个复原的门楼属于距离泰恩河口不远的南希尔兹的一座罗马堡垒，重建于 20 世纪晚期。原物可能还有更高的一层。罗马的城楼往往拥有让人印象深刻的雄伟外观，但与之前提及的一处城墙一样，这些塔楼几乎没有突出于城墙平面。

萨尔堡的重建堡垒：19 世纪，在德皇的鼓励之下，萨尔堡的罗马辅军堡垒进行了大规模重建。尽管今天的考古学家对于当时重建方案的某些方面可能会有不同意见，但这个重建的堡垒还是足以让我们领略罗马军事基地的宏大规模，而军团的基地的体量更是辅军基地的 10 倍以上。

科隆的骑兵墓碑：墓碑的主人是提图斯·弗拉维乌斯·巴苏斯（Titus Flavius Bassus）。根据墓志铭的描述，辅军骑兵曾大破无盔甲的、半裸的蛮族部落。至少一半的罗马军队是非罗马公民组成的辅军，他们在25年的服役期满之后会获得罗马公民身份。巴苏斯享年46岁，此时他刚获得公民身份没有多久，有可能尚未从军队正式退役。

图拉真记功柱上的高墙和头颅：图拉真记功柱的这一浮雕场景中，沿着某个达契亚堡垒的高墙，一排被砍下的头颅插在矛尖上，其中有些已经开始腐烂。根据考古发现，罗马辅军军营的壁垒之上有时也会摆放这样的战利品。罗马边境的安全有赖于展示武力和震慑可能的敌人。

（右上）哈德良长墙上的里堡：哈德良长墙是罗马军队留下的最大建筑物。它长约 80 罗马里，从泰恩河延伸到索尔韦湾。沿着长墙，每隔大约 1 罗马里就会有一个小哨所或者像这样的"里堡"。这是第 39 号里堡，背景中是峭壁湖。

（右下）哈德良长墙上的里堡大门：哈德良长墙的设计几经变更。这是 37 号里堡，它的大门面向一处悬崖。在门拱之下原本开有正常大小的门洞，但之后却被封了起来，只留下一个狭窄的通道。这个通道存在的意义可能是方便墙体的维护工作。

图拉真记功柱上的岗楼：在罗马帝国边境的多数地方并不存在像哈德良长墙这样的连续工事。边境线被尽可能沿着河流设置，沿着河岸设有堡垒，堡垒和堡垒之间则设立岗楼和哨所。图拉真记功柱上的这一场景展示了多瑙河岸边的一座岗楼。塔楼旁边的物体看起来像是干草或木材，可能是用来点烽火发信号的。

阿达姆克利西，描绘马车上的一家人的柱间壁：人群的大规模迁徙时有发生，有时是为了寻找新的土地。而某些地区的牧民和游牧部落则会进行季节性迁移。罗马边境和岗楼系统有助于确保这样的人口流动受到帝国官方的监视和控制。这块柱间壁来自罗马尼亚阿达姆克利西的一个罗马建筑遗址，描绘了一个乘坐马车旅行的蛮族家庭。

阿达姆克利西，描绘大车旁的战斗的柱间壁：劫掠者在攻击得手之后，还得把战利品运回老家，而这不可避免地会拖累他们的行进速度。罗马军队总是选择在入侵者洗劫过程中或者撤退途中发动攻击，因为此时的入侵者为战利品和俘虏所累。阿达姆克利西的这块柱间壁中，一名罗马军团战士正在一辆大车旁与敌人搏斗，大车上载着女人和小孩。

阿达姆克利西，描绘被俘妇女和幼童的柱间壁：阿达姆克利西有几处浮雕展现了罗马人的战俘。在这块浮雕的画面里，俘虏中有一个抱着孩子的女人。作为奴隶，战俘具有可观的价值。出售战俘所获得的暴利正是驱动边境内外某些劫掠活动的主要诱因。

凯尔文特的3世纪城墙：公元3世纪，频繁的内战和边境问题导致罗马和平逐渐崩坏。边境驻军被抽调去参与帝国腹地的权力斗争，使得边防更加空虚。这一时期，很多城市第一次修建了城墙，原本就设防的城市则加强了防卫工事。在威尔士的凯尔文特，城墙上的塔楼明显地突出墙面，使得防守方可以从侧翼射击攻击城墙正面的敌人。

是在执行任务的过程中损失的，还是出于自然破损、疏忽或偷窃。[18]

任何一位皇帝都十分关心军事单位的兵力与备战状态，以及他们的坐骑和装备的情况。总督们获得的军事胜利被归功于皇帝，哪怕皇帝本人当时距离战场十分遥远。但反过来，皇帝也要为所有的军事失利负责。驻军行省的总督则有责任保持军队的忠诚、备战状态和战斗力。而军队的行政机构则会帮助总督完成这一任务，使总督与每个单位及其指挥官保持定期接触。这类活动在帝国中央档案库中留下了清楚的记录，一些留存至今的文档显示，这些记录不断更新，反映了最新情况，而且很多档案显然还拥有副本。早年间，多数总督将自己的总部和档案库设置在军团的军营中，但随着时间流逝，他们逐渐拥有了专属设施。公元1世纪晚期，伦底纽姆曾为不列颠总督建造了官邸和一座拥有兵营的堡垒。尽管总督要花费大量时间四处旅行，以便主持巡回法庭和军事行动，他的行政中心逐渐成了某种形式的行省治所，并且也扮演着驻军管理中心的角色。[19]

至于行省向罗马的常规报告包含了多大的信息量，这是个我们更难以知晓答案的问题。总督向皇帝呈递的报告涉及很多方面，其中无疑包括行省驻军的情况，但我们不清楚，在皇帝没有特别要求提供某些信息的情况下，这类常规报告包含了多少细节。有些信息则直接保存在罗马的中央档案库。从克劳狄乌斯时期开始，所有光荣退伍的辅军士兵都会获得罗马公民身份，而这带来的公民人口的增加，则在罗马登记在册，而士兵本人会拿到记录文本的铜板副本作为证明。公元6年，奥古斯都建立了军事财政处（aerarium militare），用来处理军饷和退伍的军团士兵领取的奖金和土地等事务。这至少证明帝国中央政府已经将士兵的

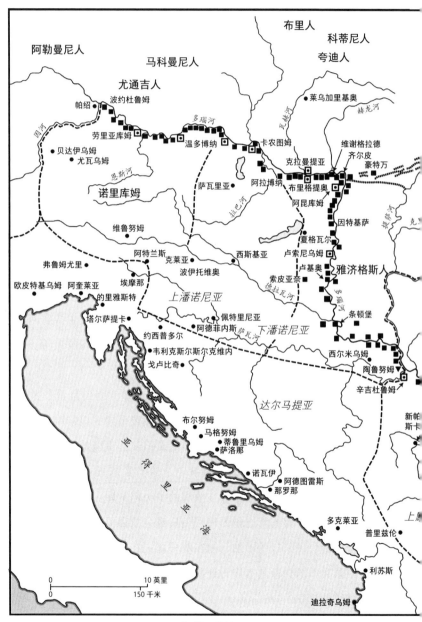

阿勒曼尼人　　　布里人

马科曼尼人　　科蒂尼人

尤通吉人　　　　　　夸迪人

帕绍　　波约杜鲁姆
　　　　　　　　　　　莱乌加里基奥
劳里亚库姆　　　　多瑙河
　　　　温多博纳　　　卡农图姆　　　维谢格拉德
贝达伊乌姆　　　　　　　　　　　　　克拉曼提亚　齐尔皮
尤瓦乌姆　　　　　　　　　　　　　　　　　　　　豪特万
诺里库姆　　萨瓦里亚　阿拉博纳　布里格提奥
　　　　　　　　　　　　　　　　阿昆库姆
　　　　　　　　　　　　　　　　　　　因特基萨
维鲁努姆
　　　　　　　　　　　　　　夏格瓦尔
　　　　阿特兰斯　克莱亚　西斯基亚　卢索尼乌姆
弗鲁姆尤里　　　　　波伊托维奥　　　　卢基奈　雅济格斯人
欧皮特基乌姆　阿奎莱亚　埃摩那　　　　索皮亚奈
　　　　的里雅斯特　　　　　　上潘诺尼亚
塔尔萨提卡　　　佩特里尼亚　　下潘诺尼亚　条顿堡
　　　　　约西普多尔　阿德菲内尔
　　　韦利克斯尔斯尔克维内　　　　西尔米乌姆
　　　戈卢比奇　　　　　　　　　　陶鲁努姆
　　　　　　　　　　达尔马提亚　　辛吉杜鲁姆
　　　　　　　　　　　　　　　　　　　　新帕
　　　　　　　　　　　　　　　　　　　　斯卡
　　布尔努姆
亚　马格努姆
得　蒂鲁里乌姆
里　萨洛那
亚　　　诺瓦伊
海　　　阿德图雷斯
　　　　那罗那
　　　　　　　　　多克莱亚
　　　　　　　　　　普里兹伦
　　　　　　　　　　　　上黑
0　　　　　　10 英里
0　　　　150 千米　　　　利苏斯

　　　　　　迪拉奇乌姆

多瑙河边境

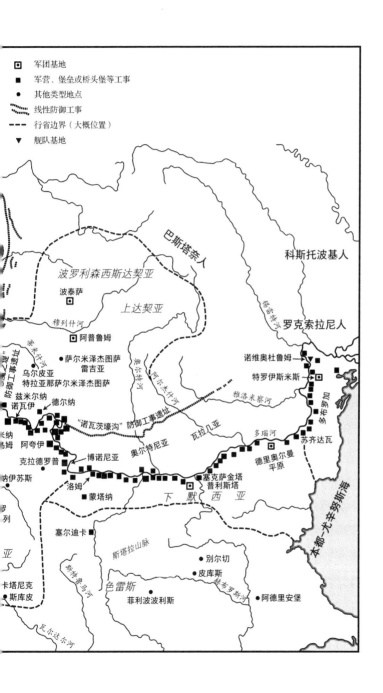

军团基地

军营、堡垒或桥头堡等工事

其他类型地点

线性防御工事

行省边界（大概位置）

舰队基地

巴斯塔奈人

科斯托波基人

波罗利森西斯达契亚

上达契亚

波泰萨

罗克索拉尼人

穆列什河

阿普鲁姆

萨尔米泽杰图萨
雷吉亚

特拉亚那萨尔米泽杰图萨

诺维奥杜鲁姆

特罗伊斯米斯

乌尔皮亚

多布罗加

兹米尔纳

德尔纳

诺瓦伊

"诺瓦茨壕沟"防御工事遗址

瓦拉几亚

多瑙河

苏齐达瓦

阿夸伊

奥尔特尼亚

德里奥尔曼
平原

博诺尼亚

克拉德罗普

塞克萨金塔
普利斯塔

纳伊苏斯

洛姆

蒙塔纳

下默西亚

本都—尤克努斯海

塞尔迪卡

斯塔拉山脉

别尔切

皮库斯

色雷斯

卡塔尼克
斯库皮

菲利波波利斯

阿德里安堡

瓦尔达尔河

报酬记录在册，尽管军饷的管理很大程度上是由军事单位自身负责的。

中央政府控制了军官的任命权，包括授予元老院成员的高级军事保民官、军团长和行省总督等职位，以及超过 500 个属于骑士阶层的军官职位。全部罗马军团中同时有大约 1800 名百夫长在役，他们中的一些人拔擢自低级军官，还有一些则是被直接任命的。他们中的绝大多数人带着百夫长的头衔度过了戎马生涯的大部分时间，因为百夫长与其说是一个具体的军衔，不如说是一类军官的总称，而且不同的百夫长在职责和权威方面有着巨大的差异。他们的薪酬和奖金也各不相同，大约相当于普通士兵的 5 到 10 倍。相当数量的百夫长曾服役于不止一个军团，他们在军团之间"跳槽"以获得更好的职位或得到晋升。例如，骑士阶层的盖乌斯·奥克塔维乌斯·霍诺拉图斯（Caius Octavius Honoratus）起初被直接任命为不列颠的第二"奥古斯都"军团（Legio II Augusta）的一名百夫长，随后陆续服役于驻扎在多瑙河畔上默西亚的第七"克劳狄乌斯忠诚"军团（Legio XII Claudia pia fidelis）、叙利亚的第十六"弗拉维乌斯坚定"军团（Legio XVI Flavia firma），最终回到多瑙河地区，服役于上潘诺尼亚（Pannonia Superior）的第十"双子"军团（Legio X Gemina）。他在退伍时担任该军团第五步兵大队的 princeps posterior，这是一个常规步兵大队中排名第四的百夫长职位[1]，他可能每次来到一个新的军团时都获得了晋升。佩特罗尼乌斯·福图纳图斯

---

[1] 一个常规的步兵大队由 6 个百人队组成，这 6 个百人队的百夫长依资历从深到浅分别被称为 pilus prior、pilus posterior、princeps prior、princeps posterior、hastatus prior 和 hastatus posterior。

（Petronius Fortunatus）服役过的军团更多，他担任百夫长的时间不少于46年，曾服役于十几个不同的军团，足迹先后遍及叙利亚、下日耳曼、上潘诺尼亚、不列颠、努米底亚，又回到叙利亚，然后再次来到下日耳曼和不列颠，接下来又去了阿拉伯、卡帕多西亚、意大利，最终在上潘诺尼亚或下潘诺尼亚结束了戎马生涯。他的儿子也成了一名百夫长，但在接受任命仅仅6年之后就去世了，此时仅在两个军团中服过役。[20]

正如小普林尼提到的那位被派往拜占庭去管理交通的军官，百夫长的工作地点常常远离军团驻地。因此，有些百夫长的工作调动可能只是名义上的。这种情况下，百夫长本人并不会亲身前往新部队，而是留在原地，新的任命为他带来的仅仅是职衔的晋升。霍诺拉图斯和福图纳图斯二人的墓志铭记录下了他们的服役履历，但并未阐明这一体系是如何运作的。每个军团的第一步兵大队有5名百夫长，而第二到第十大队则各有6名，此外，军团中可能还存在一名负责骑兵的百夫长，这样一来，每个军团的百夫长数目就是59或60。没有证据表明曾有哪个军团的百夫长数量超过这一数字，也没有证据表明曾经存在过没有被纳入军团编制之内的百夫长。部分事例中，百夫长在同一行省内部的不同军团之间调动，但在其他例子中，就像霍诺拉图斯和福图纳图斯所经历的一样，百夫长们从帝国的一端被调到另一端。部队档案中可以看到外来军官加入本单位的事件，档案同时指出这是出于行省总督的命令。然而，我们很难相信不同行省的总督们能够运用自己的权力完成这种跨越行省的军官调动，而这种调动的存在显然说明中央政府严密控制着军官职位的空缺与任免。[21]

我们不知道这一体制如何运行，显然皇帝本人不太可能亲自挑选军中的每一位百夫长或骑士阶层的军官，并且密切关注他们每一个人的从军履历。对任何级别的军官任免来说，私人关系比候选人自身能力发挥的作用不会小。小普林尼曾向一位军事行省的总督去信，替一位骑士阶层的友人索要一个职位，该职位可能是军团中的初级军事保民官："你统率着这样庞大的军队，这使你拥有充足的资源来为他人提供好处。此外，你已经担任这一职位如此长的时间，应当已经为你自己的友人提供了足够的恩惠。那么现在来照顾一下我的朋友吧，人数并不多。"无论是出于自己的本意，还是出于友人的请求，总督提议任命或提拔某人时，有很大机会能够获得皇帝的首肯，只要这位总督仍旧受到皇帝的青睐，并且还没有提出过多的请求。此类事务由帝国中央的书信负责人（ab epistuli）处理。该部门相当于贵族家族中的秘书处的放大版本，在公元 1 世纪的大部分时间里，这些书信官由一位释奴掌管，此后则换成了一位骑士阶层的同执政官执掌该部门。[22]

　　军队的忠诚是皇帝权力的最终保障。叛乱的信号往往是捣毁被与军旗一同保管的皇帝及其家人的塑像（我们应该记得，彼拉多的部队在携带塑像进入耶路撒冷时，曾引起本地人的骚乱）。没有皇帝会允许行省总督在军中获得过多支持，更不能被允许的是总督在军官群体中赢得太高声望。于公元 19 年被日耳曼尼库斯撤职的叙利亚总督格奈乌斯·卡尔普尼乌斯·皮索受到的指控中，最主要的一项就是蛊惑军心。根据塔西佗的记录，皮索在担任总督期间尽一切可能争取士兵的支持，他的妻子也曾出席对部队的视察和士兵训练：

他对军人施以赏金和贿赂，照顾那些最卑微的士卒，解雇了经验丰富的百夫长和作风严格的军事保民官，并使用自己的心腹和卑劣者取而代之。他纵容士兵们在军营内的懒惰、在城镇内的肆意妄为和在乡间的横行霸道。他将军队腐化到了如此程度，以至于在这群乌合之众口中，他被称为军团之父（parens legionum）。[23]

元老院谴责皮索的声明提到，他曾企图通过非法手段重新控制叙利亚行省，这导致了一场短暂的内战。皮索处决了那些不愿服从他的士兵：

他在处决许多人之前，并未了解他们的情况，也未与自己的随从商议。被他钉上十字架的不仅有外国人，还有一位百夫长，一位罗马公民。神圣的奥古斯都建立的、提比略·恺撒·奥古斯都维护的军队纪律，被他毁坏殆尽。他不仅允许士兵不再以传统方式服从指挥官的管束，还挪用皇帝的国库（fiscus）财产，以私人名义向士兵发放奖金。他欣喜地看到，这样的行为使一部分士兵被叫作"皮索派"，而其他人则被叫作"恺撒派"。对那些被称为"皮索派"并且对他展示出顺从的士兵，他都予以优待……[24]

公元14年的莱茵河地区，哗变的军团士兵想要拥立日耳曼尼库斯为皇帝，使其取代提比略，但这一要求被日耳曼尼库斯拒绝。克劳狄乌斯和图密善时期都见证了行省总督的失败叛乱。图密善处决了那位允许军队以自己的名字命名新式长矛的不列颠总督，因为这一举动被视为取悦士兵的行为。军官，尤其是百夫长，是控制军团的关键。皇帝是最大的恩惠施予者，也是军官职业生涯的最终仲裁者，他不允许其他任何人在这些方面拥有过强的影响力。元老阶层得以拥有一定的给予恩惠的能力，因为他们需要照顾自己的门客。但皇帝不会允许任何一名元老决定大量军官的晋升和任命，尤其同一行省之内的军官，更不要说将这种权利交予某一家族或团体。[25]

　　书信官们负责发布任命状和保存关于任命的各种档案。这意味着担任这一职位的人，特别是该部门的负责人，有可能影响任免决策，因此也有可能被游说，以便为某些人提供便利。诗人斯塔提乌斯（Statius）曾提到，图密善时期一位担任书信官的释奴扮演着推荐人的角色，向皇帝推荐担任百夫长和骑士阶层军事保民官的人选。除了书信官，皇帝身边还有一群军粮官。起初，他们的职责是监督军队的粮草供应，原本出自被从原部队借调至总督身边的军团士兵。军粮官被当作来往于总督驻地和罗马之间的信使使用，他们除了传递信件，也能够为罗马方面汇报行省的情况。无论何时，全部军粮官中有多达一半的成员身处罗马，等待被派往行省。随着时间推移，他们的角色也发生了变化。晚些时候，特别是3世纪期间，他们作为帝国密探而声名狼藉，随时关注着总督或其他军官是否有哪怕一丝对皇帝不忠的迹象。但其实从一开始，军粮官就构成皇帝及其幕僚身边的一个信息来源。[26]

山的另一端

　　皇帝的权力依赖于对军权的垄断。皇帝需要出自元老阶层的总督们为他领导军队和管理行省，但这些人中的每一位都有可能获得麾下军团的拥戴，并成为皇帝的对手。因此，军队对皇帝来说，既是统治的基础，也是潜在的威胁——提比略将皇帝的处境比喻为"执狼耳"。奥古斯都建立了一支规模恰当的军队，这样的军队既适用于维护皇帝自身的统治，也足以在扩张战争中为他赢得荣誉。维持军队的开销庞大，这一财政负担在接下来的日子里还要随着军队规模的扩大而不断增加。皇帝并不需要那么多军团来维护统治和打击异己，而日益庞大的军队的确给了野心勃勃的行省总督更多挑战皇帝的机会。另一方面来说，近卫军和其他驻扎在罗马城内或附近的部队，规模也在不断扩大，这部分上抵消了庞大的军队带来的威胁，但直到塞普蒂米乌斯·塞维鲁之前，近畿地区的兵力从未能够抗衡单一行省的驻军。[27]

随着时间的推移，帝国不顾财政压力，建立了越来越多的军团和辅军部队。军饷并未发生多少改变。图密善将军团士兵的年薪从尤利乌斯·恺撒定下的225第纳瑞斯提高到300第纳瑞斯。这并不是一笔巨款，但除了固定薪水，士兵们还能时不时地获得奖金或赠予，这些额外的酬金会在特殊时机发放，例如在新皇帝登基之时。在内战中夺得帝位的塞普蒂米乌斯·塞维鲁害怕失去军队的支持，因此他提高了士兵工资和奖金。据说他死前给孩子留下的遗言是"让士兵们发家致富吧，放任其他人自生自灭"。[28]

如我们所见，到目前为止，这支极其昂贵的军队的绝大部分兵力都被部署于帝国的边境上或边境附近。我们显然很有必要弄清罗马军队为何如此部署。近几十年来，学术界就罗马军队的角色和罗马边疆的性质等问题进行了大量讨论。尽管这些研究在很多方面都成果颇丰，它们往往将问题极端化和简单化了。这些研究将罗马军队描述为进攻性或防御性的，但我们认为，罗马军队的性质更可能随时期不同而在上述两个极端之间摇摆，有时甚至同时具备两种特性。与关于罗马帝国主义的研究类似的是，该领域存在着一种令人遗憾的倾向，即孤立地关注罗马的目标、意识形态、方法和资源，却忽视了罗马人的邻居。因此，在审视罗马军队的功能之前，我们很有必要了解一下罗马人周围的世界。[29]

罗马周边并不存在一支在实力上可与之匹敌的势力。到目前为止，罗马最强大、最成熟和最复杂的邻邦是帕提亚。统治帕提亚人的阿萨息斯王朝曾经是游牧部落的贵族，他们最终夺取了此前属于塞琉古帝国的大部分土地。罗马与帕提亚在公元前1世纪时的最初交往属于外交来往，罗马人在交往中展现出了惯常的自负与对异族的不屑。接下来，克拉苏对帕提亚人发动了无端攻击，并在卡莱遭遇惨败。卡莱战役之后，帕提亚的入侵威胁时刻悬在罗马东部地区头上，并使在这一地区任职的西塞罗无比担忧。这一威胁在公元前41年至前40年终于成为现实。帕提亚及其盟军攻入叙利亚，侵扰小亚细亚，并控制了犹太地区。他们在数年之间被逐出上述地区，但马克·安东尼途经亚美尼亚进行的反击再次以灾难告终。[30]

这一时期的双方都不得不分心于内战。在整个生命周期内，帕提亚王室始终因内部成员之间的血腥斗争而动荡不安。帕提亚帝国的疆域内分布着众多小王国和行省（Satrapies），地方统治者都是实权人物，也可能成为王室内斗参与者的后台。苏雷纳斯（Surenas）在卡莱之战中击败了克拉苏，但是仅仅几个月后，功高震主的他就被帕提亚国王处死。苏雷纳斯可能只是一个称号，而不是他的真实名字。帕提亚军队的核心是王室直属部队，但也严重依赖属国和地方统治者提供的兵员。这些士兵中的一部分算得上职业军人，但其他许多人只是在有战事时才会被当地贵族征发。据说苏雷纳在作战或外出公干时，总是有 1 万名骑兵与之同行。[31]

尽管相比之下帕提亚军队中有着数目庞大的步兵，我们却很少在文献中捕捉到关于他们的信息。帕提亚步兵中有弓手和其他种类的轻步兵，但以密集队形进行近战、类似罗马军团士兵和辅军步兵的重步兵，在帕提亚军中似乎没有太大存在感。每一支帕提亚军队都以骑兵作为主力。其中的一小部分是人马皆披重甲的甲骑具装（cataphracts），他们可能占到了骑兵数量的 10%。甲骑具装虽然携带弓箭，但他们以冲锋作为主要战术。这些重骑兵在冲锋时策马疾行，将甲胄的重量转化为动能，并使用一种双手持握、被称作 contus 的长矛。与甲骑具装形成鲜明对比的是帕提亚军中的骑射手。他们机动性上佳，着轻甲或无甲，依赖速度来躲避敌人的投掷武器。帕提亚骑射手的武器是强力的反曲复合弓。这种弓有这样的名称，是因为它在未上弦时，弓背是向反方向弯曲的。帕提亚骑射手并不追求准确的射击，而是向敌方倾泻箭雨。只有在敌军伤亡大半且士气低落时，他们才会尝试发起冲锋击溃敌人。轻骑兵和重骑兵之间需要紧密配合，在投入战斗之前，甲骑具装应耐心等待最佳时机。在这一过程中，帕提亚鼓手则会击打铜鼓恐吓对手。

卡莱之战已经证明，在旷野中，一支指挥得当的帕提亚军队是非常可怕的。克拉苏和马克·安东尼都发现，面对这样一个具有高度机动性的对手，想要撤退是非常困难的，后者付出了大量伤亡的代价才得以逃脱。而安东尼在击败帕提亚军队时，面对四散奔逃的敌方骑兵，他也无法对敌人造成决定性的打击。但显然，帕提亚人并不是不可战胜的。安东尼麾下的温提狄乌斯（Ventidius）就曾两次击败帕提亚人：在他的诱使下，帕提亚重骑兵不等罗马军团士兵被箭矢袭扰至精疲力竭，就贸然向高地上严密设防的罗马阵地发动冲击。罗马人与帕提亚人之间的遭遇战往往以对峙结束，双方在对峙中等待对方犯下错误。帕提亚人难以被击败，却也很难赢得胜利。帕提亚军队中的多数士兵都不是职业军人，因此这支部队的作战时间是有限的，时间一旦拉长，士兵们就会开始开小差逃亡回乡。另一个问题是补给。帕提亚军队需要供养大量战马，因此补给问题更加难以解决。帕提亚军队缺乏攻城机械方面的知识，也没有能力支持部队在同一地点长期作战，因此他们很难攻占设防城镇，或将其围困至投降。[32]

奥古斯都时期，幼发拉底河被确认为罗马和帕提亚之间的有效边界。该边界与自然地理或民族分界线无关。幼发拉底河两岸都生活着众多讲阿拉米语的居民，在帕提亚帝国内也存在数目可观的希腊族群。帕提亚境内的塞琉西亚（Seleucia）可能是当时世界上除了安条克和亚历山大最大的希腊城市。巴比伦尼亚有数量庞大的犹太人，这里的居民与其他地区的犹太人往来密切，并且经常前往耶路撒冷的犹太圣殿朝圣，直至圣殿被毁为止。罗马与帕提亚之间的贸易往来始终十分密切。边境从未被封闭过，尽管人们渡过幼发拉底河时，仍旧能够意识到自己跨越了国境。科马根（Commagene）、奥斯若恩（Osrhoene）和亚美尼亚（Armenia）等小王国位于两个帝国之间，他们与两国境内的族群长期保持着来往。尽管此前的塞琉古帝国和波斯帝国曾经控制了直到地中海沿岸的地区，但此时这一广阔地区并不被视为帕提亚国王或罗马东部行省的自然领土。罗马方面的文献有时会提到，帕提亚人对这些旧帝国的原有领土提出主权要求，但没有太多迹象表明帕提亚人真的有野心吞并这些地区。[33]

帕提亚人对罗马帝国的广袤和强大心知肚明。罗马城远在天边，没有任何帕提亚军队可以对其造成威胁，而帕提亚帝国的心脏地带就位于幼发拉底河和底格里斯河的河谷地带，处于罗马军队的作战半径之内。很显然，罗马人从未将帕提亚人视作旗鼓相当的对手。从未有罗马皇帝亲自会见过帕提亚君主，或将对方视作与自己拥有同等地位的领袖。许多帕提亚王子被作为人质送往罗马，他们将在罗马宫廷中接受教育。与此同时，罗马帝国接纳了大量帕提亚王位的挑战者及其党羽。但从罗马到帕提亚，却并不存在类似的人员流动。许多帕提亚国王手中的权力并不牢固，罗马人便利用这一点，赞助和庇护帕提亚国王的潜在挑战者。罗马也并不是帕提亚国王需要面对的唯一威胁，因为帝国内部无时无刻不存在着反叛的风险，而帝国的北部和东部边境则面临危险而富有侵略性的民族。游牧部落阿兰人（Alani）生活在帕提亚的东北方，他们长期困扰着帕提亚与罗马双方。与处理这些威胁相比，通过谈判和条约维持与罗马的和平反而更容易一些。

阿兰人时不时地威胁卡帕多西亚，他们只是罗马帝国的漫长边境要面临的众多外族之一。与帕提亚人一样，阿兰人也以骑兵闻名。阿兰人骑兵中有身着重甲并使用长枪的甲骑具装，其他人则是轻骑兵。尽管阿兰人也使用复合弓，但他们并不被视作特别优秀的射手，他们的军队也并不像帕提亚军队那样具备良好的纪律和组织性。尽管如此，阿兰人仍旧是危险而强力的掠夺者。他们属于萨尔马提亚民族（Sarmatae），与之类似的其他民族居住于黑海沿岸和罗马的多瑙河边境之外。[34]

其他欧洲民族的武装力量主要依赖步行作战的武士，只有数量有限的贵族成员能够骑马打仗。罗马帝国的边境附近分布着许多不同的部落、氏族和小王国，他们中有多瑙河畔的达契亚人、多瑙河和莱茵河附近的日耳曼人，还有不列颠的布立吞人。这些民族在语言和文化方面差异巨大，但却有一个共同点，即没有形成政治统一体。哪怕被罗马人视作统一部落的人们，也经常分裂为支持不同领袖的不同阵营。部落内部的政治竞争往往是暴力而血腥的，近邻之间也总是充斥着敌意。公元 1、2 世纪生活在帝国边境之外的部落社会，与苏尔皮基乌斯·伽尔巴和尤利乌斯·恺撒接触过的民族，并无多少不同。

日耳曼的部落首领和国王会在旗下聚揽一群职业武士。塔西佗说，那些不安分的日耳曼武士，在自己的部落没有战事时，会加入其他部族首领的亲兵（comitatus），充当雇佣兵。塔西佗也谈到，部落首领使用黄金、武器或马匹奖励麾下最勇猛的战士。这些被罗马人称为 comites 的首领亲兵既是其主公权势的保障，也充当其权力的标志。武士的数量和名声反映着一名首领的社会地位。他们是优秀的职业战士，以部落标准来说，他们装备精良、训练有素且士气高昂。塔西佗说，日耳曼部落首领们争先恐后地向追随者证明他们的能力，如果战士们配不上他们的勇气，就会感到羞耻。奥古斯都组建了一支由日耳曼人组成的特别卫队，因为这些日耳曼武士以其忠诚著称。这支卫队于公元 9 年被解散，但奥古斯都的继任者又将其恢复。部落首领与其亲兵之间这样紧密的联系，在其他部落民族中同样常常可见。这些亲兵构成了部落武装的精锐，但其数量相对较少。一些资料表明，哪怕是一位称得上国王的日耳曼首领，往往也只能聚集起一支几百人的亲卫队。[35]

很多部落都有能力拉起一支庞大的军队，但军中的绝大多数成员是能够自备武器、自愿或被迫参与战争的自由民。他们多数都是农夫和牧民，但这并不意味着他们无法战斗。在这样尚武的文化氛围中，多数男人从小就熟悉武器和暴力。但他们的装备很可能是简陋的。很少有人能够负担得起铠甲，拥有头盔者更少。能够使用剑的大概只有贵族和他们的亲兵，而就算在他们之中，着铠甲者大概也很少。部落武装的绝大多数成员使用矛和标枪，用于防护的只有盾牌。有些人会使用投石索或弓，但投掷兵器只不过是对近战的补充。罗马军队与之形成了鲜明的反差：军团和辅军中的普通士兵一律身着甲胄并携带大盾，每一位士兵都拥有一把制作精良的剑。在部落中，这样的装备只有部落头人或顶级的战士才有可能拥有。

大规模的部落武装行动缓慢，反应迟钝。此外，部落还需要一定时间来召集士兵。罗马人往往在蹂躏过了部落领地，已经开始撤退之时，才遭遇部落武装的反击，这并不是巧合。部落军队也仅仅具备最基本的指挥，尤其是当一支军队中同时存在几位部落领袖，却缺乏一名总指挥的时候。后勤问题则由每位士兵自行解决，这一工作往往交给随军行动的妻子或家人。这意味着，在几个星期之内，大军就可能耗尽全部粮草，士兵也不得不作鸟兽散。但塔西佗指出，卡提人（Chatti）在日耳曼部落之中与众不同，他们拥有一套有组织的后勤系统，服从指挥官的调遣，并且具备一定程度的纪律。"其他日耳曼人只是去打斗，而卡提人则是去战斗。"[36]

这不是一个适合长期战争或发起远距离大规模攻击的系统。部落集合大军以保卫自己的领地，或者在春夏进行短暂的战斗、攻击邻近的部落以争取地区霸权。一些部落冲突会导致人群解体或流离失所，但大多数冲突规模较小，很可能包括古代世界中随处可见的劫掠行为。部落首领的亲兵很适合执行这样的任务。若攻击取得成功，首领就能获得用来奖赏追随者的资源。不同的部落首领也可能联合起来组成大规模的联军，来自其他族群的志愿者也会怀着对冒险和战利品的渴望加入他们。掠夺性的攻击在不同部落之间制造仇恨，也会激起被害者的报复性袭击，但如果攻击取得了足够的成功，则可以对其他部落形成震慑。恺撒就曾告诉我们，有些部落试图在自己的领地周围制造出一片无人区，以此炫耀武力并恫吓可能的入侵者。[37]

部落中有时会涌现出富有号召力的成功领袖，这样的领袖能够团结自己的部落，甚至说服或迫使其他部落与自己组成联盟。凯鲁斯基人的阿米尼乌斯和马科曼尼人的马罗勃杜斯都是这样的例子，他们得以在一段时间内团结了数个部落。阿米尼乌斯的统治基础是日耳曼人对罗马的敌视，而马罗勃杜斯则避免与罗马人产生冲突，并寻求罗马方面的承认。两人率领的军队都较一般部落武装更大，而且有着更加严密的指挥和控制。他们麾下的战士装备也更好一些。塔西佗称，这些战士手中有大量的罗马式装备，并且使用与罗马人相似的战术。维莱伊乌斯·帕特尔库鲁斯（Velleius Paterculus）说，马罗勃杜斯拥有"7万步兵和4000骑兵"，"他通过与周边部落的不断战斗磨炼这支军队"。阿米尼乌斯和马罗勃杜斯都是少见的成功领袖,他们逐渐成了彼此的对手,二人间的冲突导致了马罗勃杜斯无可挽回的衰落。其后不久,马罗勃杜斯被另一位权力挑战者赶下台,于是逃往罗马境内,过上了优渥的流亡生活,并在那里终老。阿米尼乌斯则被一群部落头人刺杀,因为他们憎恨独夫的专制。在二人的部落内,几个世纪都没有再出现类似的强人。部落中,军阀的权力总是很不稳定的,而且几乎不可能在强人死后得到延续。[38]

与尤利乌斯·恺撒同一时代的布雷比斯塔(Burebista)将达契亚人团结起来,建立了一个强大的王国,但当他几乎与恺撒同时逝世时,他的王国也随之土崩瓦解。一个多世纪之后,达契亚人之中才出现了另一位类似的人物。德凯巴鲁斯(Decebalus)不仅统治着自己的同胞,还将邻近的萨尔马提亚人和包括巴斯塔奈人(Bastarnae)在内的日耳曼部落纳入自己的势力范围。达契亚人在这段时间四处修筑防御工事,包括壁垒和石头城墙围绕的城镇。城墙的修筑过程融合了本地技艺以及来自高卢和希腊化地区的技术,最终,来自罗马的逃兵和根据德凯巴鲁斯与图密善之间的条约被租借给达契亚人的专家又带来了罗马人的工程技术。更多的逃兵则作为士兵为德凯巴鲁斯服务,这使他本就庞大的常备军更加强大。德凯巴鲁斯成了罗马人的可怕对手,他入侵多瑙河畔各行省,使罗马人遭受了数次重大挫败。但能够拥有如此实力的领袖寥寥无几。在绝大部分时间段内,罗马帝国的欧洲和北非边境之外的部落领袖中,哪怕是其中的佼佼者,其权威的影响范围也要小得多,能够掌控的武装力量也弱得多。[39]

攻与防

奥古斯都时代的诗人们歌颂着罗马是无垠无尽的帝国，而这一梦想还将持续数个世纪。皇帝和贵族都将拓展罗马的权力视为值得尊敬的事业，尽管与此前一样，这并不必然意味着领土的扩张。然而，奥古斯都的继任者们并不将此作为自己唯一的使命，甚至也不将其视为优先级最高的任务，一般来说，罗马人也不认为扩张是一种紧迫的、必须马上满足的需要。一些皇帝下令进行扩张战争，或亲自领导这些战争，并追逐征服者的荣誉。有时，这是出于皇帝个人对荣誉的渴望，或者他们企图比肩包括过往的罗马将军和亚历山大大帝在内的伟大征服者。但更多的时候，那些地位不稳或没有任何军事成就可以证明自己的统治者，才会去追逐个人荣誉。只要罗马的军事实力和霸权保持着一种无人可匹敌的形象，未能完成扩张的皇帝并不一定会失去人心或受到唾弃。现代学者往往认为扩张和防御是互斥的，但这只是臆想。只有当罗马能够守卫已经取得的成就，其霸权才有可能继续扩张，也就是说，对于现有行省的控制，至少是与扩张同等重要的。罗马同样需要将同盟王国维持在自己的势力范围之内，并且无法容忍同盟国或行省因内部叛乱或外部攻击而陷入乱局。在奥古斯都治下，巩固已有领土与征服的行为同等重要。[40]

直到覆灭前夕，罗马帝国拥有着数千里的边境线，横跨已知世界的全部 3 个大陆。在边境之外分布着大量不同的民族和族群，他们的规模或大或小，但从未在面对罗马时团结一致。甚至数个相邻族群相互协作的情况都十分罕见。罗马帝国从未面对过任何一个与之有无法调和的利益冲突的敌对强权，也没有任何潜在对手能够在经济和军事资源方面与之抗衡，更不用说哪股势力有着削弱或毁灭罗马帝国的现实可能。但并不是所有帝国的邻居都能够清楚认识到这一点，它们的眼界有时仅仅止于与其接壤的罗马行省。奥古斯都时期，埃塞俄比亚女王曾两次攻击埃及行省。罗马的第一次反击收效不大，但在第二次反击中，罗马军队深入敌方领土，迫使女王谈判乞和。埃及总督告诉女王的使节，他们必须前去觐见奥古斯都，使节们却说他们不知道"他是谁，也不知道应该去哪里找他"。于是，使节被护送前往奥古斯都处，皇帝此时正身处萨摩斯岛（Samos）。[41]

罗马在国力方面无可匹敌，但从未有谁在对抗中见识过罗马的全部实力，因为罗马要不就是在别处卷入了另一场冲突，要不就是需要面对其他冲突的威胁。公元 9 年的条顿堡森林战役之后，阿米尼乌斯需要对抗罗马全部 25 个军团中的 8 个。罗马军团闯入他的部落领地，烧毁农舍并杀死或掠夺牲畜，随后大摇大摆地返回莱茵河对岸的基地，阿米尼乌斯却对此无可奈何。但另一方面，罗马人也无法迫使阿米尼乌斯及其盟友放弃抵抗到底的决心，因此提比略最终下令停止莱茵河以东的行动。大多数参与行动的罗马军队仍旧驻扎在莱茵河西岸的军营中，但他们的指挥官日耳曼尼库斯，即提比略的养子，被调往叙利亚的东部边境，和之前的一系列皇子一样，与帕提亚人谈判。

尽管诗人们对扩张表现出了极大的热情，奥古斯都却无意征服帕提亚人。他避免与之发生重大冲突，并且展开了谈判。但谈判的过程往往伴随着罗马军力的展示：罗马集结大军，由皇帝本人或其家族成员率领，陈兵于边境地带。武力威慑构成了此时的外交行为的基础。于是，帕提亚人归还了此前在卡莱之战中缴获的罗马军团鹰徽，罗马人将它放置在"复仇者"马尔斯的神庙中。他们还新建了一座凯旋门，用来纪念帕提亚人的屈服。由于印度人和不列颠人也都派遣使节前来朝觐，奥古斯都将他们与帕提亚人一道，视作罗马霸权势力范围的一部分。[42]

这种以武力威胁为后盾的外交在提比略时期得以延续，并且几乎贯穿公元 1 世纪始终，只是在日耳曼尼库斯之后，与帕提亚谈判的不再是皇室成员，而是行省总督。这样的和平局面只在尼禄时期被打断过一次，当时帕提亚国王沃洛吉斯一世（Vologases I）干涉亚美尼亚事务，并将自己的兄弟扶上亚美尼亚王位。该举动导致了与罗马的战争，双方都投入了大量兵力，但战斗主要局限于亚美尼亚地区。罗马人并未发动远征打击帕提亚腹地，帕提亚人也未对罗马行省发动真正的袭击。罗马人起初占优，但随后卡帕多西亚总督战败投降，使帕提亚人夺取了主动。但罗马人再次夺回优势，并且在更有利的形势下开启了谈判。谈判的结果是妥协：新的亚美尼亚国王必须前往罗马接受尼禄的册封。这在一定程度上只是走个过场，因为这位新国王并不是罗马人挑选的，罗马人却不得不接受他。但对帕提亚人来说，同意举行这样的仪式，也等于对罗马霸权的公开承认。

整个 1 世纪，力量平衡始终对罗马人有利。多数帕提亚国王并不认为自己的地位稳固到了可以与强大的邻国对抗的地步。与罗马的战争注定会十分艰难，并且要冒极大的失败风险，而战败将会毁掉君主的声望。而罗马人又十分擅长包庇和利用被流放的帕提亚王室成员，这进一步增加了帕提亚国王对罗马的恐惧。帕提亚国王始终渴望重新取得对亚美尼亚的影响力，最理想的情况莫过于将自己的亲属立为亚美尼亚国王，但他们的野心不过于此。或者说，哪怕他们有更大的野心，也不得不屈从于罗马的强权。在尼禄死后的罗马内战期间，帕提亚人并未乘虚而入，而是允诺和平，甚至提议为韦斯巴芗提供军队，帮助他夺取帝位。韦斯巴芗谢绝了帕提亚人的建议，但帕提亚方面的姿态使他能够更加从容地将东部行省的驻军调往西部参加内战。[43]

公元 1 世纪期间，罗马在东部各行省始终保有大量驻军。叙利亚一直驻扎有军团，卡帕多西亚后来也有军团进驻，最后是犹太行省，公元 70 年之后也有军团驻守。这些军团以及配属给他们的辅军并不单纯用来防卫或吓阻可能发生的帕提亚入侵。正如我们所见，叙利亚的驻军曾数次干预犹太行省的事件，并且也被用来迫使同盟王国接受罗马的指令。叙利亚的驻军实际上参与了对一些同盟国的吞并。尼禄与帕提亚人之间的战争，在本质上也属于这类行为，因为战争的目的是使亚美尼亚留在罗马的势力范围之内。沃洛吉斯一世对亚美尼亚事务的干涉也只是他为了控制本地区的各个小王国而采取的行动之一。根据塔西佗的说法，亚美尼亚"曾是其先辈的财产"，现在却落入了篡位者手中。沃洛吉斯一世并无挑衅罗马的意图，而且起初他也展现出了妥协的姿态：在受到罗马惯用的"大棒外交"的威胁之后，他撤回了军队并且向罗马送出人质——塔西佗指出，送人质的举动是为了清除不可靠的贵族成员。然而，沃洛吉斯还是不愿意看到他的兄弟丢掉亚美尼亚王冠，也不情愿让他成为罗马人的傀儡，因此才重启战端。而最终，帕提亚君主不得不在第二点上做出妥协。[44]

罗马人对帕提亚有着合理的认识，两国之间外交活动频繁，在东方行省总督之处和罗马城里都见得到来自帕提亚的使节。罗马军队的百夫长常常担任信使，并且有能力展开谈判和汇报情况，这足以说明百夫长们的角色之重要。当罗马人要求沃洛吉斯一世提供人质时，有位百夫长正好因公务出使帕提亚王庭，于是他也顺便处理了人质事宜。双方之间曾有过关系紧张的时刻，以及各种最终并未招致战争的强硬姿态，但我们很难说，罗马方面曾有过深植于内心的征服这一富裕而强大的邻国的强烈企图。但奥古斯都要求在两国关系中取得支配地位，这一主张得到了保留，东部地区与日俱增的驻军规模则强化了这一姿态。罗马的前哨一次又一次地向前推进。图拉真吞并了阿拉伯，但这不过是又一个同盟王国被纳入罗马的直接统治之下。[45]

到了公元 2 世纪，罗马和帕提亚都变得更具侵略性。图拉真对帕提亚的全面入侵终结了此前罗马在东部奉行的审慎外交政策。图拉真的远征也许部分出于对方的挑衅或者其他背景，但文献指出，他最主要的动机是对荣誉的渴求。征服行动失败了，新征服的土地上起义蜂起。哈德良放弃了新建立的行省，尽管在许多地区，罗马人扶持的同盟统治者显然得以继续掌权。一代人的时间之后，也许是看到年迈的罗马皇帝安敦尼·庇护缺乏进行攻击性行动的意愿，雄心勃勃的帕提亚国王开始收复失地。161年，帕提亚人入侵叙利亚的行动起初曾获得进展，但最终被击退。发动反击的罗马人第二次洗劫了帕提亚首都泰西封。罗马人在幼发拉底河对岸建立了一些军事基地，并强迫帕提亚签下城下之盟，却并未试图征服更多的土地。

2 世纪末期，塞普蒂米乌斯·塞维鲁的军团再次攻陷泰西封。这一次与帕提亚开战，既是为了追逐荣誉以及确保东部驻军的忠诚，也是为了解除帕提亚的潜在威胁。塞维鲁新建了一个美索不达米亚行省，并且声称该省将成为保卫其他东部行省的"堡垒",但卡西乌斯·狄奥对这一说法持怀疑态度。2世纪中,罗马3次与帕提亚作战,其中两次都是由罗马皇帝主动发起的入侵,剩下的一次则是出于帕提亚君主的野心,而这位国王显然对罗马人之前的入侵耿耿于怀。每两次战争之间都间隔了差不多40年的和平时期,这时的两国关系又回到了1世纪的模式中:双方小心翼翼地维持着和平,局势有时令人不安甚至十分紧张,但双方都认为和平更符合自身利益。罗马在军事上的优势持续增长,但优势并没有大到使罗马人可以肆无忌惮地频繁挑起冲突。这说明征服与扩张对罗马来说还不至于无比诱人,大多数皇帝仍旧能够抵制这一诱惑。[46]

在其他方向的边境上,罗马帝国面临的邻邦情况更为复杂,因为这些邻居缺少统一的中央权威。每个行省都与数个不同领袖统治的不同势力接壤。面对众多境外势力,罗马皇帝没法像面对帕提亚那样,紧密跟踪其国内事态发展并了解其国王的可能态度。行省总督在这方面稍具优势,因为他们的幕僚掌握着相关的记录档案,也拥有处理相关事务的经验,但每位总督不可避免地需要耗费时间和精力来熟悉当地事务。书写于1世纪末期的文多兰达书写板(Vindolanda tablets)①的出土使我们得以一窥罗马人关于境外民族的报告。这份报告的读者可能是当地驻军指挥官或行省总督,也可能他们二人都读过。遗憾的是,遗存至今日的只有报告的部分内容。报告称:"布立吞人作战时不着甲胄。他们的骑兵很多。骑兵不使用剑。小布立吞人(Brittunculi)也不会骑马投掷标枪〔或应理解为,他们会在投掷标枪前下

---

① 出土于英格兰北部的一座罗马军营遗址中。

马？]。""小布立吞人"这样的指小词从未出现在其他文献中，这个词可能反映了罗马人对本地人普遍的蔑视，也可能并不代表任何态度。[47]

出于信息传递的缓慢速度，皇帝无法直接指挥行省每一天的外交和军事活动，因此行省总督享有着相当大的自主权和自由度。对总督的活动构成限制的有来自中央政府的指示和他与皇帝之间的信件往来。总督们经常先斩后奏，但他们清楚只有自己的行动符合指示的精神，才会获得皇帝的认可。尽管如此，每位总督指挥的兵力多达1万至4万，这一数字持平或超过了共和国时期多数行省总督麾下的兵力。一位行省总督往往在20岁上下时在军团中担任高级军事保民官，在30多岁时得以担任军团指挥官。在驻军仅有1个军团的省份，军团指挥官也会兼任总督。驻军更多的行省，其总督职位往往授予40岁出头的人，而不列颠、下潘诺尼亚和叙利亚这些驻军最多的省份的总督职位，一般授予已经在其他驻军较少的行省担任过总督的人选。一些人曾服务于其亲属或友人的幕僚团队，这一经历使其获得了更多的治理和作战经验。总而言之，元首制时期的行省总督平均来说作战经验只比共和国时期的总督略多一些。总督由皇帝亲自挑选，皇帝在任命总督时会考虑其资质与经验，但这一职位的任命也会受到候选人的家世背景和社会关系的影响。最重要的因素当然是皇帝是否认为他足够忠诚。[48]

在奥古斯都的部署中，大量军队集中在某些地区，随时准备在必要时发动大规模攻势。这一点在莱茵河边境尤为明显。直到公元16年之后，莱茵河地区还有数座容纳两个军团及相应辅军的基地。西班牙的两个军团被同样编在一起，这样的双军团基地似乎在各地区都可以见到。这种集中兵力的部署很符合前文所述的设置被称为 hibernum 的基地的传统，在这种部署中，基地中的驻军随时准备恢复机动作战。但这种传统在公元 1 世纪晚期逐渐式微。图密善取消了最后一座双军团基地，并将兵力部署得更加分散。图密善这样做的动机出于对叛乱的恐惧，因为此前一位上日耳曼行省的总督曾利用在这样一座基地中积累的资金来资助针对他的兵变。尽管对叛乱的担忧在早期确实成为导致兵力被分散部署的一个因素，但更有可能的是，罗马人只是将军队调遣至它们更能发挥效用的地方。[49]

皇帝掌控着整个帝国的军事资源。大规模攻势需要皇帝本人的命令才能发动，更不要说意在征服新领土的尝试了。只有皇帝有权利将军团、辅军和分遣队从一个行省调到另一个行省，以及授权正规部队的征募活动。新军团的组建一般在意大利进行，并且处于帝国政府的直接监督之下。而辅军自然募集自行省。皇帝根据当前形势做出决定，调遣人员和物资。毫无疑问，罗马的军事制度中存在惯性，一些军队在部署于当地的原因已经消失之后，仍旧停留在原地。但军队的部署并不是僵化的。军事单位可以被重新部署，而且随着时间的推移，为了应对新的使命，罗马军队变得越来越庞大。

征服行为十分罕见，并且一定出于皇帝本人的命令。对行省的大规模入侵同样少见，当然这也许是因为行省之外的民族在政治上往往是一盘散沙的状态。偶然情况下，某个领袖或某个部落强大起来，或者数个部落联合起来组成一支足以发动入侵的大军。德凯巴鲁斯等领袖有这样的潜能，而且一旦他们发动战争，则一定会是大规模冲突，但他们在部落之间缔造的统一局面，也使罗马人更容易观察他们和与之谈判。长远来看，在与罗马的较量中，他们总不可能拥有比帕提亚人更雄厚的实力和资源。我们无法探察帝国境外的民族中发生的权力斗争，因为我们可接触到的文献全部书写于帝国境内，其作者无力也无意了解境外民族之间的冲突。考古发掘能够揭示定居模式的突然改变或物质文化的重大变化，但这样的变化可以通过多种方式进行解读。当前的学术潮流反对将这种改变解释为民族大迁徙的结果——民族大迁徙理论认为，一些迁徙而来的民族占据了其他民族的土地，并造成连锁反应，迫使其他部落也迈出迁徙的脚步。而对许多当代学者来说，如果有证据证明部落大军中有妇女随行，他们会将其解释为国王或酋长的有政治影响力的妻子或女儿，而非部族迁移的证据。像经常发生的那样，当代学者在这个问题上也有些矫枉过正了。我们当然不能认为大量"野蛮人"被敌人驱赶而来，渴望获得新的土地，从而一波又一波无休止地冲刷着罗马帝国的边境。但有时，大量人口长距离迁徙的现象的确会发生，他们的确会寻求罗马帝国的接纳，或试图占据罗马人控制的土地。[50]

　　边境上发生的多数活动规模相对较小，而且就算是在那些有详细文献资料记录的时期，文献对帝国边远地区的关注远少于对罗马政坛和帝国宫廷的关注。我们偶尔会听到大规模军事行动和战争，但绝少得知边境上发生的其他事情。一份纪念铭文记录了一名叫作提比略·普劳提乌斯·西尔瓦努斯·埃利纳乌斯（Tiberius Plautius Silvanus Aelinaus）的元老的生平，使我们得知他在尼禄时期担任默西亚总督时发生的一些事情：

　　　　……他将逾10万人带到多瑙河这边，使他们交税，其中有妇孺，也有酋长和国王。他将萨尔马提亚人的迁移扼杀在摇篮中，尽管此时他已经派出相当一部分部队去参与对亚美尼亚的入侵。他将罗马人此时仍然未知的国王，还有与罗马人为敌的国王，带到河岸边，置于自己的保护之下，使他们以罗马的标准对罗马表达敬意。他将巴斯塔奈人和罗科索拉尼人（Roxolani）国王们的儿子归还给他们，将达契亚人国王的兄弟也归还给他，他是在敌人手中夺回这些人质的。上述国王也向他提交了人质。通过这种方式，他确保并促进了行省的和平，并且将第聂伯河那边的克森尼索城自斯基泰王的围攻中解救下来。[51]

因为在默西亚行省取得的功绩，韦斯巴芗授予普劳提乌斯·西尔瓦努斯凯旋礼的荣誉，并且赞扬了他的作为。上述文字显然毫不吝惜对他的溢美之词，但这位总督的事迹仍旧耐人寻味。我们不知道他的军队是否真的曾与谁交战，但军队显然跨过了多瑙河，并且制造了武力威胁，支持了密集的外交活动。帝国境外各民族和各领袖之间的力量平衡被他的行动所改变，一些势力归还了此前获得的人质，一些势力则向罗马交出了人质。外族首领以公开仪式向罗马表示臣服，这是罗马帝国主义中长久以来惯有的场景。普劳提乌斯·西尔瓦努斯带过多瑙河的部落民众数量可能被夸大了，但既然文中提及了精确数字，这一数目至少也有可能是真实的。

总而言之，这位默西亚总督的大多数事迹让人回想起尤利乌斯·恺撒在高卢的所作所为。区别在于，前者并未在干涉境外部落冲突的基础上，为罗马征服任何新的领土。自奥古斯都时代末期开始，罗马帝国的边境大体固定了下来，只是偶尔发生变动。这些变动十分重要且需要进行解读，但同样重要的是，如此多的军队驻守的边境是如何运作的。

13

驻军与劫掠

除了这些战斗，许多不值得费笔墨的战斗发生在高卢各地区，但对其进行描述将是多余的。这既是因为它们的结果无关紧要，也因为书写一部充斥着无谓细节的历史是不恰当的。

——阿米亚努斯·马凯利努斯（Ammianus Marcellinus），公元 4 世纪末 [1]

劫掠与追捕

公元 17 年，塔克法里纳斯及其追随者开始袭击阿非利加行省。他出自穆苏拉米人（Musulamii），这个民族生活在阿非利加行省的边缘地带，他们的居住地跨越了今天的阿尔及利亚和突尼斯之间的边境。穆苏拉米人是文献中提到的本地区的几支部落之一，其他民族还包括更庞大的努米底亚人、摩尔人 ① 和盖图利人（Gaetuli）。然而，希腊和罗马的观察者们似乎并不清楚这几个

---

① 摩尔人在古典时代的文献中被称为 Mauri，指生活在毛里塔尼亚（Mauretania）的柏柏尔人。自 Mauri 一词衍生出了英文词汇 Moors。

民族之间的关系，更不要说了解他们的社会政治结构了。我们对塔克法里纳斯所知甚少，只知道他曾在罗马辅军中服役，又当了逃兵。他有可能像阿米尼乌斯一样，出自当地部落贵族家庭，并且在罗马军队中率领一支由自己的族人组成的部队，但对罗马人失望的他转而与曾经的友军为敌。他看来并未获得罗马公民权或者其他荣誉，这也可能是使他感到愤怒的原因。当然，他也可能本是辅军的普通士兵，做逃兵也许是因为遭受了不公正对待，或受到轻视，或因犯了某些轻微罪行，或出于对罗马占领的日益不满。无论他拥有怎样的背景，塔克法里纳斯是一名可怕的战士和有天赋的领袖，早期的成功使他的追随者越来越多。塔西佗轻蔑地称他的第一批追随者是一群社会弃儿，也许其中一些人的确是这样。但塔西佗也承认，塔克法里纳斯没用多久就成为穆苏拉米人之中众所周知的战争首领。[2]

在奥古斯都时期，本地区就已经历了几次战事，最近的一次于公元 6 年结束。自那时起，罗马人就开始对这一带进行勘察并组织税收工作。他们用界碑标记地区的边界，在部落领土上修筑道路。这一切都有可能助长当地人对罗马的不满，但这正是许多地区在被征服之后经历的第一阶段，也是抵抗和叛乱高发的一个阶段。罗马人可能也干预或试图限制当地部落原有的劫掠活动和战争行为，实际上为塔克法里纳斯所害的，多数是当地居民，而非罗马定居者或帝国权力的其他代表。在驱使人们追随塔克法里纳斯的原因中，掠夺和荣誉的诱惑不亚于其他任何因素。很快，塔克法里纳斯与摩尔人首领马齐帕（Mazippa）结盟，此后基尼梯人（Cinithii）又加入了他们的行列。塔西佗称后者是被迫加入的，因为塔克法里纳斯对他们说，要不遭受袭击，要不加入袭击者的阵营。塔克法里纳斯试图建立一个牢固的权力基础。他将手下的一部分人组织成正式的军事单位，以罗马的方式武装他们并进行操练。这些部队留在营中作为预备队，而摩尔人和其他人则四处劫掠，"放火、杀人和制造恐惧"。[3]

塔克法里纳斯初期的成功使他过分自信。当罗马总督集结军队向他逼近时，他决定在旷野中迎战。阿非利加行省此时仍旧是元老院属省，但同执政官衔的总督掌握着第三"奥古斯都"军团，以及至少两个翼的骑兵和几个辅军步兵大队。塔克法里纳斯的队伍人多势众，在数量上远远超过对手，但与在很多过往的战役中一样，罗马军队高昂的士气、严明的纪律和精良的武备成了决定性因素。塔克法里纳斯的队伍被击溃，罗马同执政官则获得了凯旋礼的荣誉。

塔克法里纳斯的威信遭到了严重的打击，但他和手下的许多人都得以逃脱，并且决心继续抗争。公元18年，他又开始进行袭击。袭击一开始规模很小，他的队伍人数较少，行动迅速，很难被罗马人抓到。袭击的成功再一次使他身边聚集起了追随者。行动规模逐步扩大，他开始整村整村地劫掠。塔克法里纳斯受到成功的鼓舞，决定冒险攻击一个危险得多的目标，在帕居达河（Pagyda）岸边包围了一支罗马步兵大队的营地。具体地点今天人们已经无从查找，而且我们不知道这支步兵大队属于军团还是辅军。大队指挥官名叫德克里乌斯（Decrius），是一名经验丰富的军官。他以罗马军队惯有的自信应战，命令士兵们在壁垒之外列阵，在旷野中与敌人交战。但他的手下并不像他那样信心满满，当努米底亚人发起冲击时，罗马士兵四散奔逃。也许德克里乌斯平日不得军心，或者他是新官上任，对士兵们来说仍旧

罗马统治下的北非

图例：
- ■ 军营
- □ 可能的军营所在地
- • 城市及其他居民点
- --- 边境防线
- ▬▬ 行省边界

1 库伊库尔
2 阿尔布莱
3 兰拜西斯
4 坎塔拉

地名标注（自右上至左下）：

昔兰尼加

苏尔特湾
（大锡尔提斯湾）

布恩盖姆

格里特加尔比亚

古达米斯

乌萨

的黎波里

大莱普蒂斯

内夫山

阿德马约勒斯

提萨瓦

塞提夫斯维特

鲁斯德布鲁斯

哈德鲁梅图姆

提德皮约执政官

阿非利加同执政官

努米底亚

提姆加德

阿玛德拉

杀毒米

加布拉

奥德诺莫山

迈杰代勒

卡斯特鲁姆迪米迪

哈德拉

特莱姆姆森

毛里塔尼亚

恺撒里亚

萨塔夫

乌提卡

迪大耶

布拉雷昔吾斯

奥约拉雷雷斯

基尔塔

塞提夫

奥齐亚

扎拉伊

阿赫内布
（阿赫内布）

0　30 英里
0　500 千米

陌生，总之在他尝试重新集结队伍时，没有得到士兵们的响应。德克里乌斯两次负伤，失去了一只眼睛，但直到倒下前一直在战斗。

我们不知道罗马方面在这次战斗中蒙受了多大伤亡，但新上任的总督命令对被击溃的部队施以十一抽杀律。每 10 名士兵中通过抽签选出 1 名士兵，他将被其他人殴打致死，而剩余人的伙食被替换为大麦，这是属于奴隶和牲口的食物。他们也必须与其他部队分开扎营，直到在战斗中重新获得名誉。这是一种古老的罗马刑罚，安东尼和奥古斯都等指挥官在内战期间将其复活。就算以罗马人的标准来看，这一刑罚也是十分严苛的（顺便一提，使用十一抽杀律意味着士兵数目会减少十分之一，然而当代新闻界则喜欢用 decimate 这个词来描述比这大得多的损失①）。塔西佗称该刑罚会提振部队的士气。不久之后，曾击溃德克里乌斯的同一伙叛军攻击了另一座罗马军营，那里驻扎着 500 名老兵。这些老兵是已经服役满 20 年的军团战士，他们在剩余的 5 年服役期中会承担一些强度较低的工作。塔西佗没有详细描述此战，所以我们不知道这些老兵是坚守营垒还是出营应战，但无论怎样，他们击退了努米底亚人。在这次战斗中，一名叫作马尔库斯·赫尔维乌斯·鲁弗斯（Marcus Helvius Rufus）的军团士兵救了一名战友的性命，并因此被授勋，得到了槲叶环（corona civica②）的荣誉。他可能并不是一名老兵，因此这座军营中可能还有其他部队的士兵。当时或者更晚的时候，赫尔维乌斯·鲁弗斯还被任命

---

① 英语中表示使用十一抽杀律的动词 decimate 也有"造成大量损失"的含义，这一"大量损失"往往远超十分之一。——原注

② 字面意义为"公民冠"，是用橡树叶编织的头冠。

为百夫长，最终官至首席百夫长（primus pilus）①，而且将代表槲叶环的 civica 一词加入自己的姓名。在意大利的蒂沃利（Tivoli）发现的一块铭文记录了赫尔维乌斯·鲁弗斯向城市捐赠了一座浴场。[4]

经历了这次挫败，塔克法里纳斯决定不再进攻有军队驻守的地点，而是洗劫那些毫无防备的定居点，并且避免与罗马军队的主力交锋。而罗马士兵的数量太少，无法防守所有地点，于是不得不猜测哪里才是驻防的最佳所在。他们四处追逐袭击者，在艰难地形上长途跋涉，但仍旧无法抓住塔克法里纳斯行动迅速的队伍并给予致命打击。这样的情形持续了数年，但成功的劫掠也给塔克法里纳斯带来了新的问题。他开始攻击靠近海岸的更加肥沃的地区，收获也更加可观，但劫掠所得需要被聚集、运输和守卫。他于是建立了一个营地，作为存放和守卫战利品的基地。新的战利品还在源源不断地流入这个基地。但罗马人得知了这一情况，并派出一支辅军部队，辅以一些更加强悍的军团战士的支援，在总督的儿子的率领下前去围剿。这支部队迅速前进，以至于塔克法里纳斯没有获得足够的预警时间以便集结兵力或及时运走战利品。努米底亚部队遭受重创，四处溃逃，而这位罗马总督与其前任一样，也获得了凯旋礼的荣誉。[5]

但塔克法里纳斯再一次恢复了元气，并且继续劫掠。提比略向元老院去信，建议元老院选择一位军事能力出众的人选担任下一任阿非利加的同执政官衔总督。可能的候选人昆图斯·尤尼乌

---

① 即一个军团中第一步兵大队的指挥官。一般的步兵大队由 6 个百人队组成，而第一步兵大队，或称首列步兵大队，则拥有 10 个百人队。

斯·布赖苏斯（Quintus Junius Blaesus）碰巧是我们提到过的近卫军长官塞扬努斯的叔叔。皇帝的建议被元老院正式采纳，布赖苏斯不仅被任命为总督，原本驻守在潘诺尼亚的第九"西班牙"军团（Legio IX Hispana）还被调到非洲以加强他的兵力。这时，塔克法里纳斯尝试与罗马谈判。他派出使者威胁说，如若不将土地授予他和他的手下，他们将发动"无休止的战争"。这样一名匪盗敢于威胁如日中天的罗马帝国，这让提比略出离愤怒。他命令布赖苏斯尽全力剿灭塔克法里纳斯一伙。叛军的许多头目得到特赦并向罗马投降，但塔克法里纳斯被排除在赦免对象之外。[6]

布赖苏斯将部队分为三路，分兵进击，将塔克法里纳斯的劫掠者赶入事先布置好的堡垒网络。这一战术有些类似英国在第二次布尔战争后期采用的堡垒战术。罗马人取得了几次胜利，捕获或困住了一些劫掠者团伙。随后，总督将部队分割成更小的作战单位，分别由百夫长率领，在整个夏天继续猎捕塔克法里纳斯和他的同伙。在传统的作战集结结束之后，总督也没有让部队进行休整，而是继续行动。他建立了更多的堡垒，而越来越适应沙漠环境的机动部队则继续追击敌人。塔克法里纳斯终日疲于奔命，他侥幸没有被捕，但他的兄弟落入罗马人手中。这时，布赖苏斯终于宣布行动结束，将军队撤回冬季营地。罗马宣布取得胜利，又一名罗马总督获得凯旋礼。布赖苏斯甚至获得了附加的荣耀，他被麾下将士们拥戴为大将军。布赖苏斯被允许保留这一称号，但他在回乡时并未能举办凯旋式。第九"西班牙"军团也差不多于同时返回了多瑙河畔的原驻地。[7]

塔克法里纳斯声称，罗马军队的撤退昭示着罗马帝国已经开始走向衰落，并准备完全放弃阿非利加。而在当地人看来，这确有可能成真。塔克法里纳斯再一次开始劫掠，每一次成功的行动都吸引更多人加入他的麾下。毛里塔尼亚的老国王已经逝世，他年轻的儿子继位之后，虽然仍旧坚定地维护与罗马的同盟关系，却在国内不得人心。新国王招致的不满导致了对罗马的敌意，并促使当地人也加入袭击和劫掠者的行列，这使塔克法里纳斯获得了新的盟友。另一方面，加拉曼特斯人的国王也加入进来，不仅为他提供战士，还提供了可供出售战利品的市场。对罗马行省的袭击规模越来越大，袭击者们甚至包围了一座靠近毛里塔尼亚边境的城市图布斯库姆（Thubuscum）。新任阿非利加总督普布利乌斯·科尔内利乌斯·多拉贝拉（Publius Cornelius Dolabella）同样具备丰富的军事经验。他立即赶去解围，并处决了几位涉嫌加入反罗马阵营的穆苏拉米人头目。多拉贝拉采用了与前任相同的战术，将部队分为 4 支主力纵队和许多巡逻分队。此外，他们还得到了毛里塔尼亚国王提供的军队的支援，这些毛里塔尼亚战士很擅长在沙漠中追踪和作战。

公元 24 年是塔克法里纳斯与罗马作战的第八个年头，他在这一年终于被逼到了绝境。多拉贝拉收到一份报告，报告称塔克法里纳斯在一个叫作奥泽亚（Auzea）的地方扎营，那里树木繁茂，被他认为是个安全的庇护所。总督立即组建了一支特殊部队，只携带最基本的装备和给养，强行军至塔克法里纳斯的藏身地点。努米底亚战士猝不及防，他们的战马不是还被拴着，就是在吃草，因此他们既无法逃跑也无法组织抵抗。多年来追逐这样一个难以捉摸的敌人给罗马士兵带来的挫败感，在这一刻转化为战斗的欲望。他们接到命令，要不惜一切代价得到塔克法里纳斯，无论死活。他的儿子被捕，卫队全军覆没，在一场激战过

后，他本人也被杀。这位富有号召力的领袖的死亡使战争立刻
画上了句号。然而，因为罗马此前已经宣布取得胜利，并且已
经授予布赖苏斯大量的荣誉，提比略拒绝允许授予多拉贝拉凯
旋礼。[8]

驻军、军营和壁垒

塔克法里纳斯的战争一般被罗马人描述为叛乱，因为在爆发
冲突时，穆苏拉米人的土地就已经是罗马行省的一部分了。这场
冲突符合新建行省的惯常模式，即在征服之后差不多一代人的时
间里，一定会发生至少一场大规模叛乱。但在接下来的几个世纪
里，本地区再未发生过规模相近的起义。不列颠低地在布狄卡被
镇压之后也长久地保持了和平。自此以后，罗马在非洲的主要兵
力集中在廷吉斯毛里塔尼亚行省（Mauretania Tingitana），该行
省建立于卡里古拉吞并毛里塔尼亚同盟王国之后。在这一行省之
外，数目相对较少的兵力和基地分布在相当广大的区域之内。在
这里，需要罗马军队进行紧急处理的突发事件似乎通常都规模不
大。这一地区当然不是完全无兵把守的，这里不仅仅有军事基
地，还拥有大量壕沟和壁垒，这些工事既限制牲畜的活动，也限
制了人类。壕沟和壁垒还能引导构成本地人口大多数的牧民们的
季节性迁徙，引导他们前往方便监控和收税的地区。军事部署的
重心已经改变，而边境则向前推进了。显然罗马人此时认为有必
要将兵力分散部署在广大地域之内。[9]

非洲各行省的边境之外是罗马帝国无法控制的土地，那里是
大片的沙漠或半荒漠地带，人烟稀少或干脆没有任何居民。哪怕

边界已经向前推进了，这仍然是漫长而开放的边境地带，而这意味着塔克法里纳斯起义这样的冲突很接近边境上发生的战斗，因为二者都会使大量居住在帝国之外的民族卷入。在塔西佗的文本中，与对提比略日渐专制的统治的叙述相比，对战争冲突的描述几乎只是点缀，但他记述塔克法里纳斯起义的段落，已经比关于许多规模更大的战争的段落要长。尽管塔西佗对于重要细节，特别是地理信息的描述往往含糊不清，但他的记录仍旧为我们提供了一幅罗马军队与充满决心的原住民之间的长期冲突的有趣图景，这些原住民的主要战争方式就是袭击与劫掠。塔西佗的描述显示，罗马军队能够因地制宜，制定各种不同的战略，有时在同一年之内使用不同战术，并且在战斗中同时使用主力机动部队和固定防御工事。

我们在考察边境上的罗马军队时，需要考虑到罗马军队因地制宜的能力和当地局势的变化速度。在边境地带，我们对军队部署情况的了解在很大程度上依赖于考古发现。很多情况下，考古成果允许我们在地图上将军营、要塞和堡垒、塔楼等更小的设施连点成线，而这些信息很难出现在文献资料中。出土的铭文会告诉我们一些关于基地驻军的信息，而考古发掘会提供当地发展的细节信息，还可以让我们一瞥当地士兵和平民的生活。但关于驻军在当地做什么，以及为什么驻扎在这里，考古资料可以提供的信息却少得多。哈德良长墙在希腊语和拉丁语文献中被提及的次数只有个位数，其中还包括书写于罗马时期结束之后的"可尊敬的"比德（Bede Venerabilis）的记录。这一事实足够让我们保持清醒。哈德良长墙的修建目的是"将罗马人与蛮族分隔开来"这一说法来自一份非常晚近且不可靠的文献，但这是关于这一工程

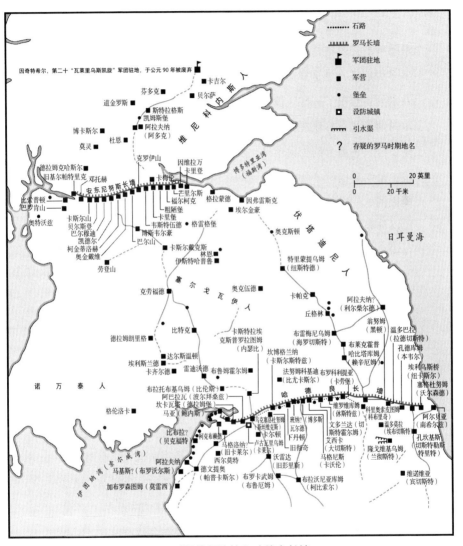

图例：
- ········ 石路
- 罗马长墙
- ■ 军团驻地
- ■ 军营
- ● 堡垒
- □ 设防城镇
- 引水渠
- ? 存疑的罗马时期地名

0　20 英里
0　20 千米

因奇特希尔，第二十"瓦莱里乌斯凯旋"军团驻地，于公元 90 年被废弃

维尼科内斯人

卡吉尔
芬多克
道金罗斯　斯特拉格斯　贝尔萨
凯姆斯堡
博卡斯尔　杜恩　阿拉夫纳（阿多克）
莫灵
克罗伊山
因维拉万卡里登
德拉姆克哈尔　卡梅伦　博多特里亚湾（福斯湾）
旧巴尔帕特里克　邓巴赫　安东尼努斯长墙
芒利斯　格拉蒙德　因弗雷斯克
比豪普顿　福尔科克
巴罗肯山　粗陋堡　埃尔金豪　奥克斯顿
奥特沃兹　卡斯尔山　卡里堡
贝尔斯登　韦特华伍德　格雷格堡　特里蒙提乌姆（纽斯特德）
巴尔穆德尔　博斯韦尔豪
凯德尔　巴尔山　塞尔戈瓦伊人
柯金蒂洛赫　卡斯尔戴克斯
奥金戴维　伊斯特哈普鲁　奥克伍德
劳登山　林山
克劳福德　卡帕克　阿拉夫纳？（利尔柴尔德？）
丘斯林　翁努姆（黑顿）
诺万泰人　比特克　温多巴拉（拉德切斯特）
德拉姆朗里格　卡斯特拉埃克斯普罗图姆（内瑟比）　布雷梅尼乌姆（海罗切斯特）　孔德库姆（本韦尔）
埃利斯兰德　达斯温顿　坎博格兰纳（卡斯尔斯比）　布莱克霍普　埃布乌斯桥（纽卡斯尔）
卡齐尔斯　雷迪沃德　布鲁姆霍姆　哈比塔库姆　塞格杜努姆（沃尔森德）
格伦洛卡　布拉托布基乌姆（比伦斯）　法姆科基迪（比尤斯尔）　布罗科列提亚（卡沃堡）　赖辛厄姆
阿巴拉瓦（波尔拜桑兹）　维罗维库姆（休斯特尔斯）　阿尔贝亚（南希尔兹）
坎�— 比布拉？（贝克福特）　坎丝瓦蒜（德尔姆堡）　哈德良长墙　科里奥索皮图姆（科布里奇）　温多拉（切斯特勒姆）
马亚　鲍内斯　多兰达（切斯特霍尔姆）　孔坎斯（特勒特）
阿布罗糖姆　乌克塞洛杜努姆　斑纳　博多奇　艾西卡（大切斯特尔斯）　隆文维基乌姆（兰彻斯特）
西尔莫特　马格洛纳　旧卡莱尔　旧彭里奇　瓦尔德（卡罗兰）　维诺维亚（宾切斯特）
伊图纳湾　马基斯？（布罗沃尔斯）　德文提里斯（帕普卡斯尔尔）　沃雷达（旧彭里斯）　马格尼斯
（索尔威湾）　加布罗森图姆（莫雷西）　布罗卡武姆（布鲁厄姆）　布拉沃尼亚库姆（柯比索尔）

不列颠北部边境和哈德良长墙

日耳曼海

的目的的唯一明确解释。[10]

今天，哈德良长墙是一项世界文化遗产，作为罗马人留下的最伟大的纪念物之一而闻名于世。但它不仅没有在文献资料中留下多少痕迹，更是罗马帝国边境系统中的一个特例。尽管罗马人在别处也修筑了一些线性屏障，但它们主要是使用夯土、草皮或木材而不是石材建造的，而且就算是这样的防御工事，也仅仅出现于漫长边境上的少数地区。罗马人尽可能使用自然屏障作为边境，最明显的例子就是莱茵河和多瑙河，其他较小的河流则包括美因河，一定程度上还有幼发拉底河。河流可以促进人群间的交流，使贸易和文化交流更加便利，因此居住于河流两岸的人们往往有一些共同点，而这一特征则不幸地催生了一个广为流传的看法，即河流不是理想的边境。事实上，河流提供了清晰的界限，并且对任何大规模行动都构成显著的障碍。除了少数的例外，罗马军队的基地都位于河流在罗马领土之内的一侧，而且看来桥梁并不构成罗马边境体系的一部分。图拉真在多瑙河上修建的大桥，在建成之后的几十年内就被拆除了一部分，即使该桥通达罗马的达契亚行省。莱茵河自公元1世纪初就成为边境，但河上在罗马时期从未有过永久性的桥梁。但河流本身处在罗马人的严密控制之下，罗马人使用船队巡逻河道，罗马军队也完全有能力在必要时建造桥梁。将驻军部署在靠近河流之处的一个好处，就是可以通过河道向军队运输大量包括谷物在内的补给品。[11]

但可用来当作边界的河流并不总是出现在合适的地方，因此有些地区的边境并没有清晰的自然地理特征。1世纪晚期到2世纪早期，罗马人将上日耳曼行省和莱蒂亚（Raetia）行省的边界向前推进，使莱茵河边境和多瑙河边境之间的连线更短。这一举动不可能仅仅是为了缩短边境距离，更有可能与控制当地和周边地区居民的意愿有关。罗马在不列颠组织起的第一条边界位于今天的苏格兰南部，但该边界随后被放弃，帝国边界后退到石路（Stanegate①）一线。罗马人在石路附近修建了哈德良长墙，但长墙几乎在完工的同时就被弃用，因为边境又被向北推进到福斯（Forth）河和克莱德（Clyde）河两河河口之间的安敦尼长墙。之后，这道长墙同样遭到废弃，边界又返回哈德良长墙，并在接下来的 200 多年中没有再发生变化，直到罗马不列颠时期终结。除却一些含混不清的描述，没有任何文献对上述边境变化做出解释，我们不得不考察这些遗址本身来推测其用途。[12]

尽管每个地区的资源分配以及所有重要的军事行动都由皇帝定夺，但皇帝的指示由行省总督负责具体执行，他们在事后才会向皇帝汇报自己的所作所为。任何事件中，在场者拥有相当大的决定权，因为罗马世界几乎完全不存在我们所理解的可被称为地图的事物。的确存在一些接近现代概念的根据比例尺制作的地图，例如著名的罗马城平面图，但只有少数地区被描绘了这样的地图。亚历山大的托勒密（Ptolemy of Alexandria）以及其他一些地理学家只做了一些已知世界的全图，图上覆盖有网格，表明了大陆之间的真实关系，并且大体上是准确的。托勒密的作品是大比例尺地图，我们很难得知这样的地图的制作频率有多高。更普遍的地图是那些根据文字记录下来的路线制作的地图，这类地图的重点在于路线，描述了主要道路、道路上的大小城镇，以

---

① Stanegate 即古英语“石头道路”，是罗马人修建的一条道路，基本与随后修建的哈德良长墙平行。

及它们之间的距离。此类地图无意展示地区之间的真实比例关系，因此重要地点之间的空白常常出于便利而被缩小或扩大。这一类地图中，保存至今的最好例子是《波伊廷格地图》（Tabula Peutingeriana），这幅地图将整个罗马帝国的版图压缩，以便将其展示在一幅长卷轴之上。这样的地图是功能性的，因为它仅仅展示了不同地点之间的旅行线路以及每段旅途的距离。这种地图不是为脱离主要道路的旅行设计的，也对此类旅行毫无帮助，但任何公务人员、重要军官甚至个人旅行者都不太可能在主要道路之外长途旅行。这样的地图同样不会显示不同行省和不同地区之间的位置关系。

　　一些历史学者将详细地图的缺失视为罗马帝国缺少中央战略规划的证据。这源于当今学界强调罗马人的原始性的大趋势。这一趋势是对学界旧传统和根深蒂固的大众观念的反动——这些传统观念强调古罗马所具有的现代性，认为罗马人本质上"就和我们一样"。挑战既有观念是有益的，也往往是具有揭示性的。当代学者们正确地驳斥了那种以现代地图为依据、声称根据自然地理特征建立的边界才是"最佳"边界，并且评判罗马人在多大程度上遵循了这一原则的做法。奥古斯都试图建立一个新的日耳曼行省，将领土推进至易北河，这并不是研判地图之后做出的决定，也不是为了建立一条比莱茵河前线更短的边界以便连接起多瑙河边界。我们根本不知道奥古斯都和他的顾问们有多了解该地区的地理，特别是在罗马军队甚至还未进入这一地区的时候。在罗马人的思维里，政治地理，或者说不同民族之间或不同领袖的追随者之间的分野，远比自然地理重要。臣服于罗马的是土地之上的民族，而不是土地本身，罗马人需要掌控和保卫的，也是人民而非土地，无论这些民族来自同盟者还是行省。而关于政治地理的信息，可以用地图等图像形式来记录，也一样可以通过单纯的文字来表达。[13]

但对于罗马原始性的过度强调是缺乏说服力的。现代地图是非常晚近的事物——英国地形测量局（the Ordnance Survey）是在英国受到大革命之后及拿破仑时期的法国的入侵威胁时才开始运作的，英国的很多地区直到19世纪晚期才得以测绘。不要说世界的其他地区，英国之外的欧洲，直到世界进入20世纪许久才拥有了准确的地图。将地图视为理所当然的事物是一个错误，这就如同质疑，过去的人们在没有全球定位系统和卫星图像的情况下如何能航海和做出战略决策。根据乐观的估计，政客和统帅们也仅仅在最近的两个世纪才能够比罗马皇帝拥有多得多的关于世界的信息。拿破仑和威灵顿往往不得不使用粗略而不可靠的地图，因此他们经常派遣军官去收集关于地形的准确信息，尽管这难免会耽误不少时间。作战中的军队需要非常详尽的地形信息，就算在当代，军队也往往通过直接观测来补充现代地图的信息。

而就算罗马皇帝拥有现代地图提供的详细信息，亲自对前线军队部署和行动的小细节做出指示也是毫无意义的，因为罗马时代的通信速度十分缓慢。行省总督可以更好地理解当地形势，特别是在那些罗马长期驻军的地区。有显著证据表明，军队在边境建立的塔楼系统中，塔楼的位置经过了精心的测绘和选择，每一座塔楼都在更大规模据点的视野之内，这保证了据点之间的信息传递。塔楼本身的开阔视野也十分重要，但其重要性次于上述原则。在极少数情况下，当一座塔楼被建在主要据点视野之外的某处关键位置，罗马人会建造第二座塔楼作为信息中继站。罗马军队对于地形的理解能力在这些塔楼的排布上展现得淋漓尽致，而只有亲临现场的人，才可以做出这样的安排。即便是最好的地图，也不太可能显示哪些地点容易被洪水淹没，哪些地点的视野又被树木或其他植被所遮挡。[14]

塔西佗称赞说，他的岳父阿格里科拉在堡垒的选址以及驻军的后勤保障方面都具有出众的技巧，因此他建立的堡垒没有一座曾经被敌人攻陷。这是一句老生常谈的恭维话，它本身也证明，对罗马指挥官来说，充分理解地形至关重要。据点的选址要追求易守难攻。堡垒要为其驻军提供安全保障，并允许它们履行更广泛的职能。尽管高处总是能够提供一定优势，据点不一定设置在一片地区中的最高点。在有效的火炮出现之前，被弓箭射程之外的敌军俯视，并不一定意味着明显的劣势。在讨论罗马军事基地或铁器时代的山地堡垒时，这一点往往为考古学者们所忽视。[15]

多数基地似乎是为了容纳一整支部队而设计的，尽管在某些例外中，基地的驻军似乎只是一些小分队，因此我们在做判断时需要保持谨慎。考古发掘是一项耗费时间和资金的工作，哪怕是辅军的基地，也往往意味着一大片发掘现场，而军团的基地更是有前者的 10 倍大。到目前为止，考古学家们仍未完整发掘过任何一个军团基地，其他类型的军事基地中，只有一些经历了充分或完整的探索。罗马军队遵循相当标准化的模式修筑基地，因此考古发掘过程往往建立在事先猜测的基础之上：考古学者们乐观地将小型探沟中的发现联系起来，构想出可能的建筑布局。我们仍旧很难理解堡垒或其他军事基地的选址，因为我们对其使用年代的周遭环境往往所知甚少。自然环境很可能随着时间发生变化，但基地一般不会改变位置，除非环境的改变使得基地的驻军无法继续遂行其主要职能。阿尔贝亚（Arbeia，位于今天英国的南希尔兹）的罗马军事基地已经经过完全的发掘。我们发现这座基地在使用期间经历了一些设计上的重要变化，甚至可能有着功能上的改变。在某一时期，这座基地的一大部分被改作 22 座谷仓，这说明这座基地可能曾扮演着一大片区域中的供应仓库的角色。[16]

　　尽管罗马人有着卓越的工程能力和对地形的良好理解，毫无疑问，选址不佳的案例仍旧很多。有时考古发掘中也能发现大幅修改建筑方案的痕迹。哈德良长墙的设计曾被数次更改。在整个工程完工之前，墙体的宽度被从 10 英尺缩减到 5.5 英尺，但靠近各个里堡（milecastles）①的墙体和某些地段的地基已经按照原设计完工，这一点在今天还能看到痕迹。同样是在工程的早期，罗马人决定将一些堡垒直接设置在墙体沿线，而在豪塞斯特兹（Housesteads），这一决定意味着堡垒覆盖住了一座先前建造的塔楼。再后来，多数里堡的北门之外都增加了围墙，只留下一个狭窄的入口通往城墙正面。罗马人的理念在不断改变，并增加了一些基地和要塞。近期的考古发掘显示，苏格兰最早期的一些罗马边境工事——其中最突出的是加斯克岭（Gask ridge）一带的塔楼和岗哨，其使用时长大大超过我们曾经的推测。它们也许在将近 20 年的时间里一直被使用，并且还有着得到重建的痕迹。绝大多数的罗马军事基地还尚未经过应用现代技术的大规模考古调查，而仅仅在地图上标出它们的位置和猜测它们的功能，大概

---

①　罗马的线性防御工事中，每隔一罗马里（大约为 1481 米）设置一座的堡垒。

不会给我们提供有用的信息。[17]

　　我们不应得出以下的印象：辅军基地中的驻军，甚至规模大得多的军团基地的驻军，在驻地之内度过了大部分时间，并且总是在城墙顶端注视着周遭充满敌意的土地，紧张地等待着敌人的进攻。仅仅在某些特定时期的某些地点会出现类似的情况。一般来说，罗马军队倾向于在旷野中作战，并且对自身的优势怀有坚定的信心。上文提及的德克里乌斯的例子中，指挥官的确为自己的过度自信付出了代价，但在一般情况下，罗马军队的表现配得上这种自信。当进行军事行动时，基地的大部分或全部驻军将会与其他部队合兵一处参加野战。如果近期不太可能有重要的军事行动，士兵们会被派去某处巡逻、护卫、参与建筑或行政工作。文多兰达书写板记录下了通格里人第一步兵大队（cohors I Tungrorum）的情况。这是一支千人级别的辅军大队，兵力是一般步兵大队的两倍，于92年至97年间驻于文多兰达基地，其纸面兵力有800人出头。某一年的5月18日，该部试图集合752名官兵，其中包括6名百夫长，但至少5名百夫长和456名士兵此时并不在军营中。最大的一支分队有337名士兵，可能还有2名百夫长，他们在不远处的科里亚（Coria，今天的科布里奇）。剩余的士兵被分成小股，有些在伦敦。有46名士兵此时作为护卫伴随行省总督，因此他们可能在伦底纽姆，也可能跟随总督前往行省某处。文多兰达基地中的士兵里，31人正身处军营医院，而可以执行任务的总共只有265名士兵和1名百夫长。[18]

　　其他留存至今的兵力清单也表明，驻军单位往往被打散到各处执行各种任务。2世纪初某年的12月31日，驻地位于多瑙河畔的五百人规模的西班牙第一老兵大队（Cohors I Hispanorum

Veterana quingenaria）在其名册上拥有 546 名成员，"包括 6 名
百夫长，4 名骑兵支队长（decuriones）；119 名骑兵；还包括数目
不详的领双份薪金的士兵（duplicarii）、3 名领 1.5 倍薪金的士
兵、1 名领双份薪金的步兵，数目不详的领 1.5 倍薪金的步兵"。
在来年的头几个星期里，这个大队又得到了另外 50 名士兵，其
中包括一些归队的掉队者。这份记录也显示了一些永久减员，例
如永久调至其他单位的兵员，以及伤亡：一名士兵为强盗所害，
一名或数名士兵溺毙。名册上的许多士兵当时并不在驻地，而是
被派往各处，例如前往高卢征收谷物和衣物、被派去领取马匹、
仍旧在其他岗位上执勤未归、为某些官员服务，等等。有些人
"越过多瑙河参与远征"，其他人则加入了一名百夫长率领的斥
候队伍。分散的小队被派去护卫运粮船和补给线、去看护役用牲
畜，或去将牛群自海穆斯山（Haemus Mons，即今天的巴尔干山
脉）带回。与文多兰达的那支大队不同，这里的大多数百夫长都
留在了驻地，但 4 名骑兵支队长中的 3 人都缺席了。这 4 名支队
长分别率领大队中的 4 支骑兵支队（turmae）①。[19]

军团倾向于在很长时间内将基地设置于同一地点，有些甚至
在几个世纪内都不曾改变驻地。辅军部队也经常在几代人的时间
内驻守同一个基地，尽管在辅军的问题上，我们需要更加谨慎：
如果两份年代相隔几十年的碑刻表明同一支部队在两个时间点出
现在同一地点，我们仍旧无法确认这支部队在这几十年间始终未
曾变更驻地。哪怕驻地在很长时间内未曾变更，该基地对驻军来
说也可能仅仅扮演着给养站的角色。驻军的基地也是军队的管

---

① 一支骑兵支队（turma，复数为 turmae）由大约 30 名骑兵组成。

理中心，基地中的司令部（principia）存放着这支部队的文书档案。军团的基地一般拥有工场以便制作和维护武器装备，辅军单位的基地也是如此，只不过工场的规模可能小一些。至少一些基地，甚至全部基地，可能扮演着训练中心的角色，但我们不知道军队新兵如何训练，以及新兵是集中在一处训练，还是分散到各单位接受训练。在一年的多数时间里，特别是在春夏季节，驻军的多数兵力并不会在基地中生活。考古发掘显示，第二十"瓦莱里乌斯凯旋"军团（Legio XX Valeria Victrix）位于德瓦（Deva，今天英国的切斯特）的基地的相当部分，在 2 世纪时曾遭到遗弃，建筑物被废弃、拆除或被其他建筑替代。某些地点的驻军似乎从未消失，尽管其兵力可能仅仅维持在最低限度，从事的仅仅是管理本单位文书、执行次要任务、照顾伤病员等工作。也许，当一个基地被认为毫无继续发挥作用的可能，才会面临被永久废弃的命运。[20]

在那些得到了深入研究的边境地带，特别是在不列颠、日耳曼，以及日渐成为研究焦点的多瑙河沿岸行省，我们能够确定军团基地和大多数辅军基地的位置，也能够定位小堡垒和瞭望塔之类的较小的防御工事。但这并不意味着我们能够确定这些基地的驻军在何处活动，或他们在做什么事情。有些时候，军团会派遣兵力可观的被称为 vexillationes[①] 的分队前往其他行省执行任务，较小的部队或个人离开行省的情况则更为普遍。最常见的是军团成员离开驻地，在同一行省内的某地执行任务。但这并不意味着

---

① vexillationes（单数为 vexillatio）是军团派遣出的分队，因携带有本军团标志的布旗（vexillum）而得名，因此也可译为"布旗队"。

军团基地除了最基本的管理人员就空空如也。一座原本为某一特定的辅军单位建造的基地，完全可以用来容纳另一支相同或不同种类的部队。军团士兵可以在为辅军设计的营房中居住，反之亦然。当然，骑兵部队很难在缺乏适用的马厩设备的基地中驻扎，至少很难在那里长期居住或过冬。大量的迹象表明，不同的部队在友军的基地中居住或借宿的情况十分常见。我们不应对此感到惊讶，但我们手中关于罗马军队的证据和资料十分零散，这使得一些学者倾向于将不同的信息碎片拼凑起来，设想这些资料反映了一幅平整的图景。但现实情况则远远更加动态，并且不断发生变化，常常使人迷惑，与近现代军队非常相似。值得注意的是，离开驻地的军团分队很少是百人队或骑兵支队等成建制单位，更不会是在战场上住同一顶帐篷、在军营中分享同一对房间的 8 名士兵组成的小队（contubernium）①。实际情况是，临时的分队为特定的任务而组建，其人手数量也依据任务的需要而定。

部队文书记录下了每一名士兵的行动。例如，根据公元1 世纪埃及的一份纸莎草纸文档，军团士兵提图斯·弗拉维乌斯·凯莱尔（Titus Flavius Celer）"于 80 年 2 月 11 日离开部队前往粮仓。同一年某日［具体日期信息丢失］返回。81 年某月［日期信息丢失］与河道巡逻队一起离开，同年 5 月 24 日返回。81 年 10 月 3 日离开［目的地信息丢失］，82 年 2 月 20 日返回。83 年 6 月 19 日与粮草护卫队一同离开，某日返回［日期信息丢失］"。

文书还记录下部队中个人的调遣，并提到了他们的名字：

---

① 罗马军队中的最小单位。contubernium 的含义即"分享同一顶帐篷的伙伴"。

骑兵支队长阿波尼乌斯·迪丢米亚努斯（Aponius Didymianus）问候支队队副（curator）尤利亚努斯（Iulianus）。请在收到此陶片（ostrakon）后尽快派遣安东尼努斯（Antoninus）支队的骑手阿特雷德斯（Atreides）前来我处，因为长官已命他前来。再会。

克劳狄乌斯·阿基比奥斯（Claudius Archibios）问候他的同僚阿里斯托波罗斯（Aristoboulos）。我派往阿皮斯（Aphis）处的是安东尼努斯（Antoninus）支队的帕普莱尼斯（Paprenis）和图利乌斯（Tullius）支队的尤利乌斯·安东尼努斯（Iulius Antoninus），而不是阿波尼乌斯·佩特罗尼亚努斯（Aponius Petronianus）和尤利乌斯·阿波利纳里斯（Iulius Apollinaris）。祈愿您一切安好。[21]

整支部队全部处于驻地之内的情况十分少见，尤其是对军团这样的庞大单位来说。小型堡垒和瞭望塔之类的小据点更有可能配备固定的驻军，虽然可能仅仅是因为，这样的据点可以在不需要时被轻易放弃。但哪怕在讨论这些小据点时，我们也不应假设其驻军在塔楼或壁垒之上度过了全部时间，或假设这些据点在一年之内的所有时间段都有人驻守。正如我们提到过的，塔楼系统往往分布于道路沿线和边境地带，而在埃及，有迹象表明看守塔楼的既有军人也有平民。边境防线中的据点当然不太可能由平民驻守，而这也就对附近的大规模驻军提出了更多的人力需求，因为他们需要派兵去守卫这些零散的据点。

哈德良长墙的设计表明，罗马人有时也认为有必要将大量兵力沿一条设防地带集中。我们无法确定哈德良长墙的墙体顶端是否有女墙和步道，即是否能够让兵士在城墙顶端巡视。存在一种可能，即这道长墙如同上日耳曼和莱蒂亚的边境屏障一样，仅仅是一道围篱而已。尽管哈德良长墙的设计经过变更，墙体的宽度被缩减，其宽度还是足够容纳步道的，所以长墙很有可能允许士兵在顶端走动，只是我们仍旧无法确认这一点。哈德良长墙共80 罗马里长，每隔 1 罗马里修建有一座里堡，里堡最多可容纳几十人。在每两座里堡之间修筑有 3 座塔楼。沿墙修建有 15 座营垒，每一座都为容纳一整支辅军单位而设计。还有一些营垒在长墙的南方或北方不远处，文多兰达的基地即是其中一座。长墙南边还有一道内壁陡峭的宽阔壕沟，今天被称为 Vallum①。这条壕沟与长墙本身围出了一块军事区。看起来，在长墙的整个使用时期，使用者并不总是用心维护这些设施，但直到今天，这道长墙的许多部分仍旧构成很难越过的屏障。墙体的正面还有一道窄一些的壕沟，但这道壕沟并不连贯，因为有些地方的石头地面太坚硬，难以挖掘，而有些地段的自然地形则已经形成了陡峭的斜坡甚至悬崖，因而没有必要挖掘壕沟。在壕沟和墙体之间，还分布有削尖的木桩，它们或安装在木梁上，或隐藏在坑中，这相当于古代的铁丝网。[22]

所有这些设施可不是为了阻碍罗马军队的脚步而存在的。每一座里堡在南北两个方向上都有门，允许人们穿过长墙，但在有些地区，里堡周围的崎岖地形仍旧使人马车辆都难以通过。许多

---

① Vallum 为拉丁语"壁垒"之意，本与壕沟无关。今日被用来指称哈德良长墙南边的壕沟。

里堡的门后来都被封死了，但这也没什么。更重要的通道是位于营垒上的出入口。每个营垒的 4 座双拱门中，至少有 1 座门开向长墙北侧，有时甚至有 3 座门朝向北面。此外还有两个重要的南北通道，它们可能部分上是为民用交通设计的。这两个通道正好对应着仅有的两处可跨越长墙南边那条壕沟的位置。无论何时，罗马军队都可以从容地组织一支或多支部队，从哈德良长墙向北进发。长墙以北还有永备的前哨基地，其中有一些是足以容纳一整支辅军单位的营垒。这些基地在各方面与帝国其他地区修建的基地并无不同，它们不具备任何附加的防御设施，无法证明本地驻军长期面临严重的武力威胁。外交活动深入更北边的地区。有证据表明，在其他的边境之外，一些罗马军队的百夫长会参与当地的部落会议。文多兰达书写板提到了卡莱尔有一位地区百夫长（centurio regionarius），该职位也出现在帝国的其他地区，可能具有政治和军事两方面的混合职能。另外，在深入北方的苏格兰地区发现了大量新铸造的罗马银币，这很可能是罗马人馈赠当地首领以笼络他们所使用的。[23]

谈判与贿买的后盾是持续的武力威胁和偶尔的军事干预。第一支进入某一地区的罗马军队，在抵达这一地区之前很可能没有多少关于当地形势的可靠信息。恺撒在发动第一次对不列颠的远征之前，对不列颠的情况所知甚少。很多信息都是在军事行动的过程中收集的，而如果军队能够在当地或者附近地区驻扎下来，那么还可以加深对当地情况的了解。罗马帝国边境的多数地段都长期有军队驻扎。一些当地人自一开始就欢迎罗马人的到来，而其他人则将罗马人的统治视为不得不接受的现实，并且尽可能地适应对方。上述两类人群都可以成为军队的信息来源。除此之外，直接侦查以及与其他民族的和平交流或偶然相遇也可以为罗马军队提供消息来源。罗马军队的很多军事基地分布在原住民的居民点附近，建立在这些地区的塔楼和小型堡垒则数量更多。阿非利加行省的一份铭文记录下了一座"侦查前哨"（burgus speculatorius）的建造过程，称其"为旅行者提供了新的安全保障"。像这样以其功能命名一处设施的例子十分罕见。罗马帝国的边境并不是一道意欲使两边的人民不相往来的铁幕，而不如说是由基地、驻守部队、机动部队以及单人活动的军官和士兵组成的一张网络，这张网的用途即是监视、控制和统治一片地区。无论是河流构成的边境还是人工边境，这一功能从未改变。[24]

解析劫掠行为

劫掠是古代世界中最常见的冲突形式，甚至一些大规模的入侵行动，也无异于大规模的劫掠行为，因为侵略者的目的并不是永久征服或占领，而是掠夺财物和俘虏。声望对劫掠者来说同样重要，因为如果一支军队可以随心所欲地进出敌方领土，将可以证明自身的强大和对方的软弱。有时，防守方选择应战以避免掠夺带来的羞辱，但这往往也是更强的攻击者希望他们做的。战败以及领土被毁坏的结局，足以使一些人转而寻求和平。他们向入侵者献上人质、财物和其他好处，只求获得和平。哪怕防守方不乞和而是等待入侵者自行撤离，他们在这一过程中展示出的软弱将鼓励同一敌人甚至其他敌人再次入侵。此外，示弱也会对防守一方的内部权力斗争造成影响。一位无力保卫臣民、使其免遭入侵的首领，将会名誉扫地，而其反对者则会有机可乘。《夺牛记》

（*Táin Bó Cuailnge*）是由中世纪早期的僧侣们写下的爱尔兰史诗。在这部作品中，读者仍旧依稀可以看得到那个充斥着古老神灵、驾着战车的英雄，还有猎取人头风俗的铁器时代世界，例如下面这段国王和王后之间的直白对话：

> "忽然想到，"阿利尔（Ailill）说，"你现在可比当初嫁给我的时候富多了。"
>
> "我嫁给你之前就已经富甲一方了。"梅德芙（Medb）说。
>
> "我不了解你那时的财富，也没有听说过多少，"阿利尔说，"只知道你拥有一些女人的家当，而且时常被邻近的敌人劫掠。"

在这之后，这对夫妇比较了他们各自的财产，王后梅德芙发现丈夫因为拥有一头更强壮的公牛而在财富上超过了自己。她迅速集结一支军队，入侵邻近的厄尔斯特（Ulster）王国，目的是夺得那里的一头更好的牛，以赛过丈夫。《夺牛记》中的故事构成了厄尔斯特传说（Ulster Cycle）的核心。故事讲述了一次以掠夺为目的的入侵，而这次入侵的起因是夺取一个具体的事物。从这个角度说，《夺牛记》的故事与特洛伊传说有异曲同工之处：特洛伊战争的起因是对妻子的争夺。在《奥德赛》中，奥德修斯在访问冥府时偶遇阿伽门农的灵魂，他问道："最显赫的阿特柔斯之子，人间的王，阿伽门农，是怎样无情的死亡命运将你制服？是波塞冬掀起凶险的狂风，将你终结于自己的船里，还是心怀敌意的人们将你杀死于陆地之上，因为你掠夺他们的牛群和羊只，或是为夺取他们的城市和女人而战斗？"在这里，攻击和劫掠的企图被认为是理所当然的，被攻击者的"心怀敌意"也是自然而然的。[25]

希腊世界和罗马世界的许多战争的焦点是劫掠性攻击，这种攻击有时会引发双方的交战。许多罗马军事行动，包括公元14—16年日耳曼尼库斯跨过莱茵河的进攻，实质上也是大规模劫掠行为。不幸的是，许多学者将大规模战争与劫掠行为视为泾渭分明且互不相关的两件事。二者分别被称为"高烈度战争"和"低烈度战争"，只有前者得到重视，能够引起皇帝们的关注。学者们还认为，公元1世纪和2世纪的罗马边境上，"高烈度战争"十分罕见。有一份关于这一时期以及随后时期的莱茵河边境的研究，否认任何大规模威胁的存在，同时多次指出境外势力对帝国领土发动的劫掠行动是相对普遍的。但研究者并不认为劫掠行为对帝国构成威胁，并且从这一观点出发，认为罗马的皇帝们捏造出了一系列强大而好斗的境外部落形象，以便为自己的穷兵黩武提供借口。[26]

的确，几十人、上百人甚至上千人发起的劫掠并不会摧毁罗马帝国。而另一个事实是，边境上军事基地和防御工事的部署并不是为了应对大规模入侵。罗马军队分散在漫长的边境线上，这将无法阻止敌人在某一地点集中大量兵力并突破防线，尽管这种说法忽视了那些证明罗马军队具备高度机动性的证据。罗马人并不打算利用边境防线本身抵御大规模攻击，而是会集结某一地区内的野战兵力以及任何可能的援军，以迎击入侵的敌军。由于罗马人在边境之外不断做外交和侦查的工作，在大多数情况下，他们应该可以获得足够的预警时间，以便集结必要的兵力并在野战中击败敌军，甚至在边境之外便将入侵的威胁扼杀于摇篮中。劫掠活动同样不会为罗马人所忽略，足以证明这一点的，是罗马人将小股驻军分散在大量的塔楼和据点中，尽管这种做法不可避免地会使大规模军事行动和集结兵力变得更为困难。根据在多瑙河边境发现的几份铭文，康茂德皇帝"通过在平地上建造设防据点（burgis）加强了整条河岸的防卫，同时在有利地形上部署驻军（praesidiis）以便对抗秘密渡河的强盗"。[27]

这些所谓的强盗（latrunculi）来自多瑙河对岸的境外地区。罗马人为了矮化他们，将他们视为强盗和犯罪分子而不是正式的敌军，尽管这种做法大概很难安慰"强盗"的受害者们。此外，正式战争中的正规敌人与使用非常规暴力的人之间的法律区别也在这一做法中得到体现。皇帝采取大规模行动镇压劫掠团伙，并且将这一行动广而告之，这清楚地表明罗马政府并不会对低烈度劫掠行为放任不管。罗马军队与敌对的劫掠者战斗，有时也会主动发起劫掠行为，但很少有学者会去考虑这类劫掠性攻击的性质。尽管没有哪次劫掠事件被十分详细地记录下来，我们仍旧有可能拼凑出一幅图像，了解这类行为涉及的各种因素以及冲突双方如何行动。而且，其中的大部分内容既适用于边境之外的劫掠者，也适用于他们在帝国境内的同行。

许多因素都取决于攻击的目的。最常见的目的是掠夺。掠夺而来的牛羊和其他牲畜可以被当场吃掉，或者带回家乡，扩充攻击者自身的畜群或出售获利。有些部落自身的粮食生产无法做到自给自足，只有靠掠夺他人的食物才能够维持生存。塔西佗指出日耳曼人会对自己拥有的牲畜感到十分自豪，这意味着抢劫更多的牲畜对他们来说十分具有吸引力，同时还能打击被掠夺者的声望。另外一种值得掠夺的活口是人类俘虏，特别是那些可以被作为奴隶保留或者出售的人。然后是各种有价值的物品，从金钱、珠宝、雕像、由珍贵材料制成的器皿到衣物、材料、工具，特别是金属制品，以及其他实用物品。这些物品具有使用价值，并且由于是通过武力获得的，可以增加其主人的声望。攻击行为还可能有另一个目的，即通过杀戮和获得俘虏来证明自身的勇武和武士身份。猎头行为在铁器时代的社会中很常见。杀戮的愿望与掠夺的愿望并非不能共存，但主导性的目的将会影响劫掠行为如何进行。此外，如果攻击的首要目的就是对某个敌人开战，无论该敌人是罗马本身、罗马行省还是罗马的同盟者，那么杀戮和掠夺就都是次要的了。在这种情况下，行动的目标就是对地方造成尽可能大的损伤和羞辱，而掠夺只是达到这一目标的手段和供养攻击者的方式。[28]

在策划袭击之前，部落首领需要招募参与者。他的亲兵有义务与他一同行动，而他们的确也期待从战争中获利。根据首领的影响力不同，其亲兵规模少则几十人，多则两三百人。部落中的其他人也有可能被说服参与劫掠行动，这取决于他们自身的态度、他们与首领之间有着怎样的义务关系以及行动有多大可能获得成功。有着成功经验的劫掠者自然更容易吸引其他武士加入自己的队伍。部落首领的另外一个选择是与其他首领联手，这样他的盟友也会带来自己的亲兵和追随者。这些与首领亲兵并肩作战的追随者往往并不像亲兵那样有着良好的装备，他们可能没有马骑，只能徒步作战，除非他们出自像萨尔马提亚人和努米底亚人那样的游牧民族。这些追随者平日的主业并不是作战，他们中的多数人本是农夫或牧民，而这意味着他们只在一年中的特定时期可以参与行动，并且只能参与短期行动。除此之外，可能加入劫掠者行列的还有盗牛贼、盗马贼和匪帮，对他们来说，劫掠本就是家常便饭。他们中的一些人生活在社会边缘，还有一些人专事劫掠本部落的敌人。他们有可能参与大规模劫掠，而在独立行动时则通常组成人数不多的团体。大规模的武装队伍如果不属于部落首领及其追随者，则早已被视作部落的威胁而被剿灭。[29]

　　一切潜在的劫掠者有一个共同点：他们都希望能够存活下来。将杀敌看得比自身的伤亡还重要的劫掠团体是非常少见的。哪怕是作为战争的一部分的劫掠活动，也没有人指望通过劫掠本身击败敌人，而只是期待通过这种手段削弱对手。贵族亲兵作为职业武士，选拔自部落中为数不多的候选者，他们的减员很难被填补。其他志愿加入劫掠行动的人，参与行动的目的是冒险、追逐荣誉和获得战利品，因此他们很自然地希望在行动中存活下来，以便享受这些回报。至于职业匪徒，他们参与行动显然是为了获利，而不是为了英雄般地战死。劫掠者们往往士气高涨，因为他们中的多数人是自己选择参与行动的。其中很多人都是娴熟而凶悍的战士，但他们并不准备承担伤亡。后世的维京人和阿帕奇人的情况也很相似。劫掠者的目的是以压倒性的力量给予敌人突然袭击，将自己想要的一切搜刮一空，然后逃离现场。他们绝不会希望敌人有时间聚集足够的兵力，也绝不会冒险在任何情况下与这样的敌人交战，以获得一场代价高昂的胜利。更何况战斗还有失败的可能，而战败会立即使这样一支队伍溃不成军，并严重打击其首领的声誉。

　　突然性对劫掠来说是至关重要的，这意味着时间永远是关键因素。成功的劫掠者必须在守军集合力量进行回击之前完成劫掠和撤退，而在存在罗马驻军的地区进行这种操作是特别危险的。一旦劫掠者决定行动，他们需要做的第一个重要决定就是目标的选择。如果他们希望获得牲畜，就得知道动物们可能在哪里，而这往往与季节有关。在冬季，牲畜们往往聚集在某处过冬，而不是分散在四处吃草。初秋时节，牲畜被带离夏季牧场，此时它们处在一年中的最佳状态，还没来得及经历冬季导致的消瘦。如果劫掠者想要得到奴隶，那他们需要定位到住宅、农庄、村落甚至城镇——如果他们的行动规模够大的话。如果他们想要获取高价值物品，则可能将目标锁定在寺庙中，尽管有时触犯神圣场所会被视为一种禁忌。

我们之前关于罗马人缺乏地图和精确地理信息的描述同样适用于帝国之外的民族。小说和电影已经塑造了一个错误的劫掠者形象，例如在迷雾中滑行的维京长船和沙漠中无端杀出的科曼奇人，他们的袭击完全依赖偶然性，不加分辨地攻击他们遇到的任何东西。事实与此非常不同。劫掠者随身携带的食物仅够他们支撑短时间的行动，而四处游荡寻找目标的做法对他们来说太消耗时间了。更重要的是，这么做会增加劫掠者被发现的机会，也会使被攻击者更容易躲藏到设防场所，甚至集合力量对劫掠者进行反击。除非劫掠者认为对方软弱无力到无法对自身构成任何威胁，否则他们必须在发动攻击前想清楚自己要去哪里，又怎样到达那里，尤其是如果他们是走海路来的话。

袭击者们会对曾经遭受过劫掠的定居点有所了解，但随着时间的推移，这些定居点有可能被其居民遗弃，因而在同一地点的劫掠所得将会越来越少。遭受过劫掠的地区也可能会加强守备，因而将更加难以被攻克。4 世纪的一份史料中，一个罗马指挥官派遣一位通晓当地语言的军事保民官前往部落间执行外交任务，但这位军事保民官还承担着秘密使命，即探察这些部落对罗马的态度以及侦查当地情况。另有一次，还是这位指挥官，命令属下军官去抓捕一名阿勒曼尼人（Alamanni），并强迫他为劫掠部落地区的罗马军队担任向导。这是劫掠者的惯用手段，但这取决于是否能够找到有意愿和能力与本方合作的人。汉尼拔的军队就曾因为混淆了地名发音而误入歧途。公元前 53 年，恺撒宣称任何人只要有意愿，都可以洗劫高卢部落埃布罗内斯人（Eburones）的土地。于是，为了响应这一声明，2000 名日耳曼武士渡过莱茵河，俘虏了众多刚刚逃过其他袭击的高卢人。携带大量牲畜和俘虏踏上归途的日耳曼人，能够以这种方式扮演罗马人的临时盟友，感到十分满足，然而

> 俘虏中有一人说："你们明明有机会获得无尽的财富，为何却来此处追求这点微不足道的战利品呢？走上 3 个小时，你们就能到达阿图阿图卡（Atuatuca），罗马军队在那里集中了他们的所有物资。而那里的驻军是如此薄弱，以至于没有人手去守卫围墙，也没人敢于迈出壕沟一步。"怀着这样的期待，日耳曼人在一个秘密地点丢下战利品，急忙赶往阿图阿图卡，并且让同一名俘虏为他们充当向导。[30]

但这位俘虏提供的信息并不完全准确。尽管日耳曼人的出现使罗马人吃了一惊，并且恰逢驻军中的一支分队外出收集粮秣，而许多商人也正在壁垒之外照料自己的货物，但此地的守备对日耳曼人来说还是太过强大了。他们放弃了发动袭击的计划，找回

了此前抓获的牲畜和俘虏，渡过莱茵河返回家园。

　　恺撒将往返于各部落之间的罗马商人作为情报来源。同样，对部落领袖来说，自帝国境外来到罗马行省做生意的商人也是十分有价值的情报来源。塔西佗指出，在所有日耳曼部落中，赫蒙杜里人（Hermunduri）在对罗马的忠诚方面是独一无二的："他们忠于罗马，在所有日耳曼人中，只有他们可以不止于在河岸上与罗马人进行交易，而是深入边境之内，来到莱蒂亚行省中最繁荣的殖民地［这里指的是 Augusta Vindelicum，今天的德国奥格斯堡］。他们在任意地点渡过莱茵河，不受任何监督。"相比之下，其他日耳曼部落成员仅仅被允许在指定地点渡河，并使用被严密监控的特定市场，这使得他们很难探听到整个行省的情况。公元 2 世纪，某一被认为十分可靠的部落仍旧被禁止在指定市场之外进行贸易，因为罗马人担心外表相似的敌对部落成员会混在他们之中潜入帝国境内。[31]

　　《塔木德》的一些段落清楚地表明劫掠活动是一种常见的威胁，特别是对邻近纳巴泰王国的以东居民来说，尽管我们很难断定这些文本的准确年代。例如，《塔木德》规定："如果外邦人于安息日来到靠近边境的村庄，当地居民应当全副武装地迎接他们，并全副武装地返回。哪怕他们只是来掠夺稻草和木材［这条法律也适用］。但如果外邦人出现在远离边境的内地村庄，只有当他们展露出杀意时，居民才可以回以武力。"其他的文本则提到了瞭望塔楼和守望者。他们警戒的目标包括风暴等自然灾害、野兽，还有劫掠者。根据犹太法律，奴隶应皈依其主人的宗教，但"如果某人自外邦人那里买来一名奴隶，而奴隶不愿接受割礼，那么新主人将有 12 个月的时间来说服奴隶。如果奴隶仍旧不接受，那么主人应将其售与非犹太人"。一位叫西蒙·本·艾利扎（Simon ben Elezar）的拉比解释说，在边境城镇，人们完全不应该蓄奴，因为奴隶可能会将听到的事情告诉他在境外的家人。[32]

逃亡奴隶和军队逃兵携带的信息对潜在的入侵者来说也十分有用，正是因为这一点，战争结束时签订的和平条约往往会规定双方应将上述人员和战俘一同送还。就如同罗马人收集到的情报一样，并不是所有商人、逃亡者和间谍提供的信息都是准确的。曾有几个日耳曼部落相信克劳狄乌斯向行省总督下达了指示，严令他们不可渡过莱茵河发动攻击性行动，因此，这几个部落决定开垦莱茵河东岸此前被罗马军队清理出的空地，结果却被罗马人以武力驱逐。4世纪时，一些招募自帝国境外的辅军士兵回乡休假时散播了一些流言，这些流言导致了一起入侵事件。他们四处说，大量罗马军队即将被调往东部地区。当地部落决定趁此机会对罗马人发动攻击，最终却意识到自己轻信了假消息。公元68年，出自萨尔马提亚的罗科索拉尼人击败了两个罗马辅军大队。罗科索拉尼人受到胜利的鼓舞，并且相信大部分行省驻军此时正在别处参与罗马内战，便决定渡过多瑙河，对默西亚行省发动攻击。这一次，他们的情报确实无误，但一支来自叙利亚、正赶去打内战的罗马军队恰巧经过此地，顺道将入侵者击退。[33]

一旦入侵者敲定了袭击目标，他们必须迅速抵达那里。如果途中要跨越河流或海域，那么在渡河或渡海之后，入侵者必须妥善隐藏和保护刚刚使用过的船只或筏子，以便撤退时再次使用。渡海而来的劫掠者的行动范围一般不会远离船只的藏匿点，以防船只被毁坏或通往船只的退路被切断。罗马人在海岸上部署的据点往往把守着可登陆地点。据点的小股驻军对大批劫掠者来说十分薄弱，但对留下看守船只的人来说则构成严重的威胁。哈德良长墙和日耳曼长墙（Limes Germanicus）这样的人造屏障则意味着完全不同的问题。步行的入侵者是可以越过这样的屏障的，如果借助绳索或梯子就更容易了，但入侵者不得不在这一过程上耽搁时间，而且等待他们的可能不只是一道墙，而是还有其他障碍物，例如哈德良长墙前面的木桩区域。如果不夺取关口，那么马匹和其他牲畜将很难越过这种屏障，而关隘总是有驻军把守。敌楼、里堡和其他小据点中的守军数量不多，一支强大的队伍完全可能夺取这些据点，但这不可避免地会花费一些时间，并造成或大或小的伤亡，而且意味着守军将会拉响警报。缺少河流或其他屏障的边界要更加容易跨越。望楼、堡垒和巡逻部队则会增加入侵者被发现的机会，而对入侵者来说，小心地借助地形和黑夜隐蔽自己是至关重要的。

对志在必得的袭击者来说，没有任何一道罗马防线是密不透风的。罗马人设置的屏障只能够抵挡住部分入侵者，对其他入侵者来说，能做到的只有制造一些麻烦，并增加发现入侵者的机会，以便发出警报。在历史记载中，入侵者总是在劫掠过程中或者在归途中被拦截，却几乎未在进入行省的过程中被击败。攻击者可以决定发动入侵的时间和地点，而罗马军队只能分散力量，覆盖住所有可能被攻击的区域。因此当某个行省受到攻击时，大多数据点中的罗马驻军却把守着不相干的地区作壁上观。在这种情况下，军队的总兵力并没有那么重要，更重要的是能够对某次入侵做出反应的力量有多少。警报来得越及时，罗马人就越有机会对入侵做出反应。

　　入侵行动中的军队往往会烧毁沿途经过的村庄。恺撒曾有一次没有这样做，反而成功给予敌人突然打击。当他发动攻击时，被攻击的部落中有许多人仍旧在田中劳作，因为他们没有收到警报，并未前往设防地点避难。大规模的劫掠集团同样如此，他们一路摧毁沿途的村落，因为他们知道守军不可能对这么庞大的队伍视而不见，让他们不被发现地路过。他们的移动速度也会比小股部队更慢，而且如果这支队伍是由不同的团体和个人组成的，他们的头领也很难严格地约束队伍。入侵者靠近时，平民社区将会发出警报。西塞罗提到，西西里的一座神庙的守卫曾在当地遭遇袭击时通过呼喊来警告居民，而在这一案例中，袭击者正是前文提到的维雷斯的手下。另一个案例中，另一座神庙的守卫吹响牛角做成的号角，召集居民拿起武器抵抗袭击者。《塔木德》也提到，一位值更的村民吹响羊角做的号角来发出警报。《塔木德》也提到了用来做警卫的狗。拉比们规定说："不可以养狗，除非狗被使用链条约束。靠近边境的城镇中可以有例外：那里可以不使用链条将狗拴住，但只有在夜间可以这样做。"[34]

　　村庄、大庄园、道路两旁或军事前哨系统都可能修建有瞭望塔，而无论修建在何处，瞭望塔都是防御性质的，它们的功能在于提供可供居高临下地发现和观察潜在攻击者的平台。一些军队建造的塔显然是为了传递信号，通过烽火或旗语来发出警报，甚至通过一套信号系统来传递更详细的信息。再简单的信号也足以警告任何看得见信号的人，无论他是平民还是附近规模更大的驻军成员。最详细的信息只能通过书面信件，依靠骑手来传递。罗马军队的很多堡垒之内很可能存在马匹，也许很多瞭望塔也拥有属于自己的骑手和马匹。如若不然，主要的驻军基地就不得不派出骑手去了解发出警报的瞭望塔那里到底出了什么事。这也并非不可能，因为除非在最紧急的情况下，驻军基地需要时间来组织巡逻队或援军来应对入侵。响应时间更有可能以小时而不是分钟计算。

有一份此类报告的部分内容留存至今，它出自一个哨所，位于通往埃及红海港口的道路沿线。我们今天能够看到的是报告的副本，它被书写在一个被使用过的双耳瓶的比较平坦的一面之上。这种陶片被当作纸莎草纸的常见而廉价的替代品。被用来书写这份报告的双耳瓶已经破损，因此文本的部分内容也看不到了。报告无疑原本是写在更易携带的纸莎草纸或者木质书写板上的。报告由安东尼乌斯·凯莱尔（Antonius Celer）书写，他是隶属于伊图莱亚第二骑兵大队（cohors II Ituraeorum equitata）之下、普罗库鲁斯（Proculus）率领的百人队的一名骑兵。这份报告被呈交给同一个辅军大队的另一名百夫长卡西乌斯·维克多（Cassius Victor）。根据报告记载，帕特库阿（Patkoua）的一处驿站遭到"60名野蛮人"的袭击。我们不知道该地点在那里，但肯定是道路沿线的众多哨所中的一座，这些哨站都配备了水井和方形石墙。凯莱尔似乎没有任何正式官衔，他作为一名普通士兵，被任命为哨所中十几名战友的头目。报告也提及了在这座小堡垒之内和周围寻求庇护的平民，这些平民可能是袭击者的主要目标。一名妇女和两个孩子被绑架，之后有一名孩子死亡，可能就是这两个孩子之一。"袭击开始于白天的第十个小时，持续到夜晚的第二个小时，第二天的拂晓时分又再次开始。隶属于塞莱努斯（Serenus）的百人队的步兵赫尔墨格内斯（Hermogenes）阵亡。"至少两名士兵受伤，他们是"隶属于维克多的百人队的骑兵达马奈斯（Damanais）以及隶属于普罗库鲁斯的百人队的瓦莱里乌斯·菲尔穆……（Valerius Firm...），还有他的马……"这份报告通过道路抵达了米欧斯霍莫斯港（Myos Homos）的驻军基地，然后又被分发给领导各个哨所的指挥官、百夫长、小队长、双薪士兵、1.5倍薪水士兵（sesquiplicarii）和驿站长官手中（也许很多驿站长官如同凯莱尔一样，没有任何正式军衔）。[35]

还有资料记载了埃及沙漠中一处由军队管理的菜市场的牲畜被盗事件，北非的陶片也记录下了游牧部落的踪迹。这些情报都被记录在册，并且传达给相关单位。例如在帕特库阿的袭击之后，当地所有驻军点都收到了关于"蛮族"劫掠者的警报。他们进入戒备状态，提醒旅行者注意安全，而驻军主力则时刻准备好追捕劫掠者。得到预警的平民会躲藏起来，或者聚集在一起以便互相保护。如果能够在建筑物中寻求庇护，将是最理想的。哪怕一个铁器时代有动物围栏环绕的简单农舍也能够使在其中藏身的平民获得更好的求生机会。小股袭击者如果看到他们已经处于戒备状态，很可能决定改变袭击目标，而不是冒险与他们搏斗。此外，壕沟和动物围栏的存在也将使袭击者难以偷偷摸摸地转移牲畜和俘虏。庄园主及其家人、雇工和奴隶，通过能够找到的任何武器武装起来，加上庄园中牢固的房屋，足以对劫掠者做出激烈的抵抗。这一点在阿普列尤斯的《金驴记》中有所表现：被错当成匪徒的旅行者遭到农庄主人放狗驱赶并施以箭雨。坚固的大门和门锁尽管不会被视为"军事"防御设施，但对小股袭击者来说也构成一定的障碍。这类障碍当然可以被克服，但袭击者将不得不承担伤亡风险和时间延迟。大规模劫掠团体则不会被这些障碍所阻止，他们知道，越大的庄园也意味着越丰厚的劫掠回报。莱茵兰的雷根斯堡哈丁（Regensburg-Harting）附近发现了一处庄园，考古发掘显示它曾在3世纪早期遭到洗劫，13具骸骨被抛进一口水井中，其中有些遗体遭到肢解，并被部分割了头皮——这是铁器时代的欧洲少见的几例割头皮案例之一。[36]

一旦发生战斗，袭击者的赢面更大，因为他们更加熟悉如何使用暴力，装备也优于多数平民。面对劫掠者，小股士兵同样显得弱小，尽管与平民相比，他们能够做出更激烈的反抗。驻守瞭望塔的小部队长期抵抗激烈的攻击，他们的抵抗是否能够成功，取决于劫掠者是否情愿为了消灭他们而耽误时间和承受伤亡，更何况将士兵消灭之后，除了可以缴获他们的武器，能够获得的物质回报微乎其微。帕特库阿的堡垒以较小的兵力抵抗了相当长的时间，尽管他们遭受的似乎只是断断续续的攻击。

战斗结束之后的劫掠活动也会花费时间。公元前53年，恺撒打算惩戒埃布罗内斯人的时候，他并不情愿将劫掠任务交给军团去执行。部落居民散居在各处的房舍和农庄中，不熟悉当地情况的人很难找到值得劫掠的对象。"附近的居民都很熟悉这些地点，而整个行动需要十分小心地进行，而且并非要小心布置整支军队的防御，而是要费心保护每一个士兵……因为对于掠夺的热情可能会驱使很多士兵走得太远。"恺撒不愿让自己的士兵冒险，于是"派去使者，以获得战利品的希望作为诱饵，邀请周遭部落与他一起掠夺埃布罗内斯人。通过这种方式，他让高卢人代替自己的军团冒着生命危险深入林间"。[37]

劫掠得手之后，袭击者需要收拢牛羊或劫掠得来的其他牲畜，以防它们走失，同时还得押运俘虏，防止他们逃跑。寻找藏匿的财物是一项需要时间和创造力的任务。现代发现的古代货币贮存点中，有一些钱币是作为贡品被埋起来的，但绝大多数情况中，钱币的主人显然将它们藏在地底以防被人发现，而主人未能重新获得机会将钱财挖出，因此它们才在地下保留至今。雷根斯堡哈丁庄园中的断肢可能是劫掠者任意施暴的结果，也可能是因为他们曾对居民施以酷刑以强迫他们吐露出钱财的藏匿地点。古代世界中的冲突往往是极端残暴的，战争俘虏往往会成为施暴和杀戮的对象，女性俘虏被强奸也是常事。能够阻止战胜者杀死俘虏的，仅仅是活着的他们被用来换取赎金或卖为奴隶时所具有的价值。

劫掠者在忙于搜刮财物和欢庆胜利时是最脆弱的，尽管这一事实对于受害者来说算不上什么安慰。就像恺撒指出的，寻找财物将使士兵们分散开来，无论是分散在田野间，还是村镇的小巷中，而且士兵们还会放松警惕，对危险毫无戒备。在不列颠，两个辅军大队被西鲁莱斯部落（Silures）伏击并歼灭，而他们正是受到引诱，怀着劫掠一番的期待进入敌人的伏击圈的。克劳狄乌斯时期，"卡提人的一次劫掠性入侵在上日耳曼行省引起了一阵恐慌"。行省总督普布利乌斯·庞波尼乌斯（Publius Pomponius）派出瓦吉欧内斯人（Vagiones）和内梅特斯人（Nemetes）组成的辅军，在一个骑兵翼的支援下，去拦截入侵者，并且命令他们：如果入侵者分散开来，就将他们分别包围并给予突然袭击……罗马军队"分为两部分，左翼的那一队逮到了一伙刚刚劫掠归来的入侵者，他们在挥霍了战利品之后正酣然熟睡而对危险浑然不觉"。

公元 366 年，罗马军队的斥候发现了刚刚洗劫过几座村庄，正在休息中的日耳曼劫掠者。罗马人借助林木的掩护小心翼翼地接近敌人，给予敌人突然一击。而这时，一些日耳曼战士还在饮酒，一些人正在洗澡，还有人正在将自己的头发染成红色。[38]

劫掠者在返回时不可避免地会比他们来时缓慢得多。他们需要驱赶牲畜、押运和监视俘虏，而俘虏中可能有老有少，或许有些人难以熬过长途旅行。根据一段4世纪的资料记载，波斯人洗劫罗马行省之后，曾在返程中砍断一些年老或体弱的俘虏的腿筋并将他们抛弃，因为他们跟不上波斯军队的脚步。劫掠者还需要将沉重的战利品运回家，这意味着他们要使用人力或牲畜搬运物资，或者使用车辆运载。近年来，人们在莱茵河的泥沙中发现了一些满载劫掠品的大车，它们本该被日耳曼入侵者带回家乡。劫掠行动的收获越丰厚，返程就会越缓慢。如果使用车辆运输劫掠品，他们就不得不选择路况足够好的路线，这使得他们的行进路线容易被预测。此外，车辆、牲畜和俘虏的存在，也意味着他们在渡河时必须寻找桥梁、容易渡过的浅滩或大量船只和筏子。线性防御工事——无论是壕沟、木栅还是石墙，还是上述几种事物的组合，对满载而归的劫掠者来说都将是难以逾越的障碍。[39]

塔克法里纳斯用来储存劫掠品的营地就曾被急行军前来的罗马军队拿下。在上日耳曼行省对抗卡提人劫掠活动的战斗中，上文中未提及的右翼部队是如此行动的：

> 他们从右翼抄近路前进，敌人决定冒险与他们决战，却遭受到了更惨痛的打击。剩余的卡提人带着战利品和荣誉返回陶努斯（Taunus）高地，庞波尼乌斯却已率领军团在那

里等待他们。他希望卡提人在复仇心理的驱使下，会与自己的军团一战。然而，卡提人担心会受到罗马人和自己的宿敌凯鲁斯基人的夹击，因此向罗马方面派出使节求和并献上人质。因为这次胜利，庞波尼乌斯获得了凯旋礼作为嘉奖。[40]

除非劫掠者并未深入罗马行省的腹地，否则他们在返程中将很有可能遭到罗马军队的拦截。哈德良长墙沿线的一座祭坛上有一段关于其建造者的铭文："昆图斯·卡尔普尼乌斯·孔凯西尼乌斯（Quintus Calpurnius Concessinius），骑兵长官。他在屠戮了一伙科里奥诺托泰人（Corionototae）之后，向最强力的神明还愿。"所谓的"科里奥诺托泰人"从未出现在其他资料中，也许是个小部落。但这段铭文，就像帕特库阿的陶片一样，提供了关于边境地带的小规模劫掠活动的描述，而这些事件本不太可能被一般的文献资料记录下来。[41]

恐惧、声望与控制

塔和堡垒的设立在公元 1 世纪末期变得更加普遍，而且随后在某些地方还得到了线性防御工事的补充。这意味着大型基地内的驻军被大大地分散了。罗马军队的大部分力量被部署到了边境地区——不是山区就是行省内的贫瘠乡村，而且相当数量的士兵被分散到了规模很小的单位中。在这些边境地带，以及像上文中通往红海港口的道路那样的由军队控制的地区，交通都得到了严密的管控，而在这些地区，罗马军队同时也负责征收过路费和各种税收。这些驻军的财政作用十分显著，但这本身并不足以成为罗马军队如此部署和建立一系列配套设施的理由。对交通的管控同时也使得潜在的入侵者更难以获得关于行省的情报。没有一个边境系统能够阻止所有的攻击者越过它们，而历史上没有一个防御系统对所有的攻击都是坚不可摧的。罗马的边境防御设施自有其价值，它使得入侵者更难通过，迫使他们放慢脚步，增加了罗马军队发现入侵者行踪的机会，从而使他们更加难以撤离。

一旦入侵者的行踪被发现，罗马军队就可以将其置于监视之下，同时组织足够的力量在野战中击败他们。罗马军队不可能保卫所有的地方，这一点在与塔克法里纳斯的交锋中已得到了证明，而它的强大力量来自它的战斗技巧。与面对初生的叛乱时类似，罗马军队需要在集结足够确保胜利的兵力和尽快拦截入侵者之间小心地把握平衡。而对侵略者来说，只有他们得以带着劫掠品返回家乡并活着吹嘘自己的成就，行动才能宣告成功。在这种情况下，无论他们是在侵入罗马行省的过程中被拦截，还是在回程中被击败，都没有什么区别。后一种情况更常见得多，因为搜刮财物的过程使劫掠者行动缓慢，更易暴露行踪。如果行省内有大量驻军，那么劫掠者在行省内逗留的时间越久，胜利的天平就越向罗马人倾斜。

类似的劫掠活动不仅贯穿我们所讨论的时期，更常见于整个古代世界。一个看起来弱小的邻国很容易引来劫掠性的攻击，每一次成功的劫掠都将使此后的袭击越来越频繁，规模越来越大。反之亦然，每一次失败的劫掠，乃至被防守方拦截、重创和消灭的劫掠者，都会使后来者三思而行。在大规模战争与小规模的劫掠和袭击之间并没有清晰的界限，因为其中一者可以很自然地导致另一者。军队、堡垒和塔楼甚至漫长的线性工事的存在对劫掠者来说都可以发挥威慑力，它们的作用与日耳曼人在本部落周围制造的无人区类似。像哈德良长墙这样的改变了整个当地景观的大工程给潜在的入侵者带来的震慑是显而易见的。而在某些边境地带，罗马军队也会以易于为境外部落所理解的方式炫耀武力，制造出具有一定宽度的无人区。宽度为 5 英里和 10 英里的无人区都曾在条约中被提及。[42]

但这绝不意味着罗马人只会采取静态防御和将敌人驱逐出自己的行省。在边境以外，除了外交活动，罗马军队也采取攻击性的行动。上日耳曼行省的总督庞波尼乌斯在歼灭了卡提人的劫掠部队之后，本希望对方主力与自己决战，但卡提人由于有凯鲁斯基人芒刺在背，决定向罗马乞和，并答应了罗马提出的和平条件。罗马人除了支持某些部落和领袖去攻击其他部落，同样会亲自发动对境外部落的劫掠行动，也会在行动中杀人放火、掠夺财物和俘虏。这些行动能够加强罗马强大可怖的形象。靠近罗马边境的部落最容易受到罗马人的惩戒，因为它们的定居点易于抵达，周遭环境和路线也为罗马人所熟悉。远离边境打击远方的部落更艰难且更冒险，但并不是不可能的。正因其难度和风险，罗马人更乐于使用馈赠和其他外交手段在这些地区培养自己的同盟者。

边境安全的基础是罗马对其邻居的控制程度，这一点非常符合罗马人的一个信念，即胜利才能带来和平。罗马应当为人所恐惧，这意味着它需要不断提醒外族它具有强大的力量，一切入侵罗马者都会被无情地报复，一切为入侵者提供支持的民族都会遭到罗马的火与剑的蹂躏。上述策略行之有效，但无法赢得境外居民的好感，只会加深彼此间的宿怨。这就使行省的防备一旦看起来有薄弱之处，就更有可能招致攻击。行省的驻军被调往别处平叛、镇守边疆或投入内战，抑或是驻军表现得懒惰和懈怠，都会被境外民族认为有机可乘。此外，潜在的入侵者们往往认为新就任的总督将会反应相对迟缓，并且相信某些罗马皇帝谨小慎微，不会对入侵做出果断的反应。[43]

有时，大量越过边境的入侵者能够击败前来拦截他们的守军，这样的失败将会使行省防卫空虚。同样会削弱行省驻军兵力的，还有军队的调动。在这些情况下，劫掠者受到的约束比正常情况下少了很多，不需要尽可能快地撤离行省。他们将有时间从容地搜索重要目标，并且更加彻底地掠夺。在驻军充足的行省中，急于逃脱罗马军队追捕的入侵者则不可能如此放肆地劫掠。类似的事情在公元1世纪末曾数次发生于不列颠北部和多瑙河一带，在马可·奥勒留对马科曼尼人的战争期间再次发生。这一时期，肆虐整个帝国的致命瘟疫在人口密集的城市和军营中快速传播，削弱了军队的战斗力。

但这样的失败毕竟是罕见的。大规模袭击本就不频繁，而且几乎总会被罗马人回以严酷的惩戒。一代又一代的罗马人维持着同样的边境，正是这一点使有些学者认为这些边境并不是军事防线，而是被设计用来限制人口和动物流动和收税的。很有可能的是，这一由罗马军队建立和管理的边境系统确实具备这些功能，但这带来的收益大概连维持边境所需要的开销都抵消不了。边境系统在军事层面上的成功使一些学者奇怪地相信，边境并没有面临严重的威胁。但当我们考虑到劫掠活动带来的问题，罗马在边境地带的军事存在就具有重大意义了。这一防御系统设计良好，并且大体来说是行之有效的。这意味着本被用来应对大规模战争的罗马军队不得不改变自身的习惯，但它们适应了不断变化的外在环境。直到 3 世纪，大部分边境地区才感受到压力。

I4

罗马和平之外的世界

在我看来，爱尔兰位于不列颠和西班牙之间，处在环绕高卢的海洋中一个有利的位置，因此能够作为桥梁连接起我们帝国中那些最强大的地区，使它们惠及彼此。

比起不列颠，这座岛的面积小一些……至于在土壤、气候、人民的秉性和风俗等方面，则与不列颠相差无几。由于贸易往来的缘故，我们对于前往这座岛及其港口的方式有了更多的了解。

——塔西佗，公元 1 世纪晚期[1]

边界之外

罗马力图通过军事手段和外交途径的结合来掌控边境之外的民族。我们今天还看得到一些罗马时代的界石和其他标志物，它们曾被用来标记一省之内不同城市和社区之间的边界，或不同行省乃至行省和同盟王国之间的界限。然而，没有任何标记了帝国边界的标志物。与过去一样，元首制时代的罗马人从不认为任何其他民族及其统治者能够与罗马平起平坐，也不会给予他们任何平等的权利。罗马的霸权从未也不应当终结于某一个确定的地点。哪怕帕提亚人的强大无法被忽视，在罗马帝国的意识形态中，帕提亚人仍旧被看作屈服于罗马霸权的同盟者。在这个意义上，帕提亚同样是帝国的一部分，哪怕罗马人"允许"他们自我统治。而在罗马人直接统治的土地和使用异族法律、由异族国王管理的同盟国之间，确定的边界则是完全可以被接受的。[2]

但这并不意味着罗马行省的边界含糊不清，或旅行者能在浑然不觉间进入或离开帝国领土。边境地带由军队严密控制，并且往往能够看得见作为界河的河流、人造防御工事或者士兵把守的岗哨。在那些设置了无人区的边境地带，罗马人和境外居民都清楚地了解无人区的宽度。无人区的某些部分有时会为境外部落所占据，但这一行为从来不是出于无心，而是对罗马权威的刻意挑衅。在边境地区居住的所有人非常清楚罗马人设置的种种限制，也很清楚这些限制的单边性质。罗马人禁止境外居民使用无人区的土地，并限制他们进入行省，但对于自己的行动却不做任何限制，随心所欲地干涉境外事务。在采取任何行动之前，境外民族和他们的首领需要评估他们的行动有多大可能引起罗马方面的报复。他们知道这一可能性取决于行省总督的行事风格是否具攻击性，更取决于罗马皇帝本人的态度和他此刻面临的各项事务的轻重缓急。

罗马人从未想要将帝国的边境变成一道密不透风的防线，也从未想要将行省人民和境外居民完全隔绝开来。罗马人不仅希望在边境之外将影响力扩散至远方，也希望且乐于见到人们在帝国边境上进进出出，只要这一切处于帝国的控制之下。有时会有大量人口甚至整个部落迁徙至罗马行省内定居，普劳提乌斯·西尔瓦努斯（Plautius Silvanus）担任默西亚行省总督期间就经历了这样的事情。但这样的大规模移民事件并不常见，日常的人口流动规模较小，且在多数情况下都与贸易相关。与维京时代和人类历史的许多时期相似，劫掠和贸易在罗马世界也是相伴相生的两件事。但和平的贸易活动比劫掠行为更为常见，这是因为一个特定地区和特定的经济体只允许数量固定的劫掠者存在，就像它能够供养的盗匪数目也是有限的一样。反之，这一地区就会动荡不安，其居民会不得不选择逃离或参与劫掠活动。公元前 2 世纪中叶卢西塔尼亚和远西班牙行省许多地区的情况便是例子。在元首制时期，罗马在边疆地带的强大军事存在防止了类似事件的蔓延。袭击者或被吓止，或被击溃。边防系统只有在极少数情况下会崩溃，而即便这样也会迅速得到重建。

凭借边境系统，罗马得以掌控附近地区，控制边境内外的人员流动，并且在认为存在威胁的时候制止这一流动。人员、物资以及思想在帝国边境上进进出出，但这一切都处在官方的监督之下。摆脱罗马政府的监视就算不是不可能，也是十分困难的，禁止部落居民在指定的互市地点之外的任意地点进入帝国的禁令看来也得到了切实执行。公元 70 年席卷莱茵兰的巴塔维人起义期间，起义者的成功使得其莱茵河东岸的盟友得以自由地跨过界河。塔西佗说，腾克特里人（Tencteri）为此欢欣鼓舞，因为他们终于可以想在哪里入境，就在哪里入境，再也不用"手无寸铁甚至几乎赤身裸体地"进入行省之内的城市，"并且还要付钱才能换来进入城市的权利"。此时的腾克特里人已经成为罗马殖民城市科隆（Colonia Claudia Ara Agrippinensium）的同盟者，他们的使者试图说服科隆人拆毁城墙以昭示双方的友谊。谨慎的科隆人拒绝了这一提议，并且坚持部落人员只能在白天进入城市从

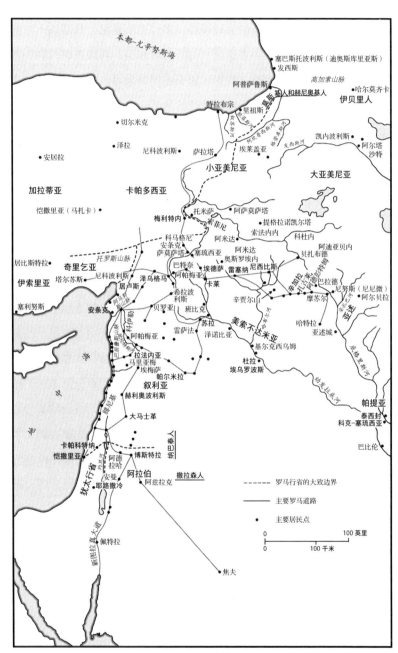

东部边疆和帕提亚

事贸易，并且不能携带武器。[3]

借助河流、隘口、道路和防御工事，军队的哨所能够监视和控制往来的商人和旅行者。一些旅行者会被拦截，他们或者被要求原路返回，或者只能前往指定的市场，而其他人可能会被给予更多的自由。这一切，包括商旅携带的牲畜和货物，都被记录在案。在某些地点，要想继续旅程，他们还得付出过路费或其他税款。腾克特里人憎恶所有这些限制和负担，但是不得不接受它们，并且在起义失败之后还要继续面对重建起来的行省秩序。在穿过埃及沙漠通往红海港口的道路上，商人们不仅在路途中需要缴付过路费，到达港口时还得再次缴费，在这之后才被允许将货物装船。他们被要求携带通行证，这样当局就可以追踪他们的旅行路线。整个系统十分完备，当时的人们也很清楚它是怎样运行的。在这一系统治下，有运输工和驱赶牲畜的人通过运载人员和货物来谋生，也有人在道路沿线提供各种服务。一块陶片就记录下了一名被出借给军营的妓女：

> 向托勒马（Ptolema）致以问候……我已经让普罗克拉（Procla）前往马克西米亚农（Maximianon）军营提供服务，价格为 60 德拉克马，含五一税（quintana，一种针对交易和商品征收的税率为五分之一的税）。请将她交给携带这个陶片的赶驴人。我已经收到了 12 德拉克马的押金，并用其中的 8 德拉克马支付了旅费。请收下驴馆给你的 X［数字不明］德拉克马。请给普罗克拉提供斗篷，我会为她提供袍子。不需要做其他任何事。此致敬礼。

这封信可能是一个妓院老板写给他的当地代理人的。其他陶片也记录了雇佣妓女前往沙漠中的哨所提供服务的事情。军营中除了士兵，还会有一些过路的旅客，他们经常在军营中休息，并从营地中的水井打水。我们不知道雇佣普罗克拉这样的女人的是军队官方，还是一小群士兵，抑或是想要从卖淫活动中牟利的商人。妓女在旅途中需要缴纳的过路费高于士兵的妻子或是其他妇女。[4]

边境地区如此多的罗马士兵带来了新的需求和市场。供养军队的国家体系滋生出的贸易活动很快就自成规模。在整个帝国的各个角落，军官和士兵的通信中经常提到食物、饮料和衣物的采购。在莱茵兰这样的地区，大量集中的军队和牲畜不可能仅仅依靠周围地区的产出供养，从一开始，这些地区的驻军就在利用边境之外的居民提供的资源。有时这一过程以对境外部落征税的形式完成，这被看作他们作为罗马的同盟者所应尽的义务。一个例子就是罗马对弗里西人征收的牛皮。农民和牧民往往发现，罗马人对他们的产品有着庞大的需求，而且出价很高，哪怕这里面需要扣除各类过路费和税费。除了粮食和肉类，罗马军队还需要有人为其持续供应动物皮，用来制作皮帐篷、马鞍、马具、皮带、皮靴、衣物和盾牌蒙皮。[5]

商人会跟随征战中的军队。尽管奥古斯都曾禁止军人结婚，许多士兵都携带"妻子"并且供养着跟随他们的家庭，因此几乎在一座军事基地建立的同时，也会有一个平民定居点出现在其周围。如果基地成为永久性质的据点，那么这些被称为"棚户"（canabae）的居民区也会成长为更有组织的定居点，许多这样的定居点在一段时间之后获得了"村庄"（vicus）的正式地位。所谓"村庄"，其覆盖范围一般大于军事基地本身的面积。如果军队开拔至别处，那么留在原地的基地有可能转变为自治城镇或者建立殖民地。所有这一切意味着，罗马军队驻扎在某一地区，哪怕不算入士兵本身和军队拥有的奴隶，也会极大地增加当地的人口。在重兵集结的莱茵河和多瑙河地区，军队驻守的边境地带的人口密度甚至高于行省内地。[6]

　　这些军人和平民都需要粮食和奢侈品，而这些物品中的一部分来自帝国之外。这一商品交流十分必要，无法被取消，对某些边境地带的军人和平民人口来说，来自境外的商品甚至可能是至关重要的。这意味着与其封锁所有跨境贸易，不如接受贸易带来的风险，即商人有可能将有用的信息带给境外潜在的袭击者，以及敌对部落的间谍有可能伪装成商人入境。罗马当局还会通过限制某些群体入境来降低上述风险，但就算在这样做的时候，罗马人也希望跨境贸易能够继续下去。除却食物和其他商品，有些帝国境内的社区可能还依赖来自境外的劳动力，而军队也从境外招募辅军士兵。在北非的边境地区，季节性移动的牧民似乎和许多定居社区都保持着共生关系。双方都有货物用来交易，而牧民则能够在收获时节提供定居者急需的季节性劳动力。所有人都受益于这样的关系模式，因为在一年的时间之内，一些牧民群体自由地进出罗马人直接控制的行省。他们的移动受到界壕（fossatum）的限制，并且处于军队的监视之下。[7]

　　在边境内外和平交流与人口移动的大背景下，无论是境外部落的劫掠，还是罗马人旨在宣示力量的攻击，都构成了这一大背景之下的插曲。在一些地区，双方都极少发动袭击，这可能是出于当地境外民族的和平倾向，或是因为罗马在当地的军事存在形成了有效的威慑。由于许多边界在几代人的时间内保持稳定，有迹象显示，一些境外民族学会了提高农业产量或开采自然资源，以便提供给行省内的罗马军队和平民。当然，情况并不是一概而论的。在有些地区，罗马边境之外几乎没有什么已知的原住居民，在其他一些地方，当地的农庄和村落也没有显示出曾经发生过跨境交流的迹象。[8]

贸易与条约

罗马商品，或者说所有在罗马帝国境内生产的商品，远销万里之外。主要得益于与印度和斯里兰卡之间的贸易，像贝莱尼基（Berenike）和米欧斯霍莫斯港这样的埃及红海沿岸的港口无比繁荣。商船利用季风完成上述地区之间的远航，有时还会在中途停靠阿拉伯半岛南岸的港口。公元 1 世纪，一位不知名的作者写下了一份清单，列出了在某些印度港口最紧俏的货品：

> 葡萄酒，特别是意大利葡萄酒，但也包括产自老底嘉和阿拉伯的；铜、锡和铅；珊瑚和橄榄石［一种绿色宝石］；没有任何装饰的衣物，或印花布料制作的衣物；18 英寸宽的多色腰带……罗马钱币、金和银，这些东西可以通过与当地货币进行兑换来获取一些利润……当地国王此时希望进口精美的银器、奴隶乐手、用来充实后宫的美女、上等葡萄酒、不带装饰的昂贵衣物还有高级油膏。[9]

随后，商船们将满载着来自东方的奢侈品航向西方，赚取巨额利润。这些奢侈品包括丝绸、棉花、宝石、象牙、玛瑙、珍珠、熏香和香料——罗马人对于胡椒有着浓厚的兴趣。印度并不是统一的国家，其土地上分布着许多大大小小的王国，彼此间有着明显的地区差异。印度北部的王国往往相对较大，并且发展出了货币化的经济，它们长期接触希腊文化和希腊移民，而这一联系又因为公元前 4 世纪亚历山大大帝的远征而大大加强了。东西方之间的这些先前业已存在的交流和相互影响，有时使我们难以判断当地的工艺品所受到的西方影响，源头究竟在哪里。在印度发现的罗马货币大量出自印度南部掩埋起来的财物贮存，而贸易流通中出现的罗马货币却十分少见。当地人似乎将罗马的金币和银币更多地看作贵金属，而不是流通货币。公元 1 世纪，罗马人大量购买东方奢侈品而使大量货币流出帝国的现象，曾经使老普林尼十分担忧。但这样的担忧并不能促使罗马人减少奢侈品的进口。此外，并无确切证据表明这一贸易逆差对帝国的经济生活产生了严重的不良影响。总体来说，各方都在贸易中获益。印度北部力量平衡的改变为与罗马之间的贸易创造了有利条件，并且使得贸易的重心从陆上的古代丝绸之路转移到海运上来。[10]

罗马商人和他们的雇员在印度和斯里兰卡建立了一些永久定居点，而也有证据表明，红海沿岸的港口中也曾出现过一些印度人的聚居地。与他们的先辈在共和国时期所做的一样，大量罗马人——其中包括罗马公民和更广泛意义上的罗马人，即帝国的居民——为了获得商业利益而越过边境。公元 1 世纪早期，马科曼尼人国王马罗勃杜斯的领地腹地出现了一个规模可观的罗马人社区。"他们离开各自的家，定居在这充满敌意的土地上，一开始是因为获得了贸易特权，随后是因为不断增长的利润的诱惑，最后他们甚至忘记了自己的祖国。"尼禄治下，一位骑士阶层的罗马人曾从多瑙河边境出发，旅行至波罗的海，四处寻访贸易站和市场，并带回了大量琥珀。这些琥珀随后被作为装饰使用于罗马城中的一系列公共活动中。一块墓碑出土于远在帝国之外的斯洛伐克，其主人是昆图斯·阿提利乌斯·普里姆斯（Quintus Atilius Primus），曾作为译员和百人队长效力于第十五"初创"军团（Legio XV Primigenia）。自军中退役之后，阿提利乌斯成了一位商人和贸易中间人，显然用上了他通晓本地语言的优势。他居住在夸迪人（Quadi）之中，去世时已有 80 岁高龄。直到马可·奥勒留时期的战争之前，马科曼尼人和夸迪人都与罗马人维持着基本良好的关系，并且可以容易地获得帝国境内生产的物品。考古发掘发现了一些罗马式样的建筑，甚至还有一两个小浴场。有些房子很可能曾属于像阿提利乌斯一样的罗马人，但其他类似的建筑显然表明当地贵族对于舒适的罗马生活方式的某些方面有着极大的兴趣。[11]

外族想从罗马帝国这里获得的东西不尽相同。希腊人与罗马人称呼撒哈拉的原住民为加拉曼特斯人，有时将他们描述为劫掠者和敌人，并且编造了关于他们的荒诞猎奇故事。但同时，希腊人和罗马人也承认加拉曼特斯人拥有首都，由一位或几位国王统治，并且进行着次宝石和其他产品的贸易。而根据考古发现，加拉曼特斯人拥有石质建筑组成的固定城镇，还建造了大型庙宇、公共建筑和庞大的陵墓。与此同时，一些描绘徒步、骑马甚至驾驶战车的战士的艺术作品，也展露了他们好战的一面。在撒哈拉这样的恶劣环境中，城镇往往只能紧挨着泉水或绿洲，但加拉曼特斯人创造的灌溉系统，使他们得以耕种广阔得多的区域。罗马文献强调了他们的城镇距离肥沃的地中海沿岸有多么遥远。地理学家托勒密则提到，前往加拉曼特斯人村庄的旅途需要二三十天的时间。[12]

奥古斯都时期，罗马人发动了数次对加拉曼特斯人的入侵。一些加拉曼特斯人还与塔克法里纳斯结为同盟，但总体上，罗马军队的大规模行动在本地区很少见。尽管距离遥远，贸易和其他和平交往却是从不间断的。公元69年，当奥亚想要招募加拉曼特斯人帮助自己对抗大莱普提斯时，他们轻车熟路地与加拉曼特斯领袖建立了联系。加拉曼特斯人的定居点很少能发现货币，这显示本地贸易并不基于钱币，也许当地有其他的等价物，或者实行的是易物贸易。图密善时期冲突再起，最终罗马人迫使对方签订条约。图密善统治的晚期，一位罗马代表曾伴随加拉曼特斯国王攻击埃塞俄比亚人，他们行军4个月，到达了乍得湖。[13]

加拉曼特斯人的活动范围之广阔，使得他们可以提供更丰富的产品用于贸易，例如宝石、打磨过的珠子和盐。他们也向罗马人提供非洲的珍禽异兽以供后者娱乐。文献中也提到他们曾猎捕更南方的居民，这显示他们是蓄奴的。这些俘虏中的一部分在加拉曼特斯人的农庄中做苦力，但还有许多人被带往罗马行省的奴隶市场中。在古代文献的描述中，加拉曼特斯人肤色较深，但又被认为有别于肤色更深的埃塞俄比亚人，因此他们有可能类似现代柏柏尔人这样的混合种群。罗马文献中偶尔提及的来自撒哈拉以南非洲的黑人奴隶，很多都是被加拉曼特斯人抓捕并提供给罗马人的。加拉曼特斯人是商人也是劫掠者。与古代世界的许多其他民族一样，贸易是他们对外接触的最常见形式。不可否认的是，他们有时也出售战俘或劫掠所得。与在其他地区一样，罗马人在本地致力于维持军事上的统治地位，同时参与互惠贸易。[14]

关于罗马人在帝国境外居住和旅行的资料十分匮乏，而且基本上也只是一笔带过，并不阐明事情的背景。而另一方面，罗马帝国制造的产品在境外地区大量出土，它们不仅出现在非洲和东方，也见于斯堪的纳维亚、波罗的海国家甚至俄罗斯的考古现场。文献绝少甚至从未提及罗马与上述地区的贸易往来，因此我们关于上述贸易行为的资料几乎全部来源于考古发现，而考古发现本身有着该如何解读的问题。墓葬提供了其中的许多材料，特别是高规格物品和贵重物品，包括精美的餐具和珠宝。在俄罗斯发现的一些墓葬同时拥有来自罗马帝国的工艺品和来自几乎同样遥远的汉代中国的工艺品。罗马制造的武器，特别是剑，也同样在远离帝国边境的地区惊人地常见。实际上，在帝国境外的考古遗址发现的罗马剑甚至比在帝国境内发现的还多。这一数量反差的例子之一是，在数十个曾经是湖泊的丹麦沼泽中发现了一些大规模兵器贮存点，其中一个地点就出土了超过一百把剑。这些剑主要都是罗马形制的，其中多数是罗马帝国制造的，有些还印着工匠的名字和象征着罗马力量的标志。其他一些则是当地制造的仿制品。[15]

塔西佗曾提及，一些日耳曼部落在战斗前夕向众神起誓：一旦取得胜利，必将以战利品侍奉神明，并且将战俘和缴获的武器作为祭品。在丹麦发现的被有意投入湖中的武器和其他物品反映了这一习俗。一些物品在被投入水中之前还通过某种仪式被毁坏。与墓葬品单独能够提供的信息相比，上述习俗，再加上当地有利于文物保存的环境因素，使我们获得了非常详尽的材料，并得以了解流行于这一地区的武器。丹麦沼泽中的多数遗址可追溯到 3 世纪，比我们正在讨论的时期稍微晚一些。学者们的共识是，这些武器是剥夺自战败敌军的战利品，而敌军很可能是来自其他部落的侵略者。这些战利品被献给众神，以酬谢他们带来了胜利。较大遗址中发现的装备被认为能够武装 200 到 300 名战士，其中的五分之一到四分之一使用剑、矛和标枪。在丹麦的伊莱卢普-奥达尔（Ilerup Ådal），一处 3 世纪早期的贮存点中还发现了驯鹿骨做的梳子和其他出自挪威南部和瑞典的物品，这似乎暗示着攻击者就来自这些地区。这是最大的一处贮存点，曾有几代人在同一地点数次投入献给神的祭品。[16]

多亏了上述献祭风俗，还有将湖泊变为泥炭沼泽并保留下来大量遗迹的自然条件，这两个因素的结合使得这一地区诞生了异常丰富的考古发现。考古学家在帝国境外的其他地区就没有这么幸运了。一些地区没有将陪葬品与逝者遗体或骨灰一同埋葬的习俗，那里出土的罗马物品也少得多。罗马物品在帝国境外的分布很不平均，但这不仅可能是因为各地区的居民对罗马产品的取得难度和喜好有所区别，也可能与他们不同的文化习俗以及现代考古工作在各国的发展程度差异有关。元首制时期，之前使用双耳陶罐运输的葡萄酒和其他一些货品都改用木桶运输。这些桶本身不太可能在考古记录中留下任何痕迹，因此如果我们沿用针对共和国时期的研究方法，则不太可能追踪到元首制时期的贸易路线。作为陪葬品掩埋的物品一般价值不菲，规格较高，并且往往很少带有使用痕迹。无论对生者还是逝者来说，这些物品都代表着他们的社会地位。与此相反，在一般定居点中发现的物品更有可能有破损或丢失了零件，而且还可能有经过改造和维修的痕迹。在房屋的地面或者庭院的土地上被践踏的罗马陶器的碎片，显然属于日常使用的器具。在过去，考古学者往往被更可能有丰厚产出的墓葬所吸引，只是最近，他们才开始对普通定居点进行特别详细的调查。

尽管有上述顾虑，我们还是能够观察到一些罗马帝国出口物品种类的可见模式。许多地区的本地精英显然都十分看重和珍视罗马产的贵重物品。尤其是在欧洲，用于宴饮，特别是部落酒宴的精美餐具在考古发现中十分突出，这表明这些物品对许多地区的精英来说都十分重要。这些酒器可以是陶器或银器，偶尔会是金器，但更多的还是青铜制品。这些装饰精美的容器用来盛酒、倒酒或饮酒，它们使得聚会更加盛大，而正是通过这样的盛大活动，一位部落领袖款待其他小头目和他们的家人，以彰显自身的财富和慷慨。出现这些物品的墓葬群则可以证明本地曾经存在一个持续了几代人的王朝。武器则是另一种可以彰显部落首领权力和社会地位的物品。包含军事装备的墓葬显示出其主人所属的不同的阶层，有些人只拥有一支或几支矛，有些人社会地位更高，拥有宝剑和马刺。马刺的存在，证明其主人是一名骑手。在丹麦沼泽中发现的剑的数量就已经足以证明当地首领麾下拥有相当数量装备精良的战士。

囤积起来的硬币同样可以证明某些人拥有大量财富，但其主人如何使用这些货币就是个复杂的问题了。根据塔西佗的记载，靠近边境的部落更经常地使用货币，并且偏爱老银币。显然，帝国境外的居民喜欢含银量更高的银币，但罗马银币中的银含量随着时间持续走低。这一方面是因为罗马货币的贬值，另一方面也是因为钱币在罗马逐渐变成了等价物，体现的是货币的价值，而其本身的贵金属价值则越来越不重要。银币是最常被发现的，而用于小额交易的铜币则比较稀少，这说明这些硬币并不经常被作为通货使用。而且，铜币具有的价值较低，因此也较少被囤积起来。货币的使用习惯一定也存在着一些地区差异，并且随着时间不断改变。银币和金币哪怕并未被作为货币使用，也能成为首领们用来赏赐受宠下属的令人印象深刻的礼物。有证据表明，日耳曼人将硬币作为贵金属来源，将其融化用于制作其他贵重物品。然而在苏格兰并不存在类似的做法，那里倒确实发现了一系列银币囤积点。由于苏格兰并不存在货币经济，因此这些硬币应该不是被作为钱来花的，而是被视为可携带财富，以及用来馈赠他人的耀眼礼品。[17]

在不列颠北部，丧葬仪式并不要求奢侈的陪葬品，因此与欧洲大陆发现的大量贵重器物相比，该地区出土的物品相形见绌。然而毫无疑问，相当数量来自罗马的不列颠行省和帝国其他地区的货品抵达了今天属于苏格兰的这片土地。这些物品出现在如此多的本地聚落中，这说明它们并不由少数精英专享，算得上平常事物了。赭色陶器（Samian pottery）① 并不便宜，但在帝国境内算不上奢侈品。这种陶器在苏格兰也能见得到，尽管数量和种类都比不上罗马行省之内的遗址中发现的同类物品。上述物品的发现数量可能反映了其价格与本地居民购买能力之间的关系，也可能与本地人的喜好有关。地区之间也会有一些差异。与苏格兰低地相比，不列颠北部的西海岸和西部岛屿人口较少，也更难获取罗马生产的物品。无论这些物品在哪里出土，我们都很难得知它

---

① 英语中通称为"Samian pottery"，可能与希腊的萨摩斯岛有关。拉丁文为 terra sigillata，即有印纹的陶器，但考古界所说的赭色陶器不一定带有装饰花纹。

们曾经被如何使用过，也无从得知罗马制造的餐具和胸针的出现，是否就意味着本地人接受了罗马式的烹饪或着装风格。很多物品都曾被修理或改造为别的东西，例如，曾有大锅的底部被切下来，做成一只更小更浅的容器。装饰性陶器和玻璃碗的碎片也被重新整形成螺纹物件、筹码或珠子。苏格兰居民迫切地想获得罗马生产的物品，他们的土地缺乏矿产资源，因此本地的多数黄铜或青铜制品都依赖于从罗马帝国带来的金属。近期在德国的费恩施泰特（Fienstedt）附近的一个村庄进行的考古发掘中，人们发现了堆积贮存的来自罗马行省的金属碎片，这些碎片应当是供当地工匠重复使用，用来制作金属物品的。[18]

罗马出口到境外的物品中，有些因来自罗马而备受珍视，有些则恰恰相反；有些是珍稀的奢侈品，有些则供日常使用，甚至是用来制作其他物品的原料。但无论是什么物品，它们离开罗马帝国的途径一定是以下三种之一：作为礼物被馈赠、通过贸易获得或是掠夺而来。但我们很少能通过物品本身以及其出土的背景得知它是怎样来到当地的。在丹麦的霍比（Hoby）出土了两个装饰精美的银酒杯，它们的底座上刻着西里乌斯（Silius）的名字，此外还印着它们的制造者的名字克里索福斯（Cheirisophos）。奥古斯都时期，一位叫作盖乌斯·西里乌斯（Caius Silius）的元老曾率船队抵达波罗的海沿岸。数年之后，在提比略治下，西里乌斯担任了上日耳曼行省总督。因此，这两个银杯很有可能是西里乌斯赠送给友邦首领的礼物。如果是这样的话，这再一次证明了罗马的外交工作的确深入到了边境之外很远的地方。[19]

与在共和国时期一样，为了赢得和维持境外重要首领的好感，罗马人赠予他们礼物，甚至予以定期的馈赠。许多在帝国之外出土的奢侈品都是通过这种方式到达当地的。一般来说，这些礼品都是由帝国的官方代表带来的，尽管与过去一样，在某一地区活动的商人也有可能赠予类似的礼品给当地首领，以便获得在当地经商的便利条件。其他的贵重器物有可能是通过贸易流出帝国，而通过这种贸易，罗马人获得了毛皮、动物、奴隶和其他当地出产的商品。更为日常使用的餐具、金属制品和其他物品则更有可能通过贸易到达当地，但是在帝国境内司空见惯的商品，到了很少出现同类商品的地区，也许会被赋予更大的价值。有时会有禁止向境外出售武器的禁令，但这些禁令可能并不总是有效，尤其是当罗马向盟友提供武器时。此外，走私的情况也是有可能存在的。[20]

剑不仅仅是武器，也是重要的象征，标志着一个人的武士身份。一柄质量上乘的罗马剑是很高效的武器，也价值不菲。武士装备的质量和他们的人数都决定了一个部落首领的亲卫队的声望。罗马剑越来越容易获取，用于宴饮和炫富的奢侈品的供应也越发充足，这刺激了边境之外的部落贵族之间的竞争。只要拥有财富，一位首领就可以招募更多的追随者，并且更慷慨地赏赐他们。控制罗马商品的获得渠道可以帮助一名部落首领变得更加富有和强大，而那些拥有罗马商人想要的商品的势力，也可以吸引来更多的商人，从而自贸易中获利。加拉曼特斯人从事的捕猎奴隶的营生可能在其他地区也随处可见。由于罗马帝国扩张的步伐放缓，罗马军队的战事无法提供足够的战俘以满足帝国对奴隶的需求。而在边境之外，通过奴隶贸易换取剑和奢侈品的可能，为部落之间的战争提供了额外的诱因。某部罗马法典描述了这样一个事例：

> 一名妇女因犯罪被判在盐场中服苦役。她被外族盗匪掳
> 走，并在合法的奴隶买卖中被出售。她被出售后又回到了之
> 前的处境。帝国财政应当报销百人队长科凯尤斯·菲尔穆斯
> （Cocceius Firmus）购买她所花的费用。[21]

一名叫作科凯尤斯·菲尔穆斯的百人队长以自己的名义在不列颠北部修建了几座祭坛，因此这里所说的百人队长很可能是同一人，而此事可能就发生在不列颠北部边境附近。这一事例中，"盗匪"来自帝国境外，他们在劫掠过程中俘虏了那名妇女，接下来，同一伙人，或者第三方或第四方，将这名妇女出售给帝国境内的买家。毫无疑问，这样的事情在其他地区反复上演，在帝国之外甚至更加常见。

如果某地出现大量随葬品，特别是长时间连续出现丰富的随葬品，且存在大量进行远距离劫掠行为的装备精良的武士的踪迹，那么本地很可能存在着实力强大的首领，而这样的首领之间往往存在竞争，甚至直接冲突。文字记载显示罗马人会使用金钱、礼品和外交援助来支持友好的部落领袖，有时甚至会对其直接进行军事援助。在败给阿米尼乌斯之后，马罗勃杜斯的威望被大大削弱，而击败他的人却得到了罗马方面的激励和支持，尽管马罗勃杜斯此前始终是罗马的忠实盟友，而且一直在避免与罗马人发生冲突。而罗马人曾于公元6年入侵马罗勃杜斯的领地。我们不知道罗马人是否因为还记得马罗勃杜斯曾经构成的威胁而决定支持他的对手，抑或只是出于现实考虑而选择支持胜利者。阿

米尼乌斯的兄弟弗拉乌斯（Flavus）始终忠于罗马，他甚至为儿子起名为意大利库斯（Italicus）①。意大利库斯是罗马公民，在罗马接受了教育，但他同时也是自己族人的王子。当一些凯鲁斯基人向克劳狄乌斯皇帝求助时，年轻的意大利库斯被送回家乡，并被立为凯鲁斯基人的王。但其他凯鲁斯基领袖对他并无太大热情，我们不知道他们是因为意大利库斯与罗马之间的联系而不信任他，还是只是想争权夺利。尽管有着罗马提供的财政和道义支持，意大利库斯还是被驱逐，但他随后依靠另一支日耳曼部落——朗戈巴迪人（Langobardi）的支持重返王位。[22]

罗马的外交政策是自私而自利的，这一点与帝国之外部落领袖的野心并无不同。罗马的支持本身并不总是足以确立和维持一位统治者的权力，毕竟其他力量也在发挥作用。铁器时代的部落历史并不比罗马人的历史更加平静，但却从未被书写记录下来。部落和首领们与往常一样不停地兴衰起伏，而罗马帝国的影响力只是其中的一个影响因素——在靠近帝国边境的地带可以成为主要因素，随着距离的增加，罗马的影响力也逐渐减少。看到罗马帝国制造的产品，我们会很自然地认为这是本地人与罗马人有直接接触的证据，但这可能使我们误入歧途。很多物品可能在到达最终出土地点之前已经经过多次转手。馈赠、贸易和劫掠都可能导致这些物品的转手，而其中可能并无罗马人参与。

一些经过考古发掘的日耳曼定居点显示曾有居民长期稳定地生活在那里。随着时间推移，定居点中的房屋越来越大，数量也越来越多。遗址中也出现了越来越多的阶层分化的痕迹，一些房

---

① 即"意大利人"。

屋及其附属的院落显然比其他的更大。此外，人们还发现了专门用来存放和买卖牲畜或进行手工制造的场所，这些场所的规模如此之大，显然不是为了满足本地居民的需求，而是用来与外界贸易的。这种贸易有可能发生在本地人与罗马帝国之间，也同样有可能发生在不同部落之间。这种现象的存在证明当地存在稳定和安全的环境，这种环境很可能建立在强力的基础之上，得益于某位执掌大权的本地头人及其麾下战士提供的保护。在丹麦，有些部落领袖甚至有能力调集足够的人手和资源来修筑一系列线性边界。在那里，人们修建木头工事来保护港湾，在陆地上则建造了壕沟、壁垒和木栅等防御工事。[23]

丹麦的厄尔格迪格特（Olgerdiget）有一条 8 英里长的人工屏障，由数道木墙构成——平均有 4 道。此外，在其全长三分之二的部分，还修筑有壕沟和土墙。在某种程度上，这很像上日耳曼的罗马边防长墙的缩小版本，这不禁使人联想，大概有丹麦本地人曾在罗马辅军中服役，并带回了罗马的边防理念。当然，我们永远不应低估人类的聪明才智，当地人也完全可能独立设计出这样的防御工事。在史前时代的欧洲，长木墙和土方作业的例子屡见不鲜，尽管我们难以确定它们的功能。奥古斯都和提比略时期，罗马军队在战斗中也曾遭遇部落修建的壁垒。出现在厄尔格迪格特和丹麦其他地区的工事与罗马的边境工事应当具备类似的作用，即作为展示权力、阻挡劫掠者，以及将跨境人员流动限制在指定地点。这些工事的存在再一次证明帝国边界之外的生活远非和平安定。[24]

内战与和平

公元 211 年，皇帝塞普蒂米乌斯·塞维鲁于不列颠北部的埃博拉库姆（Eboracum，即今天的约克）去世。他将生命中的最后几年用于征讨喀里多尼亚（Caledonia）各部落。塞维鲁的两个儿子卡拉卡拉和盖塔（Geta）继承了权力，但他要求儿子们和睦相处的意愿终究没能避免兄弟阋墙的结局。不到一年，卡拉卡拉谋杀了弟弟盖塔并独揽大权，随后又对帕提亚人发动了大规模攻势。217 年，卡拉卡拉手下的一名军官在卡莱附近将他刺死。这正是公元前 53 年克拉苏惨败于帕提亚人的地点，此时已被罗马纳入疆域。随后，刺杀阴谋的主导者、禁卫军长官马克里努斯（Macrinus）说服军队拥立自己为帝。这是罗马历史上第一次，一位既非出身于皇帝的家族，也不属于元老阶层的人穿上了元首的紫袍。但马克里努斯的统治十分短命。一些部队转而拥戴一位 14 岁的少年①，声称他是卡拉卡拉的私生子，而他实际上是卡拉卡拉的侄子。支持少年的军队击败了马克里努斯，并杀死了他。接下来的几年，叙利亚地区又发生了几场短暂而失败的叛乱，但最终杀死新皇帝的却是他自己的家族成员。他的表弟亚历山大·塞维鲁被拥立，这发生在 222 年。[25]

在罗马帝国接下来的日子里，直到西罗马帝国于 476 年终结，内战的威胁始终无法消散。3 世纪中叶的几十年尤其混乱，几十位皇帝走马灯般依次登场。其中的克劳狄乌斯·哥提库斯（Claudius Gothicus）死于 270 年的一次瘟疫大爆发期间，成了少见的因自然原因死亡的皇帝，而这一时期的所有其他皇帝都死于

---

① 即埃拉伽巴路斯（Elagabalus）。

暴力。德基乌斯（Decius）于 251 年死于与哥特人的战斗，瓦勒良（Valerianus）在战争中被萨珊波斯俘虏，在囚禁中死亡。其他的所有皇帝都死于罗马同胞之手，或在内战中战败时自杀。接下来，像戴克里先（Diocletianus）和君士坦丁（Constantinus）这样的军事强人为帝国带来了一段相对稳定的时期，但其稳定程度不应被夸大，而且戴克里先的退休和君士坦丁的逝世都使得权力斗争和内战死灰复燃。值得注意的是，从 218 年到 476 年，在罗马世界中，超过 10 年既没有篡位也未发生全面内战的情况，仅仅出现了 3 次。

从 3 世纪到 5 世纪，罗马和平反复被罗马人的领袖们及其军队的战斗意愿所打断，而罗马军队和罗马国家也在这样的内部冲突中耗费着自身的力量。这并非为了某些理念而产生的冲突。与共和国晚期的内战相比，该时期内战的目的甚至更为纯粹，即争夺权力，而只有当冲突某一方的领袖死亡时，内战才会结束。内战中，各行省的驻军都被调离，参与旨在将某人扶上帝位的战斗。当冲突双方在战术、装备、指挥结构和纪律等方面都毫无差别时，胜利往往属于人数更多的一方，所以在内战中，兵力多寡往往是决定性因素。失败一方的士兵往往很愿意向胜利者宣誓效忠，但战斗造成的减员和军队招募、训练、晋升和组织系统的灾难性错位却无法及时得到弥补。

这一时期值得我们注意的是一些事情为何发生，以及另一些现象为何没有发生。罗马人的内部纷争和内战削弱了帝国的边境防御体系，这导致在 3 世纪期间，劫掠者得以跨过莱茵河和多瑙河，深入西部各行省，甚至抵达意大利、希腊和西班牙。在东部地区，波斯人在叙利亚大肆劫掠，并且于 253 年攻克了安条克。

靠近边境的地区遭受到反反复复的攻击，情况更糟糕。由于边境驻军在内战中消耗殆尽，罗马的边防系统已经没有能力回应这些攻击。随着部落首领及其追随者带着荣誉和劫掠品返回家乡，他们的成功刺激着越来越多的后来者对罗马发动攻击。其中有些攻击的起因，是罗马内战中的某一方拉拢境外部落作为自己的盟军，或说服部落去攻击内战中的对手。此外，边境驻军的撤离可能导致长久以来活跃在当地的贸易关系难以为继，因为驻军和士兵个体构成的庞大市场已不复存在。在 3 世纪，文献更加频繁地提及哥特人和其他一些境外群体，而阿勒曼尼人和法兰克人则首次出现。这些群体没有任何一个在政治上完成了统一，他们的行为与前几个世纪的部落也没有多大差别。尽管罗马人依旧能够通过外交和贸易手段扶植某些部落领袖，但没有迹象表明这些领袖能够在部落间建立广泛而可持续的权力体系，或建立永久的部落联盟，因此也无法比他们的前辈构成更大的威胁。类似阿里奥维斯图斯、马罗勃杜斯和德凯巴鲁斯的人物仍旧非常少见，部落间也依旧像之前一样互相敌视，如一盘散沙。与从前不一样的是，袭击罗马行省和掠夺其财富的机会增加了。[26]

3 世纪期间，此前没有城墙的城镇修建了城墙，此前已具备防御工事的城镇则加强了防卫力量。来自帝国之外的袭击者对广大地区都构成了威胁，在某些地区，盗匪活动比从前猖獗得多。随着边防体系的崩溃，攻击者无须快速行动，赶在罗马军队到来之前及时撤离。他们如今可以从容不迫地进行更加彻底的掠夺。3 世纪的文献资料反复提及，逃亡奴隶、逃兵和俘虏对入侵者提供协助，带领他们前往城镇或为他们提供藏身之所。一些入侵者还是会被罗马人拦截并击败，与往常一样，这通常发生在他们撤退的途中。莱蒂亚行省的殖民地奥古斯塔文德利库姆（Augusta Vindelicum）的一份铭文记录下了这样的一次胜利：

> 以神殿的名义，此祭坛献给胜利女神维多利亚（Victoria），为的是来自莱蒂亚和日耳曼的士兵以及民兵在 5 月的第一天之前的第八天和第七天［4 月 24 日和 25 日］击溃并屠戮了属于塞姆诺内斯人（Semnones）或尤通吉人（Juthungi）的野蛮人，并且解放了成千上万名意大利俘虏。为了兑现他的誓言，马库斯·辛普利基乌斯·格尼亚里斯（Marcus Simplicius Genialis），最完美的绅士（vir perfectissimus）①，代表总督并率领其军队，怀着恰如其分的感激之情，竖立这座祭坛并将其献给神明。这一天是 9 月 10 日，这一年［260 年］的执政官是我们的皇帝波斯图慕斯（Postumus Augustus）和霍诺拉提亚努斯（Honoratianus）。[27]

该时期的皇帝们并未忽视外敌的威胁。他们中的许多人也曾在边境上作战，或曾率领军队打击肆虐罗马行省的入侵者，但在他们眼中，内战中的对手永远是更大的威胁。就像曾在马可·奥勒留治下发生过的一样，一旦罗马在边境地带的统治地位被打破，需要通过多年艰苦的作战和一连串新的胜利来重新确立罗马的威慑力。罗马人在元首制早期的大多数时间中维持了这一威慑力，但从 3 世纪起，在一系列危机的打击下，罗马缺乏足够的时间和统治的连续性来将其重建。每一次，当哪段边境暂时获得了

---

① vir perfectissimus 为授予某些骑士阶层成员的头衔，直译为"最完美的人"。

平静，其他地方就又有了新的麻烦。一旦罗马调集军事资源去应
对新问题，就又削弱了某些地区的防卫。曾经连接起莱茵河防线
和多瑙河防线的长墙被放弃，同样被抛弃的还有多瑙河北岸的达
契亚行省。此时的罗马已经没有足够的资源来维持上述地区的驻
军。到了5世纪，西方的核心省份一个接一个地沦陷，直到丢失
殆尽。这是一个漫长的过程，而且直到其末日的前夕，罗马帝国
仍旧比任何一个对手都更加辽阔和强大。内战削弱了罗马的力
量，也破坏了边境防御体系，这使得帝国更加脆弱，因此逐渐被
敌人蚕食。

　　正如前文所述，我们也应该注意到某些事情为何并未发生。
在这一时期，行省中并未发生叛乱和对帝国统治的反抗。当罗马
军队和政府忙于内斗、内战各方争斗不休时，行省人并没有趁机
发动起义或独立运动。没有清晰的证据可以帮助我们了解行省居
民对罗马有多少认同感，以及这种认同感对行省秩序有多大的贡
献。我们知道的是，在这一时期，没有一个行省发生旨在摆脱罗
马统治的叛乱，而直到帝国濒临覆灭时，也没有城镇向外族入侵
者敞开怀抱。行省人的确曾参与叛乱，但那是以罗马人的名义起
事，目的也是拥立某人为罗马皇帝。奥格斯堡的铭文中提及的
波斯图慕斯，他的身份是罗马皇帝，尽管他能够控制的仅仅是
一些西部省份，包括高卢和日耳曼各行省以及莱蒂亚，也曾染
指不列颠。波斯图慕斯和他的继任者经常被称作高卢帝国的皇
帝，但他们视自己为整个罗马帝国的合法统治者，只不过还没能
够将帝国的其他部分纳入统治之下。几乎在同一时刻，帕尔米拉
（Palmyra）的王后泽诺比亚（Zenobia）以自己儿子的名义指挥
军队占据了叙利亚、埃及和小亚细亚。尽管帕尔米拉这座绿洲古

城声名大噪，但泽诺比亚和他的儿子，以及所有帕尔米拉王室成员都是罗马公民，她的儿子并未被称为帕尔米拉的国王，而是罗马帝国的皇帝。割据势力的领袖们从来未曾试图创造属于自己的独立国家，他们领导的也并非基于民族认同的分离主义运动。他们在军事上的成功，仅仅意味着向着统治整个罗马帝国的目标又前进了一步。

罗马的中央权力被削弱时，被征服的民族并不急于挣脱罗马帝国的枷锁。甚至到了 5 世纪，人们还表现出了成为罗马人的强烈渴望。这部分是因为罗马帝国非常长寿，以至于被征服的记忆已经是许多代人之前的事情了。某种程度上，这也是因为除了罗马文明，人们找不到任何有足够吸引力的替代者。这一现象也得益于罗马和平的现实成功。帝国的统治在 3 世纪被大大削弱，外族入侵和盗匪活动都比以往频繁得多。与帝国本身的衰落一样，罗马和平的逐渐衰败是个漫长的过程，并非发生在一夜之间。此后的几个世纪内，罗马皇帝们仍然怀着维持罗马和平的雄心壮志，并频繁地吹嘘自己做到了这一点。的确，有些地区和某些省份很少受到内战和外族入侵的影响。与帝国之外的生活相比，帝国境内的世界仍然相对安全和繁荣，至少和世界上的大多数地区相比是如此——与往常一样，帕提亚和波斯与罗马帝国之间的差距小一些。如果说生活不再像元首制的全盛时期那样安全和舒适，这只是程度上的差别，而且这种缓慢的衰落过程，在一两代人的时间尺度下并不明显。人们仍旧希望成为罗马人，而在 5 世纪瓜分了西罗马帝国的日耳曼诸部落，同样渴望分享罗马的安逸与繁荣。

西罗马帝国消逝于 5 世纪。东罗马帝国得以存活，并且保留了维持内部和平的愿景，同样保留下来的还有许多罗马的文化、习俗、意识形态和雄心壮志。但东罗马帝国的国土和掌握的资源都少了很多。尤其是在 7 世纪的阿拉伯征服运动之后，东罗马帝国的势力范围缩小到了元首制时期统一帝国的一隅。世界大势已然改变。

终　章

和平与战争

　　罗马人是富有侵略性的群体。共和国时期，他们发动了一场又一场的战争，正是通过这些战争，他们统治了广阔的土地。在奥古斯都精心策划的扩张和他的继任者们发动的零星的征服战争之后，这一过程终达巅峰，创造出一个囊括了已知世界大部分土地的庞大帝国。一个又一个民族和国家不得不接受战败于罗马和被罗马统治的命运，他们认识到自己不可能与罗马的力量抗衡。

　　但罗马人从未制定过创造帝国的系统计划。这个过程持续了几个世纪，在这漫长的时间里，罗马人也从不隐瞒自己的所作所为。战争在罗马人的公共生活中扮演着中心角色，胜利者得到赞美、公众的感恩，甚至永久的纪念碑。在罗马人和希腊人书写的关于罗马的历史著作中，战争是中心主题之一。总的来说，罗马人能够说服自己相信几乎所有他们发动的战争都是正义的——对罗马人来说，几乎持续不断的胜利证明着他们与众神之间有特殊联系。

　　罗马社会很乐意将"和平"强加给远方的人民，同时不接受任何一个国家具有与自己平等的地位。罗马人重视行为中的公正和信义，但这不是为了尊重他人的权利，而是因为相信这是正确的做法，且有助于维持与神明的恰当的关系。罗马人对外族人的看重程度仅仅取决于他们是否会使罗马人更容易或更难达成自身的目标。这个世界没有国际法，也没有国际社会观察与评判。罗马人对待暴行的态度十分现实，正如他们如何看待外族领袖与国家的意见。如果能帮助他们取得胜利，罗马人可以接受大规模的奴役、处决和致残行为——公元前51年，恺撒曾命令将所有向他投降的敌军的手砍断。毁坏大片土地和村镇的行为同样可以被接受。如果能够帮助罗马人达到同样的目的，他们同样鼓励对屈服者的仁慈与慷慨。在与外族的每一场战争中，罗马人随时准备使用野蛮的武力，但也随时愿意坐下来谈判。"在战争中，被征服者应得到仁慈，而傲慢者应被驯服。"罗马人唯一在意的，就是胜利。[1]

无论我们在其他方面对罗马人作何评论，无法否认的一个基本事实是，罗马人十分善于赢得战争的胜利。他们通过频繁地使用武力打造出了一个帝国，而又凭借着持续不断的武力威胁来维持这一帝国的安全。在帝国扩张的过程中，不同族群在各自不同的情景下被吞并，而这一过程决定了它们与罗马将建立怎样的关系。不变的是，所有这些被吞并的族群都必须为罗马人所用，无论它们是被罗马军团使用暴力所征服，还是和平地接受罗马的统治。罗马人承认自身对发动战争和"惩戒傲慢者"的热忱，也同样乐于坦诚整个帝国都为他们所用，为他们服务。元首制时期，罗马丧失了对扩张的热情，这只是出于利弊权衡，而并非因为他们认为侵略与扩张本身可能会是非正义的行为。

尽管罗马人曾无数次声称其征服带来了和平，但他们却丝毫不隐瞒，他们是为了罗马自身的利益而逐步塑出了这样一个庞大的帝国。罗马的强大和支配地位是为其自身利益服务的，也为罗马本身带来了更多的财富和安全保障。罗马人从来不会为了外族的福祉建立海外行省和结交同盟，这一切都是自利的行为。而在行省建立之后，罗马出于自身利益的考量，需要维持行省内部的秩序，以便维持声望并继续获利。这意味着罗马人需要平定叛乱、遏制内战以及行省内的族群冲突，并在外部攻击面前保卫行省。所有上述行为本都是自利性质的，但长此以往，却塑造出了罗马和平。

我希望此前的章节足以说明，罗马和平是真实存在的。罗马和平并不是罗马人征服和创造帝国的目的，也不是一蹴而就的，而是逐渐成形。元首制时期，特别是公元1世纪晚期，罗马帝国的大部分地区仅拥有非常少量的驻军，而叛乱的可能性微乎其微，甚至根本不存在。与此同时，大量资源被用于巩固罗马在边境地带的统治力，这一努力成功地使外敌几乎不可能对帝国腹地发动袭击。罗马和平不是完美的。某些地区比其他地区在更长的时间里面临动乱的威胁，盗匪行为也从未绝迹。在某些行省的某些地区，特别是在山区和难以抵达的乡村，盗匪始终是一个问题，并且需要永久的驻军来遏制。在其他地方，盗匪隐匿于社会边缘，只是在地方、行省或帝国中央权力衰弱时趁势而起。但在大多数时候，在帝国的大多数地区，盗匪现象都未失去控制。它是生活中可能遇到的事故，但对大多数居民来说，并不构成常见和严重的威胁。

无论我们如何评估罗马和平的程度和完整性，我们都要承认，这是一项了不起的成就。毫无疑问，罗马人统治之下的地区，比在之前和之后的几个世纪里都经受了少得多的战乱和有组织暴力。和平不是绝对的，但元首制时期显然相对更加和平和稳定。此时的罗马帝国，繁荣为更多人所享受，尽管并不是惠及所有人；商品、人员和思想的交流比之前跨度更大，也更频繁，而这一现象本身就是罗马和平的最有力证据之一。这是由罗马帝国创造的世界，尽管这个和平世界的出现其实是罗马帝国主义的无心之果，而非其目标。正如罗马人自己所认为的，这是由军事胜利和武力威慑锻造的和平，是漫长浩大的暴力过程带来的和平，而这一过程，对罗马人来说代价高昂，对罗马扩张的受害者来说则意味着更加惨痛的牺牲。

罗马的崛起过程伴随着大量野蛮暴行，罗马人还需要使用暴力来维持对帝国的统治和对行省的持续剥削，而对很多人来说，这些暴行是难以与罗马和平之下的稳定与安定相调和的。某位研究罗马时代不列颠的学者认为，公元 43 年至 84 年间，罗马侵略者杀死的原住民在 10 万到 25 万之间，而此前的总人口为 200万。就像这一时期的所有数字一样，上述结论也存在很大的猜测成分，因此不可能被证明，也不可能被推翻。一位评论者指出：如果这一结论是正确的，那便意味着平均每年被杀的人数在总人口中的比例"还不到百分之一除以三"，而暂且不论公元 60 年有多少人死于布狄卡起义，"在罗马入侵之前，每年又有多少布立吞人死于部落间的冲突呢？"同一位学者在后续的一本书中指责评论者"假设罗马人未曾踏足不列颠，本地的暴力行为并不会更少，甚至可能更多，并企图通过这种方式转移对罗马的批评"。[2]

争论双方各执己见。尽管我们没必要执着于一个根本不可能证实的数字，但无疑在罗马征服不列颠的过程中，大量居住于岛上的人被杀或受伤，还有许多人沦为奴隶或被虐待。布狄卡被鞭打，她的女儿遭到强暴，这显然不是罗马暴行仅有的例子，尽管值得注意的是，塔西佗并不认为这些行为是正当的，并且指责财务总管德基亚努斯·卡图斯和他的下属犯下了这些罪行。但这些暴行终究发生了。外族军人和官员的到来，以及他们对于本地部落所拥有的巨大权力，不可避免地制造出了施暴的机会，此外罗马官方也可能对本地势力实施惩戒和报复。罗马对不列颠的征服，与对其他地区的征服一样，伴随着大量的暴力和恐吓。有些本地头目和部落通过与入侵者合作来减少或避免伤害，但对许多人来说，被征服的经历只会是一场噩梦。

而在另一方面，同样清楚的事实是，在不列颠，与在其他地区相仿，罗马人到来之前的日子也并不平静。部落间冲突不休，在这些冲突中，同样有人被杀、被奴役和被虐待。这一事实完全无法为罗马人的暴力和残忍开脱，但我们应当清楚罗马人这么做的历史背景。罗马人在作战和创造大帝国等方面的成功是独一无二的，但同时代的其他国家和民族一次又一次地证明自己在好战和野蛮等方面并不逊色于罗马人。与此前的冲突相比，罗马人发动的高度组织化的、坚决的大规模战争可能的确会给其受害者带来大得多的暴力伤害，但这一点无法被证实。我们能够确定的是，在不列颠和其他地区，罗马征服的后果之一是部落间冲突的最终绝迹。有必要再一次强调，在布狄卡起义之后，不列颠低地再也没有出现任何叛乱或严重动乱的迹象。罗马和平已然得到确立，各族群各部落和平相处，不再出现劫掠和猎头行为。尽管我们无法得知如果从未发生罗马入侵，不列颠会怎样，但没有任何理由相信和平与稳定是必然会出现的。最可能的情况是部落间仍旧会争斗不休。

本书的主题之一是罗马人接触到的外族领袖在各个事件中扮演的活跃角色。从最早期开始，当有些领袖决定抵抗罗马的侵略时，总是有数量不少于前者的部落头目选择与罗马人合作。有时，这样的选择是迫于罗马压倒性的力量，但在一些情况下，合作者希望借助罗马人的力量达到自己的目的。这些男人——有时也包括一些女性——显示出了无异于罗马人的野心、心计、冷酷、背叛、自私、贪婪、好胜、世故、恐惧和勇气。我们可能犯下的最大错误之一，就是假设这些外族领袖主要是依据自身亲罗马或反罗马的本性来行事的。实际上，作为一个遥远邻国存在的罗马，或者作为占领者的罗马，都只是影响他们行为的众多因素之一。罗马的存在往往是不容忽视的，但本地族群之间的竞争可能是更具备直接影响力的因素，而罗马的统治仅仅是改变了本地人相互竞争的方式。

罗马和平跟随罗马征服而来，它的确立无关行省居民接受与否。反对罗马的起义逐渐销声匿迹，对于来自罗马的残酷报复的恐惧自然是原因之一，但在 3 世纪的内战与动荡年代，起义也并未发生，这说明恐惧已经不再构成主要原因。对大多数行省居民来说，特别是对当地贵族来说，失去独立和被罗马人剥削并不是不可忍受的。随着时间的推移，罗马人的统治成了常态，而任何一种替代方案，若不是毫无实现的可能，就是缺乏吸引力。这并不是说罗马的统治并未将苦难强加给任何人，但在罗马人到来之前，无疑也有一些人忍受着艰难的生活。这一事实无法为罗马人开脱，但我们不应假设来自外族的剥削一定比来自本地精英的剥削更加残酷。

当我们回顾罗马帝国的历史，并将其与今日世界做对比，强调罗马社会和经济的原始性和残酷性时，我们可能会忘记以同样的眼光去审视古代世界的其他民族和文化。更重要的是，不应忘记，我们在二战之后的西方世界得到的生活体验，在几乎整个人类历史的其他任何时期都是非常不典型的。罗马人在许多方面与我们迥异，但我们不应因此而诧异。很多我们习以为常的事物实际上出现得非常晚——例如国家之间的永久外交关系、详尽的地图、报纸和媒体，以及直到现在都很难付诸实现的国际法的理念。

在一开始我曾写道，本书的目的并非使用罗马人的经验为现代社会提供借鉴。在这一点上，我的观点仍未改变。如果因为罗马人发现某一做法可行就教导政策制定者去依样画瓢，这将是十分愚蠢的行为。罗马人将一省之内的军事指挥和民政权力全部集中于总督一人身上，这使得政策的目的和实施都清晰明了，但却与今天我们在阿富汗和伊拉克看到的情况形成了鲜明对照：在那里，武装力量和众多民事机构并行工作，各自与政府保持着直接实时的沟通。在现代民主社会，将如此多的权力集中于一人身上也是不可想象的，特别是这个人还同时拥有军权。更加显而易见的是，罗马人在使用残暴行为上表现出的实用主义显然不可能也不应该为现代人所借鉴。我们应当很容易注意到，上述国家中的绝大多数居民和领袖并非在根本上反对或支持西方或美国，本地的政治和敌友关系对他们的影响大得多。此外，罗马人从来不会为了建立一个有效的民主政权而入侵一个国家，也不会在达到目的之后便撤军。罗马人往往来了就不会走，这意味着大多数本地居民都不得不接受与罗马人共处的生活。

罗马人善于赢得战争的胜利，也擅长使外族融入自身，并通过这种方式创造了庞大而长寿的帝国。但经过仔细观察，我们会发现这一过程花费了相当长的时间。在这漫长的时间里，罗马人经历过战败，在某些地区暂时处于下风，对待同盟和敌人的政策也反复无常，并且也曾犯下过大量错误。哪怕共和国和元首制时期的罗马当局及其代表忠实地履行本职工作时，也未能避免上述情况的发生，更遑论那些不称职的、残暴的或贪婪的罗马人的所作所为。与今天类似，罗马时代的对外干涉行为也往往是混乱和令人迷惑的。罗马对一个地区的征服过程很少能够在一代人的时间内完成。从罗马人进入一个地区，到这一地区被彻底平定，往往经过了几代人的时间。

我们的世界与罗马时代截然不同，我们应当为此感到庆幸。古代世界战事频仍，只有罗马帝国这样的霸权才有可能在广阔区域内建立和平。无论我们如何看待罗马人和他们的帝国，罗马和平都是一项值得尊敬的伟大成就，哪怕这也许无法抵消罗马征服中的残暴行为引起的厌恶感。古代世界中，和平与稳定并不是自然而然就能够达到的状态。也许在 21 世纪，情况已经有所改善，但对地球上的许多地区来说，和平仍旧难以实现，仍旧不是一种会自然发生的事情。这当然不是在呼唤新的罗马帝国，而是在提醒人们：像和平一般宝贵的事物，是需要努力争取的。

年　表

公元前 149—前 146 年　　第三次布匿战争

公元前 149—前 147 年　　第四次马其顿战争

公元前 147—前 139 年　　卢西塔尼亚领袖维里亚图斯与罗马人交战

公元前 146 年　　　　　　罗马人毁灭迦太基，洗劫科林斯

公元前 135—前 132 年　　西西里奴隶大起义

公元前 133 年　　　　　　罗马攻陷西班牙的努曼提亚城

公元前 118 年　　　　　　罗马在山北高卢的纳尔博建立殖民地

公元前 113 年　　　　　　罗马军队支援诺里库姆的国王，被金布里
　　　　　　　　　　　　人和条顿人击败

公元前 112—前 106 年　　罗马与努米底亚国王朱古达交战

公元前 105 年　　　　　　金布里人和条顿人在阿劳西奥（Arausio）歼
　　　　　　　　　　　　灭罗马大军

公元前 102—前 101 年　　马略击败金布里人和条顿人

公元 91—前 88 年　　　　同盟者战争——罗马的意大利同盟者最后
　　　　　　　　　　　　一次重要起义

公元前 88 年　　　　　　苏拉率军团向罗马进军；本都国王米特里
　　　　　　　　　　　　达梯六世下令屠杀小亚细亚的罗马人

公元前 88—前 85 年　　　第一次米特里达梯战争

公元前 83—前 82 年　　　罗马内战，苏拉赢得内战胜利

公元前 83—前 82 年　　　第二次米特里达梯战争

公元前 74—前 66 年　　　第三次米特里达梯战争

公元前 74 年　　　　　　西塞罗在西西里担任财务官

公元前 73—前 71 年　　　维雷斯担任西西里总督

公元前 73—前 70 年　　　斯巴达克斯起义

公元前 67 年　　　　　　庞培获得剿灭地中海海盗的特别指挥权

公元前 66—前 63 年　　　庞培击败米特里达梯，后者自杀

约公元前 61 年　　　　　阿里奥维斯图斯联合塞夸尼人击败埃杜伊人

公元前 59 年　　　　　　罗马承认阿里奥维斯图斯为国王、罗马人
　　　　　　　　　　　　民之友

公元前 58—前 50 年　　　恺撒征战高卢

公元前 58 年　　　　　　恺撒战胜赫尔维蒂人，与阿里奥维斯图斯
　　　　　　　　　　　　交战并将其击败

公元前 53 年	克拉苏在卡莱之战中败于苏雷纳斯率领的帕提亚军队，被杀
公元前 52 年	维尔金格托里克斯率高卢人发动大起义
公元前 51—前 50 年	西塞罗以同执政官衔担任奇里乞亚总督
公元前 49—前 45 年	恺撒与庞培之间的罗马内战
公元前 44 年	恺撒死于布鲁图斯和卡西乌斯主谋的刺杀
公元前 44—前 31 年	内战不断，首先是恺撒的追随者和反对者之间的战争，随后是安东尼和屋大维之间的战争
公元前 41—前 40 年	帕提亚军队入侵叙利亚及其邻近地区
公元前 38 年	帕提亚军队被驱逐出罗马行省
公元前 36 年	安东尼入侵亚美尼亚，在撤军途中遭受帕提亚军队连续不断的攻击，损失惨重
公元前 31 年	屋大维在亚克兴海战中击败安东尼，实际上成为罗马帝国唯一的统治者，并在不久后获得"奥古斯都"称号
公元前 27—公元 14 年	**奥古斯都统治时期**
公元前 16—前 15 年	罗马军队征服阿尔卑斯山地部落
公元前 12—前 7 年	罗马军队征服潘诺尼亚和日耳曼尼亚
公元前 4 年	犹太的希律王去世。瓦卢斯率领罗马军队进入犹太地区平定暴乱
6 年	罗马军队攻击日耳曼首领马罗勃杜斯，但由于巴尔干地区动荡而撤退
6—9 年	潘诺尼亚大起义
9 年	日耳曼大起义。瓦卢斯及其麾下的罗马第十七、十八和十九军团在条顿堡森林遭伏击并被全歼
14—37 年	**提比略统治时期**
14—16 年	罗马军队对阿米尼乌斯作战，直到提比略下令终止
17—24 年	塔克法里纳斯起义
19 年	日尔曼尼库斯去世。格奈乌斯·卡尔普尼乌斯·皮索被审判
约 19 年	阿米尼乌斯被本部族头目谋杀

21 年	弗洛鲁斯和萨克罗维尔发动起义；一些色雷斯部落起义
26—36 年	本丢·彼拉多担任犹太行省总督
28 年	弗里西人起义
37—41 年	**卡里古拉统治时期**
40—44 年	毛里塔尼亚起义，最终被盖乌斯·苏埃托尼乌斯·保利努斯和霍西迪乌斯·盖塔镇压，毛里塔尼亚成为罗马行省
41—54 年	**克劳狄乌斯统治时期**
43 年	罗马入侵不列颠
47 年	伊凯尼人起义，被奥斯托里乌斯·斯卡普拉（Ostorius Scapula）镇压；科尔布罗率军挺近莱茵河以东地区，但行动被克劳狄乌斯叫停
54—68 年	**尼禄统治时期**
55—64 年	罗马与帕提亚争夺亚美尼亚
59 年	庞贝和努凯里亚两城居民发生暴力冲突
60—61 年	不列颠的布狄卡起义
66—74 年	犹太起义
68—69 年	罗马内战；"四帝之年"——伽尔巴、奥托和维特利乌斯先后称帝，而韦斯巴芗成了最后的胜利者
70—79 年	**韦斯巴芗统治时期**
70 年	罗马军队在长期围困耶路撒冷之后将其攻占；巴塔维人起义
73—74 年	罗马军队围困并攻陷马萨达要塞
78—84 年	阿格里科拉担任不列颠总督并向北进军
79—81 年	**提图斯统治时期**
81—96 年	**图密善统治时期**
85—89 年	罗马与达契亚国王德凯巴鲁斯之间的战争
96—98 年	**涅尔瓦统治时期**
98—117 年	**图拉真统治时期**
101—102 年	图拉真的第一次达契亚战争

105—106 年	图拉真的第二次达契亚战争
约 109—111 年	小普林尼担任比提尼亚-本都行省总督
113—117 年	图拉真的帕提亚战争
115—117 年	埃及、昔兰尼加和塞浦路斯的犹太人发动起义
117—138 年	**哈德良统治时期**
122 年	哈德良长墙开始建造
131—135 年	巴尔·科赫巴在犹太行省发动起义
138—161 年	**安敦尼·庇护统治时期**
140—143 年	安敦尼长墙开始建造
161—180 年	**马可·奥勒留统治时期**
162—166 年	奥勒留的共治者卢基乌斯·维鲁斯（Lucius Verus）领导对帕提亚的战争并取得胜利
167—180 年	罗马人与多瑙河沿岸的日耳曼部落交战
171/172 年	埃及的布科利人起义
180—192 年	**康茂德统治时期**
193—197 年	罗马内战，塞维鲁取得内战胜利
197—211 年	**塞维鲁统治时期**
211—217 年	**卡拉卡拉统治时期；他被谋杀之后内战再起**
222—235 年	**亚历山大·塞维鲁统治时期**
476 年	西罗马帝国最后一位皇帝罗穆路斯·奥古斯都被废黜

词汇表

Accensus：负责管理同执政官或同裁判官行政事务的书记或秘书。他们通常是受过良好教育且深受信任的奴隶或释奴。

Aedile（拉丁文为***Aedilis***）：市政官，负责罗马城中日常生活的方方面面，包括一些年度节庆的组织。一般来说，担任市政官者应已担任过财务官而尚未担任裁判官。市政官数量少于裁判官。市政官并不是罗马官员晋升之路上必经的一步。

Aerarium militare：军事金库。奥古斯都于公元6年设立了军事金库用来提供军费，特别是军饷和士兵的退役奖金。军事金库最初的资金出自奥古斯都的私人财产，但后来罗马专门设立了一项不受欢迎的遗产税以充实金库。

Aquilifer：鹰旗手。罗马军团中携带军团鹰徽（aquila）的士兵。鹰徽为一个鹰造型的镀金小雕像，安装在长杆的顶端。

Ala：翼，军事单位。在共和国时期，"翼"是由拉丁士兵或其他意大利同盟者士兵组成的与军团同等规模的军事单位。在战场上，每个罗马军团往往与一个"翼"配合行动。在元首制时期，"翼"是辅军的骑兵单位，一个"翼"的规模大约等同于一个步兵大队。

Auctoritas：威望，指罗马元老的个人声望和影响力。威望在很大程度上取决于军事成就。

Auxilia：辅军。共和国晚期和元首制时期由非罗马公民组成

的部队，往往扮演罗马军团的辅助者和支持者角色。

Ballista：弩炮，一种具有双臂、靠扭力驱动的弹射器，可精准地发射石块或弩箭。它们大小各异，通常用于围城战。

Beneficiarius：特权兵（字面意义为"受惠者"，因其职位来自上司的 beneficium，即"恩惠"。——译者）。他们是经验丰富的士兵，是行省总督的下属。他们经常承担警察的职能，通常单独行动或组成小队行动。

Cataphract（来自希腊文 ***Katafraktos***，拉丁文为 ***Cataphracti***）：甲骑具装。全身披重甲的骑兵，他们的坐骑通常也身着马甲。人马皆披甲的甲骑具装是帕提亚军队的重要组成部分。

Centurion（拉丁文为 ***centurio***）：百人队长，贯穿几乎整个罗马军事史的重要军官职位。百人队长通常指挥一支实际上员额为 80 人的百人队。一个军团中最高阶的百人队长被称为 primus pilus，他的地位相当高，任期仅为一年。

Century（拉丁文为 ***centuria***）：百人队，罗马军队的基本编成单位。百人队由百人队长统率，员额通常为 80 人。

Cohort（拉丁文为 ***cohors***）：步兵大队，罗马军团的基本战术单位，包含 6 个 80 人的百人队，即一共 480 人。

Consul：执政官。罗马共和国每年选出两名执政官，他们是共和国的最高官员。他们也会在重大战役中充当军事统帅。有时元老院会在执政官的一年任期届满时延长其职权，在这种情况下，他被称作同执政官。

Cornicularius：军官或行省总督属下的文书人员。

Cursus honorum：晋升之路，指的是从政者担任不同职位的次序。在苏拉时期，此前已存在的关于公选官职的年龄和其他限

制的法律被重申和强化，这些法律后来又被奥古斯都修改。

Decurio：骑兵支队长，最初，decurio 指的是十人骑兵小队的"什长"（数字"十"为 decem，此为 decurio 一词的来源。——译者）。在元首制时期，decurio 统率的单位称为 turma，大约由 30 人组成。

Dekanos（来自希腊文）：埃及文官。

Denarius：元首制时期的基本银币单位。钦定版《圣经》中使用"便士"（penny）一词来翻译 denarius，这也是便士的缩写字母为 d 的由来。

Dictator：独裁官。在共和国时期，重大危机时刻可以指定一名任期为六个月的独裁官。在其任期内，独裁官掌握最高民事和军事权力。此后，苏拉和恺撒等内战胜利者也使用独裁官这一头衔来获得永久的权力。

Diôgmitai（来自希腊文）：许多希腊化城市中设置的警官职位，其字面意义为"追逐者"。

Duplicarius：双薪士兵，领双份薪水的士兵，他们有时扮演下层军官的角色。

Eirênarchai（来自希腊文）：许多希腊化城市中设置的选举产生的官职，他们的职责包括警务工作。

Ephebe（来自希腊文）：希腊城市中在国家监督下接受体育训练的男性青年。他们的训练目的主要是强身健体，但往往包含一些明显具有军事色彩的内容。

Equites（单数为 *eques*）：骑士阶层。有马阶层，或称之为"骑士阶层"，指的是在财产统计的财富分类中最富有的那一部分人。从格拉古兄弟时期开始，骑士阶层成员被赋予了更多的公

共角色，例如在法庭上担任陪审员，而这一变化也带来了大量争议。直到奥古斯都时期，"骑士阶层"才最终通过一个单独的元老院命令被确定为独立的社会阶层。

Fasces（单数为 *fascis*）：法西斯，大约 5 英尺长的一束棍棒，其中插着一把斧子。法西斯由官员的扈从手持，是代表官员权势和地位的最显眼的象征物。

Forum Augustum：奥古斯都广场，由奥古斯都兴建的广场，"复仇者"马尔斯神庙位于其中央。

Forum Romanus：罗马广场，罗马城的政治经济中心，位于卡皮托利努斯山、帕拉蒂努斯山、奎里那利斯山和维利亚山之间。公共集会通常在演讲台（*Rostra*）附近或者罗马广场的东端举办。平民会议（*Concilium plebis*）和人民大会（*Comitia tributa*）也常常在罗马广场召开会议以进行立法活动。

Frumentarii：军粮官，负责监督军粮供应的人员。其工作要求他们经常往返于罗马城和各行省之间，长此以往，他们便承担了对内情报与监控的任务。

Gladius：这一拉丁文单词意为"剑"。一般指的是 gladius hispanensis，即西班牙短剑，直至公元 3 世纪一直被罗马军队作为佩剑使用。使用优质钢材制造，可以劈砍，但主要用于刺击。

Hasmonean：哈斯蒙尼王朝。公元前 2 世纪，犹太人成功地摆脱了塞琉古帝国的统治并建立了独立的王国，王国的统治者为哈斯蒙尼王朝。最终，安东尼和屋大维扶持大希律王为犹太人的王，取代了哈斯蒙尼王朝。

Imagines：军队中携带的元首本人或其家人的塑像。

Immunis：免役士兵，不需要从事劳役的士兵。这些士兵往

往拥有一些特别的技能。

Imperium：指罗马官员在任期内掌握的军事指挥权。奥古斯都及其继任者则被授予了同执政官大权（maius imperium proconsulare），这一权力高于其他所有同执政官的权力。

Legatus（复数为 **legati**）：指被委托以军权（imperium）而非行使自身权力的下属军官，他们往往是行省总督的代理人。在共和国时期，legatus 并非选举产生，而是由上级官员指派。在元首制时期，一些 legati 是由元首本人任命的。他们分为两大类，一类是 legatus legionis，即军团的指挥官，另一类称作 legatus Augusti，即奥古斯都省的总督。

Legio：军团，这个单词最初的意义为"征发"。军团在罗马历史的大多数时期都是其军队的主要组成单位。在元首制时期，一个军团理论上应有 4800 至 5000 人，包括 10 个 480 人的步兵大队，而有时一个军团的首列步兵大队可能多至 800 人。军团中也会有一支 120 人的骑兵队，以及操作远程器械的兵士和其他专业人员。但在作战中，军团的实际兵力往往比其理论员额少许多。

Librarius：军事单位指挥部门中的下级文书。

Lictor：罗马官员的正式扈从，其手持的法西斯象征着官员施加财产和人身惩罚的权力。执政官配属有 12 名扈从，而独裁官通常拥有 24 名扈从。

Optio：百人队长的副手，百人队的二把手。

Ornamenta triumphalia：凯旋礼。奥古斯都创造了这种凯旋礼，作为传统凯旋式的替代品。自公元前 19 年起，只有奥古斯都的家庭成员曾获得举行全规格凯旋式的荣誉，而打了胜仗的行省总督们只能获得凯旋礼作为嘉奖。

Ovatio：小凯旋式。在这种仪式中，主将不像凯旋式中那样乘坐战车，而是骑马。

Paraphylakes（来自希腊文）：某些希腊城市中的职业警察长官。

Pilum（复数为 ***pila***）：一种重型标枪，在罗马历史的很长时期内都是罗马军团的制式武器。具有用来穿透敌军盾牌的窄小矛头，而矛头之后的细长矛柄使它可以触及并杀伤盾牌之后的敌兵。

Praesidium：指驻军单位，其体量可以小至一个哨所，也可以大至数千人之众。

Praetorian guard（拉丁文为 ***praetoriani***）：禁卫军。奥古斯都建立了 9 个常规禁卫军大队（cohortes praetoriae）作为自己的卫队。在这一时期，禁卫军在罗马城并没有永久的兵营，且罗马城内只会同时驻扎 3 个大队。从提比略时期开始，全部 9 个禁卫军大队都被集中于罗马城的一座兵营中。多数情况下，只有在皇帝本人或其家庭成员率军出征时，禁卫军大队才会走上战场。

Praetor：裁判官。裁判官是每年选举产生的官员。在共和国时期，相比执政官来说，裁判官管理的行省和指挥的战役的重要性都略逊一等。在管理行省时，裁判官的任期可能被延长，在这种情况下他会被授予同裁判官的头衔。

Prefect（来自拉丁文 ***praefectus***，复数为 ***praefecti***）：有以下几个含义。一、共和国时期，意大利同盟者军队的每个"翼"有 3 名指挥官，他们被称作 praefecti（同盟者军队的每个"翼"应有 6 名 praefecti，其中 3 人为罗马军官。——译者），这些

praefecti 实际上相当于罗马军团中的军事保民官。二、骑士阶层行省——也就是埃及和公元 66 年之前的犹太地区——的总督，被称作 praefectus。三、元首制时期，辅军中的骑兵翼或步兵大队的指挥官都被称作 praefectus。

Primi ordines：一个军团的首列步兵大队中的百人队长。在所有百人队长中，他们的级别最高，地位相当突出。

Primus pilus：首列步兵大队的第一百人队的百人队长，是一个军团中地位最高的百人队长。

Principate：元首制。现代人如此称呼由奥古斯都创立的制度，意为由一个元首（princeps）进行统治的制度，而元首有时也被不那么准确地称为皇帝。

Princeps：元首。字面意义为"第一的、为首的"，是罗马的第一公民，元老院、罗马人民和罗马国家的首脑，是奥古斯都为自己创造的头衔。在奥古斯都之前，元老院中有一位"元老院元首"（princeps senatus），是由监察官指定的人选，被认为是元老院中地位最高且最受尊敬的成员。在任何语境下，princeps 这个头衔都不意味着任何具体权力，而只是崇高地位的标志。

Procurator：有以下几个含义。一、骑士阶层行省的总督从公元 40 年开始被称作 procurator，而此前他们的头衔是 praefectus。二、行省中的财务官员，类似财务官，区别在于 procurator 任职于奥古斯都直辖行省。

Quaestor：财务官。主要负责财务工作的官员。在执政官衔的行省总督之下，财务官扮演其副手的角色，并且经常承担一些次要的军事指挥任务。

Regionarius（全称为 **centurio regionarius**）：管辖一定辖区

的百人队长。

Scorpion（来自拉丁文 *scorpio*）：字面意义为蝎子，是罗马军队装备的一种轻型弩炮，在野战和攻城战中都有使用。"蝎子"射程较长，并且射击精准，可以穿透任何甲胄。

Sesquiplicarius：一种士兵，他们的报酬为普通士兵薪水的1.5倍，可能是某些领域的专家，或者扮演低级军官的角色。

Signifer：百人队中负责携带军旗等标志物（signum）的低级军官。在元首制时期，signifer 也承担百人队中的一些行政事务，特别是军饷的发放和储蓄。

Singulares：元首制时期罗马高级军官的精锐卫兵，护卫的对象包括军团指挥官和行省总督。这些人一般借调自辅军部队。禁卫军中还存在着 singulares Augusti，他们是抽调自帝国各地驻军的精锐骑兵。

Stationarii：被从原属单位抽调出来驻扎于某处的士兵。

Talent（拉丁文为 *talentum*）：古希腊重量单位，也被用作货币单位。但关于其与现代重量单位的换算比例，学者们的估计相差悬殊，从 57 磅到 83 磅都有。从提及这一重量单位的文献中很难得知它到底有多重。

Tesserarius：口令官，百人队中的低级军官。Tesserarius 一词来自 tessera，即用于书写当日口令的小块瓷片或木片。

Tribuni aerarii：财产普查中位列骑士阶层之下的一个阶层。关于这个人群我们所知不多。

Tribunus militum：军事保民官。共和国时期，每个军团拥有 6 名通过选举或任命产生的军事保民官，两人一组，三组轮流行使指挥权。在奥古斯都时期，每个军团仍旧拥有 6 名军事保民

官，但其中一人出自元老阶层，身份高于其他 5 人，被称作"宽带保民官"（tribunus laticlavius），这个名称来自其衣着上比其同僚更宽的饰带。宽带保民官是军团中仅次于 legatus 的指挥官。其余 5 位保民官被称为"窄带保民官"（tribuni angusticlavii），因其衣着上的饰带更窄。他们出身骑士阶层，通常已经具备指挥辅军大队的经验。

Triumph（来自拉丁文 *triumphus*）：凯旋式，元老院授予将领的盛大荣誉。在凯旋式上，得胜归来的将军率队行进在圣道之上，这是罗马城中用于举办庆典的主要道路。凯旋的军队在游行过程中展示战利品和俘虏，而这一庆典的高潮，则是被俘的敌方首领的处决仪式。凯旋式的主角驾驶着战车，装束和朱庇特神像一样，与此同时，一个奴隶将象征胜利的月桂冠举在他的头顶之上。奴隶还会小声地提醒这位将军，后者仍旧是凡人。

Triumvir：三人执政。公元前 43 年，一位保民官提出了《提提乌斯法案》（lex Titia），经平民会议通过，指定安东尼、雷必达和屋大维三人为"重建共和国的三人执政集团"（triumviri rei publicae constituendae）。该法案授予他们独裁官的权力，最初规定其任期为 5 年。

Urban cohorts（来自拉丁文 *cohortes urbanae*）：城市步兵大队。奥古斯都组建了 3 个城市步兵大队，作为罗马城内的准军事警察部队，其指挥官为城市步兵大队长官（praefectus urbanus）。奥古斯都时期，有可能还组建了第四个城市步兵大队，用于守卫位于高卢的卢格杜农的铸币厂。虽然不明确这一单位是否为奥古斯都时期建立，但在提比略时期可确定其存在。

Vergobret：在许多高卢部落中，例如在埃杜伊人中，vergobret

是他们的最高长官，由选举产生。

Vexillation（来自拉丁文 *vexillatio*）：有以下两个含义。一、脱离上级部队独立行动的支队。二、罗马帝国晚期某些骑兵单位的名称。

Vexillum：布旗，横挂在杆子上的方形军旗。布旗用于标志指挥官所在的位置，也是支队在独立行动中携带的军旗。指挥官使用的布旗通常是红色的。

Vigiles：宵警营。奥古斯都于公元 6 年建立了宵警营。宵警营由 7 个大队组成，负责罗马城的消防和夜间治安。每个宵警营大队的辖区对应罗马城 14 个行政区之中的两个。

缩略语

AE = *L'Année Épigraphique*

ANRW = *Aufstieg und Niedergang der römischen Welt*

Appian, *BC* = Appian, *Civil Wars*

Appian, *Bell. Hisp.* = Appian, *Spanish Wars*

Appian, *Mith.* = Appian, *The Mithridatic Wars*

Broughton, *MRR* 2 = T. Broughton & M. Patterson (1951), *The Magistrates of the Roman Republic* Vol. 2

Caesar, *BC* = Caesar, *The Civil Wars*

Caesar, *BG* = Caesar, *The Gallic Wars*

CAH² IX = J. Crook, A. Lintott & E. Rawson (eds), *The Cambridge Ancient History* 2nd edn Vol. IX: *The Last Age of the Roman Republic, 146–43 BC*

CAH² X = A. Bowman, E. Champlin & A. Lintott (eds), *The Cambridge Ancient History* 2nd edn Vol. X: *The Augustan Empire, 43 BC–AD 69*

Cicero, *ad Att.* = Cicero, *Letters to Atticus*

Cicero, *ad Fam.* = Cicero, *Letters to his friends*

Cicero, *ad Quintum Fratrem* = Cicero, *Letters to his Brother Quintus*

Cicero, *Verrines* = Cicero, *Verrine Orations*

CIG = *Corpus Inscriptionum Graecarum*

CIL = *Corpus Inscriptionum Latinarum*

Dio = Cassius Dio, *Roman History*

Galen, *Comm. In Hipp. Epid., CMG* = C. Kühn, *Galenus Medicus* (1821–33), supplemented by H. Diels *et alii* (1918–)

Hist. = *Histories*

ILLRP = A. Degrassi (ed.) (1963–5), *Inscriptiones Latinae Liberae Rei Republicae*

ILS = H. Dessau (1892–1916), *Incriptiones Latinae Selectae*

JARCE = *Journal of the American Research Center in Egypt*

Josephus, *Ant.* = Josephus, *Jewish Antiquities*

Josephus, *BJ* = Josephus, *The Jewish War*

JRA = *Journal of Roman Archaeology*

JRS = *Journal of Roman Studies*

Livy, *Pers.* = Livy, *Roman History. Periochae.*

OGIS = W. Dittenberger, *Orientis Graeci Inscriptiones Selectae* (1903–5)

PCPS = *Proceedings of the Cambridge Philological Society*

Pliny the Elder, *NH* = Pliny the Elder, *Natural History*

Pliny the Younger, *Ep.* = Pliny the Younger, *Letters*

Sallust, *Bell. Cat.* = Sallust, *The Catilinarian War*

Sallust, *Bell. Jug.* = Sallust, *The Jugurthine War*

SEG = P. Roussel, M. Tod, E. Ziebarth & J. Hondius (eds),
    Supplementum Epigraphicum Graecum (1923–)

Strabo, *Geog.* = Strabo, *Geography*

Tacitus, *Ann.* = Tacitus, *Annals*

Valerius Maximus = Valerius Maximus, *Memorable Doings and Sayings*

Velleius Paterculus = Velleius Paterculus, *Roman History*

ZPE = *Zeitschrift für Papyrologie und Epigraphik*

参考书目

G. Alföldy (trans. A. Birley), *Noricum* (1974)

R. Alston, *Soldier and Society in Roman Egypt. A Social History* (1995), pp. 20–38

R. Alston, 'The ties that bind: soldiers and societies', in A. Goldsworthy & I. Haynes (eds), *The Roman Army as a Community. JRA Supplementary Series* 34 (1999), pp. 175–95

N. Austin & B. Rankov, *Exploratio. Military and Political Intelligence in the Roman World from the Second Punic War to the Battle of Adrianople* (1995)

E. Badian, *Roman Imperialism in the Late Republic* (1968)

E. Badian, *Publicans and Sinners* (1972)

R. Bagnall, 'Army and police in upper Egypt', *JARCE* 14 (1976), pp. 67–88

R. Bagnall & B. Frier, *The Demography of Roman Egypt* (1994)

J. Barlow, 'Noble Gauls and their other', in K. Welch & A. Powell (eds), *Julius Caesar as Artful Reporter: The War Commentaries as Political Instruments* (1998), pp. 139–70

T. Barnes, 'The Victories of Augustus', *JRS* 64 (1974), pp. 21–6

D. Baronowski, 'Roman military forces in 225 BC (Polybius 2. 23–4)', *Historia* 42 (1993), pp. 181–202

A. Barrett, *Livia. First Lady of Imperial Rome* (2002)

A. Barrett, 'Aulus Caecina Severus and the Military Woman', *Historia* 54 (2005), pp. 301–14

M. Beard, *The Roman Triumph* (2007)

G. de la Bédoyère review of D. Mattingly, *An Imperial Possession. Britain in the Roman Empire 54 BC–AD 409* (2006), in *History Today* (August 2006), p. 62

K. Beloch, *Die Bevölkerung der griechisch-römischen Welt* (1886)

L. Beness & T. Hillard, '*Rei Militaris Virtus . . . Orbem Terrarum Parere*

Huic Imperio Coegit: The transformation of Roman *Imperium*', in D. Hoyos, *A Companion to Roman Imperialism* (2013), pp. 141–53

P. Bidwell, *Roman Forts in Britain* (2007)

P. Bidwell, 'Systems of obstacles on Hadrian's wall and their relationship to the turrets', in A. Moirillo, N. Hanel & E. Martín, *Limes XX: Estudios sobre la frontera romana. Roman Frontier Studies. Anejos de Gladius* 13, Vol. 3 (2009), pp. 1119–24

R. Billows, 'The religious procession of the Ara Pacis Augustae: Augustus' *supplicatio* in 13 BC', *JRA* 6 (1993), pp. 80–92

E. Birley, 'Marcus Cocceius Firmus: an epigraphic study', in E. Birley (ed.), *Roman Britain and the Roman Army. Collected papers* (1953), pp. 87–103

E. Birley, 'The origins of legionary centurions', & 'Promotion and transfer in the Roman army II: the centurionate', in E. Birley, *The Roman Army. Papers 1929–1986* (1988), pp. 189–220

E. Birley, 'Senators in the emperor's service' and 'Promotion and transfers in the Roman army: senatorial and equestrian officers', in E. Birley, *The Roman Army. Papers 1929–1986* (1988), pp. 75–114

M. Bishop, '*Praesidium*: social, military, and logistical aspects of the Roman army's provincial distribution during the early Principate', in A. Goldsworthy & I. Haynes (eds), *The Roman Army as a Community in Peace and War. JRA Supplementary Series* 34 (1999), pp. 111–18

M. Bishop & B. Coulston, *Roman Military Equipment. From the Punic Wars to the Fall of Rome* (2nd edn, 2006)

M. Bishop, *Handbook to Roman Legionary Fortresses* (2012)

J. Boardman, *The Greeks Overseas: Their Early Colonies and Trade* (4th edn, 1999)

Y. Le Bohec, *The Imperial Roman Army* (1994)

H. Bond, *Pontius Pilate in History and Interpretation. Society for New Testament Studies Monograph Series* 100 (1998), pp. 94–207

G. Bowersock, 'The mechanics of subversion in the Roman Provinces', in *Opposition et résistance à l'empire d'Auguste à Trajan*, Entretiens sur L'antiquité classique (1987), pp. 291–317

G. Bowersock, *Augustus and the Greek World* (1965)

A. Bowman, 'A letter of Avidius Cassius?', *JRS* 60 (1970), pp. 20–26

K. Bradley, 'Slavery in the Roman Republic', in K. Bradley & P. Cartledge (eds), *The Cambridge World History of Slavery* Vol. 1: *The Ancient Mediterranean* (2011), pp. 241–64

D. Braund, 'The Aedui, Troy, and the Apocolocyntosis', *Classical Quarterly* 30 (1980), pp. 420–25

D. Breeze & B. Dobson, *Hadrian's Wall* (4th edn, 2000)

D. Breeze, *Handbook to the Roman Wall* (14th edn, 2006)

D. Breeze, *The Frontiers of Imperial Rome* (2011)

T. Broughton, *The Magistrates of the Roman Republic* Vol. 3 (1986)

P. Brunt, 'Charges of provincial maladministration under the early principate' *Historia* 10 (1961), pp. 189–227

P. Brunt, *Italian Manpower 225 BC–AD 14* (1971)

P. Brunt, 'Did Imperial Rome disarm her subjects?', *Phoenix* 29 (1975), pp. 260–70

P. Brunt, *The Fall of the Roman Republic and Related Essays* (1988)

T. Burns, *Rome and the Barbarians, 100 BC–AD 200* (2003)

G. Burton, 'Proconsuls, assizes, and the administration of justice under the empire', *JRS* 65 (1975), pp. 92–106

G. Burton, 'The issuing of mandata to proconsuls and a new inscription from Cos', *ZPE* 21 (1976), pp. 63–8

C. Callwell, *Small Wars. A Tactical Textbook for Imperial Soldiers* (rev. edn, 1990)

J. Camp, *The Archaeology of Athens* (2001)

J. Campbell, 'Who were the *viri militares*?' *JRS* 65 (1975), pp. 11–31

J. Campbell, *The Emperor and the Roman Army 31 BC–AD 235* (1984)

J. Campbell, 'War and diplomacy: Rome and Parthia, 31 BC–AD 235', in J. Rich & G. Shipley (eds), *War and Society in the Roman World* (1993), pp. 213–240

A. Carandini (trans. S. Sartarelli), *Rome. Day One* (2011)

L. Casson (ed.), *The Periplus Maris Erythraei: Text with Introduction, Translation and Commentary* (1999)

D. Cherry, *Frontier and Society in Roman North Africa* (1998)

D. Conlin, *The Artists of the Ara Pacis. Studies in the History of Greece and Rome* (1997)

P. Conole & R. Milns, 'Neronian frontier policy in the Balkans: the career of Ti. Plautius Silvanus', *Historia* 32 (1983), pp. 183–200

T. Cornell, 'The end of Roman imperial expansion', in J. Rich & G. Shipley (eds), *War and Society in the Roman World* (1993), pp. 139–70

T. Cornell, *The Beginnings of Rome. Italy and Rome from the Bronze Age to the Punic Wars (c.1000–264 BC)* (1995)

T. Corsten, 'Estates in Roman Asia Minor: the case of Kibyratis', in S. Mitchell & C. Katsari (eds), *Patterns in the Economy of Roman Asia Minor* (2005), pp. 1–51

R. Cowan, *Roman Conquests – Italy* (2009)

M. Crawford, *Roman Republican Coinage* (1974)

M. Crawford, *The Roman Republic* (1978)

B. Cunliffe, *Hengistbury Head* Vol. 1 (1987)

B. Cunliffe, *Greeks, Romans and Barbarians: Spheres of Interaction* (1988)

B. Cunliffe, *Facing the Ocean: The Atlantic and its Peoples 800 BC–AD 1500* (2001)

H. Cuvigny, *Ostraca de Krokodilô. La correspondence militaire et sa circulation (O. Krok. 1–151). Praesidia du désert de Bérénice II. Fouilles de l'IFAO* 51 (2005)

R. Davies, 'The investigation of some crimes in Roman Egypt', in R. Davies (with D. Breeze and V. Maxfield, eds), *Service in the Roman Army* (1989), pp. 175–85

D. Dawson, *The Origins of Western Warfare. Militarism and Morality in the Ancient World* (1996)

B. Decharneux, 'The Carabas affair (in Flacc 36–39): An incident emblematic of Philo's political philosophy', in P. Tomson & J. Schwartz (eds), *Jews and Christians in the First and Second Centuries: How to Write their History* (2014), pp. 70–79

H. Delbrück (trans. J. Renfroe), *History of the Art of War* Vol. 1: *Warfare in Antiquity* (1975)

T. Derks, *Gods, Temples and Ritual Practices: The Transformation of Religious Ideas and Values in Roman Gaul* (1998)

P. Derow, 'Polybius, Rome and the east', *JRS* 69 (1979), pp. 1–5

S. Dmitriev, *City Government in Hellenistic and Roman Asia Minor* (2005)

B. Dobson, 'Legionary centurion or equestrian officer? A comparison of pay and prospects', *Ancient Society* 3 (1972), pp. 193–207

B. Dobson, 'The significance of the centurion and *primipilaris* in the Roman army and administration', *ANRW* 2. 1 (1974), pp. 392–434

B. Dobson, 'The rôle of the fort', in W. Hanson (ed.), *The Army and the Frontiers. JRA Supplementary Series* 74 (2009), pp. 25–32

J. Drinkwater, *The Alamanni and Rome 213–496 (Caracalla to Clovis)* (2007)

S. Dyson, 'Native Revolts in the Roman Empire', *Historia* 20 (1971), pp. 239–74

S. Dyson, 'Native Revolt Patterns in the Roman Empire', *ANRW* 2. 3 (1975), pp. 138–75

S. Dyson, *The Creation of the Roman Frontier* (1985)

S. Dyson, *Rome. A Living Portrait of an Ancient City* (2010)

W. Eck, *The Age of Augustus* (2003)

A. Eckstein, *Mediterranean Anarchy, Interstate War, and the Rise of Rome* (2006)

A. Eckstein. 'Hegemony and annexation beyond the Adriatic 230–146 BC', in D. Hoyos (ed.), *A Companion to Roman Imperialism* (2013), pp. 79–97

C. Edwards & G . Woolf (eds), *Rome the Cosmopolis* (2003)

R. Errington, *The Dawn of Empire: Rome's Rise to World Power* (1971)

C. Esdaile, *Outpost of Empire. The Napoleonic Occupation of Andalucia, 1810–1812* (2012)

N. Faulkner, *Apocalypse. The Great Jewish Revolt against Rome* AD 66–73 (2002)

E. Fentress, *Numidia and the Roman Army. BAR International Series* 53 (1979)

J. Ferrary, 'The powers of Augustus', in J. Edmondson (ed.), *Augustus* (2009), pp. 90–136

T. Frank (ed.), *An Economic Survey of Ancient Rome* Vol. 1 (1933)

T. Frazel, 'The composition and circulation of Cicero's "In Verrem"', *The Classical Quarterly* 54. 1 (2004), pp. 128–42

S. Freyne, 'The Revolt from a regional perspective', in A. Berlin & J. Overman (eds), *The First Jewish Revolt. Archaeology, History, and Ideology* (2002), pp. 43–56

B. Frier, 'Roman Demography', in D. Potter & D. Mattingly (eds),

Life, Death and Entertainment in the Roman Empire (1999), pp. 95–109

C. Fuhrmann, *Policing the Roman Empire. Soldiers, Administration and Public Order* (2012)

K. Galinsky, *Augustus. Introduction to the Life of an Emperor* (2012)

J. Gardner, 'The "Gallic menace" in Caesar's Propaganda', *Greece and Rome* 30 (1983), pp. 181–9

R. Garland, *The Wandering Greeks: The Ancient Greek Diaspora from the Age of Homer to the Death of Alexander* (2014)

P. Garnsey, *Famine and Food Supply in the Graeco-Roman World* (1988)

M. Gelzer (trans. P. Needham), *Caesar. Politician and Statesman* (1968)

R. Gibson, 'On the nature of ancient letter collections', *JRS* 102 (2012), pp. 56–78

M. Gichon, 'Life on the borders reflected in rabbinical sources', in A. Morillo, N. Hanl & E. Martín (eds), *Limes XX. Estudios Sobre La Frontera Romana Roman Frontier Studies* Vol. 1 (2009), pp. 113–18

A. Goldsworthy, *The Roman Army at War* 100 BC–AD 200 (1996)

A. Goldsworthy, *The Punic Wars* (2000) (= *The Fall of Carthage*, 2003)

A. Goldsworthy, *The Complete Roman Army* (2003)

A. Goldsworthy, *In the Name of Rome* (2003)

A. Goldsworthy, *Caesar: The Life of a Colossus* (2006)

A. Goldsworthy, 'War', in P. Sabin, H. van Wees & M. Whitby (eds), *The Cambridge History of Greek and Roman Warfare* Vol. 2: *Rome from the Late Republic to the Late Empire* (2007), pp. 76–121

A. Goldsworthy, *The Fall of the West. The Death of the Roman Super-power* (= *How Rome Fell*) (2009)

A. Goldsworthy, *Antony and Cleopatra* (2010)

A. Goldsworthy, *Augustus. From Revolutionary to Emperor* (= *Augustus. The First Emperor*) (2014)

A. Goldsworthy, '"Men casually armed against fully equipped regulars": The Roman military response to Jewish insurgence 63 BCE–135 CE', in P. Tomson & J. Schwartz (eds), *Jews and Christians in the First and Second Centuries: How to Write their History* (2014), pp. 207–37

M. Goodman, *The Ruling Class of Judaea. The Origins of the Jewish Revolt against Rome* AD 66–70 (1987)

C. Goudineau, *César et la Gaule* (1995)

P. Green, *Alexander to Actium* (1990)

B. Grenfell, A. Hunt, H. Bell *et alii* (eds), *The Oxyrhynchus Papyri* (1898–)

M. Griffin, 'The Senate's story. Review of Das Senatus Consultum de Cn. Pisone Patre by Werner Eck; Antonio Caballos; Fernando Fernández', *JRS* 87 (1997), pp. 249–63

E. Gruen, *The Hellenistic World and the Coming of Rome* (1984)

E. Gruen, 'Material rewards and the drive for empire', in W. Harris (ed.), *The Imperialism of Mid-Republican Rome* (1984), pp. 59–82

E. Gruen, 'Roman perspectives on the Jews in the age of the Great Revolt', in A. Berlin & J. Overman (eds), *The First Jewish Revolt. Archaeology, History, and Ideology* (2002), pp. 27–42

T. Grünewald (trans. J. Drinkwater), *Bandits in the Roman Empire. Myth and Reality* (2004)

N. Hammond, 'The western part of the via Egnatia', *JRS* 64 (1974), pp. 185–94

D. Harding, *The Iron Age in Northern Britain. Celts, Romans, Natives and Invaders* (2004)

W. Harris, *War and Imperialism in Republican Rome 327–70 BC* (1979)

W. Harris, 'Demography, Geography, and the supply of slaves', *JRS* 89 (1999), pp. 62–75

M. Hassall, M. Crawford & J. Reynolds, 'Rome and the Eastern Provinces at the end of the Second Century BC', *JRS* 64 (1974), pp. 195–220

J. Hatzfield, 'Les Italiens résidant à Délos', *Bulletin de Correspondance Hellénique* 36 (1912), 143

I. Haynes, *Blood of the Provinces. The Roman Auxilia and the Making of Provincial Society from Augustus to Severus* (2013)

J. Hind, 'A. Plautius' campaign in Britain: an alternative reading of the narrative in Cassius Dio (60. 19. 5–21. 2)', *Britannia* 38 (2007), pp. 93–106

E. Hobsbawm, *Bandits* (1969)

N. Hodgson, 'Gates and passages across the frontiers: the use of openings through the barriers of Britain, Germany and Raetia', in

Z. Visy, *Limes XIX. Proceedings of the XIXth International Congress of Roman Frontier Studies held in Pécs, Hungary, September 2003* (2005), pp. 183–7

G. Hölbl (trans. T. Saavedra), *A History of the Ptolemaic Empire* (2001)

K. Hopkins, *Conquerors and Slaves* (1978)

K. Hopkins, 'Rome, taxes, rent and trade', in W. Scheidel & S. von Reden (eds), *The Ancient Economy* (2002), pp. 190–230

R. Horsley, 'Power vacuum and power struggle 66–7 CE', in A. Berlin & J. Overman (eds), *The First Jewish Revolt. Archaeology, History, and Ideology* (2002), pp. 87–109

F. Hunter, 'Iron age hoarding in Scotland and northern Britain', in A. Gwilt & C. Haselgrove (eds), *Reconstructing Iron Age Societies* (1997), pp. 108–33

F. Hunter, 'Roman and native in Scotland: new approaches', *JRA* 14 (2001), pp. 289–309

F. Hunter, 'The lives of Roman objects beyond the frontier', in P. Wells (ed.), *Rome Beyond its Frontiers; Imports, Attitudes and Practices, JRA Supplementary Series* 95 (2013), pp. 15–28

J. Ilkjaer, 'Danish war booty sacrifices', in B. Stoorgard & L. Thomsen (eds), *The Spoils of Victory. The North in the Shadow of the Roman Empire* (2003), pp. 44–65

B. Isaac, *The Limits of Empire. The Roman Army in the East* (rev. edn, 1992)

S. James, *Rome and the Sword. How Warriors and Weapons Shaped Roman History* (2011)

X. Jensen, L. Jørgensen & U. Hansen, 'The Germanic army: warriors, soldiers and officers', in B. Stoorgard & L. Thomsen (eds), *The Spoils of Victory. The North in the Shadow of the Roman Empire* (2003), pp. 310–28

A. Johnson, *Roman Forts* (1983)

M. Johnson, *Boudicca* (2012)

A. Jørgensen, 'Fortifications and the control of land and sea traffic in the Pre-Roman and Roman Iron Age', in B. Stoorgard & L. Thomsen (eds), *The Spoils of Victory. The North in the Shadow of the Roman Empire* (2003), pp. 194–209

R. Kallet-Marx, *Hegemony to Empire. The Development of the Roman Imperium in the East from 148 to 62 BC* (1995)

D. Kennedy, 'Parthia and Rome: Eastern Perspectives', in D. Kennedy (ed.), *The Roman Army in the East. JRA Supplement* 18 (1996), pp. 67–90

T. Kinsella, *The Táin. From the Irish Epic Táin Bó Cuailnge* (1969)

C. Kokkinia, 'Ruling, inducing, arguing: how to govern (and survive) a Greek province', in L. de Light, E. Hemelrijk & H. Singor (eds), *Roman Rule and Civic Life: Local and Regional Perspectives. Impact of Empire* Vol. 4 (2004), pp. 39–58

W. Lacey, *Augustus and the Principate. The Evolution of a System* (1996)

S. Lancel, *Carthage* (Oxford, 1995)

J. Lazenby, *The First Punic War* (1996)

J. Lazenby, *Hannibal's War. A Military History of the Second Punic War* (1998)

J. Lendon, *Empire of Honour. The Art of Government in the Roman World* (1997)

J. Lendon, *Song of Wrath. The Peloponnesian War Begins* (2010)

F. Lepper & S. Frere, *Trajan's Column* (1988)

B. Levick, 'The Veneti Revisted: C. E. Stevens and the tradition of Caesar the propagandist', in K. Welch & A. Powell (eds), *Julius Caesar as Artful Reporter: The War Commentaries as Political Instruments* (1998), pp. 61–83

B. Levick, *The Government of the Roman Empire. A Sourcebook* (2nd edn, 2000)

J. Liebeschuetz, 'The settlement of 27 BC', in C. Deroux, *Studies in Latin Literature and Roman History* (2008), pp. 346–53

A. Lintott, '*Leges Repetundae* and associate measures under the Republic', *Zeitschrift der Savigny-Stiftung für Rechtsgeschichte: Romanistische Abteilung* 98 (1981) pp. 194–5

A. Lintott, *Imperium Romanum. Politics and Administration* (1993)

A. Lintott, *The Constitution of the Roman Republic* (1999)

E. Luttwak, *The Grand Strategy of the Roman Empire: From the First Century ad to the Third* (1976)

L. Keppie, *The Making of the Roman Army* (1984)

C. Kraus, 'Bellum Gallicum', in M. Griffin (ed.), *A Companion to Julius Caesar* (2009), pp. 159–74

J. Ma, 'Peer Polity Interaction in the Hellenistic Age', *Past & Present* 180 (2003), pp. 9–39

R. MacMullen, *Enemies of the Roman Order* (1966)

R. MacMullen, *Roman Government's Response to Crisis AD 235–337* (1976)

J. Madsen, *Eager to be Roman. Greek Response to Roman Rule in Pontus and Bithynia* (2009)

J. Manley, *AD 43. The Roman Invasion of Britain – A Reassessment* (2002)

A. Marshall, 'The Structure of Cicero's Edict', *The American Journal of Philology* 85 (1964), pp. 185–91

A. Marshall, 'Governors on the Move', *Phoenix* 20 (1966), pp. 231–46

A. Marshall, 'The *Lex Pompeia de provinciis* (52 BC) and Cicero's *Imperium* in 51–50 BC: Constitutional aspects', *ANRW* I. I (1972), pp. 887–921

A. Marshall, 'Tacitus and the governor's lady: a note on Annals iii. 31–4', *Greece and Rome* 22 (1975), pp. 11–18

R. Marichal, *Les Ostraca du Bu Njem* (1979), pp. 436–52

S. Mason, 'Why did Judaeans go to war with Rome in 66–67 CE? Realist-Regional perspectives', in P. Tomson & J. Schwartz (eds), *Jews and Christians in the First and Second Centuries: How to Write their History* (2014), pp. 126–206

S. Mattern, *Rome and the Enemy. Imperial Strategy in the Principate* (1999)

D. Mattingly (ed.), *The Archaeology of the Fazzān* Vol. I: *Synthesis* (2003)

D. Mattingly, *An Imperial Possession. Britain in the Roman Empire* (2006)

D. Mattingly, *Imperialism, Power, and Identity. Experiencing the Roman Empire 54 BC–AD 409* (2011)

P. Matyszak, *Mithridates the Great. Rome's Indomitable Enemy* (2008)

V. Maxfield, *The Military Decorations of the Roman Army* (1981)

V. Maxfield, 'Ostraca and the Roman army in the eastern desert', in J. Wilkes (ed.), *Documenting the Roman Army. Essays in Honour of Margaret Roxan* (2003), pp. 153–73

A. Mayor, *The Poison King. The Life and Legend of Mithridates, Rome's Deadliest Enemy* (2010)

P. McKechnie, 'Judaean embassies and cases before Roman Emperors, AD 44–66', *Journal of Theological Studies* 56 (2005), pp. 339–61

C. Meier (trans. D. McLintock), *Caesar* (1996)

E. Meyers, 'Roman Sepphoris in the light of new archaeological evidence and recent research', in L. Levine (ed.), *The Galilee in Late Antiquity* (1992), pp. 321–28

R. Miles, *Carthage Must Be Destroyed. The Rise and Fall of an Ancient Civilization* (2010)

F. Millar, *The Emperor in the Roman World (31 BC–AD 337)* (1977)

F. Millar, 'The world of the Golden Ass', *JRS* 71 (1981), pp. 63–75

F. Millar, 'Emperors, frontiers and foreign relations, 31 BC to AD 378', *Britannia* 13 (1982), pp. 1–23

F. Millar, 'The Mediterranean and the Roman Revolution: Politics, war and the economy', *Past & Present* 102 (1984), pp. 3–24

F. Millar, 'State and Subject: the impact of monarchy', in F. Millar & E. Segal (eds), *Caesar Augustus. Seven Aspects* (corrected paperback edn, 1990), pp. 37–60

F. Millar, *The Roman Near East 31 BC–AD 337* (1993)

S. Mitchell, 'Requisitioned transport in the Roman empire: a new inscription from Pisidia', *JRS* 66 (1976), pp. 106–31

S. Mitchell, *Anatolia. Land, Men, and Gods in Asia Minor* Vol. 1: *The Celts in Anatolia and the Impact of Roman Rule* (1993)

S. Mitchell, 'Olive oil cultivation in the economy of Roman Asia Minor', in S. Mitchell & C. Katsari (eds), *Patterns in the Economy of Roman Asia Minor* (2005), pp. 83–113

A. Morillo Cerdán, 'The Augustean Spanish Experience: The origin of the *limes* system?', in A. Moirillo, N. Hanel & E. Martín, *Limes XX: Estudios sobre la frontera romana. Roman Frontier Studies. Anejos de Gladius* 13, Vol. 1 (2009), pp. 239–51

N. Morley, *The Roman Empire. Roots of Imperialism* (2010)

A. Murdoch, *Rome's Greatest Defeat. Massacre in the Teutoburg Forest* (2006)

H. Musurillo, *The Acts of the Pagan Martyrs, Acta Alexandrinorum* (1954)

D. Nappo & A. Zerbini, 'Trade and taxation in the Egyptian desert', in O. Hekster & T. Kaizer (eds), *Frontiers in the Roman World. Proceedings of the Ninth Workshop of the International Network Impact of Empire (Durham, 16–19 April 2009)* (2011), pp. 61–77

O. van Nijf, 'Local heroes: athletics, festivals and elite self-fashioning in the Roman East', in S. Goldhill (ed.), *Being Greek under Rome. Cultural Identity, the Second Sophistic and the Development of Empire* (2001), pp. 306–34

J. North, 'The development of Roman imperialism', *JRS* 71 (1981), pp. 1–9

S. Oakley, 'The Roman conquest of Italy', in J. Rich & G. Shipley (eds), *War and Society in the Roman World* (1993), pp. 9–37

J. Oliver, 'A Roman governor visits Samothrace', *American Journal of Philology* 87 (1966), pp. 75–80

J. Osgood, *Caesar's Legacy: Civil War and the Emergence of the Roman Empire* (2006)

J. Osgood, 'The Pen and the Sword: Writing and Conquest in Caesar's Gaul', *Classical Antiquity* 28 (2009), pp. 328–58

F. Queseda Sanz, *Arma de la Antigua Iberia de Tatessos a Numancia* (2010)

E. Palmer, *Carthage and Rome at Peace* (1997)

T. Parkin, *Demography and Roman Society* (1992)

T. Pekàry, 'Seditio: Unruhen und Revolten im römischen Reich von Augustus bis Commodus', *Ancient Society* 18 (1987), pp. 133–150

G. Picard & C. Picard, *Carthage* (rev. edn, 1987)

L. Pitts, 'Relations between Rome and the German "kings" on the Middle Danube in the first to fourth centuries AD', *JRS* 79 (1989), pp. 45–58

S. Pomeroy, 'Coprynyms and the exposure of infants in Egypt', in A. Cameron & A. Kuhrt (eds), *Images of Women in Antiquity* (1983), pp. 207–22

D. Potter, 'Empty areas and Roman frontier policy', *American Journal of Philology* 113 (1992), pp. 269–74

D. Potter, 'Emperors, their borders and their neighbours: the scope of imperial *mandata*', in D. Kennedy (ed.), *The Roman Army in the East. JRA Supplementary Series* 18 (1996), pp. 49–66

J. Prag, '*Auxilia* and *gymnasia*: A Sicilian model of Roman Imperialism', *JRS* 97 (2007), pp. 68–100

J. Prag, *Sicilia Nutrix Plebis Romanae. Rhetoric, Law, and Taxation in Cicero's Verrines* (2007)

R. Preston, 'Roman questions, Greek answers: Plutarch and the construction of identity', in S. Goldhill (ed.), *Being Greek under Rome. Cultural Identity, the Second Sophistic and the Development of Empire* (2001), pp. 86–119

N. Purcell, 'The creation of provincial landscape: the Roman imprint on Cisalpine Gaul', in T. Blagg & M. Millet (eds), *The Early Roman Empire in the West* (1990), pp. 7–29

B. Rankov, 'The governor's men: the *officium consularis*', in A. Goldsworthy & I. Haynes (eds), *The Roman Army as a Community in Peace and War. JRA Supplementary Series* 34 (1999), pp. 15–34

B. Rankov, 'Do rivers make good frontiers?', in Z. Visy, *Limes XIX. Proceedings of the XIXth International Congress of Roman Frontier Studies held in Pécs, Hungary, September 2003* (2005), pp. 175–81

B. Rankov, 'A "secret of empire" (*imperii arcanum*): an unacknowledged factor in Roman imperial expansion', in W. Hanson (ed.), *The army and the frontiers of Rome: papers offered to David Breeze on the occasion of his sixty-fifth birthday and his retirement from historic Scotland. JRA Supplementary Series* 74 (2009), pp. 163–72

D. Rathbone, 'Villages, land and population in Graeco-Roman Egypt', *PCPS* 36 (1990), pp. 103–42

L. Rawlings, 'Caesar's portrayal of the Gauls as warriors', in K. Welch & A. Powell (eds), *Julius Caesar as Artful Reporter: The War Commentaries as Political Instruments* (1998), pp. 171–92

E. Rawson, 'Caesar's Heritage. Hellenistic kings and their Roman equals', *JRS* 65 (1975), pp. 148–59

J. Rea, 'Lease of a Red Cow called Thayris', *The Journal of Egyptian Archaeology* 68 (1982), pp. 277–82

T. Rice Holmes, *Caesar's Conquest of Gaul* (1911)

J. Rich, 'Fear, greed and glory: the causes of Roman war-making in the middle Republic', in J. Rich & G. Shipley (eds), *War and Society in the Roman World* (1993), pp. 38–68

J. Rich, 'Augustus, War and Peace', in J. Edmondson (ed.), *Augustus* (2009), pp. 137–64 = L. de Blois, P. Erdkamp, G. de Kleijn & S. Mols (eds), *The Representation and Perception of Roman Imperial Power: Proceedings of the Third Workshop of the International Network, Impact of Empire (Roman Empire 200 BC to AD 476). Netherlands Institute in Rome, March 20–23, 2002* (2003), pp. 329–57

J. Richardson, 'The Tabula Contrebiensis: Roman law in Spain in the early first century BC', *JRS* 73 (1983), pp. 33–41

J. Richardson, *Hispaniae. Spain and the Development of Roman Imperialism, 218–82 BC* (1986)

J. Richardson, 'The purpose of the Lex Calpurnia de Repedundis', *JRS* 77 (1987), pp. 1–12

J. Richardson, *Augustan Rome 44 BC to AD 14. The Restoration of the Republic and the Establishment of the Empire* (2012)

J. Ritterling, 'Military forces in senatorial provinces', *JRS* 17 (1927), pp. 28–32

L. Robert & J. Robert, *Claros* Vol. 1: Décrets hellénistiques (1989)

N. Rosenstein, 'Marriage and Manpower in the Hannibalic War: Assidui, Proletarii and Livy 24. 18. 7–8.', *Historia* 51 (2002), pp. 163–91

N. Rosenstein, *Rome at War: Farms, Families, and Death in the Middle Republic* (2004)

N. Rosenstein, 'General and imperialist', in M. Griffin (ed.), *A Companion to Julius Caesar* (2009), pp. 85–99

N. Rosenstein, *Rome and the Mediterranean 290 to 146 BC. The Imperial Republic* (2012)

A. Rost, 'The Battle between Romans and Germans in Kalriese: Interpreting the Archaeological Remains from an ancient battlefield', in A. Moirillo, N. Hanel & E. Martín, *Limes XX: Estudios sobre la frontera romana. Roman Frontier Studies. Anejos de Gladius* 13 Vol. 3 (2009), pp. 1339–45

N. Roymans, *Tribal Societies in Northern Gaul: An Anthropological Perspective. Cingula* 12 (1990)

S. Rutledge, 'The Roman destruction of sacred sites', *Historia* 56 (2007), pp. 179–95

Z. Safrai, 'Socio-economic and cultural developments in the Galilee from the late first to early third century CE', in P. Tomson & J. Schwartz (eds), *Jews and Christians in the First and Second Centuries: How to Write their History* (2014), pp. 278–310

W. Scheidel, *Measuring Sex, Age, and Death in the Roman Empire. Explorations in Ancient Demography. JRA Supplementary Series* 21 (1996)

W. Scheidel, 'Germs for Rome', in C. Edwards & G. Woolf (eds), *Rome the Cosmopolis* (2003), pp. 158–76

W. Scheidel, 'The Roman slave supply', in K. Bradley & P. Cartledge (eds), *The Cambridge World History of Slavery* Vol. 1: *The Ancient Mediterranean* (2011), pp. 287–310

C. Schmidt, 'Just recycled? New light on the Roman imports at the "central farmstead" of Friensted (central Germany)', in P. Wells (ed.), *Rome Beyond its Frontiers: Imports, Attitudes and Practices. JRA Supplementary Series* 95 (2013), pp. 57–70

E. Schürer, G. Vermes & F. Millar, *The History of the Jewish People in the Age of Jesus Christ* Vol. 1 (1973)

D. Schwartz, *Studies in the Jewish Background of Christianity* (1992)

S. Schwartz, 'The Rabbi in Aphrodite's bath: Palestinian society and Jewish identity in the High Roman Empire', in S. Goldhill (ed.), *Being Greek under Rome. Cultural Identity, the Second Sophistic and the Development of Empire* (2001), pp. 335–61

K. Scott, 'The Political Propaganda of 44–30 BC', *Memoirs of the American Academy in Rome* 11 (1933), pp. 7–49

C. Sebastian Sommer, 'The Roman army in SW Germany as an instrument of colonisation: the relationship of forts to military and civilian *vici*', in A. Goldsworthy & I. Haynes (eds), *The Roman Army as a Community. JRA Supplementary Series* 34 (1999), pp. 81–93

C. Serafina, 'A Roman engineer's tales', *JRS* 101 (2011), pp. 143–65

Y. Sharar, 'The underground hideouts in Galilee and their historical meaning', in P. Schäfer (ed.), *The Bar Kokhba War Reconsidered: New Perspectives on the Second Jewish Revolt against Rome* (2003), pp. 217–40

B. Shaw, 'Bandits in the Roman Empire', *Past & Present* 105 (1984), pp. 3–52

B. Shaw, 'The bandit', in A. Giardina (ed.), *The Romans* (1993), pp. 3–52

B. Shaw, 'Tyrants, bandits and kings: personal power in Josephus', *Journal of Jewish Studies* 44 (1993), pp. 176–204

B. Shaw, 'Fear and Loathing: the nomad menace and Roman Africa', in B. Shaw, *Rulers, Nomads, and Christians in Roman North Africa* (1995), VII, pp. 25–46

B. Shaw (ed.), *Spartacus and the Slave Wars. A Brief History with Documents* (2001)

R. Sheldon, *Rome's Wars in Parthia: Blood in the Sand* (2010)

A. Sherwin-White, *The Letters of Pliny. A Historical and Social Commentary* (1966)

A. Sherwin-White, 'The date of the Lex Repetundarum and its consequences', *JRS* 62 (1972), pp. 83–99

A. Sherwin-White, 'Rome the aggressor?', *JRS* 70 (1979), pp. 177–81

A. Sherwin-White, *The Roman Citizenship* (2nd edn, 1996)

D. Shotter, *Caesar Augustus* (2nd edn, 1991)

M. Siani-Davies, 'Ptolemy XII Auletes and the Romans', *Historia* 46 (1997), pp. 306–40

H. Sidebotham, 'International Relations', in P. Sabin, H. van Wees & M. Whitby (eds), *The Cambridge History of Greek and Roman Warfare* Vol. 2: *Rome from the Late Republic to the Late Empire* (2007), pp. 3–29

R. Smith, *Service in the Post-Marian Roman Army* (1958)

P. de Souza, *Piracy in the Graeco-Roman World* (1999)

P. de Souza, 'Pirates and politics in the Roman world', in V. Grieb & S. Todt (eds), *Piraterie von de Antike bis zur Gegenwart* (2012), pp. 47–73

J. Spaul, *Ala*² (1994)

A. Spawforth, *Greece and the Augustan Cultural Revolution. Greek Culture in the Roman World* (2012)

M. Speidel, 'The Roman army in Judaea under the Procurators', in M. Speidel, *Roman Army Studies* Vol. 2: *Mavors* (1992), pp. 224–32

M. Speidel, *Emperor Hadrian's Speeches to the African Army – A New Text* (2006)

M. Speidel, 'The missing weapons at Carlisle', *Britannia* 38 (2007), pp. 237–39

D. Stockton, *Cicero: A Political Biography* (1971)

T. Strickland, 'What kind of community existed at Chester during the hiatus of the 2nd c.?', in A. Goldsworthy & I. Haynes (eds), *The Roman Army as a Community. JRA Supplementary Series* 34 (1999), pp. 105–9

R. Syme, *The Roman Revolution* (1960)

R. Syme, 'Who was Vedius Pollio?', *JRS* 51 (1961), pp. 23–30

R. Syme, 'Military Geography at Rome', *Classical Antiquity* 7 (1988), pp. 227–51

A. Tchernia, 'Italian wine in Gaul at the end of the Republic', in P. Garnsey, K. Hopkins & C. Whittaker (eds), *Trade in the Ancient Economy* (1983), pp. 87–104

P. Temin, *The Roman Market Economy* (2013)

J. Thomas & R. Davies, 'A new military strength report on papyrus', *JRS* 67 (1977), pp. 50–61

J. Thorne, 'The Chronology of the Campaign against the Helvetii: A Clue to Caesar's Intentions?', *Historia* 56 (2007), pp. 27–36

M. Todd, *The Northern Barbarians* (1987)

M. Todd, *Roman Britain* (3rd edn, 1999)

M. Todd, *The Early Germans* (2nd edn, 2004)

R. Tomber, 'Pots, coins and trinkets in Rome's trade with the East', in P. Wells (ed.), *Rome Beyond its Frontiers: Imports, Attitudes and Practices. JRA Supplementary Series* 95 (2013), pp. 87–104

R. Tomlin, 'Making the machine work', in A. Goldsworthy & I. Haynes (eds), *The Roman Army as a Community. JRA Supplementary Series* 34 (1999), pp. 127–38

M. Torelli, *Typology and Structure of Roman Historical Reliefs* (1982)

M. Trümper, *Greaco-Roman Slave Markets. Fact or Fiction?* (2009)

R. Utley, *The Last Days of the Sioux Nation* (2nd edn, 2004)

A. Vasaly, 'Cicero, domestic politics and the first action of the Verrines', *Classical Antiquity* 28. 1 (2009), pp. 101–37

F. Walbank, 'Polybius and Rome's eastern policy', *JRS* 53 (1963), pp. 1–13

F. Walbank, *A Historical Commentary on Polybius* Vol. 1 (1970)

G. Watson, *The Roman Soldier* (1969)

G. Webster, *The Roman Invasion of Britain* (rev. edn, 1993)

G. Webster, *Rome against Caratacus* (rev. edn, 1993)

G. Webster, *The Roman Imperial Army of the First and Second Centuries AD* (3rd edn, 1998)

J. Webster, 'At the end of the world: Druidic and other revitalization movements in post-conquest Gaul and Britain', *Britannia* 30 (1999), pp. 1–20

H. Van Wees, *Greek Warfare – Myths and Realities* (2004)

K. Wellesley, *The Year of Four Emperors* (3rd edn, 2000)

C. Wells, *The German Policy of Augustus* (1972)

P. Wells, *The Barbarians Speak. How the Conquered Peoples Shaped Roman Europe* (1999)

P. Wells, *The Battle that Stopped Rome* (2003)

E. Wheeler, 'Methodological limits and the mirage of Roman Strategy. Parts 1 & 2', *The Journal of Military History* 57 (1993), pp. 7–41 & 215–40

C. Whittaker, *Frontiers of the Roman Empire. A Social and Economic Study* (1994)

C. Whittaker, *Rome and its Frontiers. The Dynamics of Empire* (2004)

S. Wilbers-Rost, 'The site of the Varus Battle at Kalkriese. Recent Results from Archaeological Research', in A. Moirillo, N. Hanel & E. Martín, *Limes XX: Estudios sobre la frontera romana. Roman Frontier Studies. Anejos de Gladius* 13, Vol. 3 (2009), pp. 1347–52

A. Wilson, *Emigration from Italy in the Republican Age of Expansion* (1966)

A. Wilson, 'Machines, power and the Ancient Economy', *JRS* 92 (2002), pp. 1–32

J. Winkler, 'Lollianos and the desperadoes', *Journal of Hellenic Studies* 100 (1980), pp. 155–81

P. Wiseman, 'The publication of the *De Bello Gallico*', in K. Welch & A. Powell (eds), *Julius Caesar as Artful Reporter: The War Commentaries as Political Instruments* (1998), pp. 1–9

R. Wolters, *Die Schlacht im Teutoburger Wald* (2008)

G. Woolf, 'Roman Peace', in J. Rich & G. Shipley, *War and Society in the Roman World* (1993), pp. 171–94

G. Woolf, *Becoming Roman. The Origins of Provincial Civilization in Gaul* (1998)

G. Woolf, 'Pliny's province', in T. Bekker-Nielsen (ed.), *Rome and the Black Sea Region: Domination, Romanization, Resistance* (2006), pp. 93–108

D. Wooliscroft, *Roman Military Signalling* (2001)

D. Wooliscroft & B. Hoffman, *Rome's First Frontier. The Flavian Occupation of Northern Scotland* (2006)

P. Zanker (trans. A. Shapiro), *The Power of Images in the Age of Augustus* (1988)

A. Ziolkowski, '*Urbs direpta*, or how the Romans sacked cities', in J. Rich & G. Shipley (eds), *War and Society in the Roman World* (1993), pp. 69–91

注 释

前 言 生活在和平年代

1 Tacitus, *Agricola* 30. 5.

导 言 比战争更崇高的荣耀

1 Virgil, *Aeneid* 1. 278–9 (Loeb translation).

2 E. Gibbon, *The Decline and Fall of the Roman Empire* Vol. 1 (1776; Penguin Classics edn, 1995), p. 103; this passage seems to have been inspired by very similar comments made by William Robertson some years before, see R. Porter, *Gibbon* (1988), pp. 135–6.

3 In the UK, very large protests were staged against the Iraq War, without in any way preventing most of the people involved for voting for the same government at the next election. Earlier this year there was a general election. The violence in Ukraine, Iraq and Syria and so many other places was barely mentioned by any of the parties, whose focus was almost entirely domestic. Clearly the opinion polls guiding the parties did not suggest that voters cared about such things. However, given that the opinion polls were proved dramatically wrong in their prediction of the outcome, this may be just another reminder of their many flaws.

4 Ovid, *Fasti* 1. 709–18 (Loeb translation).

5 Virgil, *Aeneid* 6. 851–3 – *tu regere imperio populos, Romane, memento (Hae tibi erunt artes) pacisque imponere morem, parcere subiectis et debellare superbos.*

6 G. Woolf, 'Roman Peace', in J. Rich & G. Shipley, *War and Society in the Roman World* (1993), pp. 171–94, 189; 'robbery with violence', see N. Faulkner, *The Decline and Fall of Roman Britain* (2nd edn, 2004), p. 12.

7 N. Morley, *The Roman Empire. Roots of Imperialism* (2010), p. 69.

I 罗马的崛起

1 Polybius 1. 2. 7, 3. 6 (Loeb translation).
2 For Rome's early history, T. Cornell, *The Beginnings of Rome. Italy and Rome from the Bronze Age to the Punic Wars (c.1000–264 BC)* (1995) is an excellent introduction, see esp. pp. 1–30 on sources, and pp. 48–80 on Rome's origins. A lively and challenging look at similar questions is A. Carandini (trans. S. Sartarelli), *Rome. Day One* (2011). Nearly every aspect of this period and the evidence for it continues to be fiercely debated by scholars.
3 On early warfare, see S. Oakley, 'The Roman conquest of Italy', in J. Rich & G. Shipley (eds), *War and Society in the Roman World* (1993), pp. 9–37, esp. pp. 12–14; on the treaty with Carthage, Polybius 3. 22. 1–23.6, 26. 1–2 with comments in F. Walbank, *A Historical Commentary on Polybius* Vol. 1 (1970), pp. 337–55 for detailed discussion.
4 Livy 1. 6, 9–10, 2. 16, 4. 4.
5 Cornell (1995), pp. 304–9; Herodotus 7. 170 for the quote.
6 Cornell (1995), pp. 309–13; pay, see Diodorus Siculus 14. 16. 5, Livy 4. 59. 11.
7 Cornell (1995), pp. 313–22.
8 For a good recent narrative of the Roman conquest of Italy see R. Cowan, *Roman Conquests – Italy* (2009), with Cornell (1995), pp. 322–6, 345–68 and Oakley (1993), pp. 14–33.
9 Refusal of Latin communities to accept Roman citizenship, see Livy 23. 20. 2–3; for a rare example of enfranchisement by Athens of surviving Plataeans, see J. Lendon, *Song of Wrath. The Peloponnesian War Begins* (2010), pp. 202–3, p. 472 n. 3; on Athenian manpower see H. Van Wees, *Greek Warfare – Myths and Realities* (2004), pp. 241–3.
10 Pliny the Elder, *NH* 33. 16 with comments in Cornell (1995), p. 208; Polybius 2. 24. 1–15, with Walbank (1970), pp. 196–203, and more recently D. Baronowski, 'Roman military forces in 225 BC (Polybius 2. 23–4)', *Historia* 42 (1993), pp. 181–202.
11 On the Roman army see L. Keppie, *The Making of the Roman Army* (1984), pp. 14–56.
12 On politics see the useful survey in M. Crawford, *The Roman Republic* (1978), pp. 30–37, 74–83, Cornell (1995), pp. 242–71, 327–44; for more detailed discussion of the magistrates see A. Lintott, *The Constitution of the Roman Republic* (1999), esp. pp. 94–120.

13 On the triumph see in general M. Beard, *The Roman Triumph* (2007); for aristocratic self-advertisement see in particular Polybius 6. 53. 1–54. 5.

14 On the military obligations of citizens and their impact on society see N. Rosenstein, *Rome at War: Farms, Families, and Death in the Middle Republic* (2004).

15 Cowan (2009), pp. 103–47, Cornell (1995), pp. 363–8.

16 On the Punic Wars in general see J. Lazenby, *The First Punic War* (1996), *Hannibal's War. A Military History of the Second Punic War* (1998) and A. Goldsworthy, *The Punic Wars* (2000) (= *The Fall of Carthage*, 2003) as surveys and introductions to the vast literature on the subject.

17 See S. Dyson, *The Creation of the Roman Frontier* (1985), esp. pp. 7–125 for northern Italy and pp. 174–98 for Spain; on the wars against the Hellenistic world see E. Gruen, *The Hellenistic World and the Coming of Rome* (1984), F. Walbank, 'Polybius and Rome's eastern policy', *JRS* 53 (1963), pp. 1–13 and P. Derow, 'Polybius, Rome and the east', *JRS* 69 (1979), pp. 1–15 for a glimpse of the extensive literature on the subject.

18 N. Purcell, 'The creation of provincial landscape: the Roman imprint on Cisalpine Gaul', in T. Blagg & M. Millet (eds), *The Early Roman Empire in the West* (1990), pp. 7–29.

2 战　争

1 Sallust, *Bell. Cat.* 7. 3–6 (Loeb translation).

2 For age of service, see the plausible suggestions in N. Rosenstein, *Rome and the Mediterranean 290 to 146 BC. The Imperial Republic* (2012), pp. 94–6, 112–16 and 'Marriage and Manpower in the Hannibalic War: *Assidui, Proletarii* and Livy 24. 18. 7–8', *Historia* 51 (2002), pp. 163–91; on military decorations see Polybius 6. 39. 1–11, with in general V. Maxfield, *The Military Decorations of the Roman Army* (1981).

3 For centurions, see the case of Spurius Ligustinus in Livy 42. 34. 1–35. 1 and discussion in R. Smith, *Service in the Post-Marian Roman Army* (1958), pp. 4–6; on governors see A. Lintott, *Imperium Romanum. Politics and Administration* (1993), pp. 43–69.

4 For Galba and his campaign, the fullest account is in Appian, *Bell. Hisp.* 55–60, with comments in S. Dyson, *The Creation of the Roman Frontier* (1985), pp. 203–9, J. Richardson, *Hispaniae. Spain and the Development of Roman Imperialism, 218–82 BC* (1986), pp. 126–7, 136–7; for the Lusitanians, see Strabo, *Geog.* 3. 3. 3–8, with 3. 3. 7 on wearing their hair long.

5 On fear of Carthage in 149 BC see J. Rich, 'Fear, greed and glory: the causes of Roman war-making in the middle Republic', in J. Rich & G. Shipley (eds), *War and Society in the Roman World* (1993), pp. 38–68, esp. 63–64, and for the course of the war see A. Goldsworthy, *The Punic Wars* (2000) (= *The Fall of Carthage*, 2003), pp. 331–56; Polybius 35. 1 for the 'fiery war' and 4. 3–14 on the problems of recruiting and the role of Scipio Aemilianus, the popular young nobleman.

6 Appian, *Bell. Hisp.* 56–57 on the captured Roman standards and crossing to Africa.

7 For the quote see Appian, *Bell. Hisp.* 59 (Loeb translation); Galba had served in the Third Macedonian War, see Livy 45. 35. 8–39. 20, but nothing else is known of any other time with the army; on the use of resettlement, see Dyson (1985), pp. 54–5, 100–01, 104–5, 213–14, 226.

8 Suetonius, *Galba* 3. 2 for the total of 30,000 Lusitanians, and note that later Appian, *Bell. Hisp.* 61 claims that 10,000 survivors gathered by 148 BC; women's costume, Strabo, *Geog.* 3. 3. 7.

9 For Wounded Knee, see the thorough reconstruction in R. Utley, *The Last Days of the Sioux Nation* (2nd edn, 2004), pp. 200–30.

10 Frontinus, *Stratagems* 1. 12. 4 for blood on shields and chests of horses; Livy 31. 34. 4–5 (Loeb translation) for Livy's description of wounds inflicted by the Spanish sword in a skirmish during the Second Macedonian War.

11 Livy, *Pers.* 49, Strabo, *Geog.* 3. 3. 6–7 on human sacrifice and comments in Dyson (1985), pp. 204–6.

12 There is a convenient list of temples and other monuments vowed and constructed by victorious commanders in the list of building work at Rome in the early centuries in S. Oakley, 'The Roman conquest of Italy', in Rich & Shipley (1993), pp. 9–37, 33–5.

13 Polybius 1. 1. 5 (Loeb translation).

14 On Polybius see F. Walbank, *A Historical Commentary on Polybius* Vol. 1 (1970), pp.1–6.

15 For the traditional view see E. Badian, *Roman Imperialism in the Late Republic* (1968), R. Errington, *The Dawn of Empire: Rome's Rise to World Power* (1971); the most powerful criticism of this came with the hugely influential W. Harris, *War and Imperialism in Republican Rome 327–70 BC* (1979), but important contributions include K. Hopkins, *Conquerors and Slaves* (1978) and Richardson (1986) which looks at the Spanish

experience emphasising the aggression and opportunism of provincial governors eager for plunder and glory.

16　See Harris (1979), pp. 9–53 on attitudes to warfare; Richardson (1986), pp. 128–37 on the shifting pattern or sending consular or praetorian governors to the Spanish provinces.

17　On the change to the start of the consular year, see Richardson (1986), pp. 12–129.

18　First Punic War, see Polybius 1. 11. 1–3; Second Macedonian War, Polybius 18. 1. 1–12. 5, Livy 32. 32. 1–37. 6; Third Macedonian War, Livy 43. 1. 4–12.

19　Appian, *Bell. Hisp.* 50–55, with Dyson (1985), pp. 202–3, Richardson (1986), pp. 136–7 for contrasting assessments.

20　Livy 38. 44–50.

21　E.g. Livy 39. 6, 45. 40, Plutarch, *Aemilius Paulus* 34.

22　On triumphs see Rich (1993), pp. 4–53; for 1,192,000 deaths in Caesar's campaigns see Pliny the Elder, *NH* 7. 92, although Velleius Paterculus 2. 47. 1 gives a figure of 400,000; on the Roman sword see the provocative study by S. James, *Rome and the Sword. How Warriors and Weapons Shaped Roman History* (2011), *passim.*

23　Polybius 10. 15. 4–5 (Loeb translation).

24　For emphasis on Roman ferocity, citing this passage, see Harris (1979), pp. 50–53.

25　On Roman looting see A. Ziolkowski, '*Urbs direpta*, or how the Romans sacked cities', in Rich & Shipley (1993), pp. 69–91.

26　P. Brunt, *Italian Manpower 225 BC–AD 14* (1971), pp. 391–472 , Harris (1979), pp. 44–6.

27　Polybius 31. 13. 7 (Loeb translation) for the quote; more generally on the profits of expansion see Harris (1979), pp. 54–104, Hopkins (1978), pp. 1–98 and E. Gruen, 'Material rewards and the drive for empire', in W. Harris (ed.), *The Imperialism of Mid-Republican Rome* (1984), pp. 59–82.

28　'massive violence' see Harris (1979), p. 53; for a good survey of problems with Harris' thesis see Rich (1993).

29　Rich (1993), pp. 47–55 on triumphs; Harris (1979), pp. 189–90 on alliances pretext for war and 201–05 with Richardson (1986), pp. 20–30 on Saguntum and the start of the Second Punic War.

30　By far the most important recent contribution to the debate on Roman imperialism is A. Eckstein, *Mediterranean Anarchy, Interstate War, and the*

Rise of Rome (2006), which thoroughly demolishes the idea of Rome as uniquely aggressive.

31 On Greek warfare in general see H. Van Wees, *Greek Warfare – Myths and Realities* (2004), esp. pp. 77–85, 115–50, D. Dawson, *The Origins of Western Warfare. Militarism and Morality in the Ancient World* (1996), pp. 47–107, and Eckstein (2006), pp. 37–180; piracy and trade at Athens, see van Wees (2004), pp. 202–3; none of this is to claim that Greek states were in permanent conflict. Peaceful co-operation did occur, see for instance J. Ma, 'Peer Polity Interaction in the Hellenistic Age', *Past & Present* 180 (2003), pp. 9–39.

32 Eckstein (2006), pp. 200–04 comparing Roman ferocity with that of others, and noting that Polybius believed the Macedonians and not the Romans to be the most naturally fierce and effective soldiers.

33 Caesar, *BG.* 6. 15, 23, cf. 1. 2.

34 See for instance the evidence for significant fighting at the very large and organised Iron Age *oppidum* or town at Manching in P. Wells, *The Barbarians Speak. How the Conquered Peoples Shaped Roman Europe* (1999), pp. 28–31, 77–79; on head-hunting see Poseidonius quoted in Strabo, *Geog.* 4. 4. 5, and Diodorus Siculus 5. 29. 2–5; on the use of heads and other body parts in ritual, one example is Ribemont-sur-Ancre, for which see T. Derks, *Gods, Temples and Ritual Practices: The Transformation of Religious Ideas and Values in Roman Gaul* (1998), pp. 48, 234–5.

35 Eckstein (2006), pp. 244–316.

36 Harris (1979), pp. 175–254 attempted a survey of Rome's wars in the period he covered presenting almost all as caused by Roman aggression. This has generally been seen as the weakest section of his book by critics and supporters alike, e.g. A. Sherwin-White, 'Rome the aggressor?', *JRS* 70 (1979), pp. 177–181 and J. North, 'The development of Roman imperialism', *JRS* 71 (1981), pp. 1–9.

37 Diodorus Siculus 5. 34. 6–7.

38 Strabo, *Geog.* 3. 3. 5.

39 On weaponry see F. Queseda Sanz, *Arma de la Antigua Iberia de Tatessos a Numancia* (2010), with pp. 171–80 on mercenary service.

40 Attempt to permit owners to reclaim recaptured booty in 193 BC, see Livy 35. 1.

41 Livy, *Pers.* 49.

42 Cato quoted in Cicero, *de Oratore* 1. 228 (Loeb translation), see also

Cicero, *Brutus* 89, Livy, *Pers.* 49, Appian, *Bell. Hisp.* 60, with comments and further references in Dyson (1985), pp. 205–6.

43 Valerius Maximus 6. 4. 2.

44 On Viriathus see Appian, *Bell. Hisp.* 61–75, with Dyson (1985), pp. 206–13; for locals rather than Romans as the chief focus of his attacks, note that the stratagems attributed to him, Frontinus, *Stratagems* 2. 5. 7, 13. 4 describe tactics used against the Romans, but 3. 10. 6, 11. 4, 4. 5. 22 all deal with fighting the Segobrigenses.

45 Dyson (1985), pp. 220–24 on lessening of warfare first in Nearer Spain and then in Further Spain, while noting repeated talk of banditry, e.g. Diodorus Siculus 3. 54. 7, Plutarch, *Marius* 6.

3 敌与友

1 Cicero, *ad Att.* 1. 19.

2 Caesar, *BG* 1. 44 (Loeb translation).

3 In general see Caesar, *BG* 1. 31–43, 6. 12.

4 Caesar, *BG* 1. 42, and for the nickname *equestris* see L. Keppie, *The Making of the Roman Army* (1984), pp. 84, 204.

5 For the dating of the *Commentaries* see M. Gelzer, *Caesar* (1968), pp. 170–72, C. Meier, *Caesar* (1996), pp. 254–64. For the arguments in favour of annual publication see K. Welch & A. Powell (eds), *Julius Caesar As Artful Reporter* (1998), and especially the article by P. Wiseman, 'The publication of the *De Bello Gallico*', pp. 1–9, and also T. Rice Holmes, *Caesar's Conquest of Gaul* (1911), pp. 202–9. See also Caesar, *BG* 8 preface and Suetonius, *Caesar* 56. 3–4. In general also C. Kraus, '*Bellum Gallicum*', in M. Griffin (ed.), *A Companion to Julius Caesar* (2009), pp. 159–74, and J. Osgood, 'The Pen and the Sword: Writing and Conquest in Caesar's Gaul', *Classical Antiquity* 28 (2009), pp. 328–58.

6 On the archaeological evidence see S. Dyson, *The Creation of the Roman Frontier* (1985), pp. 126–73, B. Cunliffe, *Greeks, Romans and Barbarians: Spheres of Interaction* (1988), esp. pp. 38–58 and 80–105, N. Roymans, *Tribal Societies in Northern Gaul: An Anthropological Perspective. Cingula* 12 (1990), esp. pp. 17–47, P. Wells, *The Barbarians Speak* (1999), pp. 48–85 and T. Burns, *Rome and the Barbarians, 100 BC–AD 200* (2003), pp. 88–139.

7 On the power of noblemen expressed by the number of retainers see Caesar, *BG* 6. 15; on the wine trade see Cunliffe (1988), pp. 59–105, esp. 74, and Roymans (1990), pp. 147–67 and A. Tchernia, 'Italian wine in

Gaul at the end of the Republic', in P. Garnsey, K. Hopkins & C. Whittaker (eds), *Trade in the Ancient Economy* (1983), pp. 87–104.

8 Strabo, *Geog.* 4. 3. 2 on conflict to control the Saône and its trade route. More generally see Dyson (1985), pp. 141–3, 172.

9 See discussion in Wells (1999), pp. 44–7, 75–85, Burns (2003), pp. 76–87.

10 Caesar, *BG* 1. 3, 4–5, 31, 6. 12, Cicero, *ad Att.* 1. 19. 2.

11 On *amicitia* in general see P. Brunt, *The Fall of the Roman Republic and Related Essays* (1988), pp. 351–81, C. Steel, 'Friends, associates, wives', in Griffin (2009), pp. 112–25, esp. 112–14; on the Aedui see D. Braund, 'The Aedui, Troy, and the Apocolocyntosis', *Classical Quarterly* 30 (1980), pp. 420–25.

12 Diviciacus in Rome, see Cicero, *de Divinatione* 1. 41. 90, cf. *ad Att.* 1. 19. 2–3, and Caesar, *BG* 1. 31, 35, 43 and 6. 13–14 on druids and druidic training ; Pliny the Elder, *NH* 2. 67 describes an encounter between a Metellus as proconsul with a king of the Suebi. The purpose of the anecdote is the unlikely claim that the German leader handed over sailors who had come from India and been washed ashore in his territory.

13 See Dyson (1985), pp. 169–71.

14 Caesar, *BG* 1. 3–4, 18; for differing views on what the Helvetii and their leaders planned see T. Rice Holmes, *Caesar's Conquest of Gaul* (1911), pp. 218–24, and H. Delbrück (trans. J. Renfroe), *History of the Art of War* Vol. 1: *Warfare in Antiquity* (1975), pp. 459–78, and A. Goldsworthy, *Caesar: The Life of a Colossus* (2006), pp. 205–11.

15 Desire to be first, Plutarch, *Caesar* 11; the focus on the Balkans, see C. Goudineau, *César et la Gaule* (1995), pp. 130–48.

16 Caesar, *BG* 1. 9; in general see the useful discussion in J. Thorne, 'The Chronology of the Campaign against the Helvetii: A Clue to Caesar's Intentions?', *Historia* 56 (2007), pp. 27–36.

17 Caesar, *BG* 1. 11 for raiding; for the narrative of the campaign see Goldsworthy (2006), pp. 212–23.

18 Caesar, *BG* 1. 17–20.

19 Caesar, *BG* 1. 30–33.

20 Caesar, *BG* 1. 34–6, with quote from 1. 34.

21 See N. Rosenstein, 'General and imperialist', in Griffin (2009), pp. 85–99, esp. 88–91; on depiction of the Germans see J. Gardner, 'The "Gallic menace" in Caesar's Propaganda', *Greece and Rome* 30 (1983), pp. 181–9; see M. Todd, *The Northern Barbarians* (1987), pp. 11–13, *The Early Germans* (1992), pp. 8–13, C. Wells, *The German Policy of Augustus* (1972),

pp. 14–31 and Wells (1999), pp. 42–7, 99–121, and Burns (2003), pp. 111–18.

22　Caesar, *BG* 1. 39–41; Dio 38. 35. 2 claims that some felt Caesar was exceeding his remit as governor by leading his army so far from his province.

23　Caesar, *BG* 1. 47.

24　Caesar, *BG* 1. 43–47.

25　Caesar, *BG* 1. 47–54; women 1. 51, cf. Tacitus, *Germania* 7–8, with the unnecessarily sceptical comments in Burns (2003), p. 120–22; subsequent death of Ariovistus, Caesar, *BG* 5. 29.

26　Caesar, *BG* 1. 54; on displays of submission see H. Sidebotham, 'International Relations', in P. Sabin, H. van Wees & M. Whitby (eds), *The Cambridge History of Greek and Roman Warfare* Vol. 2: *Rome from the Late Republic to the Late Empire* (2007), pp. 3–29, esp. 16–22; Caesar's inexperience in 58 BC see Goldsworthy (2006), pp. 184–5, Rosenstein (2009), pp. 86–8.

27　Caesar, *BG* 2. 1, 3–5.

28　Caesar, *BG* 2. 6–7, 12–15.

29　E.g. Caesar, *BG* 4. 21 and 7. 76 on favours to Commius of the Atrebates, and other cases in 5. 25, 27.

30　Caesar, *BG* 5. 6–7.

31　Caesar, *BG* 5. 2–4.

32　Caesar, *BG* 5. 24–25, 26–27, 54, 55–58; for the narratives of the campaigns see Goldsworthy (2006), pp. 297–312 or M. Sage, *Roman Conquests: Gaul* (2011), pp. 84–95.

33　Caesar, *BG* 5. 54, 6. 2, 4, 9.

34　Caesar, *BG* 7. 1–2; on Caesar's attitude to the Gauls see J. Barlow, 'Noble Gauls and their other in Caesar's propaganda' and L. Rawlings, 'Caesar's portrayal of the Gauls as warriors', both in in K. Welch & A. Powell (eds), *Julius Caesar as Artful Reporter: the War Commentaries as Political Instruments* (1998), pp. 139–170, and 171–192 respectively.

35　Caesar, *BG* 7. 4, 6. 6, 7. 76; friendly relations between Vercingetorix and Caesar, see Dio 40. 41. 1, 3.

36　Caesar, *BG* 7. 32–3, 37–43, 54–5, 59.

37　Caesar, *BG* 7. 63 on Aedui seeking to lead rebellion; for the campaign overall see Goldsworthy (2006), pp. 315–342, Sage (2011), pp. 105–40.

38　Caesar, *BG* 8. 49.

39　For Commius see Caesar, *BG* 8. 6, 7, 22–23, 47–48, and Frontinus, *Stratagems* 2. 13. 11; for quote 8. 48.

40　On 'pacifying' see for instance Caesar, *BG* 3. 7, 20.

4　商人与殖民者

1　Cicero, *Verrines* 2. 5. 167–8 (Loeb translation).
2　He was awarded twenty days of public thanksgiving, see Caesar, *BG* 4. 38; for excitement see Cicero, *ad Att.* 4. 17, *ad Quintum Fratrem* 2. 16. 4.
3　Marcus Mettius, Caesar, *BG* 1. 47, 53.
4　Caesar, *BG* 1. 1 for Belgians rarely visited by traders, 2. 15 for the refusal of the Nervii to admit any traders and 4. 2 for the Germans, with comments in J. Barlow, 'Noble Gauls and their other in Caesar's propaganda', in K. Welch & A. Powell (eds), *Julius Caesar as Artful Reporter: The War Commentaries as Political Instruments* (1998), pp. 139–70; the use of the alleged morality of the simple Germanic peoples in contrast to the decadence of 'sophisticated' society in Rome is especially pronounced in Tacitus, *Germania*.
5　Caesar, *BG* 4. 20–21; see in general M. Todd, *Roman Britain* (3rd edn, 1999), pp. 1–3, B. Cunliffe, *Hengistbury Head* Vol. 1 (1987) and *Facing the Ocean: The Atlantic and its peoples 800 BC–AD 1500* (2001) pp. 261–310, on Caesar and the Veneti see B. Levick, 'The Veneti Revisted: C. E. Stevens and the tradition on Caesar the propagandist', in Welch & Powell (1998), pp. 61–83.
6　For very different attempts to understand events in Britain after 54 BC see G. Webster, *The Roman Invasion of Britain* (rev. edn, 1993), pp. 41–74, J. Manley, *AD 43. The Roman Invasion of Britain – A Reassessment* (2002), pp. 37–50.
7　Cicero, *ad Att.* 4. 17; Caesar and pearls, see Suetonius, *Caesar* 47; Strabo, *Geog.* 4. 6. 12 on Scipio Aemilianus; on the absence of commercial motives in Roman decision-making see W. Harris, *War and Imperialism in Republican Rome 327–70 BC* (1979), pp. 54–104.
8　Polybius 34. 10. 10, with Strabo, *Geog.* 4. 6. 12.
9　See Appian, *Celtica* 13, with S. Dyson, *The Creation of the Roman Frontier* (1985), pp. 75–6; see G. Alföldy (trans. A. Birley), *Noricum* (1974), pp. 44 for Pompaius Senator, 44–47 on the Magdalensberg settlement.
10　On Romans abroad see A. Wilson, *Emigration from Italy in the Republican Age of Expansion* (1966); for Greek colonisation see in general R. Garland, *The Wandering Greeks: The Ancient Greek Diaspora from the Age of Homer to the Death of Alexander* (2014), J. Boardman, *The Greeks Overseas: Their Early Colonies and Trade* (4th edn, 1999).

11　Polybius 3. 22. 1–23. 6; on the treaties with Carthage. F. Walbank, *A Historical Commentary on Polybius* Vol. 1 (1970), pp. 337–56; on Carthage in general see G. Picard & C. Picard, *Carthage* (rev. edn, 1987), S. Lancel, *Carthage* (Oxford, 1995) and R. Miles, *Carthage Must be Destroyed. The Rise and Fall of an Ancient Civilization* (2010), pp. 1–176.

12　Strabo, *Geog.* 3. 5. 11.

13　For Romans in Carthage see Appian, *Punic Wars* 92; E. Palmer, *Carthage and Rome at Peace* (1997), pp. 32–62.

14　Exchanging a slave for an amphora see Diodorus Siculus 5. 26. 3–4; on coinage see C. Howgego, 'The Monetization of Temperate Europe', *JRS* 103 (2013), pp. 16–45, esp. 26–31, 35–7.

15　Livy 44. 13. 1; Cunliffe (2001), pp. 311–64.

16　Polybius 2. 8. 1–4, with T. Frank (ed.), *An Economic Survey of Ancient Rome* Vol. 1 (1933), pp. 102–3 and Harris (1979) pp. 195–7 noting that the Romans appear to have let this piracy continue for some time before taking action; Cicero, *Verrines* 2. 5. 149–50, 167–8

17　Colonisation see Wilson (1966), pp. 44–5, 64–5; inscription from Sicily, *ILS* 1. 864 = *CIL* I². 612; Cossutius see *Inscriptiones Graecae* 3. (1) 561 and Vitruvius, *De architectura* 8. 160, with Wilson (1966), pp. 96–7.

18　Strabo, *Geog.* 14. 2. 5; on Delos in general see Wilson (1966), pp. 99–121, with J. Hatzfeld, 'Les Italiens résidant à Délos', *Bulletin de Correspondance Hellénique* 36 (1912), 143¹ for dealers in oil; on the Agora of the Italians see M. Trümper, *Greaco-Roman Slave Markets. Fact or Fiction?* (2009), pp. 34–49 who is sceptical, but presents a good bibliography of the debate over this site.

19　A. Sherwin-White, *The Roman Citizenship* (2nd edn, 1996), pp. 399–402.

20　Caesar, *BG.* 6. 37 for traders caught outside the camp; *BG* 7. 3, 38, 42, 55 for massacres of Romans in 53–52 BC.

21　Appian, *Iberica* 38. 115, with J. Richardson, *Hispaniae. Spain and the Development of Roman Imperialism, 218–82 BC* (1986), pp. 53, 57; Carteia, see Livy 43. 3. 1–4, with Richardson (1986), pp. 118–19.

22　Strabo, *Geog.* 4. 1. 5, with Wilson (1966), pp. 64–7.

23　Cicero, *pro Fronteio* 11–12, cf. *pro Quinctio* 11 describing Romans buying cattle from the province, and *in Catilinam* 2. 14 and Sallust, *Bell. Cat.* 34. 2 on a merchant who had done business with the Allobroges tribe.

24　Caesar, *BG* 7. 3, 38, 42, 55; Cicero, *pro Fronteio* 46; raising forces from Roman citizens in the provinces, see Josephus, *Jewish Antiquities* 14. 84

for armed civilians in Judaea, and Cicero, *ad Fam.* 15. 4 for re-enlisting demobilised soldiers in Cilicia.

25 Sallust, *Bell. Jug.* 21, 23–7, 47, 67.

26 Appian, *Mith.* 22 (Loeb translation).

27 Appian, *Mith.* 22, Athanaeus *frag.* 5. 213, Tacitus, *Ann.* 4. 14; Valerius Maximus 9. 2. 3 gives a death toll of 80,000, although Plutarch, *Sulla* 24 claims the total was 150,000; for handy introductions to the background see P. Matyszak, *Mithridates the Great. Rome's Indomitable Enemy* (2008), pp. 43–7, A. Mayor, *The Poison King. The Life and Legend of Mithridates, Rome's Deadliest Enemy* (2010), pp. 170–75.

28 Cicero, *de imperio Cn. Pompeio* 11; 20,000 massacred on Delos and elsewhere, see Appian, *Mith.* 28; on the general hatred of Romans see Sherwin-White (1996), pp. 399–402, referring to the Sibylline Oracles circulating in the eastern Mediterranean. However, it should be noted that similar prophecies in the past had foretold the humbling of other nations, notably the Macedonians.

29 Cicero, *Verrines* 2. 1. 63–76.

30 Romans in provinces seen as greedy, see Cicero, *ad Quintum Fratrem* 1. 1. 16.

31 Humiliation and execution of Q. Oppius by Mithridates, see Appian, *Mith.* 20–21; see Matyszak (2008), pp. 43–8 for a good analysis of Mithridates' motives.

32 However, anger at such an outrage might make Roman legionaries fight with more than usual fury, e.g. at Avaricum in 52 BC, Caesar, *BG* 7. 17, 29.

5 "你赚了多少钱？"——如何统治行省

1 Cicero, *ad Fam.* 15. 5 (Loeb translation).

2 Cicero, *ad Att.* 5. 1–15 for letters written on the journey and describing his itinerary. The month of July was not yet named after Julius Caesar and was still called Quinctilis, but I have used the later term to avoid confusion.

3 In general see A. Lintott, *Imperium Romanum. Politics and Administration* (1993), pp. 22–7, 46–8.

4 On Cicero's career in general and his appointment to Cilicia see D. Stockton, *Cicero: A Political Biography* (1971), esp. pp. 225–6; for a detailed

discussion of his appointment see A. Marshall, 'The *Lex Pompeia de provinciis* (52 BC) and Cicero's *Imperium* in 51–50 BC: Constitutional aspects', *ANRW* I. I (1972), pp. 887–921.

5 Cicero, *ad Att.* 5. 15 for the quote; for pleas to prevent any extension of his command e.g. Cicero. *ad Att.* 5. 14, 15, 18, 20, 21, 6. I, 3, with letters to incoming magistrates *ad Fam.* 15. 7, 8, 9, 12.

6 Cicero, *ad Fam.* 2. 12.

7 On Petreius see Sallust, *Bell. Cat.* 59. 6 describing him in 62 BC, but probably referring to his entire career; for Caesar see A. Goldsworthy, *Caesar. The Life of a Colossus* (2006), pp. 184–5; Catullus 10. 8.

8 Cicero, *pro Cn. Plancio* 64–6.

9 Cicero, *ad Att.* 6. I. 15, Valerius Maximus 8. 15. 6; on edicts see Lintott (1993), pp. 60–62, A. Marshall, 'The Structure of Cicero's Edict', *The American Journal of Philology* 85 (1964), pp. 185–91.

10 For a survey of the province and Cicero's governorship see Stockton (1971), pp. 227–53; on relations with the Parthians see D. Kennedy, 'Parthia and Rome: Eastern Perspectives', in D. Kennedy (ed.), *The Roman Army in the East. JRA Supplementary Series* 18 (1996), pp. 67–90.

11 For subordinates and staff see Lintott (1993), pp. 50–52, and on quaestors see A. Lintott, *The Constitution of the Roman Republic* (1999), pp. 133–7; on the *accensus*, Cicero, *ad Quintum Fratrem* I. I. 13.

12 Lintott (1993), pp. 53–4; Cicero, *Verrines* 2. 5. 29, 39–42.

13 A. Marshall, 'Governors on the Move', *Phoenix* 20 (1966), pp. 231–46, Lintott (1993), pp. 54–65; captured praetor killed because he was old and fat, Appian, *Bell. Hisp.* 63.

14 Marshall (1966), p. 246; for Caesar see Suetonius, *Julius Caesar* 56–7.

15 Cicero, *ad Att.* 5. 14, 15, 16, 17, *ad Fam.* 3. 6, 15. 4.

16 assizes as he travelled along the road, Cicero, *ad Att.* 5. 20.

17 For the quote, Cicero, *ad Att.* 5. 20, and the campaign in general see also *ad Fam.* 2. 7, 10, 15. 1, 2, 4, with discussion in A. Goldsworthy, *The Roman Army at War 100 BC–AD 200* (1996), pp. 95–7, 99–100.

18 'perpetual enemies', Cicero, *ad Fam.* 2. 10, Bibulus' defeat, *ad Att.* 5. 20; tribes in the Alps, Caesar, *BG.* 3. I.

19 E.g. Lintott (1993), pp. 53–4, Marshall (1966), pp. 239–40.

20 Cicero, *ad Att.* 5. 21.

21 Cicero, *Verrines* 2. 4 *passim* on Verres' alleged thefts or compulsory purchases of artworks.

22 Cicero, *ad Att.* 5. 21.

23 Quotes from Cicero, *ad Att.* 5. 15; efforts to keep tight control over expenses, e.g. *ad Att.* 5. 15, 16, 17, 21 (for a blemish on the record), 6. 2, 3.

24 Cicero, *ad Att.* 6. 1, with R. Syme, 'Who was Vedius Pollio?', *JRS* 51 (1961), pp. 23–30.

25 Polybius 6. 17. 1–9, and in general see E. Badian, *Publicans and Sinners* (1972).

26 Second Punic War, Livy 23. 48. 4–49. 4, 25. 3. 9–5. 1, with Badian (1972), pp. 17–20; Strabo, *Geog* 3. 2. 10 on mining, quoting a lost passage from Polybius, with Badian (1972), pp. 31–6; the latter's visit to the area, Polybius 3. 59. 7; mines in Macedonia, Livy 45. 18. 3–5, with Badian (1972), pp. 40–41, 127–8 ns. 40–41.

27 Cicero, *ad Att.* 1. 17. 9, 18. 3, 2. 1. 8, with Badian (1972), pp. 101–04.

28 On size of contracts see Badian (1972), pp. 67–70; quote from Cicero, *ad Quintum Fratrem* 1. 1. 32–5, cf. *ad Att.* 6. 1 for his own relations with the *publicani* in Cilicia.

29 Cicero, *Verrines* 2. 3 which deals at length with abuse of the grain tithe; 2. 182, 3. 167, 182 for companies keeping records. This oration was never delivered in court because Verres had already gone into exile. For recent discussion see the collection of papers in J. Prag, *Sicilia Nutrix Plebis Romanae. Rhetoric, Law, and Taxation in Cicero's Verrines* (2007); quote from Livy 45. 18. 4; on Rutilius Rufus see Badian (1972), pp. 90–92, and for suggestion of guilt A. Lintott, '*Leges Repetundae* and associate measures under the Republic', *ZSS* 98 (1981) pp. 194–5.

30 Badian (1972), pp. 102–5.

31 Cicero, *Verrines* 2. 5. 158–73.

32 Cicero, *ad Fam.* 13. 55, 53, and 56 respectively (Loeb translation).

33 Cicero, *ad Fam.* 8. 9, 2. 11, *ad Fam.* 5. 21.

34 Cicero, *ad Att.* 5. 21, 6. 1, 2, 3.

35 Quote from Plutarch, *Brutus* 6.

36 For Ariobarzanes see Cicero, *ad Fam.* 15. 2, *ad Att.* 5. 20, 6. 1.

37 Cicero, *ad Fam.* 3. 1, 2, 3, 4, 5, 6, 7, 8, 9, 10, 11, 12, 13 for letters to Appius, *ad Att.* 5. 15, 16, 6. 1, 2, with 6. 1 for the joke about a doctor resenting someone else curing his patient.

38 Cicero, *ad Att.* 6. 2 on corruption among local magistrates.

39 Cicero, *ad Fam.* 15. 4, 5, 6 for exchange of letters with Cato.

40 In 44 BC Decimus Brutus Albinus, one of Caesar's assassins and by this time governor of Cisalpine Gaul, sent a punitive expedition into the Alps 'not so much in quest of the title *imperator* as desiring to satisfy my

men and make them firm for the defence of our concerns', see Cicero,
ad Fam. II. 4 (Loeb translation).

41 Risk of famine, Cicero, *ad Att.* 5. 21.

42 On putting his quaestor in charge see Marshall (1972), pp. 899–921.

6 行省居民与国王

1 Polybius 31. 20 (Loeb translation).

2 On the establishment of a permanent presence in Macedonia see dis-
cussion in R. Kallet-Marx, *Hegemony to Empire. The Development of the
Roman Imperium in the East from 148 to 62 BC* (1995), pp. 11–41, and for
Asia, pp. 97–122.

3 Kallet-Marx (1995), pp. 30–40, E. Gruen, *The Hellenistic World and the
Coming of Rome* (1984), pp. 429–36, and A. Eckstein, 'Hegemony and
annexation beyond the Adriatic 230–146 BC', in D. Hoyos (ed.), *A Com-
panion to Roman Imperialism* (2013), pp. 79–97; on the course of the Via
Egnatia see Kallet-Marx (1995), pp. 347–9 and N. Hammond, 'The west-
ern part of the via Egnatia', *JRS* 64 (1974), pp. 185–94.

4 M. Hassall, M. Crawford & J. Reynolds, 'Rome and the Eastern Prov-
inces at the end of the Second Century BC', *JRS* 64 (1974), pp. 195–220,
esp. pp. 201–7 for text and 207–29 for translation of the law.

5 Plutarch, *Cimon* 1. 2–2. 1 tells the story but is unclear about the date of
the incident. For this see Kallet-Marx (1995), pp. 280–81, and esp. p. 280
n. 77.

6 On homosexuality in the army see Polybius 6. 37 and the incident in
Plutarch *Marius* 13–14 where a soldier received the highest award for
valour, the *corona civica*, when he killed his commander after the latter
had abused his authority in an effort to seduce the man.

7 In general see Gruen (1984), pp. 523–8 on Greece, pp. 529–610 on Asia,
Kallet-Marx (1995), pp. 223–334.

8 Polybius 31. 2. 1–6, Appian, *Syrian Wars* 45–46, with Gruen (1984), p. 664
esp. fn. 244 with fuller references, pp. 714–15 for another tour by a dele-
gation led by a distinguished senator, in this case Scipio Aeminilianus.

9 For a good survey see Kallet-Marx (1995), pp. 161–83, and for the back-
ground see J. Ma, 'Peer Polity Interaction in the Hellenistic Age', *Past
& Present* 180 (2003), pp. 9–39.

10 For the declaration of the Second Macedonian War see Livy 31. 5. 1–8. 4;
and comments and doubts over the true motive in W. Harris, *War and*

Imperialism in Republican Rome 327–70 BC (1979), pp. 212–18, F. Walbank, 'Polybius and Rome's eastern policy', *JRS* 53 (1963), pp. 1–13, P. Derow, 'Polybius, Rome and the east', *JRS* 69 (1979), pp. 1–15, and in general J. Rich, *Declaring War in the Roman Republic in the Period of Transmarine Expansion. Collection Latomus 149* (1976); On Popillius Laenas see Livy 44. 20. 1, 29. 1–5, 10. 45. 2–15, 12. 1–3, with Gruen (1984), pp. 656–60.

11 On declining offers of aid see the case of the Ptolemies in Gruen (1984), pp. 672–85; on Roman decisions to act and priorities see T. Hillard & L. Beness, 'Choosing friends, foes and fiefdoms in the second century BC', in Hoyos (2013), pp. 127–40.

12 In general see Kallet-Marx (1995), pp. 162–77; on receiving embassies in February see T. Broughton, *The Magistrates of the Roman Republic* Vol. 3 (1986), pp. 97–8.

13 Caesar and Cicero as students, see Cicero, *Brutus* 316, Suetonius, *Caesar* 4; Horace, *Epistles* 2. 1. 156–7 for quote.

14 On Athens see Kallet-Marx (1995), pp. 203–5, with Cicero, *de Oratore* 3. 75 for Crassus; on Ptolemies and the cat incident see Diodorus Siculus 1. 83. 1–9, 1. 44. 1; in general see M. Siani-Davies, 'Ptolemy XII Auletes and the Romans', *Historia* 46 (1997), pp. 306–40, esp. 317–22, and G. Hölbl (trans. T. Saavedra), *A History of the Ptolemaic Empire* (2001), pp. 225–7.

15 Delegation led by philosophers, see Pausanius 7. 11. 4–8, Polybius 33. 2, Plutarch, *Cato the Elder* 22; on Menippus see L. Robert & J. Robert, *Claros* Vol. 1: Décrets hellénistiques (1989), Menippus 23–44 with Kallet-Marx (1995), p. 128.

16 Cicero, *ad Att.* 15. 15; Sallust, *Bell. Jug.* 35. 10; ban on delegation borrowing money, see Diodorus Siculus 40. 1. 1.

17 Sallust, *Bell. Jug.* 33. 1; Polybius 30. 18. 1–19. 17, cf. Gruen (1984), p. 574; on Roman attitudes towards monarchs see E. Rawson, 'Caesar's Heritage. Hellenistic kings and their Roman equals', *JRS* 65 (1975), pp. 148–59.

18 Valerius Maximus 5. 1f, Diodorus Siculus 31. 18. 1–2, with comments in Gruen (1984), pp. 694–6.

19 In general see J. Prag, '*Auxilia* and *gymnasia*: A Sicilian model of Roman Imperialism', *JRS* 97 (2007), pp. 68–100; on Caesar and the pirates and Mithridates see Suetonius, *Caesar* 4. 2, 74, Plutarch *Caesar* 2.

20 Slave rebellions in Sicily, see the useful collection of sources in B. Shaw (ed.), *Spartacus and the Slave Wars. A Brief History with Documents* (2001), pp. 79–129; one or two slave revolts against Athens, see Orosius 5. 9.

5, Athaneus 6. 272e; house at Segesta, see Prag (2007), pp. 98–9 with references.

21 Cicero, *Verrines* 2. 2. 95–100, cf. 2. 4. 41; Silanus, see Valerius Maximus 5. 8. 3, Cicero, *de finibus* 1. 7. 24, Livy, *Pers.* 54.

22 Ref. Popillius Laenas from Lintott in 173 attacking the Ligurians; Livy 43. 2–3 (Loeb translation for quote).

23 On the *repetundae* court see A. Lintott, 'Leges Repetundae and associate measures under the Republic', *ZSS* 98 (1981), pp. 162–212 and *Imperium Romanum. Politics and Administration* (1993), pp. 97–107, J. Richardson, 'The purpose of the Lex Calpurnia de Repedundis', *JRS* 77 (1987), pp. 1–12, A. Sherwin-White, 'The date of the Lex Repetundarum and its consequences', *JRS* 62 (1972), pp. 83–99; Lintott (1981), pp. 209–12 for results of trials between 149–50 BC.

24 Verres' comment from Cicero, *Verrines* 1. 14; in general see T. Frazel, 'The composition and circulation of Cicero's "In Verrem"', *The Classical Quarterly* 54. 1 (2004), pp. 128–42, A. Vasaly, 'Cicero, domestic politics and the first action of the Verrines', *Classical Antiquity* 28. 1 (2009), pp. 101–37 and the papers in J. Prag, *Sicilia Nutrix Plebis Romanae. Rhetoric, Law, and Taxation in Cicero's Verrines* (2007).

25 For the sums of money involved in Verres' trial see Lintott (1993), pp. 106–7, quoting Cicero, *Verrines* 1. 56 for forty million and Plutarch, *Cicero* 8 for three million.

26 Cicero, *de Officiis* 2. 26–7 (Loeb translation, slightly modified).

27 On Caesar see A. Goldsworthy, *Caesar. The Life of a Colossus* (2006), pp. 70–74; for the theme of changing attitudes to the empire see L. Beness & T. Hillard, 'Rei Militaris Virtus . . . Orbem Terrarum Parere Huic Imperio Coegit: The transformation of Roman *Imperium*', in Hoyos (2013), pp. 141–53.

28 Cicero, *de imperio Cn. Pompei* 2. 6 (Loeb translation).

29 Power over the globe, e.g. Cicero, *de Republica* 3. 35, with Beness & Hillard (2013), pp. 142–3, cf. the theme of Pompey's triumph in 61 BC see Pliny, *NH* 7. 97, Plutarch, *Pompey* 45, Dio 37. 21. 1–4, Appian, *Mith.* 116–17; Sicily see Cicero, *Verrines* 2. 2, 3. 12; Cicero, *de prov. consularibus* 31 (Loeb translation).

30 Cicero, *de prov. consularibus* 4 (Loeb translation, slightly modified).

31 Cicero, *de prov. consularibus* 31 (Loeb translation).

32 Cicero, *de imperio Cn. Pompei* 55 (Loeb translation).

33 On the pirate problem see Appian, *Mith.* 91–3, Plutarch, *Pompey* 24–5,

and for Pompey's campaign see Appian, *Mith.* 94–6, Plutarch, *Pompey* 26–8.

34 Epirus, see Polybius 30. 15, Livy 45. 34. 1–6, Plutarch, *Aemilius Paullus* 29. 1–3; Caesar in Gaul, see Plutarch, *Caesar* 15, Pliny, *NH* 7. 92, Velleius Paterculus 2. 47. 1, with comments in C. Goudineau, *César et la Gaule* (1995), pp. 308–11; *publicani* enslaving debtors see Diodorus Siculus 36. 3. 1–2.

35 On supply of slaves, see W. Harris, 'Demography, Geography, and the supply of slaves', *JRS* 89 (1999), pp. 62–75; Spartacus, see Appian, *BC* 1. 118.

36 On slavery in general see K. Bradley, 'Slavery in the Roman Republic', in K. Bradley & P. Cartledge (eds), *The Cambridge World History of Slavery* Vol. 1: *The Ancient Mediterranean* (2011), pp. 241–64 and W. Scheidel, 'The Roman slave supply', in Bradley & Cartledge (2011), pp. 287–310.

37 For Flamininus see Polybius 18. 46. 1–15, with Gruen (1984), pp. 133–47, 448–9; on free and other cities see Lintott (1993), pp. 36–41.

38 For the framing of legal questions in the Roman style, see the law discussed in J. Richardson, 'The Tabula Contrebiensis: Roman law in Spain in the early first century BC', *JRS* 73 (1983), pp. 33–41; Cicero, *ad Att.* 6. 1 for quote, with Kallet-Marx (1995), pp. 130–35.

39 See Hillard & Beness (2013), pp. 138–40, Beness & Hillard (2013), pp. 141–53.

40 F. Millar, 'The Mediterranean and the Roman Revolution: Politics, war and the economy', *Past & Present* 102 (1984), pp. 3–24.

41 For Cleopatra's career see A. Goldsworthy, *Antony and Cleopatra* (2010), *passim*.

42 For an introduction to the depiction of Cleopatra see A. Goldsworthy, *Augustus. From Revolutionary to Emperor* (2014), pp. 180–85, with more detail in K. Scott, 'The Political Propaganda of 44–30 BC', *Memoirs of the American Academy in Rome* 11 (1933), pp. 7–49, esp. 33–49, J. Osgood, *Caesar's Legacy: Civil War and the Emergence of the Roman Empire* (2006), pp. 335–49, Pelling in *CAH*² X, pp. 40–48, and R. Syme, *The Roman Revolution* (1960), pp. 276–8.

7 皇 帝

1 Virgil, *Aeneid* 6. 851–3 (Loeb translation, slightly modified).

2 Dio 47. 25. 3, and Appian, *BC* 4. 100–01; for examples of Brutus' coinage

see M. Crawford, *Roman Republican Coinage* (1974), pp. 498–508.

3 Josephus, *Jewish Antiquities* 14. 314–16, and 14. 301–12 (quotes from Loeb translation); see also in general J. Osgood, *Caesar's Legacy: Civil War and the Emergence of the Roman Empire* (2006), pp. 105–6.

4 On the Parthian invasion see D. Kennedy, 'Parthia and Rome: eastern perspectives', in D. Kennedy (ed.), *The Roman Army in the East. JRA Supplementary Series* 18 (1996), pp. 67–90, esp. 77–81, Osgood (2006), pp. 185, 225–8, G. Bowersock, 'The mechanics of subversion in the Roman Provinces', in *Opposition et résistance à l'empire d'Auguste à Trajan*, Entretiens sur L'antiquité classique (1987), pp. 291–317, esp. 295–6.

5 *Historia Augusta, Hadrian* 15. 13; on the emperor and the army in general see J. Campbell, *The Emperor and the Roman Army 31 BC–AD 235* (1984), *passim*; on Augustus and the army see A. Goldsworthy, *Augustus. From Revolutionary to Emperor* (2014), pp. 245–53, 436–7.

6 For concise introductions to the career of Augustus and the system he created see D. Shotter, *Caesar Augustus* (2nd edn, 1991), W. Eck, *The Age of Augustus* (2003), K. Galinsky, *Augustus. Introduction to the Life of an Emperor* (2012), J. Richardson, *Augustan Rome 44 BC to AD 14. The Restoration of the Republic and the Establishment of the Empire* (2012), and for more detail see Goldsworthy (2014).

7 The fullest discussion of the imagery of the Augustan regime is P. Zanker (trans. A. Shapiro), *The Power of Images in the Age of Augustus* (1988).

8 Dio 53. 12. 2–16. 3, with W. Lacey, *Augustus and the Principate. The Evolution of a System* (1996), pp. 89–95, J. Liebeschuetz, 'The settlement of 27 BC', in C. Deroux, *Studies in Latin Literature and Roman History* (2008), pp. 346–53, J. Ferrary, 'The powers of Augustus', in J. Edmondson (ed.), *Augustus* (2009), pp. 90–136, esp. 90–99; on the role of provinces and warfare in general for Caesar's justification of his position see J. Rich, 'Augustus, War and Peace', in Edmondson (2009), pp. 137–64, esp. 153–7.

9 Dio 53. 13. 1.

10 For quote see *Res Gestae* 34 (Loeb translation, slightly modified), on the *ara pacis Augusti* see D. Conlin, *The Artists of the Ara Pacis. Studies in the History of Greece and Rome* (1997), M. Torelli, *Typology and Structure of Roman Historical Reliefs* (1982), pp. 27–61, Zanker (1990), esp. pp. 158–60, 179–83, 203–4, K. Galinsky, *Augustan Culture* (1996), pp. 141–55, and R. Billows, 'The religious procession of the Ara Pacis Augustae: Augustus' *supplicatio* in 13 BC', *JRA* 6 (1993), pp. 80–92.

11 Horace, *Epodes* 7. 1–10 (Loeb translation); on the popular desire for a victory over the Parthians and conquests in Britain see Rich (2009), pp. 137–64, esp. 143–6, = L. de Blois, P. Erdkamp, G. de Kleijn & S. Mols (eds), *The Representation and Perception of Roman Imperial Power: Proceedings of the Third Workshop of the International Network, Impact of Empire (Roman Empire 200 BC to AD 476). Netherlands Institute in Rome, March 20–23, 2002* (2003), pp. 329–57.

12 Ovid, *Fasti* 1. 709–18 (Loeb translation) for the *ara pacis*.

13 Dio 51. 20. 4–5, 53. 26. 1–5, 27. 1–2 and 54. 36. 2 (where a third opening was ordered, but then countermanded because a fresh war broke out), Suetonius, *Augustus* 22, *Res Gestae* 13, with comments in T. Barnes, 'The Victories of Augustus', *JRS* 64 (1974), pp. 21–6.

14 Rich (2009), pp. 137–64, and E. Gruen, 'The expansion of the Empire under Augustus', in *CAH²* X, pp. 147–97.

15 Virgil, *Aeneid* 6. 853, Horace, *Odes* 3. 5. 2–4 (Loeb translation, slightly modified).

16 On the Temple of Mars Ultor and the Forum of Augustus see Zanker (1990), pp. 81–2, 113–14, 193–215, S. Dyson, *Rome. A Living Portrait of an Ancient City* (2010), pp. 128–31, and Lacey (1996), pp. 193, 197–202; embassies from India and Britain, *Res Gestae* 31–2.

17 R. Syme, 'Military Geography at Rome', *Classical Antiquity* 7 (1988), pp. 227–51.

18 For accounts of the campaigns see Goldsworthy (2014), pp. 433–9, 446–55; ten legions concentrated, see Velleius Paterculus 2. 113. 1.

19 Suetonius, *Augustus* 23. 2 for the quote about Varus; Tacitus, *Ann.* 1. 11 for Augustus' advice.

20 There is an especially useful discussion of this question in T. Cornell, 'The end of Roman imperial expansion', in J. Rich & G. Shipley (eds), *War and Society in the Roman World* (1993), pp. 139–70.

21 See Suetonius, *Augustus* 25. 2, Velleius Paterculus 2. 110. 6–111. 2, with L. Keppie, *The Making of the Roman Army* (1984), pp. 168–9; Tacitus, *Ann.* 2. 5 on Gaul and other provinces.

22 Cornell (1993), pp. 145–9 provides a good survey with references of the debate over these questions, and B. Rankov, 'A "secret of empire" (*imperii arcanum*): an unacknowledged factor in Roman imperial expansion', in W. Hanson (ed.), *The army and the frontiers of Rome: papers offered to David Breeze on the occasion of his sixty-fifth birthday and his retirement from historic Scotland. JRA Supplementary Series* 74 (2009), pp. 163–72.

23 Strabo, *Geog.* 17. 3. 24, and 2. 5. 8.

24 Appian, *praef* 7.

25 Suetonius, *Nero* 18 for the claim that he considered abandoning Britain, with the scepticism of M. Todd, *Roman Britain* (3rd edn, 1999), pp. 67–8.

26 B. Levick, *Claudius* (1990), pp. 29–39 for discussion of the circumstances of his accession.

27 Campbell (1984), pp. 59–69, 417–27.

28 Tacitus, *Ann.* 11. 20; for a range of views on the invasion of Britain see Todd (1999), pp. 45–6, G. Webster, *The Roman Invasion of Britain* (rev. edn, 1993), pp. 84–5, and Levick (1990), pp. 137–44.

29 'Shameful peace', Tacitus, *Ann.* 15. 25; suicide of Corbulo, note the interesting comments in Bowersock (1987), pp. 316–17.

30 Comparisons with Alexander, Dio 68. 29. 1–4.

31 Dio 69. 1. 1 denied Hadrian's adoption.

32 Hadrian's prediction of his own death, *Historia Augusta, Hadrian* 16. 7; Marcus Aurelius' campaigns, see A. Birley, *Marcus Aurelius* (rev. edn, 1987), pp. 159–79, 206–10.

33 Dio 75. 3. 2–3

34 Contrast Dio 68. 6. 1–2, with 68. 17. 1.

35 Strabo, *Geog.* 6. 4. 2 (Loeb translation).

36 Velleius Paterculus 2. 126 .3

8　叛　乱

1 Josephus, *BJ* 2. 356 (Loeb translation).

2 For the invasion army in AD 43 see G. Webster, *The Roman Invasion of Britain* (rev. edn, 1993), pp. 85–92.

3 Dio 60. 19. 1–22. 2, Suetonius, *Vespasian* 4. 1, with discussion in Webster (1993), pp. 94–110; on the Roman army in the field and levels of fighting see A. Goldsworthy, *The Roman Army at War 100 BC–AD 200* (1996), pp. 79–105 and 'War', in P. Sabin, H. van Wees & M. Whitby (eds), *The Cambridge History of Greek and Roman Warfare* Vol. 2: *Rome from the Late Republic to the Late Empire* (2007), pp. 76–121, esp. 85–9.

4 Tacitus, *Ann.* 12. 34–37, with quote from 12. 37.

5 Togidubnus, see *Roman Inscriptions in Britain* 91, Tacitus, *Agricola* 14, with G. Webster, *Rome against Caratacus* (rev. edn, 1993), pp. 24–7, 124–30, J. Manley, *AD 43. The Roman Invasion of Britain – A Reassessment* (2002), pp. 64–5, 114–15, 120–21; J. Hind, 'A. Plautius' campaign in Britain: an

alternative reading of the narrative in Cassius Dio (60. 19. 5–21. 2)', *Britannia* 38 (2007), pp. 93–106, esp. 96–100, argues that Togidubnus was the Togodumnus, son of Cunobelinus who fought the Romans in AD 43, but then made peace and became a client king. While possible, the evidence is inadequate to prove the case one way or the other.

6 Tacitus, *Ann.* 12. 31–2 for the rebellion; in general see P. Brunt, 'Did Imperial Rome disarm her subjects?', *Phoenix* 29 (1975), pp. 260–70.

7 Tacitus, *Ann.* 14. 31.

8 The main narratives of the rebellion are Tacitus, *Ann.* 14. 29–39 and *Agricola* 5, 14–16, Dio 62. 1. 1–12. 6; a concise and critical survey of the evidence is provided by M. Johnson, *Boudicca* (2012).

9 Tacitus, *Ann.* 12. 32, 14. 31–2.

10 Caesar, *BG* 6. 13–14, 16–18; for an insightful assessment of the changing role of druids before and after conquest by Rome see J. Webster, 'At the end of the world: Druidic and other revitalization movements in post-conquest Gaul and Britain', *Britannia* 30 (1999), pp. 1–20; on Roman attitudes to the cult see also M. Goodman, *The Ruling Class of Judaea. The Origins of the Jewish Revolt against Rome AD 66–70* (1987), pp. 240–48.

11 Roman hostility to human sacrifice, see Pliny, *NH* 30. 13, with comments and further references in Webster (1999), p. 13; on the destruction of the groves on Mona see S. Rutledge, 'The Roman destruction of sacred sites', *Historia* 56 (2007), pp. 179–95, esp. 191–2; for the tendency for rebellion to catch the Romans by surprise see S. Dyson, 'Native Revolts in the Roman Empire', *Historia* 20 (1971), pp. 239–74, esp. 250, 252–4, 263–4.

12 For these towns and the rebellion in general see J. Wacher in *CAH²* X, pp. 508–9, 511–13.

13 Dio 52. 7. 2 (Loeb translation). It should be noted that this lurid passage comes from a later epitome of Dio's longer history. The author of this summarised version was inclined to include the most dramatic passages and make them more prominent than in the original version, but it is unlikely that he invented them; Tacitus, *Ann.* 14. 33 for casualties and the rebels' unwillingness to take prisoners.

14 *RIB* 12.

15 M. Todd, *Roman Britain* (3rd edn, 1999), pp. 71–3.

16 On rebellions in general see S. Dyson, 'Native Revolts in the Roman Empire', *Historia* 20 (1971), pp. 239–74 and 'Native Revolt Patterns in the Roman Empire', *ANRW* 2. 3 (1975), pp. 138–75.

17 For an overview of AD 9 see A. Goldsworthy, *Augustus. From Revolutionary to Emperor* (2014), pp. 446–53, and for more detail see P. Wells, *The Battle that Stopped Rome* (2003) and A. Murdoch, *Rome's Greatest Defeat. Massacre in the Teutoburg Forest* (2006).

18 On Lanhau-Waldgirmes see R. Wolters, *Die Schlacht im Teutoburger Wald* (2008), pp. 65–9.

19 Dio 54. 21. 1–8.

20 For Varus see Velleius Paterculus 2. 117. 2–4 including the quotes, Dio 56.l 18. 1–5; for Pannonia see Dio 56. 16. 3 (Loeb translation).

21 Tacitus, *Ann.* 4. 72–4; for the size of cattle and livestock see M. Todd, *The Early Germans* (2nd edn, 2004), pp. 76–8.

22 Tacitus, *Ann.* 4. 46–51; for the quote see Tacitus, *Hist.* 4. 14; on the origins of the Batavian rebellion see Dyson (1971), pp. 264–7 and K. Wellesley, *The Year of Four Emperors* (3rd edn, 2000), pp. 168–83.

23 For Arminius and his early life see esp. Velleius Paterculus 2. 118. 1–3, Tacitus, *Ann.* 2. 9–10, 88.

24 For attempts to interpret the remarkable archaeology of part of this battle, see A. Rost, 'The Battle between Romans and Germans in Kalriese: Interpreting the Archaeological Remains from an ancient battlefield' and S. Wilbers-Rost, 'The site of the Varus Battle at Kalkriese. Recent Results from Archaeological Research', both in A. Moirillo, N. Hanel & E. Martín, *Limes XX: Estudios sobre la frontera romana. Roman Frontier Studies. Anejos de Gladius* 13 Vol. 3 (2009), pp. 1339–45, 1347–52; the main ancient sources are Dio 56. 19. 1–22. 2, Velleius Paterculus 2. 119. 1–5, Tacitus, *Ann.* 1. 61–2.

25 Tacitus, *Germania* 37.

26 Josephus, *BJ* 2. 39–79 for Varus in 4 BC; there is much of relevance to the way rebellions develop in the early twentieth-century military manual, C. Callwell, *Small Wars. A Tactical Textbook for Imperial Soldiers* (rev. edn, 1990), pp. 26, and esp. 71–84.

27 Tacitus, *Ann.* 12. 31.

28 Tacitus, *Ann.* 14. 37, Dio 62. 8. 1.

29 Tacitus, *Ann.* 2. 88.

30 Tacitus, *Ann.* 1. 57–9, Velleius Paterculus 2. 118. 4.

31 E.g. Dio 54. 20. 4–6, Suetonius, *Augustus* 23. 1, with Dyson (1975), pp. 154–6.

32 Dyson (1975), pp. 156–8.

33 See J. Spaul, *Ala²* (1994), pp. 52–3.

34　Caesar, *BG* 6. 15 for aristocrats basing their power on the number of warriors in their household.

35　For the full narrative see Tacitus, *Ann.* 3. 41–7.

36　Tacitus, *Hist.* 4. 54 for druidic prophecies and 2. 61 for Mariccus.

37　For instance, G. Woolf, 'Roman Peace', in J. Rich & G. Shipley, *War and Society in the Roman World* (1993), pp. 171–94, esp. 186–8, and S. Mattern, *Rome and the Enemy. Imperial Strategy in the Principate* (1999), pp. 100–03, esp. 101 fn. 95, citing T. Pekàry, 'Seditio: Unruhen und Revolten im römischen Reich von Augustus bis Commodus', *Ancient Society* 18 (1987), pp. 133–50, but of his list, pp. 136–45, only a handful of incidents could be described as revolts against Roman rule.

38　Herod Agrippa II's speech, Josephus, *BJ* 3. 348–404, with quote from 3. 352; Petilius Cerealis in Tacitus, *Hist.* 4. 43–4.

39　The literature on this subject is vast and there are a range of opinions about almost every detail. For the Roman military viewpoint see A. Goldsworthy, '"Men casually armed against fully equipped regulars": The Roman military response to Jewish insurgence 63 BCE–135 CE', in P. Tomson & J. Schwartz (eds), *Jews and Christians in the First and Second Centuries: How to Write their History* (2014), pp. 207–37; for the narrative of rebellion from AD 66–73, a lively and provocative account is N. Faulkner, *Apocalypse. The Great Jewish Revolt against Rome AD 66–73* (2002).

40　Dio 69. 14. 1; on Galilee see S. Freyne, 'The Revolt from a regional perspective', in A. Berlin & J. Overman (eds), *The First Jewish Revolt. Archaeology, History, and Ideology* (2002), pp. 43–56, and R. Horsley, 'Power vacuum and power struggle 66–7 CE', in Berlin & Overman (2002), pp. 87–109 and other papers in the same volume, Z. Safrai, 'Socioeconomic and cultural developments in the Galilee from the late first to early third century CE', in Tomson and Schwartz (2014), pp. 278–310, E. Meyers, 'Roman Sepphoris in the light of new archaeological evidence and recent research', in L. Levine (ed.), *The Galilee in Late Antiquity* (1992), pp. 321–8.

41　F. Millar, *The Roman Near East 31 BC–AD 337* (1993), pp. 337–74.

42　For some notable discussions of the causes of the revolt see Goodman (1987) and S. Mason, 'Why did Judaeans go to war with Rome in 66–67 CE? Realist-Regional perspectives', in Tomson & Schwartz (2014), pp. 126–206; for Roman attitudes see E. Gruen, 'Roman perspectives on the Jews in the age of the Great Revolt', in Berlin & Overman (2002), pp. 27–42.

9 抵抗、骚动与掠夺

1　Dio 72. 4. 1 (Loeb translation).

2　For the garrison of Egypt see R. Alston, *Soldier and Society in Roman Egypt. A Social History* (1995), pp. 20–38.

3　For the rebellion see Dio 72. 24, with Alston (1995), pp. 77–8; for a document possibly demonstrating Avidius Cassius' connection with Egypt see A. Bowman, 'A letter of Avidius Cassius?', *JRS* 60 (1970), pp. 20–26.

4　For discussion see J. Winkler, 'Lollianos and the desperadoes', *Journal of Hellenic Studies* 100 (1980), pp. 155–81, esp. 180–81.

5　Diodorus Siculus 20. 100. 3–4, and P. Green, *Alexander to Actium* (1990), pp. 80–91 for a good survey of Alexandria's origins and culture.

6　Tacitus, *Hist.* 1. 65–6 for Gaul, 4. 50 for Africa.

7　Tacitus, *Hist.* 2. 21 for Placentia; Tacitus, *Ann.* 14. 17 for Pompeii and Nuceria, with R. MacMullen, *Enemies of the Roman Order* (1966), pp. 169–70.

8　*ILS* 5947 = *CIL* 10. 7852, with B. Shaw, 'Bandits in the Roman Empire', *Past & Present* 105 (1984), pp. 3–52, 7 fn. 12.

9　S. Mason, 'Why did Judaeans go to war with Rome in 66–67 CE? Realist-Regional perspectives', in P. Tomson & J. Schwartz (eds), *Jews and Christians in the First and Second Centuries: How to Write their History* (2014), pp. 126–206, esp. 170–74, and for the history in general E. Schürer, G. Vermes & F. Millar, *The History of the Jewish People in the Age of Jesus Christ* Vol. 1 (1973), pp. 125–232; Good Samaritan, Luke 10. 30–35, cf. John 4. 4–30 for the Samaritan woman at the well.

10　For Cleopatra see Plutarch, *Antony* 36, Dio 49. 32. 5, Strabo, *Geog.* 14. 669, 671, with M. Grant, *Cleopatra* (1971), pp. 135–41, G. Hölbl (trans. T. Saavedra), *A History of the Ptolemaic Empire* (2001), p. 242; for Herod see Schürer, Vermes & Millar (1973), pp. 287–329.

11　On the Olympic Games see Josephus, *Jewish Antiquities* 16. 149, *Jewish War* 1. 427, and his own Hellenic-style festival 15. 268–71; on Herod's gifts to Greek communities see G. Bowersock, *Augustus and the Greek World* (1965), pp. 54–6, and A. Spawforth, *Greece and the Augustan Cultural Revolution. Greek Culture in the Roman World* (2012), pp. 84–6; on Herod's troops see M. Speidel, 'The Roman army in Judaea under the Procurators', in M. Speidel, *Roman Army Studies* Vol. 2: *Mavors* (1992), pp. 224–32.

12　Josephus, *Ant.* 19. 356–9 for joy at Herod Agrippa I's death; for the region in general see F. Millar, *The Roman Near East 31 BC–AD 337* (1993), pp. 43–69, 337–66.

13 For Augustus' joke see Macrobius, *Saturnalia* 2. 4. 11; for a public act of opposition to Herod and the subsequent executions see Josephus, *BJ* 1. 648–53.

14 Herod's war, see Josephus, *Ant.* 16. 271–99; Herod Antipas' campaign against the Nabataeans, see *Ant.* 18. 109–15, 120–25.

15 D. Schwartz, *Studies in the Jewish Background of Christianity* (1992), pp. 182–217 has suggested that Pontius Pilate held office for even longer, from AD 18 to 36/37; for the standards see Josephus, *BJ* 2. 169–74, *Ant.* 18. 55–9.

16 Josephus, *BJ* 2. 184–7, 192–203, *Ant.* 18. 257–309, Philo, *Legatio* 199–205; for discussion see Mason (2014), p. 178.

17 Josephus, *BJ* 175–7, *Ant.* 60–62.

18 Josephus, *Ant.* 18. 85–9.

19 Josephus, *Ant.* 20. 97–9 (quote from Loeb translation), Acts 5. 36.

20 Josephus, *BJ* 2. 261–3, *Ant.* 20. 97–8 and Acts 21. 38.

21 Josephus, *Ant.* 20. 106–12, *BJ* 2. 224–7

22 Josephus, *Ant.* 20. 113–17, *BJ* 2. 228–31, and in general Mason (2014), pp. 180–82.

23 Josephus, *BJ* 2. 232–46, *Ant.* 20. 118–36; Claudius considers posting the garrison to Pontus, *Ant.* 19. 365–6, with Mason (2014), p. 180.

24 For embassies and decisions in favour of the Jewish leaders see P. McKechnie, 'Judaean embassies and cases before Roman Emperors, AD 44–66', *Journal of Theological Studies* 56 (2005), pp. 339–61; agitators, see Philo, *in Flaccum* 20; on the incident at Alexandria see Philo, *in Flaccum* 18–114, with B. Decharneux, 'The Carabas affair (in Flacc 36–39): An incident emblematic of Philo's political philosophy', in Tomson & Schwartz (2014), pp. 70–79.

25 Josephus, *BJ* 2. 1. 408–16, 266–70, *Ant.* 20. 173–8, 182–4, with McKechnie (2005), pp. 353–6.

26 Josephus, *BJ* 2. 289–90 (Loeb translation).

27 Josephus *BJ* 2. 285–92, with Mason (2014), pp. 184–7; cohort massacred in Jerusalem, but commander spared, see *BJ* 2. 450–554.

28 Josephus, *BJ* 2. 460–62 (Loeb translation).

29 Josephus, *BJ* 2. 461–80.

30 Josephus, *Ant.* 20. 121, *BJ.* 2. 235 also mentions an 'Alexander' as one of the leaders of these raids; bandits hired as mercenaries in Galilee,

Josephus, *BJ* 3. 581–3; *sicarii*, see *BJ* 2. 254–7, 425, *Ant.* 20. 162–6, 186, 204.

31 Digest 49. 15. 24

32 On bandits and pirates in general see R. MacMullen, *Enemies of the Roman Order* (1966), pp. 192–212, 255–68, B. Shaw, 'Bandits in the Roman Empire', *Past & Present* 105 (1984), pp. 3–52, 'The bandit', in A. Giardina (ed.), *The Romans* (1993), pp. 3–52, T. Grünewald (trans. J. Drinkwater), *Bandits in the Roman Empire. Myth and Reality* (2004), P. de Souza, *Piracy in the Graeco-Roman world* (1999), and C. Fuhrmann, *Policing the Roman Empire. Soldiers, Administration and Public Order* (2012).

33 See Grünewald (2004), pp. 72–90, P. de Souza, 'Pirates and politics in the Roman world', in V. Grieb & S. Todt (eds), *Piraterie von de Antike bis zur Gegenwart* (2012), pp. 47–73, esp. 61–73.

34 Strabo, *Geog.* 3. 3. 8, and A. Morillo Cerdán, 'The Augustean Spanish Experience: The origin of the *limes* system?', in A. Moirillo, N. Hanel & E. Martín, *Limes XX: Estudios sobre la frontera romana. Roman Frontier Studies. Anejos de Gladius* 13 Vol. 1 (2009), pp. 239–51, esp. 244–7.

35 Grünewald (2004), pp. 91–109, B. Shaw, 'Tyrants, bandits and kings: personal power in Josephus', *Journal of Jewish Studies* 44 (1993), pp. 176–204; Matthew 22. 17, 'sons of thunder', Mark 3. 17, and for Barabbas Luke 23. 19.

36 For discussion of the social and economic problems see M. Goodman, *The Ruling Class of Judaea. The Origins of the Jewish Revolt against Rome* AD 66–70 (1987), pp. 51–75.

37 Velleius Paterculus 2. 126. 3.

38 See B. Isaac, *The Limits of Empire. The Roman Army in the East* (rev. edn, 1992), pp. 68–100.

39 Sifre Deuteronomy, 318 (ed. Finkelstein) quoted in Isaac (1992), p. 115.

40 Examples taken from Isaac (1992), pp. 83–4, 85–8, 117–18.

41 Dio 69. 12. 3 (Loeb translation); Y. Sharar, 'The underground hideouts in Galilee and their historical meaning', in P. Schäfer (ed.), *The Bar Kokhba War Reconsidered: New Perspectives on the Second Jewish Revolt against Rome* (2003), pp. 217–40.

42 Isaac (1992), pp. 85–9 suggests some ambiguity in rabbinic attitudes to bandits, but no active or enthusiastic support for them; Marcus Aurelius' comment mentioned because it was misquoted by the Emperor Julian in the fourth century AD, Ammianus Marcellinus 22. 5. 5.

43 Isaac (1992), pp. 116–17.

44 MacMullen (1966), pp. 84–90, and for the texts see H. Musurillo, *The Acts of the Pagan Martyrs, Acta Alexandrinorum* (1954).

45 Millar (1993), pp. 337–66, 408–14.

10 帝国总督

1 Suetonius, *Domitian* 8. 2 (Loeb translation).

2 Pliny the Younger, *Ep.* 10. 15–18. Pliny's letters are not dated and there is a question over whether his provincial command began in AD 109, 110 or 111, but there is no means to resolve this debate and it does not matter for our purpose. On his appointment and for background to the province and the letters, see A. Sherwin-White, *The Letters of Pliny. A Historical and Social Commentary* (1966), pp. 526–55.

3 Sherwin-White (1966), pp. 1–84; see also R. Gibson, 'On the nature of ancient letter collections', *JRS* 102 (2012), pp. 56–78, esp. 67–9.

4 For *mandata* see G. Burton, 'The issuing of *mandata* to proconsuls and a new inscription from Cos', *ZPE* 21 (1976), pp. 63–8, and D. Potter, 'Emperors, their borders and their neighbours: the scope of imperial *mandata*', in D. Kennedy (ed.), *The Roman Army in the East. JRA Supplementary Series* 18 (1996), pp. 49–66.

5 Pliny the Younger, *Ep.* 10. 106–7, mentioning a centurion from a *cohors VI equitata*, and in general see J. Ritterling, 'Military forces in senatorial provinces', *JRS* 17 (1927), pp. 28–32, esp. 28.

6 e.g. Pliny the Younger, *Ep.* 4. 9, 5. 20, 6. 5, 13, 7. 6, 10, with P. Brunt, 'Charges of provincial maladministration under the early principate', *Historia* 10 (1961), pp. 189–227, esp. 213–14, 227.

7 For an early-third-century AD summary of the two types of governors see Dio 3. 13. 2–14. 4; on senatorial careers see E. Birley, 'Senators in the emperor's service' and 'Promotion and transfers in the Roman army: senatorial and equestrian officers', in E. Birley, *The Roman Army. Papers 1929–1986* (1988), pp. 75–114, with J. Campbell, 'Who were the *viri militares?*' *JRS* 65 (1975), pp. 11–31.

8 Note the scepticism of this raised in G. Woolf, 'Pliny's province', in T. Bekker-Nielsen (ed.), *Rome and the Black Sea Region: Domination, Romanization, Resistance* (2006), pp. 93–108.

9 Suetonius, *Augustus* 53. 1.

10 For the province see J. Madsen, *Eager to be Roman. Greek Response to Roman Rule in Pontus and Bithynia* (2009), esp. pp. 11–57.

11 Pliny the Younger, *Ep.* 10. 21–2.

12 Pliny the Younger, *Ep.* 10. 25, cf. Sherwin-White (1966) pp. 394–5 on legates; Fronto, *Correspondence with Antoninus Pius* 8. 1 with translation and comments in B. Levick, *The Government of the Roman Empire. A Sourcebook* (2nd edn, 2000), p. 14.

13 J. Oliver, 'A Roman governor visits Samothrace', *American Journal of Philology* 87 (1966), pp. 75–80; prefect of Pontic Shore, Pliny the Younger, *Ep.* 10. 21–2; Maximus, Pliny the Younger, *Ep.* 27–8.

14 Pliny the Younger, *Ep.* 19–20, 77–8.

15 See B. Rankov, 'The governor's men: the *officium consularis*', in A. Goldsworthy & I. Haynes (eds), *The Roman Army as a Community in Peace and War. JRA Supplementary Series* 34 (1999), pp. 15–34, esp. 23–5 on numbers, A. Goldsworthy, *The Roman Army at War 100 BC–AD 200* (1996), pp. 22–5 on men on detached service; for *Legio III Augusta* see M. Speidel, *Emperor Hadrian's Speeches to the African Army – A New Text* (2006), p. 8, field 2, lines 3–4 of the inscription; for a discussion of literacy and the importance of the written word for auxiliaries see I. Haynes, *The Blood of the Provinces. The Roman Auxilia and the Making of Provincial Society from Augustus to Severus* (2013), pp. 313–36.

16 Matthew 27. 19, 24.

17 Tacitus, *Ann.* 3. 33–4, with A. Marshall, 'Tacitus and the governor's lady: a note on Annals iii. 31–4', *Greece and Rome* 22 (1975), pp. 11–18 and A. Barrett, 'Aulus Caecina Severus and the Military woman', *Historia* 54 (2005), pp. 301–14.

18 Pliny the Younger, *Ep.* 10. 120–21 for use of the imperial post by Pliny's wife; see also S. Mitchell, 'Requisitioned transport in the Roman empire: a new inscription from Pisidia', *JRS* 66 (1976), pp. 106–31.

19 G. Burton, 'Proconsuls, assizes, and the administration of justice under the empire', *JRS* 65 (1975), pp. 92–106, A. Lintott, *Imperium Romanum. Politics and Administration* (1993), pp. 148–60.

20 Pliny the Younger, *Ep.* 10. 81–2.

21 Pliny the Younger, *Ep.* 10. 47–8.

22 Pliny the Younger, *Ep.* 10. 58–9, 79–80, 112–15.

23 Lintott (1993), pp. 122–3, and E. Badian, *Publicans and Sinners* (1972) for an overview of organisation of the *publicani*.

24 Pliny the Younger, *Ep.* 10. 96–7 (quotes from Loeb), with Sherwin-White (1966), pp. 691–712.

25 Pliny the Younger, *Ep.* 10. 19–20, 32–3 (quote from Loeb).

26 Pliny the Younger, *Ep.* 10. 37–41 for these projects.

27 Pliny the Younger, *Ep.* 10. 22–3.

28 Pliny the Younger, *Ep.* 10. 41–2, 60–61, 90–91, 98–9.

29 *AE* 1954, 137, and see C. Serafina, 'A Roman engineer's tales', *JRS* 101 (2011), pp. 143–65 for discussion.

30 Pliny the Younger, *Ep.* 10. 34–5 (quote from Loeb)

31 Pliny the Younger, *Ep.* 10. 34–5 (quote from Loeb), with Sherwin-White (1966), pp. 606–10; 10. 65–6 on foundlings.

32 Dio Chrysostom, *Discourse* 46. esp. 8, 11–14; on Dio see Madsen (2006), pp. 107–19.

33 Suetonius, *Vespasian* 4. 3.

34 Digest 1. 18. 13

35 For banditry see especially R. MacMullen, *Enemies of the Roman Order* (1966), pp. 192–241, 255–68, and B. Shaw, 'Bandits in the Roman empire', *Past & Present* 105 (1984), pp. 3–52 and 'The Bandit', in A. Giardina (ed.), *The Romans* (1993), pp. 300–41.

36 Pliny the Younger, *Ep.* 6. 25 (Loeb translation).

37 *CIL* 3. 8242, and for other tombstones see Shaw (1984), pp. 10–12, fn. 25; 2 Corinthians 11. 26; Epictetus, *Diss.* 4. 1. 91, praise of governor, see Apuleius, *Florida* 9. 36 and discussion in C. Fuhrmann, *Policing the Roman Empire* (2012), pp. 182–4.

38 On soldiers see Fuhrmann (2012), pp. 186–94, 201–38, R. Davies, 'The investigation of some crimes in Roman Egypt', in R. Davies, D. Breeze & V. Maxfield (eds), *Service in the Roman Army* (1989), pp. 175–85; Apuleius, *Metamorphoses* 2. 18 (Loeb translation).

39 Apuleius, *Metamorphoses* 7. 7–8 (Loeb translation).

40 *AE* 1956, 124 and F. Millar, 'The world of the Golden Ass', *JRS* 71 (1981), pp. 63–75, 66–7.

41 Apuleius, *Metamorphoses* 8. 16–17 (Loeb translation); Aelius Aristides, see Fuhrmann (2012), pp. 67–8, fn. 76, citing *Orations* 50. 63–94.

42 Shaw (1984), pp. 14–18, Fuhrmann (2012), pp. 66–87.

43 Florida Ostraka 2, cf. O. Mons Claudianus 175 requesting that a man be sent to serve in a watch-tower as a *skopelarios*.

44 Quote from Mons Claudianus Ostraka 48; in general see R. Bagnall, 'Army and police in upper Egypt', *JARCE* 14 (1976), pp. 67–88, V. Maxfield, 'Ostraca and the Roman army in the eastern desert', in J. Wilkes (ed.), *Documenting the Roman Army. Essays in Honour of Margaret Roxan* (2003), pp. 153–73.

45 M. Bishop, 'Praesidium: social, military, and logistical aspects of the Roman army's provincial distribution during the early Principate', in A. Goldsworthy & I. Haynes (eds), *The Roman Army as a Community in Peace and War. JRA Supplementary Series* 34 (1999), pp. III–18.

46 Galen, *On anatomical procedures* I. 2 (trans. C. Singer, 1956); for Social Bandits see E. Hobsbawm, *Bandits* (1969), with critical comments in Shaw (1984), pp. 4–5, and 'The Bandit', in A. Giardina (ed., trans. L. Cochrane), *The Romans* (1993), pp. 300–41, and Fuhrmann (2012), pp. 134–6, 156 with the fictionalised stories about Bulla Felix and Maternus; for another period, see the comments on Hobsbawm in C. Esdaile, *Outpost of Empire. The Napoleonic Occupation of Andalucía, 1810–1812* (2012), pp. 119–23, 158–9.

47 Shaw (1984), pp. 9–10.

II 罗马治下的生活

1 Tacitus, *Hist.* 4. 74 (Loeb translation).

2 For the importance of courtesy in dealing with provincials especially in the eastern provinces, see C. Kokkinia, 'Ruling, inducing, arguing: how to govern (and survive) a Greek province', in L. de Light, E. Hemelrijk & H. Singor (eds), *Roman Rule and Civic Life: Local and Regional Perspectives. Impact of Empire* Vol. 4 (2004), pp. 39–58; on the importance of formality and courtesy in general see J. Lendon, *Empire of Honour. The Art of Government in the Roman World* (1997), *passim*.

3 See S. Schwartz, 'The Rabbi in Aphrodite's bath: Palestinian society and Jewish identity in the High Roman Empire', in S. Goldhill (ed.), *Being Greek under Rome. Cultural Identity, the Second Sophistic and the Development of Empire* (2001), pp. 335–61, esp. 337 emphasising how rare it is for rabbinic literature to express hostility to the pagan environment; on the Greeks see Dio Chrysostom, *Orations* 45. 6, 48. 2, Plutarch, *Praecepta gerendae reipublicae* 17, with S. Dmitriev, *City Government in Hellenistic and Roman Asia Minor* (2005), esp. pp. 289–328, R. Preston, 'Roman questions, Greek answers: Plutarch and the construction of identity', in Goldhill (2001), pp. 86–119.

4 Matthew 22. 17–22, with F. Millar, 'State and Subject: the impact of monarchy', in F. Millar & E. Segal (eds), *Caesar Augustus. Seven Aspects* (corrected paperback edn, 1990), pp. 37–60, esp. 44–5.

5 Strabo, *Geog.* 10. 5. 3 (Loeb translation), with Millar (1990), pp. 44–5 and

J. Rea, 'Lease of a Red Cow called Thayris', *The Journal of Egyptian Archaeology* 68 (1982), pp. 277–82.

6　Dio 69. 6. 3 (Loeb translation); on emperors as benefactors see F. Millar, *The Emperor in the Roman World (31 BC–AD 337)* (1977), pp. 135–9.

7　Arrian, *Periplus* 1.

8　*SEG* 28. 1462. 1–3, see O. van Nijf, 'Local heroes: athletics, festivals and elite self-fashioning in the Roman East', in Goldhill (2001), pp. 306–34, esp. 318; for the cities in Asia Minor see R. Sherk, *Roman Documents from the Greek East* (1969), no. 65.

9　On Hadrian's buildings in Athens see J. Camp, *The Archaeology of Athens* (2001), pp. 199–208.

10　See G. Woolf, *Becoming Roman. The Origins of Provincial Civilization in Gaul* (1998), pp. 48–76, 112–41.

11　D. Mattingly, *An Imperial Possession. Britain in the Roman Empire* (2006), pp. 271–2.

12　S. Mitchell, *Anatolia. Land, Men, and Gods in Asia Minor* Vol. 1: *The Celts in Anatolia and the Impact of Roman Rule* (1993), pp. 80–98, esp. 87–8 on the tribal boundaries.

13　Tacitus, *Agricola* 21 (Loeb translation).

14　Tacitus, *Agricola* 21 (Loeb translation).

15　Woolf (1998), pp. 135–68, Mattingly (2006), pp. 255–350.

16　Dio Chrysostom, *Orations* 35.15.

17　Tacitus, *Agricola* 24, Strabo, *Geog.* 17. 24, Appian, *praef.* 7.

18　For taxation and the economy in general important studies include K. Hopkins, 'Rome, taxes, rent and trade', in W. Scheidel & S. von Reden (eds), *The Ancient Economy* (2002), pp. 190–230, which restates his earlier argument that tax stimulated production, and the recent P. Temin, *The Roman Market Economy* (2013); on deforestation see Mattingly (2006), pp. 363–6.

19　Suetonius, *Tiberius* 32. 2 for quote; surprise at rarity of rebellion provoked by over-taxation see D. Mattingly, *Imperialism, Power, and Identity. Experiencing the Roman Empire* (2011), pp. 137–8.

20　For a good discussion of several estates in an eastern province see T. Corsten, 'Estates in Roman Asia Minor: the case of Kibyratis', in S. Mitchell & C. Katsari (eds), *Patterns in the Economy of Roman Asia Minor* (2005), pp. 1–51, esp. 17–27.

21　For some discussion of olive oil see S. Mitchell, 'Olive oil cultivation in the economy of Roman Asia Minor', in Mitchell & Katsari (2005), pp.

83–113; on levels of pollution see A. Wilson, 'Machines, power and the Ancient Economy', *JRS* 92 (2002), pp. 1–32, esp. 17–29.

22 On the roads in Anatolia see Mitchell (1993), pp. 124–36, 245–53.

23 Josephus, *Vitae* 16, on Livia as a patron see A. Barrett, *Livia. First Lady of Imperial Rome* (2002), pp. 195–9.

24 P. Brunt, 'Charges of provincial maladministration under the early Principate', *Historia* 10 (1961), pp. 189–227, with A. Lintott, *Imperium Romanum. Politics and Administration* (1993), pp. 120–21; Pliny the Younger, *Ep.* 3. 9. 4. 7, 9. 2–3, quote from Loeb translation.

25 Figures from Brunt (1961), pp. 224–7; Tacitus, *Agricola* 19, Licinus in Gaul from Dio 54. 21. 2–8.

26 Pliny the Younger, *Ep.* 3. 9. 13 for the quote, and the whole letter for the case.

27 On overall effectiveness see the pessimistic assessment of Brunt (1961), pp. 206–23.

28 On *frumentarii* see N. Austin & B. Rankov, *Exploratio. Military and Political Intelligence in the Roman World from the Second Punic War to the Battle of Adrianople* (1995), pp. 136–7, 150–54; on Lucullus see Suetonius, *Domitian* 10. 3; for Avidius Cassius see A. Goldsworthy, *The Fall of the West* (= *How Rome Fell*) (2009), p. 51.

29 For Piso see Tacitus, *Ann.* 2. 55, 57–8, 69–81, 3. 7–18, with M. Griffin, 'The Senate's story', *JRS* 87 (1997), pp. 249–63 for the inscription.

30 Pliny the Younger, *Ep.* 3. 4. 5–6.

31 I. Haynes, *Blood of the Provinces. The Roman Auxilia and the Making of Provincial Society from Augustus to the Severus* (2013), pp. 339–67; on veterans and villagers see R. Alston, 'The ties that bind: soldiers and societies', in A. Goldsworthy & I. Haynes (eds), *The Roman Army as a Community. JRA Supplementary Series* 34 (1999), pp. 175–95.

32 Strabo, *Geog.* 3. 5. 3; on citizenship in general see A. Sherwin-White, *The Roman Citizenship* (1973), pp. 221–87.

33 Pliny the Younger, *Ep.* 3. 9. 3; Claudius and the Gauls, see Tacitus, *Ann.* 11. 23–4, *ILS* 212, with a convenient translation in B. Levick, *The Government of the Roman Empire. A Sourcebook* (2nd edn, 2000), pp. 178–82.

34 *Scriptores Historiae Augustae, Pertinax* 1. 1–4. 4, 5. 7–13. 8, with Goldsworthy (2009), pp. 56–7.

35 Woolf (1998), pp. 148–60.

36 Mattingly (2006), pp. 367, 375–7, 383.

37　See P. Garnsey, *Famine and Food Supply in the Graeco-Roman World* (1988), *passim*.

38　Josephus, *Ant.* 15. 305–16.

39　Pliny the Younger, *Ep.* 10. 65–6, S. Pomeroy, 'Coprynyms and the exposure of infants in Egypt', in A. Cameron & A. Kuhrt (eds), *Images of Women in Antiquity* (1983), pp. 207–22, and also T. Parkin, *Demography and Roman Society* (1992), pp. 91–133; Varro, *de re rustica* 2. 10. 9.

40　On runaway slaves see C. Fuhrmann, *Policing the Roman Empire* (2012), pp. 21–43, on demands for services see S. Mitchell, 'Requisitioned transport in the Roman empire: a new inscription from Pisidia', *JRS* 66 (1976), pp. 106–31; on the mining in Jordan see Mattingly (2011), pp. 167–99, esp. 181–2, 197.

41　B. Frier, 'Roman Demography', in D. Potter & D. Mattingly (eds), *Life, Death and Entertainment in the Roman Empire* (1999), pp. 95–109, W. Scheidel, 'Germs for Rome', in C. Edwards & G. Woolf (eds), *Rome the Cosmopolis* (2003), pp. 158–76.

42　Apuleius, *Metamorphoses* 9. 39–10. 1; John the Baptist, see Luke 3. 14; for Simon the Cyrenian see Matthew 27. 32, Mark 15. 21, Luke 23. 26.

43　Acts 16. 16–40.

44　Acts 18. 12–17.

45　Acts 21. 35–7, 22. 24–9, 24. 22–7, 25. 1–21.

46　Acts 27. 1–28. 31; on the *cohors Augusta* see M. Speidel, 'The Roman army in Judaea under the Procurators', in M. Speidel, *Roman Army Studies* Vol. 2: *Mavors* (1992), pp. 224–32; on the executions under Nero see Eusebius, *Ecclesiastical History* 2. 25.

47　Josephus, *Vitae* 13.

48　John 18. 3; a useful historical survey of the trial of Jesus and Pontius Pilate's role in it is H. Bond, *Pontius Pilate in History and Interpretation. Society for New Testament Studies Monograph Series 100* (1998), pp. 94–207.

49　John 19. 12 for quote; Joseph of Arimathea, Matthew 27. 57–60 (not mentioning his membership of the Sanhedrin), Mark 15. 42–6, Luke 23. 50–53, John 19. 38–40 (again not mentioning his membership of the Sanhedrin); on the Tiberieum see Bond (1999), pp. 11–12.

50　Luke 23. 16, 22; for Barabbas and the release of a prisoner, Matthew 27. 15–26, Mark 15. 6–15, Luke 23. 18–25, John 18. 40; Pilate's wife, Matthew 27. 19; placard, Matthew 27. 37, Mark 15. 26, Luke 23. 38, John 19. 19–22.

51　Bond (1998) is a good survey of all that is known about Pilate. In the fourth century AD Eusebius, *Ecclesiastical History* 2. 7 claimed that 'tradition' maintained that the former prefect later committed suicide, but there is no earlier evidence for this and it may well be an invention. The so-called *Acts of Pilate* were certainly a later invention by a pagan author hostile to Christians. We should note that such obscurity over an individual after he held office is normal for equestrians and very common even for senators.

12　军队与边疆

1　Josephus, *BJ* 3. 72–4 (Loeb translation).

2　For the army in general see G. Webster, *The Roman Imperial Army of the First and Second Centuries* AD (3rd edn, 1998), Y. Le Bohec, *The Imperial Roman Army* (1994), and A. Goldsworthy, *The Complete Roman Army* (2003).

3　On demography see B. Frier, 'Roman Demography', in D. Potter & D. Mattingly (eds), *Life, Death and Entertainment in the Roman Empire* (1999), pp. 95–109. Estimates based on the ability of land to support population remain heavily influences by K. Beloch, *Die Bevölkerung der griechisch-römischen Welt* (1886); for more recent studies see R. Bagnall & B. Frier, *The Demography of Roman Egypt* (1994), T. Parkin, *Demography and Roman Society* (1992), W. Scheidel, *Measuring Sex, Age, and Death in the Roman Empire. Explorations in Ancient Demography. JRA Supplementary Series* 21 (1996), and D. Rathbone, 'Villages, land and population in Graeco-Roman Egypt', *PCPS* 36 (1990), pp. 103–42, and C. Edwards & G. Woolf (eds), *Rome the Cosmopolis* (2003), esp. W. Scheidel, 'Germs for Rome', pp. 158–76 for a very bleak assessment of urban life.

4　Tacitus, *Ann.* 4. 5; M. Bishop, *Handbook to Roman Legionary Fortresses* (2012) offers an excellent survey of all known legionary fortresses and their garrisons.

5　For the movements of the legions, a useful survey is Le Bohec (1994), pp. 24–6, 165–78.

6　Aelius Aristides, *Roman Oration* 80–82 (Brill translation), Appian, *Praef.* 7 (Loeb translation), Herodian 2. 11. 5 (Loeb translation).

7　Webster (1998), pp. 167–230; see also B. Dobson, 'The rôle of the fort', in W. Hanson (ed.), *The Army and the Frontiers. JRA Supplementary Series* 74 (2009), pp. 25–32.

8　See A. Goldsworthy, *The Roman Army at War 100* BC–AD *200* (1996), pp. 13–38.

9　Quote from Tacitus, *Agricola* (Loeb translation); on the differences between legionary and auxiliary equipment see M. Bishop & B. Coulston,
Roman Military Equipment. From the Punic Wars to the Fall of Rome (2nd
edn, 2006), pp. 254–9.

10　Tacitus, *Agricola* 35; on order in the pursuit see Arrian, *Ectaxis* 27–8.

11　Josephus, *BJ* 3. 73–6 (Loeb translation).

12　R. Fink, *Roman Military Rewards on Papyrus* (1971), p. 87.

13　R. Fink, *Roman Military Rewards on Papyrus* (1971), p. 99.

14　N. Austin & B. Rankov, *Exploratio. Military and Political Intelligence in the
Roman World from the Second Punic War to the Battle of Adrianople* (1995),
pp. 158–9 for *thetatus*; discharge document B. Grenfell, A. Hunt, H. Bell
et alii (eds), *The Oxyrhynchus Papyri* (1898–), p. 39 and R. Davies, *Service
in the Roman Army* (1989), p. 227.

15　Arrian, *Periplus Ponti Euxini* (trans. A. Liddle, 2003), 6. 1–2, 9. 3–4, 9. 5;
Latin report, 6. 2; exercises, 3. 1, 10. 3–4; pay, 6. 1, 10. 3.

16　The excellent M. Speidel, *Emperor Hadrian's Speeches to the African Army
– A New Text* (2006) provides the best text and analysis of this inscription
and the quotes are from his translation; to III Augusta, 2. 1–8; archers,
22. 1–11; 'nothing must ever . . .' 26. 9; legionary cavalry, 6. 5–10; *ala I
Pannoniorum* 29. 5–7.

17　Speidel (2006), fields 19, 20, 30 for Hadrian's comments on mounting
horses and jumping.

18　R. Tomlin, 'Making the machine work', in A. Goldsworthy & I. Haynes
(eds), *The Roman Army as a Community. JRA Supplementary Series* 34
(1999), pp. 127–38, with M. Speidel, 'The missing weapons at Carlisle',
Britannia 38 (2007), pp. 237–9, esp. 238–9 on the *subarmales*.

19　Austin & Rankov (1995), pp. 155–69.

20　On centurions see E. Birley, 'The origins of legionary centurions', and
'Promotion and transfer in the Roman army II: the centurionate', in E.
Birley, *The Roman Army. Papers 1929–1986* (1988), pp. 189–220, B. Dobson,
'The significance of the centurion and *primipilaris* in the Roman army
and administration', *ANRW* 2. 1 (1974), pp. 392–434, 'Legionary centurion or equestrian officer? A comparison of pay and prospects', *Ancient
Society* 3 (1972), pp. 193–207; Fortunatus *ILS* 2658 = *CIL* 8. 217, Honoratus, *ILS* 2655 = *CIL* 8. 14698.

21　J. Thomas & R. Davies, 'A new military strength report on papyrus',
JRS 67 (1977), pp. 50–61, col. 1, lines 2–7.

22　Pliny the Younger, *Ep.* 2. 13. 2 (Loeb translation); on the *ab epistulis* and his military role and the *frumentarii* see Austin & Rankov (1995), pp. 135–41.

23 Tacitus, *Ann.* 2. 55 (Loeb translation).

24 M. Griffin, 'The Senate's story. Review of Das Senatus Consultum de Cn. Pisone Patre by Werner Eck; Antonio Caballos; Fernando Fernández', *JRS* 87 (1997), pp. 249–63, quote from p. 251.

25 Germanicus, see Tacitus, *Ann.* 1. 35.

26 Statius, *Silvae* 5. 1. 83–100 on the duties of the *ab epistulis*.

27 Suetonius, *Tiberius* 25; for the relationship with the army see B. Campbell, *The Emperor and the Roman Army 31 BC–AD 235* (1984).

28 Dio 77. 15. 2.

29 Much of the debate was sparked by E. Luttwak, *The Grand Strategy of the Roman Empire: From the First Century AD to the Third* (1976); significant contributions include F. Millar, 'Emperors, frontiers and foreign relations, 31 BC to AD 378', *Britannia* 13 (1982), pp. 1–23, B. Isaac, *The Limits of Empire. The Roman Army in the East* (rev. edn, 1992), E. Wheeler, 'Methodological limits and the mirage of Roman Strategy. Parts 1 & 2', *The Journal of Military History* 57 (1993), pp. 7–41 and 215–40, C. Whittaker, *Frontiers of the Roman Empire. A Social and Economic Study* (1994) and *Rome and its Frontiers. The Dynamics of Empire* (2004), S. Mattern, *Rome and the Enemy. Imperial Strategy in the Principate* (1999) and D. Breeze, *The Frontiers of Imperial Rome* (2011).

30 For Roman relations with Parthia see B. Campbell, 'War and diplomacy: Rome and Parthia, 31 BC–AD 235', in J. Rich & G. Shipley (eds), *War and Society in the Roman World* (1993), pp. 213–40, and D. Kennedy, 'Parthia and Rome: eastern perspectives', in D. Kennedy (ed.), *The Roman Army in the East. JRA Supplementary Series* 18 (1996), pp. 67–90.

31 Plutarch, *Crassus* 21.

32 On Parthian armies see Goldsworthy (1996), pp. 60–68, Kennedy (1996), pp. 83–4.

33 Isaac (1992), pp. 20–23.

34 Tacitus, *Ann.* 6. 35.

35 Tacitus, *Germania* 13–14, and in general Goldsworthy (1996), pp. 42–60.

36 Tacitus, *Germania* 30 (Loeb translation).

37 Caesar, *BG* 6. 23.

38 Velleius Paterculus 2. 109. 1–2, Tacitus, *Ann.* 2. 45.

39 Goldsworthy (1996), pp. 74–5.

40 See B. Rankov, 'A "secret of empire" (*imperii arcanum*): an unacknow-
ledged factor in Roman imperial expansion', in Hanson (2009), pp.
163–72.
41 Strabo, *Geog.* 17. 1. 54 (Loeb translation); in general see A. Goldsworthy,
'War', in P. Sabin, H. van Wees, & M. Whitby (eds), *The Cambridge History of Greek and Roman Warfare* Vol. 2: *Rome from the Late Republic to the
Late Empire* (2007), pp. 76–85, 106–20.
42 An insightful survey of Roman relations with the Parthians is found in
Wheeler (1993), pp. 30–37.
43 Tacitus, *Hist.* 4. 51.
44 Tacitus, *Ann.* 12. 50; for an overview of the campaign see A. Goldsworthy, *In the Name of Rome* (2003), pp. 273–87.
45 Tacitus, *Ann.* 13. 9; for a narrative of the wars between Rome and Parthia see R. Sheldon, *Rome's Wars in Parthia: Blood in the Sand* (2010).
46 Dio 75. 3. 2.
47 *Tabulae Vindolandenses II* 164.
48 B. Campbell, 'Who were the *viri militares?*', *JRS* 65 (1975), pp. 11–31 is
sceptical about clear career paths for a distinct group of military men,
but this does not mean that ability was not an important factor in
appointments.
49 Suetonius, *Domitian* 7. 3.
50 E.g. J. Drinkwater, *The Alamanni and Rome 213–496 (Caracalla to Clovis)*
(2007), pp. 14, 49 on women.
51 *ILS* 986, see P. Conole & R. Milns, 'Neronian frontier policy in the Balkans: the career of Ti. Plautius Silvanus', *Historia* 32 (1983), pp. 183–200;
translation taken from B. Levick, *The Government of the Roman Empire.
A Sourcebook* (2nd edn, 2000), pp. 34–5.

13　驻军与劫掠

1 Ammianus Marcellinus 27. 2. 11 (Loeb translation).
2 For Tacfarinas and the first campaign see Tacitus, *Ann.* 2. 52.
3 For the region under Augustus and Tacfarinas see D. Whittaker in *CAH*²
X, pp. 591–6, E. Fentress, *Numidia and the Roman Army. BAR International
Series* 53 (1979), pp. 66–8 and D. Cherry, *Frontier and Society in Roman
North Africa* (1998), pp. 24–43.
4 Tacitus, *Ann.* 3. 21, Aulus Gellius, *Attic Nights* 5. 6. 14, *ILS* 2637; on
veterans see A. Goldsworthy, *The Roman Army at War 100 BC–AD 200*

(1996), p. 16, on decimation see G. Watson, *The Roman Soldier* (1969), pp. 119–20.

5 Tacitus, *Ann.* 3. 20–21.

6 Tacitus, *Ann.* 3. 32, 73.

7 Tacitus, *Ann.* 3. 74.

8 Tacitus, *Ann.* 4. 23–6.

9 Cherry (1998), pp. 24–71, esp. 63–6 on the *fossatum*.

10 'To separate the Romans from the barbarians', *Scriptores Historiae Augustae, Vita Hadriani* 11. 2; on the sources for Hadrian's Wall see D. Breeze, *Handbook to the Roman Wall* (14th edn, 2006), pp. 25–34, and for the wall in general see this and D. Breeze & B. Dobson, *Hadrian's Wall* (4th edn, 2000); two fragments of an inscription, *RIB* 1051, have been reconstructed to state Hadrian's official intention in building the wall, but this is highly conjectural.

11 See B. Rankov, 'Do rivers make good frontiers?', in Z. Visy, *Limes XIX. Proceedings of the XIXth International Congress of Roman Frontier Studies held in Pécs, Hungary, September 2003* (2005), pp. 175–81.

12 For the frontiers in general see D. Breeze, *The Frontiers of Imperial Rome* (2011); on caution on guessing the function of a fort's garrison purely from its position see the cautionary comments in B. Isaac, *The Limits of Empire* (rev. edn, 1992), pp. 409–10.

13 For arguments that the severe limitations of Roman maps made many aspects of central strategic planning impossible see Isaac (1992), pp. 387–408, with emphasis on political geography, and C. Whittaker, 'Mental maps and frontiers: seeing like a Roman', in *Rome and its Frontiers. The Dynamics of Empire* (2004), pp. 63–87, which opens with the naive assertion that Julius Caesar getting lost on the way to the River Rubicon reflects a lack of maps. Given how easy it is to lose the way even with a map, especially in poor visibility or at night, this is strange. For sensible criticism of pushing such views to an extreme see E. Wheeler, 'Methodological limits and the mirage of Roman Strategy' Part 2, *The Journal of Military History* 57 (1993), pp. 236–9.

14 D. Wooliscroft, *Roman Military Signalling* (2001), pp. 51–78, 95–7, 109–35, 155–7.

15 Tacitus, *Agricola* 22. 1–2.

16 On forts in general see A. Johnson, *Roman Forts* (1983) and P. Bidwell, *Roman Forts in Britain* (2007); on South Shields see summary and references in Breeze (2006), pp. 115–28.

17 On Hadrian's Wall see Breeze & Dobson (2000), pp. 25–83; on the Gask ridge see D. Wooliscroft & B. Hoffman, *Rome's First Frontier. The Flavian Occupation of Northern Scotland* (2006), esp. pp. 175–88.

18 *Tabulae Vindolandenses II* 154.

19 *RMR* 100, and see discussion in F. Lepper & S. Frere, *Trajan's Column* (1988), pp. 244–59; on dispersal of units see Goldsworthy (1996), pp. 22–8.

20 On forts and their function see M. Bishop, 'Praesidium: social, military, and logistical aspects of the Roman army's provincial distribution during the early Principate', in A. Goldsworthy & I. Haynes (eds), *The Roman Army as a Community. JRA Supplementary Series* 34 (1999), pp. 111–18 and B. Dobson, 'The rôle of the fort', in W. Hanson (ed.), *The Army and the Frontiers. JRA Supplementary Series* 74 (2009), pp. 25–32; on Chester see T. Strickland, 'What kind of community existed at Chester during the hiatus of the 2nd c.?', in Goldsworthy & Haynes (1999), pp. 105–9.

21 *RMR* 10, Florida Ostraka 3, 5.

22 P. Bidwell, 'Systems of obstacles on Hadrian's wall and their relationship to the turrets', in A. Moirillo, N. Hanel & E. Martín, *Limes XX: Estudios sobre la frontera romana. Roman Frontier Studies. Anejos de Gladius* 13 Vol. 3 (2009), pp. 1119–24.

23 N. Hodgson, 'Gates and passages across the frontiers: the use of openings through the barriers of Britain, Germany and Raetia', in Visy (2005), pp. 183–7; *centurio regionarius Tab. Vind. II* 250. 8, centurions attending tribal councils, Dio 73. 2. 4.

24 *CIL* 8. 2495.

25 T. Kinsella, *The Táin. From the Irish Epic Táin Bó Cuailnge* (1969), p. 52; Homer, *Odyssey* 11. 397–403 (Loeb translation).

26 The expressions are used by E. Luttwak, *The Grand Strategy of the Roman Empire: From the First Century* AD *to the Third* (1976). His usage is subtle and does not imply a sharp divide between these levels of warfare, but this seems assumed by many who have used his works, including his critics; accepting raiding, but seeing this as not a threat, see J. Drinkwater, *The Alamanni and Rome 213–496* (2007), pp. 11–42, who suggests emperors invented a 'barbarian threat' to satisfy their own political needs.

27 *CIL* 3. 3385.

28 Tacitus, *Germania* 5. 1–2.

29　On *comites* see Tacitus, *Germania* 13; finds of weapons and other equipment dedicated as the spoils of victory in Scandinavian bogs can be interpreted to suggest forces of 200–300 men as the followers of a war leader, see X. Jensen, L. Jørgensen & U. Hansen, 'The Germanic army: warriors, soldiers and officers', in B. Stoorgard & L. Thomsen (eds), *The Spoils of Victory. The North in the Shadow of the Roman Empire* (2003), pp. 310–28.

30　Caesar, *BG* 6. 34–5, 41; fourth century, Ammianus Marcellinus 17. 10. 5–6, 18. 2. 2–3, 7–8; Hannibal, see Livy 22. 13. 5–9.

31　Tacitus, *Germania* 41 (Loeb translation); Dio 72. 11. 2–3.

32　Jerusalemite Talmud, *Erubin* 4, p. 21, col. 4, Babylonian Talmud, tractate Yebamoth 48 and see discussion in M. Gichon, 'Life on the borders reflected in rabbinical sources', in A. Morillo, N. Hanl & E. Martín (eds), *Limes XX. Estudios Sobre La Frontera Romana Roman Frontier Studies* Vol. I (2009), pp. 113–18.

33　Tacitus, *Ann.* 13. 54. 1, *Hist.* 1. 79, Ammianus Marcellinus 31. 10.

34　Caesar, *BG* 8. 3, Cicero, *Verrines* 2. 4. 95, 96, Babylonian Talmud, *Baba Qama* 83a.

35　H. Cuvigny, *Ostraca de Krokodilô* (2005), p. 87, with V. Maxfield, 'Ostraca and the Roman army in the eastern desert', in J. Wilkes (ed.), *Documenting the Roman Army. Essays in Honour of Margaret Roxan* (2003), pp. 153–73, esp. 166–7.

36　Observation of nomads and others by military outposts in North Africa, see R. Marichal, *Les Ostraca du Bu Njem* (1979), pp. 436–52; villa at Regensburg-Harting, Drinkwater (2007) pp. 78–9; Apuleius, *Metamorphoses* 8. 16–17.

37　Caesar, *BG* 6. 34 (Loeb translation).

38　Tacitus, *Ann.* 12. 27 for quote (Loeb translation), 12. 39 for the Silures, Ammianus Marcellinus 27. 1–2.

39　M. Todd in A. Bowman, P. Garnsey & A. Cameron, *The Cambridge Ancient History, Vol. 12 (Second Edition): The Crisis of Empire,* AD 193–337 (2005), p. 442; Ammianus Marcellinus 19. 6. 2.

40　Tacitus, *Ann.* 12. 27–8.

41　*RIB* 1142.

42　D. Potter, 'Empty areas and Roman frontier policy', *American Journal of Philology* 113 (1992), pp. 269–74.

43　Tacitus, *Ann.* 12. 31, *Agricola* 18.

14 罗马和平之外的世界

1 Tacitus, *Agricola* 24. 1–2 (Loeb translation).

2 On maps and boundaries, note the sensible comments in E. Wheeler, 'Methodological limits and the mirage of Roman Strategy. Parts 1 & 2', *The Journal of Military History* 57 (1993), pp. 7–41 and 215–40, esp. 24–6 and 228–30.

3 Tacitus, *Hist.* 4. 64–65 (Loeb translation).

4 H. Cuvigny, *Ostraca de Krokodilô* (2005), p. 252, with translation and discussion in D. Nappo & A. Zerbini, 'Trade and taxation in the Egyptian desert', in O. Hekster & T. Kaizer (eds), *Frontiers in the Roman World. Proceedings of the Ninth Workshop of the International Network Impact of Empire (Durham, 16–19 April 2009)* (2011), pp. 61–77, esp. 72–74; see also V. Maxfield, 'Ostraca and the Roman army in the eastern desert', in J. Wilkes (ed.), *Documenting the Roman Army. Essays in Honour of Margaret Roxan* (2003), pp. 153–73, esp. 154–6, 164–7.

5 P. Wells, *The Barbarians Speak. How the Conquered People Shaped Roman Europe* (1999), pp. 122–47, D. Whittaker, *Frontiers of the Roman Empire. A Social and Economic Study* (1994), pp. 98–131.

6 In general see C. Sebastian Sommer, 'The Roman army in SW Germany as an instrument of colonisation: the relationship of forts to military and civilian *vici*', in A. Goldsworthy & I. Haynes (eds), *The Roman Army as a Community. JRA Supplementary Series* 34 (1999), pp. 81–93.

7 B. Shaw, 'Fear and Loathing: the nomad menace and Roman Africa', in B. Shaw, *Rulers, Nomads, and Christians in Roman North Africa* (1995), VII, pp. 25–46, esp. 42–5.

8 J. Drinkwater, *The Alamanni and Rome 213–496 (Caracalla to Clovis)* (2007), pp. 80–116.

9 *Periplus Maris Erythraei* 49, translation taken from L. Casson (ed.), *The Periplus Maris Erythraei: Text with Introduction, Translation and Commentary* (1999).

10 On Roman trade with India see R. Tomber, 'Pots, coins and trinkets in Rome's trade with the East', in P. Wells (ed.), *Rome Beyond its Frontiers: Imports, Attitudes and Practices. JRA Supplementary Series* 95 (2013), pp. 87–104, C. Whittaker, 'Indian trade within the Roman imperial network', in Whittaker (2004), pp. 163–80; Pliny the Elder, *NH* 12. 84.

11 Tacitus, *Ann.* 2. 62 (Loeb translation, slightly modified); Pliny the Elder,

NH 37. 45; Q. Atilius Primus, see *AE* 1978, 635; on Marcomani and Quadi see L. Pitts, 'Relations between Rome and the German "kings" on the Middle Danube in the first to fourth centuries AD', *JRS* 79 (1989), pp. 45–58, esp. 46–51.

12　In general see D. Mattingly (ed.), *The Archaeology of the Fazzān* Vol. 1: *Synthesis* (2003), pp. 76–90, 346–62; Ptolemy, *Geography* 1. 10.

13　Tacitus, *Hist.* 4. 50, Ptolemy, *Geog.* 1. 8.

14　Mattingly (2003), pp. 85, 88–9, 355–62.

15　In general see Wells (2013), *passim*, and (1999), pp. 224–58, M. Todd, *The Early Germans* (2nd edn, 2004), pp. 84–102; on bog finds see J. Ilkjaer, 'Danish war booty sacrifices', in B. Stoorgard & L. Thomsen (eds), *The Spoils of Victory. The North in the Shadow of the Roman Empire* (2003), pp. 44–65.

16　Tacitus, *Ann.* 13. 57; X. Jensen, L. Jørgensen & U. Hansen, 'The Germanic army: warriors, soldiers and officers', in Stoorgard & Thomsen (2003), pp. 310–28.

17　Tacitus, *Germania* 5, with Todd (2004), pp. 98–102; F. Hunter, 'Iron age hoarding in Scotland and northern Britain', in A. Gwilt & C. Haselgrove (eds), *Reconstructing Iron Age Societies* (1997), pp. 108–33.

18　See D. Harding, *The Iron Age in Northern Britain. Celts, Romans, Natives and Invaders* (2004), pp. 179–99, F. Hunter, 'Roman and native in Scotland: new approaches', *JRA* 14 (2001), pp. 289–309 and 'The lives of Roman objects beyond the frontier', in Wells (2013), pp. 15–28; Friensted, see C. Schmidt, 'Just recycled? New light on the Roman imports at the "central farmstead" of Fienstedt (central Germany)', in Wells (2013), pp. 57–70.

19　Todd (2004), p. 91.

20　Todd (2004), pp. 94–5.

21　*Digest* 49. 15. 6, *RIB* 2174–8 with E. Birley, 'Marcus Cocceius Firmus: an epigraphic study', in E. Birley (ed.), *Roman Britain and the Roman Army. Collected papers* (1953), pp. 87–103; on raiding for slaves to sell to the Romans see B. Cunliffe, *Greeks, Romans and Barbarians: Spheres of Interaction* (1988), pp. 171–89.

22　Tacitus, *Ann.* 2. 52, 11. 16–17, with Todd (2004), pp. 84–7.

23　Wells (1999), pp. 246–56, Todd (2004), pp. 62–80, 97–8.

24　A. Jørgensen, 'Fortifications and the control of land and sea traffic in the Pre-Roman and Roman Iron Age', in Stoorgard & Thomsen (2003), pp. 194–209; Tacitus, *Ann.* 2. 19.

25 For a fuller narrative of this later period there is A. Goldsworthy, *The Fall of the West* (= *How Rome Fell*) (2009).

26 Drinkwater (2007), pp. 117–44 on society and population.

27 *AE* 1993, 1231; see R. MacMullen, *Enemies of the Roman Order* (1966), pp. 196–234 and *Roman Government's Response to Crisis* AD 235–337 (1976).

终　章　和平与战争

1 Caesar, *BG* 8. 44.

2 G. de la Bédoyère review of D. Mattingly, *An Imperial Possession. Britain in the Roman Empire 54 BC–AD 409* (2006), in *History Today* (August 2006), p. 62, with reply in D. Mattingly, *Imperialism, Power, and Identity. Experiencing the Roman Empire* (2011), p. 274, fn. 3.

出版后记

　　几乎所有与罗马相关的故事都离不开战争这个主题。罗马从台伯河岸的一个小村庄成长为横跨三大洲的帝国，毫无疑问，是以战争为引擎的。因此，从古代开始，就不断有人询问，罗马的战争是正义的还是不义的？罗马帝国给当时世界三分之一的人口带来的是更多的荒凉还是更多的安全？

　　历代历史学家根据不同的立场各自给出了答案。本书作者阿德里安·戈兹沃西向来以罗马军事主题写作知名，在本书中，他给出了自己独到而全面的思考。在关于罗马是否天然嗜杀残暴这个问题上，他要求我们要把罗马和当时地中海周边的所有其他民族作比较，结论是罗马并不更残忍；在关于罗马是否有规划地把自己打造成一个帝国这个问题上，在对罗马的边疆和领土变化做出大量考察后，他得出的结论是，很难说罗马有这样一个有意的规划；在关于罗马是否给各政府地区带来了安全和稳定的问题上，他指出，地方原住民只在罗马到来的一两代人内发动过起义，之后在长达几百年中的大部分时间里，都享有了以往难以匹敌的安定与繁荣。

　　当然，作者并不是想给罗马在征服过程中的暴行洗白，他只是想给读者描绘一幅更为广阔的图景，以求在罗马帝国的性质这个问题上给出令人信服的平衡观点。关于罗马征战的故事，读者还可以从我们同时推出的作者另外两部著作《布匿战争》《以罗马之名》中了解更丰富的细节。

服务热线：133-6631-2326　188-1142-1266

服务信箱：reader@hinabook.com

后浪出版公司

2022 年 4 月

图书在版编目（CIP）数据

罗马和平：古代地中海世界的暴力、征服与和平 /
（英）阿德里安·戈兹沃西著；薛靖恺译 . — 广州：广
东旅游出版社，2022.4（2023.6 重印）
　　书名原文：PAX　ROMANA
　　ISBN 978-7-5570-2624-0

　　Ⅰ . ①罗… Ⅱ . ①阿… ②薛… Ⅲ . ①罗马帝国—历
史 Ⅳ . ① K126

中国版本图书馆 CIP 数据核字 (2021) 第 211689 号

Pax Romana by Adrian Goldsworthy
Copyright © Adrian Goldsworthy 2016
First published by Weidenfeld & Nicolson, a division of the Orion Publishing Group,
London
This edition arranged with The Orion Publishing Group through Big Apple Agency,
Inc., Labuan, Malaysia.
Simplified Chinese edition copyright © 2022 Ginkgo (Beijing) Book Co., Ltd.
All rights reserved.

本书简体中文版权归属于银杏树下（北京）图书有限责任公司。
图字：19-2021-180 号
审图号：GS（2021）3260 号

出 版 人：刘志松　　　　　　　　　选题策划：后浪出版公司
著　者：［英］阿德里安·戈兹沃西　　译　者：薛靖恺
出版统筹：吴兴元　　　　　　　　　责任编辑：方银萍
编辑统筹：张　鹏　　　　　　　　　特约编辑：张　鹏
责任校对：李瑞苑　　　　　　　　　责任技编：冼志良
装帧设计：墨白空间·陈威伸　　　　营销推广：ONEBOOK

罗马和平：古代地中海世界的暴力、征服与和平
LUOMA HEPING: GUDAI DIZHONGHAI SHIJIE DE BAOLI, ZHEGNFU YU HEPING

广东旅游出版社出版
（广州市荔湾区沙面北街 71 号 ）
邮编：510130
印刷：鸿博昊天科技有限公司　　　　　开本：889 毫米 ×1194 毫米　 1/32
字数：403 千字　　　　　　　　　　印张：18
版次：2022 年 7 月第 1 版　　　　　　印次：2023 年 6 月第 3 次印刷
定价：96.00 元